# 역사의
# 파편들

도널드 그레그
회고록

# 역사의 파편들

## 도널드 그레그 회고록

도널드 P. 그레그 지음 | 차미례 옮김

창비

나의 회고록 『역사의 파편들』(*Pot Shards*) 한국어판이 차미례씨의 훌륭한 번역으로 창비에서 나오게 되어 무척 기쁘게 생각한다.

이 책은 2014년 7월에 처음 출간되었고, 나는 올해 1월 윌리엄스 대학에서 진행한 4주간의 '정보정치학' 강의에서 이 책을 기초 교재로 사용하였다. 학생들이 모두 내년에도 꼭 다시 교재로 쓰는 게 좋겠다고 해서 기꺼이 그렇게 하려고 한다. 내 강의를 들은 한 한국 학생이 나에게 왜 이 책을 쓰게 되었는지 물었다. 나는 세가지 이유를 말해주었다.

첫째, 나는 원래 이야기하기를 좋아하는 사람이고, 그래서 주위에서 내 삶에 대해 책을 꼭 써보라고 권해왔다.

둘째, 오랫동안 CIA 요원이었던 나는 우리 아이들에게 내가 했던 많은 일이나 그 일을 하면서 느낀 것들을 자세히 말해줄 수 없었다. 이 책으로 그 이야기를 할 수 있었다.

셋째는 가장 중요한 이유인데, 나 자신을 위해서였다. 내가 윌리엄스 대학에서 배운 어떤 철학적 원칙이 내가 살아오는 동안 왜, 어떤 식으로 중요했는가를 보고자 했다. 내게 가장 중요한 원칙은 다음 세 가지이다.

인간은 타고난 본성을 가진 게 아니다. 역사를 가지고 있을 뿐이다. 그리고 그 역사는 자기가 책임을 져야 한다.(이에 대한 믿음으로 나는 때로는 관습적인 법칙을 깨뜨리고, 또 내 행동의 결과에 맞닥뜨려야 했다.)

인간을 절대로 하나의 물건으로 대하지 말라.(이를 기본으로 나는 고문拷問의 상황에 접할 때마다 그에 반대하는 행동을 취했다.)

겉모습 뒤에 숨은 실체를 파헤쳐라.(정보원인 내게는 특히 중요한 원칙이었다.)

이 책에 대해 많은 이로부터 반응이 있었다. 그 중 가장 마음에 드는 것은 원로 성직자가 해준 한마디이다.

"당신의 책을 읽고 웃기도 울기도 했습니다."

한국인들과의 인연은 1952년에 시작되었고 그후에도 힘차게 계속되고 있다. 이 책이 한국의 여러분과 나의 관계에서 의미있는 한 부분이 될 수 있기를 바란다.

2015년 5월

도널드 P. 그레그

윤기가 흐르는 머리칼, 건조하고 굳센 악수, 야무지고 탐문하는 듯
한 시선. 그의 관심이 내게 집중된 그 몇초는 평생 지워지지 않을 깊
은 인상을 남겼다. 그것이 나와 함께 베트남전쟁과 대게릴라 작전에
대해 얘기하던 존 F. 케네디 대통령의 모습이었다. 백악관, 1962년.

그 CIA 요원의 머리털과 속눈썹은 다 타고 없었다. 피부는 숯처
럼 그을렸다. 그래도 그는 두 눈을 뜨고 있었고, 물집이 가득 잡힌 입
술을 움직여 말했다. "내가 늘 고대해온 바가 바로 이거예요. 시원하
고… 옷을 다 벗고 있어도 되고… 예쁜 아가씨들에게 둘러싸여 있
는…" 그는 백린(白燐) 수류탄의 폭발로 중화상을 입었다. 베트남의
한 미군병원, 1971년.

필립 하비브 대사가 말했다. "이 나라에서 일이 어떤 식으로 돌아
가는지 알아. 그들은 그를 죽이려 하고 있지만, 내가 뭐라고 하는지
들어볼 때까지는 일단 기다리겠지. 그러니 내일 아침까지 그를 데려

간 게 누군지, 지금 어디 있는지 알아내게. 그럼 우리가 살려낼 수도 있을 거야." 대사는 한국의 김대중 납치사건에 대해서 이야기하고 있는 것이다. 1973년 8월.

파란만장한 긴 세월이 지난 지금 추억의 파편들은 먼 옛날 부서진 도자기 조각처럼 남아 있다. 그 조각들은 거의 잊혀진 과거의 기억들을 떠오르게 해준다. 주한 미국대사 시절, 나는 가끔 서울 시내의 공사장을 지나갈 때면 타고 있던 방탄 승용차를 잠깐 세우고 방금 파헤쳐진 땅 위를 이리저리 어슬렁거렸다. 땅속에서 새로 나온 옛날 도자기 조각들이 있나 찾아보는 것이다. 그렇게 해서 원래 도자기의 온전한 모습으로는 결코 돌아갈 수 없게 된 조각들을 모은 게 여러 상자이다. 나의 생생한 추억의 파편들도 그런 수집품처럼 기억 속에 남아 있다. 이제 그것을 한데 엮어 이 책의 이야기를 풀어나가려 한다.

내가 꼬마였던 아득한 옛날, 어느날 밤 갑자기 죽음의 공포에 싸여 잠을 깬 일이 생각난다. 큰 소리로 울어대자 부모님이 방으로 달려오셨다. 여전히 훌쩍이고 있었지만 부모님이 달래주어 어느정도 진정된 나는 눈물 범벅인 채로 내가 살아서 서기 2000년을 볼 수 있는지 물었다.

부모님은 틀림없이 그럴 거라고 하셨다. 그날이 오면 내가 몇살이 되냐고 물었다. 72살이 되는 거라고 하셨다. 그건 한참 먼 나중의 일이라 마음이 놓여 나는 다시 잠 속으로 빠져들 수 있었다.

지금은 21세기에 접어든 지도 벌써 14년이 넘었다. 그래서 내 기억 속의 조각들을 가지고 '점선 잇기'를 할 생각이 있다면 지금 당장 시작하는 게 좋겠다는 것을 깨달았다.

그 일을 이제 시작하려고 한다.

| 감사의 말 |

 

 

누구보다도 먼저 감사하고 싶은 사람은 오랫동안 나의 편집자였
던 앤드루 샌턴과 ADST 출판 이사이자 총서 편집자인 마저리 톰슨
이다. 이들은 한 팀이 되어 훌륭한 작업을 했으며 『역사의 파편들』을
출판하기 좋은 형식으로 다듬어주었다. 그리고 25년의 저널리스트
경력으로 그동안 내내 전문적인 판단을 해준 아들 존에게도 고마움
을 표한다.

그다음으로는 헬싱키에 있는 친한 친구 타파니 카스케알라의 이
름을 들고 싶다. 나는 우정의 표시로 「핀란드 커넥션」 한 장(章)의 원
고를 그에게 보냈다. 덕분에 그 글은 2013년 가을에 핀란드의 유력
잡지에 게재되었다. 고맙네, 타파니.

한국 쪽에는 연세대학교의 문정인 교수와 존 딜러리 교수가 이
책에서 발췌한 내용을 『김대중과 그레그의 운명적 만남』(*Bound by
Destiny*)(강태호·존 딜러리 엮음, 연세대학교 대학출판문화원 2014)에 인용해준

것에 감사드린다. 그 책은 지난 40여년간 한국에서의 나의 활동을 다루고 있다.

작업이 진행되는 과정에서 가까운 친구들 몇명은 여러가지 초고 형태로 『역사의 파편들』의 원고를 읽었고 거기에 대해 이야기하며 나를 격려해주었다. 특별히 감사하고 싶은 사람은 루시 블랜턴, 제인 제니에스와 밥 제니에스 부부, 앨리스 고먼, 얀 해리슨, 로리 해리슨, 칼라 호릴러크, 수 맥마흔과 잭 맥마흔 부부, 제인 우드이다.

원고를 쓰면서 과거 속으로 깊이 파고들어갈수록, 내가 알았던 당시 내게 아주 중요한 존재였던 많은 이들이 눈앞에 다시 나타났다. 그들의 집단적인 영향력이 나로 하여금 이 책을 쓰게 만든 가장 중요한 요인 중의 하나라고 믿는다.

일본에서는 아사노 쯔루꼬와 혼다 센세이(성만 생각나고 이름은 잊었다) 훌륭한 두 선생이 내 일본어 수준을 일본의 여러 도시나 소읍, 산악지대까지 자유롭게 돌아다닐 수 있을 정도로 끌어올려주었다. 화가 카도 히로시는 당시 대다수 일본인에게는 아주 드문 경우로 자기 집과 가족을 우리에게 개방해주었는데, 그가 그려준 아내의 초상화는 지금도 우리 집 부엌을 멋지게 장식하고 있다.

버마에서는 헌신적인 카렌족 유모인 비비와 노나 두 사람이 나의 세 아이 루시, 앨리슨, 존의 건강과 안전을 위해 지극한 정성을 다해주었다. 그들 덕에 우리는 랑군 체류기간 중 아주 건강하게 지냈고 들개 같은 짐승이나 위험한 뱀과 부딪히지 않고 살 수 있었다.

베트남에서는 나의 포트 아파치(Fort Apache) 시절의 세 전우인 루디 엔더스, 펠릭스 로드리게스, 데이브 윌슨의 해박한 지식, 용맹, 유머감각이 아직도 마음속에 생생하게 남아 있다. 그리고 베트남과 한국에서 함께 근무한 고(故) 짐 홀링스워스 중장은 내가 아는 한 다른 누구보다도 미합중국의 전투력의 상징과도 같은 이였다.

U. 알렉시스 존슨 토오꾜오 주재 대사와 필 하비브 서울 주재 대사는 훌륭한 대사들이었다. 그런 이들은 요즘 같은 평범한 외교관들의 시대에는 찾아보기 힘든 부류의 인물이다. 나는 그들과 일하는 것을 무척 좋아했다. 그들은 정보의 가치를 잘 알았고 그것을 잘 이용하기도 했다.

백악관 시절에는 나의 비서였던 필리스 번이 있다. 그녀는 비서 이상의 존재였다. 어려운 시절에 필리스는 반석과도 같이 단단하게 나를 보좌했다.

나는 백악관에서 조지 H. W. 부시 부통령과 함께 일하는 영광을 누렸다. 그리고 그가 파견한 서울 주재 대사 시절에는 운좋게도 부시 대통령과 사이좋기로 이름난 노태우 대통령과 함께 일할 수 있었다. 그들의 팀워크는 현대 한국사에서 진정으로 생산적인 시대를 조성했다고 생각한다.

미국대사로 서울에 근무할 때에는 당시 부대사 레이 버그하트의 훌륭한 보좌를 받을 수 있었다. 그리고 매력과 재능이 넘치는 나의 조수 바버라 매치에게서도 많은 도움을 받았다.

그다음 코리아소사이어티(The Korea Society)에서의 16년 동안 프레드 캐리어는 정말 없어서는 안될 인재였다. 덕분에 나는 한국인의 성격에 대해 다른 어떤 미국인도 필적할 수 없는 지식을 습득할 수 있었다.

그리고 현재 나는 태평양세기연구소(PCI, Pacific Century Institute)의 회장으로서 한국계 미국인으로 두 나라 국민의 최강점을 한몸에 구현하고 있는 스펜서 김(Spencer Kim)과 함께 일하고 있는 것을 큰 행운으로 여기고 있다.

감사의 말을 마치면서, 나는 고인이 된 김대중 대통령을 언급하지 않을 수 없다. 나는 그를 점점 더 잘 알게 되었으며 남북한 화해를 위한 그의 예지가 조만간 현실화될 것이라고 믿어 의심치 않는다.

## 제3부 | 백악관 시절

## 제4부 | 외교관 시절

## 제5부 | 민간인으로 돌아와서

일러두기

1. 외국의 인명과 지명 등은 현지 발음에 가깝게 우리말로 표기하되 굳어진 경우에는 관용을
   존중했다.
2. 독자의 이해를 돕기 위해 덧붙인 옮긴이 주는 본문에 작은 괄호로 처리했다.

**1**

# 어린 시절

# 아베나키족의 머릿가죽과 써클빌의 결투

지나간 추억들을 불러일으키는 촉발제는 무엇일까? 내가 태어난 것은 1927년 12월이었다. 텔레비전 이전 시대에 자라서 그런지 모르지만, 나의 어린 시절과의 가장 강력한 연결고리는 시각적인 게 아니라 청각에 의한 것들이다. 프랭클린 루스벨트와 윈스턴 처칠의 목소리는 지금도 나에게 활기있고 친숙한 소리들이다. 페기 리가 1942년에 베니 굿맨의 반주로 부른 노래 〈와이 돈추 두 라잇〉(Why Don't You Do Right, '제대로 좀 해봐', 남편에게 돈 벌어오라고 바가지 긁는 내용)도 그렇다. 증기기관차의 목쉰 기적소리를 들으면 콜로라도의 할아버지댁까지의 먼 기차여행들이 금방 떠오른다. 나는 풀먼(Pullman) 객차의 침대칸 위층에 누워 용감한 인디언들을 상상하곤 했다. 아비 새(북미산 큰 물새. 물고기를 잡아먹고 사람 웃음소리 같은 소리를 낸다)의 목청은 내가 다섯 살 때 캐나다의 알곤킨 공원에서 처음 들었을 때와 똑같이 요즘 들어도 그때를 상기시키며 긴 여운을 남긴다.

뉴욕의 헤이스팅스 온 허드슨에 있던 언덕배기 집에서의 내 어린 시절은 평범하지 않았다. 나는 아주 어릴 때부터 이모에게서 글 읽기를 배웠는데, 그이는 미취학 어린이들을 가르치는 아주 뛰어난 교사였다. 그런데 정식 학교교육을 받기도 전에, 나는 평생을 YMCA와 함께한 아버지를 따라 사우스캐롤라이나주의 1934년도 YMCA 총회에 갔다가 폐결핵에 감염되고 말았다. 아버지 이름은 아벨 존스 그레그로 나중에 YMCA 전국위원회에서 소년단장이 되고, 그 일을 하면서 인디언 가이드 프로그램을 출범시킨 분이다.

결핵에 걸린 탓에 나는 11살까지 초등학교 입학이 허용되지 않았다. 게다가 나는 형제도 없는 외아들이어서 생애 첫 10년 동안 대부분의 시간을 어른들과 함께 지내야 했다. 어른들은 흔히 그렇게 잘하지 않는 관행을 깨고 나를 자기네 대화에 끼워주었으며 자기들의 세계관 속으로 인도하기도 했다.

내가 알게 된 최초의 외교문제는 일본의 중국 침략이었다. 만주에서 1931년에 시작된 사건이다. 내가 저녁식사 때에 접시의 음식을 깨끗이 비우지 않을 때면, 아버지는 나에게 '중국인의 밥'을 남겨 내버리게 하지 말라고 하였다. 그 말이 무슨 뜻인지 설명을 들으면서, 나는 이 세상의 다른 곳은 우리만큼 잘살지 못한다는 것을 처음으로 짐작할 수 있었다.

1930년대에 열렸던 YMCA 국제회의에 여러차례 참가하는 동안 아버지는 독일에서 아돌프 히틀러가 떠오르기 시작한 것을 알았다. 그리고 그것이 의미하는 바에 대해 깊이 걱정하였다. 언젠가 한번은 미국의 한 라디오 방송에서 히틀러가 독일에서 연설한 것을 녹음해서 틀어준 적이 있었다. 아버지는 나에게 그 방송을 들어보라고 했다. 히틀러의 목소리에는 어딘지 사납게 짖어대는 것 같은 음색이 들어 있었고 나는 그것이 싫었다.

나는 할아버지와 외할아버지를 다 아는데, 두분 다 90대까지 장수했고, 우리 집안의 길고 다채로운 가족사를 전해주었다.

친할아버지 해리 레닉 그레그는 1852년 오하이오주 써클빌에서 태어났다. 할아버지는 기억에도 뚜렷한 추억담을 한가득 가지고 있었는데, 어떤 것은 우습고, 어떤 것은 거칠고 폭력적이며, 어떤 것은 비극적인 이야기였다. 내가 아주 조그만 아이였을 때부터 할아버지는 우리가 스코틀랜드의 호전적인 맥그리거 가문의 후손이라는 것을 자랑스럽게 이야기했다. 이 가문은 17세기 초에 영국 왕으로부터 무법자로 축출당했는데, 대부분 흉포한 나쁜 행동 때문이었다. 그러고 나서 우리 조상들이 행동을 고쳤는지는 몰라도 이름은 그레그로 고쳤다.

내가 그레그 할아버지를 마지막으로 본 것은 1950년, 그가 98세 때였다. 남북전쟁에 대해 대화를 나눴는데, 할아버지는 그때 일을 뚜렷이 기억하고 있었다. 할아버지의 기억 중 가장 생생한 것은 1865년에 고향 마을을 통과해서 지나간 링컨 대통령의 장례 행렬이었다. 할아버지는 '그 고요함과 슬픔'을 잊을 수 없다고 했다.

외할아버지 찰스 애서턴 핀니는 1853년 메인주에서 태어났다. 그는 보수적인 기독교 신자였지만 조상 중에는 일부 거친 사람들도 있었다고 한다. 그중 '내러건셋(Narragansett) 존' 핀니는 1675년의 '늪지 대전투'에도 가담한 인물이었다. 이 싸움은 점점 커져서 결국에는 내려건셋족(미국 로드아일랜드주에 살았던 인디언으로 현재는 절멸했다)에 대한 '필립 왕의 토벌전쟁'을 초래했다.

그리고 메어리 콜리스 네프의 이야기도 있었다. 이 여인은 1679년 매사추세츠주 헤이버힐에서 해나 더스틴과 그녀의 갓난아기와 함께 캐나다에서 쳐들어온 아베나키족에게 납치되었다. 메어리는 이제 막 출산을 한 해나를 돌보고 있었는데 인디언들은 주저없이 해나 더스틴의 아기를 죽여버렸다. 그래서 두 여인은 복수를 모의하게 되었다.

캐나다로 돌아가는 며칠간의 힘든 여정을 보낸 어느날 밤 두 사람에게 기회가 왔다. 이날 일행은 조그마한 섬에 묵었기에 인디언들은 포로들이 달아날 수 없을 거라고 생각하고 방심한 채 모두 잠이 들었다. 메어리와 해나는 잠든 인디언들에게서 손도끼 세개를 훔쳐내 함께 포로로 잡혀온 젊은이에게도 하나를 주어 무장시켰다. 이들은 민첩하게 움직여 10명의 인디언을 죽이고 당시 아베나키족 습격대를 죽이면 받을 수 있는 상금을 타려고 머릿가죽을 벗겼다. 그리고 카누를 타고 강을 따라 하류로 도망쳤다.

메어리는 1722년까지, 해나는 1736년까지 살았다. 1874년에 그들이 인디언 납치범들을 죽인 뉴햄프셔강 위의 섬에 메어리와 해나의 용맹을 기리는 커다란 기념탑이 세워졌다. 우리 어머니의 중간 이름이 콜리스이다. 어머니는 메어리의 직계 후손의 한 사람이다.

가족사의 여러 일화 중에서도 내가 가장 가깝게 이어진 느낌을 받은 것은 증조부 존 그레그에 관한 얘기였다. 그 이야기를 할아버지에게 서너차례나 들었는데, 1930년대에 한두번, 1944년 여름에 한번, 그리고 1950년 6월에 또 한번 들었다.

존 그레그는 19세기 중엽 당시에는 거대한 체격의 사내였다. 땅에 묻힐 때 체중이 240파운드(109kg)였다. 키도 6피트(183cm)가 넘고 힘이 엄청나게 셌다. 써클빌에서 가족들의 잡화상 일을 도왔는데, 그가 수레 하나 가득한 물건을 내리는 것을 구경하느라 사람들이 모여들곤 했다. 그는 무거운 수수 시럽이 든 커다란 나무통을 머리 위로 번쩍 들어서 가게 안으로 옮기는 것으로 유명했다.

어느날 덩치가 크고 거칠게 생긴 사내가 가게 안으로 들어와 증조부의 멱살을 잡고 말했다. "너하고 한판 붙으러 왔다. 너를 해치우면 오하이오주 이쪽 지방에서는 어느 놈이든 때려눕힐 수 있겠지." 떠돌이 전문 싸움꾼인 낯선 사내는 증조부가 나가달라고 하니까 순순히 나가긴 했지만, "내가 이 마을을 떠나기 전에 나하고 한번은 붙어야 할 거다."라고 말했다.

낯선 사내는 써클빌의 술집 구역에 턱 자리를 잡고서는 누구든 마주치기만 하면 공격할 태세였다. 그리고 도전해오는 사람이 있으면 아주 "반쯤 죽여놨다."(우리 할아버지의 표현이다) 이런 짓을 한다는 얘기와 함께, 그자가 이 마을의 어떤 가게 주인이 자기를 무서워한다고 떠들어댄다는 것도 금세 존 그레그에게 전해졌다.

증조부는 가게 근처의 한 호텔 식당에서 점심식사를 했다. 항상 준비된 지정석에 혼자 앉아서 식사하는 것이 정상이었다. 어느 더운 여름날 그 무서운 평판의 낯선 사내가 갑자기 호텔 식당으로 쳐들어와서는 허락 없이 존 그레그 자리에 와 앉았다.

두 남자는 서로 노려보았다. 그리고 낯선 사내가 코웃음을 치며 이렇게 말했다. "간덩이가 콩알만 한 이 개자식!"(할아버지가 이 강력한 욕설을 되풀이하는 순간이 이 이야기의 절정이었다. 이때 말고는 그레그 집안에서는 욕을 하는 것은 절대 금지였다.)

그 순간 존 그레그가 벌떡 일어나서 무거운 식탁을 낯선 사내를 향해 뒤집어엎었다. 그러고 나서 식탁 아래서 그를 끌어내서 창문 너머 길바닥에 내던졌다. 이어서 창문을 넘어 뛰어나가서 사내가 정신을 잃을 때까지 두들겨 팼다. 그런 다음 그를 들어올려 어깨에 들쳐메고 근처 병원으로 옮겼다. 의사에게 치료비는 전부 자기가 부담하겠다고 말하고, 그가 떠나려 하면 알려달라고 부탁했다.

그 사내가 떠난다는 기별이 오자 존 그레그는 배웅을 하러 나갔다. 낯선 사내는 손을 내밀며 "자, 내 발로 찾아온 게 이런 걸 위해서였으니, 내가 바란 대로 된 거요."라고 말했다. 그러고 나서 그는 기다리고 있는 합승마차에 올라타고 떠났다. 1850년대 오하이오의 삶은 그런 식이었다.

나의 어머니 루시 콜리스 핀니는 아름다운 콘트랄토 음성을 가지고 있어서 오페라 가수가 되기 위한 교육을 받는 게 어떠냐는 제의를 받았다. 보수적인 외할아버지가 반대했기 때문에 어머니는 래드클리프 대학에 진학해서 1913년에 졸업했다. 그런 다음에는 어머니나 외할아버지가 상상할 수도 없을 만큼 위험한 삶 속으로 진입하게 된다.

래드클리프 여자대학에서 사회사업학을 전공한 어머니는 보스턴 소녀보호협회(Boston Society of the Care of Girls, 소녀란 대체로 미혼모를 말한다)에서 근무를 시작했다. 어머니의 활동은 몬트리올에 있는 '여성 디렉터리'(Women's Directory)라는 단체의 관심을 끌게 되었다. 이 단체는 당시 흔히 '백인 노예'라고 불리던 가난하고 배움이 없는 젊은 여성들을 매춘으로 몰아넣는 함정과 싸우기 위해서 결성된 조직이었다.

어머니는 1916년 몬트리올로 이사해서 새로운 국면의 업무를 시작했다. 그리고 3년도 못되어 그 단체의 수장이 되었고 마침내 "직업적인 악한들"(어머니의 표현이었다)에게 언론이 주목하게 하는 데 성공했지만, 그들은 실제로는 악랄한 범죄를 일삼는 갱단이라고 설명하는 편이 정확할 것이다. 어머니를 납치해서 살해하려는 시도가 두번이나 있자 사람들은 어머니에게 목숨을 보호하기 위해 몬트리올을 떠나라고 강력하게 권했다. 그래서 어머니는 콜로라도 칼리지의 여자대학 학장으로 가게 되었고, 거기서 1차 세계대전의 프랑스 전선에서 돌아온 아버지를 만나게 되었다.

나의 아버지는 1913년에 콜로라도 칼리지를 졸업하고 YMCA에 들어갔다. 1916년에는 콜로라도의 주(州)방위군 소속으로 멕시코 국경지대에 투입되어 국경에 출몰하던 산적 판초 비야(Pancho Villa, 1878~1923, 멕시코의 혁명가)를 추격하기도 했다. 그리고 1918년에는 미 육군에 입대했다. 대학 교육을 마친 28세의 이 신병은 프랑스 전선에 파견되었다.

배를 타고 출항하기 전 마지막 편지에 아버지는 이렇게 썼다.

"나는 지금 크나큰 기대를 가지고 출항을 고대하고 있다. 서부 출신의 한 청년이 저 먼 바다로 배를 타고 나가서 세계 역사에 유례가 없는 일대 사건에 가담하려고 하는 것이다. 나는 출정하는 것이 기쁘다. 앞으로 몇년간 고개를 똑바로 쳐들고 다닐 수 있을 것 같다."

나는 아버지를 존경하고 숭배했다. 내가 병약한 아이로 건강한 어린 또래들이나 힘세고 강한 조상들에 대한 깊은 열등감을 가지고 있던 시절에 아버지는 언제나 나를 격려하였고, 언젠가는 내가 "이 세상을 뒤바꿔놓을 수 있을 것"이라고 장담했다. 내 인생에서 가장 불행한 시기는 1944년 가을, 아버지가 병이 났을 때였다. 십이지장에 생긴 종양으로 내부 감염이 심해졌던 것이다. 내가 건강이 좋아지던 바로 그 시기에 아버지는 건강이 나빠졌다. 대담한 수술요법이 시도되었지만 결과는 실패였다. 아버지는 내가 열여섯살이던 1942년 4월에 세상을 떠났다.

제2차 세계대전이 격화되고 있었다. 나의 폐는 이제 결핵의 흔적이 깨끗이 사라져서, 고교생이 하는 운동이라면 무엇이든 다 할 수 있게 되었다. 나는 만 17세만 되면 군에 입대해서 2차 세계대전에 '한 수 가담하기로' 결심했다. 그런 식으로 아버지를 모방하기로 한 것이다. 어머니는 현명하게도, 일단 고등학교부터 졸업한 다음에 입대해야 한다는 주장을 굽히지 않았다. 그래서 나는 두배의 속도로 과목들을 이수하여 1945년에 17세에 졸업했다. 그리고 '체력 강화'를 위해 그해 여름 캐나다의 카누여행 캠프에도 갔다. 그런데 내가 온타리오에 있는 먼 호수에 가 있을 때, 다른 캠프에 와 있던 여행객들이 전쟁이 끝났다고 고함쳐 알리는 소리를 들었다. 내가 미 육군에 입대한 것은 1945년 9월이었다.

# 2
# 텍사스 막말과 타께시따의 승리

전쟁이 막 끝나자 18개월짜리 복무제도가 생겼다. 혹독하게 장기 복무한 병사들이 제대하고 싶어 안달을 했기 때문에 예상되는 병력 부족분을 채우기 위해서였다.

나는 통신부대에 배치되었는데, 그 이유는 나도 알 수 없었다. 어쨌든 그 때문에 나는 미주리주의 조플린과 네오쇼에서 가까운 캠프 크라우더에서 신병훈련을 받았다. 나는 E중대 제26 신병부대 ASFTC 소속이었다. 내 생각에 그것은 육군 통신부대 훈련센터(Army Signal Forces Training Center)의 약자 같았는데, 훈련병들은 실제로 그 뜻은 '모든 똥물은 크라우더를 통해 흐른다'(All Shit Flows Through Crowder) 라고 알고 있었다.

E중대의 구성원들은 대개 나보다 몇살이나 나이가 많은 징집된 병사들이었다. 우리 소대원들은 상당히 화합이 잘 되는 집단이었는데, 주로 'E'에서 'K'로 시작되는 성을 모아놓은 부대였다. '에번스, 패

닝, 포, 피겔, 피노치오…' 매일 아침 점호를 할 때마다 이런 식으로 이름을 소리쳐 부르는 소리가 들렸다. 신병 기초훈련을 받는 동안 나는 스프링필드 03년식 볼트액션(수동식 노리쇠가 있는) 소총, 총기번호 3587548을 지니고 다녔다. 그 일련번호가 왜 머릿속에서 지워지지 않는지 알 수 없지만, 아무튼 번호가 그랬다.

그런데 E중대의 다른 소대 중에는 거친 텍사스 출신이 많은 소대가 있었는데 우리 소대원들은 대체로 다 그들을 싫어했다. 11월 어느추운 날 아침, 소대들끼리 눈싸움이 벌어졌다. 나는 눈덩이로 그 텍사스 출신들 중 한명의 머리를 맞혀 득점을 했다. 그 작자는 즉각 보복에 나서서 단단한 오른쪽 주먹으로, 그것도 얼굴을 짓뭉개기에 제격인 커다란 반지까지 낀 손으로 당장 내 앞니 한개를 박살내버렸다.

나는 한 이틀 동안을 전투력 상실(hors de combat) 상태로 보내야했다. 그리고 마침내 정상 근무로 되돌아왔을 때 나를 때린 그 텍사스 놈을 다시 만나게 되면 어떻게 해야 할지 곤혹스러웠다. 그러자주변에서는 걱정 말라고 했다. 그 친구는 그동안 일어난 일에 응답을 해줘야 한다고 생각한 우리 소대 안의 못말리는 주먹 한명이 이미'손을 좀 봐준' 상태라는 것이었다. 문제의 텍사스인은 그후 우리 중대로 두번 다시 돌아오지 않았다.

(그 잃어버린 앞니는 오랜 세월 동안 나를 괴롭혔다. 군부대에서대신 심어준 앞니는 상당히 조잡했고, 부서지기 쉬운 플라스틱 소재였다. 의치는 주기적으로, 대개는 최악의 순간에 깨져나가서 나의 인상을 마치 '인육 먹는 렉터 박사'처럼 만들어버리곤 했다. 더욱 나쁜것은 당시 의치 재료라는 게 그 시절 댄스홀이나 디스코에서 사용하

던 자외선 조명 아래서는 보이지 않는 재질이었다는 점이다. 그것도 딸 루시가 어느날 나와 함께 춤을 추다가 아이들이 기겁하지 않게 춤출 때에는 입을 꼭 다물라고 말해줘서 뒤늦게 알게 되었다. 나중에 제대로 고치기는 했지만, 나는 내 디스코 시절은 이제 끝났다는 느낌이 들었다.)

그 텍사스 친구들도 타께시따라는 왜소한 일본계 미국인 병사의 손에 의해 처절한 참패의 고통을 겪기는 했다. 타께시따는 우리 소대 바로 앞에서 행진하는 소대의 맨 뒷줄에 속해 있었다. 나는 우리 소대의 맨 앞줄에서 행진했기 때문에 타께시따가 언제나 눈에 잘 들어왔다. 타께시따는 몸집이 너무 작아서 무거운 탄약 벨트를 허리에 차면 한 손으로 붙잡고 있지 않는 한 계속해서 엉덩이 아래로 미끄러져 내렸다. 두 손으로 소총을 세워 잡고 '앞에총!' 자세로 행군이나 구보를 해야 할 때면 타께시따가 망하는 순간이었다. 탄약 벨트가 허리에서 무릎까지 흘러내렸고, 그것 때문에 대열에서 낙오되어 벨트를 끌어올린 다음 다시 자기 소대를 급히 따라잡아야 했기 때문이다.

우리 소대원 대부분은 안됐다고 생각했지만, 텍사스인들은 신나는 구경거리로 여기고 계속해서 타께시따를 놀려댔다. 그리고 원래 일본어로는 '대나무 아래'(竹下)라는 뜻인 그의 이름을 일부러 '테이크 아 쉬트-아'(Take a Shit-a, 똥 먹어라)라고 엉터리로 발음하면서 그를 심하게 괴롭혔다.

어느 봉급날 우리가 돈을 받기 위해 줄을 서서 기다리고 있을 때, 텍사스인 한명이 타께시따에게 다가가서 고함쳤다. "야, '테이크 아 쉬트-아'! 내가 들으니 너 주짓수(유도의 전신인 일본의 전통무술)를 잘한

다던데, 어디 한번 빠져나가봐라!" 그러면서 그는 그 작은 남자의 머리를 한쪽 옆구리에 꽉 끼우고 지독한 헤드록을 가했다.

타께시따는 목이 졸려 숨막혀 하면서도 우리에게도 다 들리게 "그만둬, 나는 너를 다치게 하고 싶지 않아."라고 말했다. 공격수인 텍사스인은 그 말에 폭소를 터뜨렸다.

바로 그 순간, 타께시따가 두 손으로 텍사스인의 엉덩이를 움켜잡고 자기 등을 버팀대 삼아 들어올리고는 등에 업은 채 땅바닥에 뒤로 나자빠졌다. 그 텍사스인이 꽁꽁 얼어붙은 땅바닥에 얼굴이 뭉개지면서 쿵! 하는 소리가 들렸다. 그 작자는 완전히 정신을 잃고 뻗어버렸다. 타께시따는 몸을 빼내어 일어나자마자 긴히 필요한 응급처치를 정성껏 해주었다.

의식을 잃은 텍사스 친구는 엄청나게 피를 흘리면서 들것에 실려서 후송되었고, 우리는 두번 다시 그를 볼 수 없었다. 그것이 1945년 말, 평화시 임무에 적응하던 시절의 미 육군의 모습이었다.

타께시따에게, 그리고 모든 일본계 미국인에게 내보인 그런 인종적 편견은 당시로서는 미국인들의 공통된 태도였다. 1942년 진주만 공습 이후 루스벨트 대통령은 서해안과 그 인접지역에 살고 있던 약 11만명의 일본계 미국인들을, 혹시나 그들이 할지도 모르는 '반역 행위'를 방지한다는 구실로 사막 한가운데에 있는 감옥이나 다름없는 수용소에 감금했다. 그것은 루스벨트 대통령 재임 중 최악의 결정 가운데 하나였다. 1988년 레이건 대통령은 모든 일본계 미국인들에 대한 사과를 의회 인준을 거쳐 서명, 발표했다. 그리고 부당하게 구금되었던 사람들에게 15억 달러가 넘는 배상금을 지불하였다.

우리 소대에는 해트리지라는 이름의 중사 한명이 있었는데 역시 텍사스 출신이었다. 해트리지는 우리가 호전적인 악질 부사관들에 대해서 지금까지 들은 모든 것을 한몸에 지닌 인물이었다. 해트리지는 자기의 규칙을 조금이라도 어기면, 혹독한 중벌을 내리기 일쑤였다. 몹시 추운 11월 어느날 밤, 나는 중대 사무실 바로 바깥에 금붕어를 키울 연못을 파라는 명령을 받았다. 사무실 안에는 해트리지가 뜨거운 난로 옆에서 담배를 씹으며 흡족한 표정으로 나를 감시하고 있는 모습이 건너다보였다.

그 연못 파기는 정말 끔찍한 작업이었다. 땅은 반쯤 얼어 있었고, 돌멩이가 가득했다. 나는 땀을 뻘뻘 흘렸고, 장갑이 없어서 두 손은 꽁꽁 얼었다. 해트리지는 자정이 되어서야 나를 해방시켜주었다. 하지만 다음날 아침에는 그 연못이 "보기 흉하다"고 말해서, 나는 다시 그것을 메워야 했다. 내가 무슨 짓을 해서 그런 벌이 내려졌는지는 잊어버렸지만, 그 과정에서 그 중사에 대한 일종의 존경심 같은 것이 생겨났다. 그래서 신병훈련 과정을 마치던 날, 그가 우리를 향해 모두들 잘 했다고 말했을 때 나는 자랑스러운 기분을 느꼈다.

해트리지 중사에 대해서 쓰다보니, 나의 삼촌 레닉 그레그가 1916년 멕시코 국경지대에서 만났던 또 한 사람의 가공할 중사가 생각난다. 그가 속한 주방위군(The National Guard)은 멕시코에서 침입한 일당의 두목인 판초 비야를 추격하는 임무를 맡았다. 판초 비야는 1916년 3월 뉴멕시코주의 콜럼버스 침입을 지휘했는데, 이 일로 17명의 미국 시민이 살해되었다. 그런데 우리 삼촌의 소대에는 약간 애칭 같기는 하지만 '위스키 중사'라는 별명으로 유명한 중사 한명이 있었다. 삼촌은 키가 커서, 점호를 할 때면 소대의 맨 뒷줄에 섰다.

어느날 소대에 신참 한명이 들어와 자기 이름이 루비 L. 조이너라고 소개했다. 덩치가 크고 근육질인 조이너는 삼촌 바로 옆자리에 서게 되었다. 그리고 이런저런 이야기 끝에 자기가 조지아 대학 축구팀의 풀백이었다고 말했다. 그때 위스키 중사가 시간에 맞춰 도착한 뒤 점호를 시작했다. "루비 조이너!" 하고 그가 갑자기 악을 쓰자 조이너가 "네!" 하고 높은 가성으로 대답하는 소리를 듣고 거기 있던 사람들은 모두 기절할 듯이 놀랐다.

그런 점호가 며칠 동안 계속되고 나서 마침내 조이너가 소대에 온후 첫 토요일이 되었다. 그날 위스키 중사는 다른 때보다 훨씬 지독한 숙취에 시달리고 있었는지, 조이너의 가성 대답을 듣자마자 격하게 화를 냈다.

"너 이리 나와, 이 개자식아! 어떻게 생긴 놈인지 얼굴 좀 보자!" 하고 중사는 으르렁댔다. 조이너는 조용히 자기 앞줄의 병사들을 헤치고 앞으로 걸어나가더니, 강력한 어퍼컷으로 중사를 납작하게 쓰러뜨린 다음 다시 제자리로 돌아와 섰다.

중사는 다시 일어나 소대에 해산을 명령했다. 그다음 날 조이너는 상등병으로 진급했다.

2010년 초 내가 조지아주 남서부에 가 있을 때, 작은 도시 웨스트포인트에서 주민들에게 이 이야기를 해준 적이 있다. 그때 듣고 있던 사람들 중 한명이 고개를 끄덕이면서 "루비(Ruby) 같은 이름을 가진 남자라면, 상당히 거칠게 행동할 수밖에 없었을 겁니다. 특히 그 시절에는……" 하고 말했다. 위스키 중사도 분명히 같은 의견이었을 것이다.

9주일간의 신병훈련이 끝나갈 무렵, 우리는 2층 한 방으로 안내되었다. 통신부대의 일원이 된 다음 어떤 임무를 맡고 싶은지 선택하는 곳이었다. 벽에는 가지각색의 포스터가 붙어 있었다. 전화 수리, 트럭 운전, 전신주에 올라가는 임무, 텔레타이프 운영, 암호해독 같은 임무를 설명하는 포스터였다.

나는 맨 끝의 임무를 골랐다. 특별히 암호해독사가 되고 싶어서가 아니라, 거기서 선택하라고 내놓은 다른 일거리들은 맡고 싶지 않아서였다. 사실 나는 암호해독사가 무슨 일을 하는지 제대로 알지도 못했다. 통신부대의 포스터는 그런 걸 알게 해주는 데에는 전혀 도움이 안 되었다. 그냥 커다란 의문부호만 그려 보이고 있었을 뿐이다.

나는 훈련을 받기 위해 버지니아주 워렌턴에서 가까운 빈트힐 팜스 스테이션(VHFS)으로 이송되었다. 나는 고대의 암호해독과 비밀문서 작성의 역사를 무척 재미있게 배웠다. 하지만 나에게 큰 충격을 준 명확해진 사실들은 따로 있었다. 그것은 2차 세계대전 동안 가끔씩 독일과 일본의 비밀 통신을 읽어낼 수 있었던 것이 미국과 동맹국 영국에게 얼마나 엄청난 군사적 이득을 가져다주었나 하는 것이었다.

우리는 외국의 어떤 나라도 우리가 다른 나라의 메시지들을 몰래 읽고 있다는 사실을 절대로 눈치채지 못하게 해야 한다는 것을 집중적으로 훈련받았다. 교관들은 우리에게 2차 세계대전이 끝난 직후의 괴담 하나를 들려주었다. 유럽의 어느 나라가 최신형 암호해독기를 발명했는데 그 기술자들이 기계를 가지고 미국에 와서 그 기계 사용법에 대해 브리핑을 해주고 갔다. 그런데 그들이 다녀간 지 얼마 안

되어 우리의 '몇 나라의 교신을 읽을 수 있는 능력'이 사라져버렸다는 것이다. 그것으로 첩보능력의 가치뿐 아니라 그것을 비밀로 유지해야 할 필요성까지 내 머릿속에 단단하게 각인되었다.

훈련이 끝난 뒤 나는 워싱턴 바로 외곽의 알링턴 홀에 있는 미 육군보안기관(Army Security Agency) 본부에 배치되었다. 거기에서 나는 일본군의 암호를 해독하는 능력을 가지고 아군이 2차 세계대전의 격랑을 헤쳐나오는 데 기여했던 두 사람의 중년 여성을 만났다. 그들은 그 출중한 능력으로 얼마나 많은 미군의 목숨을 구해냈는지 잘 아는 동료 직원들로부터 큰 존경을 받았다.

나는 특별히 능숙하지 못한 암호해독보다는 어원학에 더 흥미가 있었다. 철자의 패턴과 쓰임새의 주기는 특히 그 단어가 어떻게 해서 그런 의미를 갖게 되었는가를 되짚어볼 때마다 더욱 흥미롭게 느껴졌다. 그렇게 해서 내가 1947년 4월에 중사(T/4)로 제대할 당시, 암호와 암호해독의 세계로 돌아갈 생각은 추호도 없었다.

문득 생각나는 사람이 있다. 우리의 가장 유명한 반역자인 베네딕트 아놀드(Benedict Arnold, 1741~1801, 독립전쟁에 대륙군으로 참전했다가 영국군으로 변신했다)의 생애는 언제나 나를 매료시켜왔다. 내가 그에 관해서 읽은 책들 중 가장 좋은 책은 윌라드 랜달(Willard Randal)의 『애국자이자 반역자, 베네딕트 아놀드』였다. 그런데 아놀드의 삶을 규정하는 두 단어인 '애국자'(patriot)와 '반역자'(traitor)란 상반된 말이 한 글자만 빼고 모든 글자가 같다는 것이 갑자기 머리에 떠올랐다. 애국자에는 p자가 하나 더 있고 반역자에는 r자가 하나 더 있는 것만이 달랐다. 두 단어는 철자 구조는 그렇게 비슷하면서도 그 뜻은 극적으로 달랐다. 그런데 실제 인생에서는 그 두 단어를 구분하는 경계선이 아놀드의 생애가 분명히 보여주는 것처럼 사실 아주 흐릿할 수도 있다.

나의 군대 경험은 얼마 안 되는 짧은 기간이었지만 나에게 많은 것을 가르쳐주었다. 지적인 면에서 보면 정보의 가치와 중요성, 그리고 이를 비밀로 유지할 필요성 같은 것이다. 정서적인 면과 신체적인 면에서는 참기 어려운 편협한 지역주의와 인종적 편견의 영향을 깨달았다. 눈뭉치로 어떤 남자를 맞힌 데 대한 보복으로 앞니 하나가 통째로 나갔던, 부서지는 아픔(말장난이지만)의 경험은 나를 완전히 경악하게 만들었다. 그리고 타께시따라는 한 개인에게 가해진 인종적 편견이, 루스벨트 대통령이 그 많은 일본계 미국인들을 수용소에 가두는 국가적 차원의 편견으로 확대되는 것도 볼 수 있었다.

당시 미군은 아직 인종적 통합이 이뤄지지 않아서, 훈련기간 중에 우리 중대에 흑인은 한명도 없었다. 그러나 블랙피트(Blackfeet)족 인디언은 두명 있었는데, 나는 그들과 농구를 했다. 약간 냉대받긴 했지만 그들은 운동능력으로 인정받았기 때문에 따돌림 같은 것은 당하지 않았다.

워싱턴 D. C.에는 훌륭한 재즈 클럽이 있었는데, 대부분 시내의 흑인 구역에 있었다. 내가 청중 중 유일한 백인인 경우가 많았지만, 그래도 언제나 환영을 받았다. 조그만 클럽의 밴드석에는 아무런 인종 장벽이 없어서, 흑인들과 백인들이 나란히 앉아서 만들어내는 기막힌 음악의 힘에 충격을 받곤 했다. (그때가 1946년이라는 것을 잊지 마시라.)

이런 체험은 나에게 편견이라는 것이 순전히 무지로 인해 생긴다는 것, 그리고 대화와 공통의 경험을 통해서 어떻게 적대감이 사라지고 우정이 생길 수 있는지를 잘 알게 해주었다.

그래서 나는 군대 경험에 대해서 늘 강렬한 좋은 감정을 가지고 살아왔다. 나는 거기서 살아남았고 많은 것을 배웠다. 결핵을 앓았다는 것도 더이상 내 초년생활에 지장을 주지 않았다. 나는 동시대 사람들과 '완전히 한데 엮인' 그런 기분이었다.

# 3

# 윌리엄스대 철학과와 남학생 클럽

1947년 9월 캘리포니아 시에라 사막 고원지대에 있는 YMCA 캠프에서 승마를 가르치며 한 여름을 보내고 나서, 나는 스무번째 생일이 조금 못 되어 윌리엄스 칼리지에 들어갔다. 우리 반에 군복무를 마치고 들어온 학생이 드물었는데, 내가 그 중 하나였다.

학생들이 전부 남자이고 98%가 백인이었던 당시 윌리엄스대에서 남학생 클럽들은 대학생활을 옥죄는 존재였다. 아직 첫 강의를 한 시간도 듣기 전에, 우리는 열여섯개쯤 되는 대학 내 남학생 클럽들에게서 가입 '독촉'을 받고 있었다. 이런 과정이 끝날 무렵엔 우리 반의 거의 90%는 어떤 클럽에든 가입 선서를 한 상태가 되었다. 나머지 10%는 쓰라린 퇴짜를 당했는데, 대개는 종교적인 평가 기준 때문이었다. 2013년 8월 18일 나는 이제 막 세상을 떠난 한 급우의 추도예배를 인도한 적이 있다. 나는 그 예배에 참석한 여섯명의 동창들 한명 한명과 이야기를 나누었다. 그런데 그중 한명이 일부러 나에게 다가

와서, 무려 69년 전에 어떤 남학생 클럽이 그에게 가입을 권하지 않아서 간접적으로 거절당한 느낌이 들어 힘들었던 것을 평생 잊을 수 없었다고 털어놓았다.

서둘러 클럽에 가입하는 과정에서 우리는 가필드 클럽이라는 데에도 가지 않으면 안되었다. 그 클럽은 클럽의 일원이 되지 못한 사람들로 구성되었다. 가필드 클럽의 재학생 회장은 캠퍼스 안의 진정한 리더였는데, 일부러 어느 클럽에도 가입하지 않기로 작정한 인물이었다. 그를 찾아가서 나는 고교시절에는 그런 클럽에 한군데도 가입한 적이 없으며 이곳의 클럽 가입 권유 시스템 전체가 그 타이밍이나 방식이나 목표 할 것 없이 너무 엽기적이라고 말했다. 그래서 나는 좀 다르게 해볼 생각이라고 하면서, 그처럼 제도 바깥에서 활동하는 게 나을지, 아니면 어떤 한 클럽에 가입을 한 다음 내부에서 변화를 시도하는 게 나을지 충고를 해달라고 말했다. 그는 나에게 후자 쪽을 강력히 권했다. 그래서 나는 그의 조언에 따라 파이델타세타(Phi Delta Theta) 클럽에 가입하였다.

나는 윌리엄스 대학에서 철학을 전공했다. 그래서 윌리엄스에서 1924년부터 1960년까지 가르친 철학과 학과장 존 윌리엄 밀러(John William Miller) 교수의 사상적 영향을 지금까지도 무척 많이 받고 있다. 나는 밀러 교수의 소박하면서도 뚜렷한 윤리주의의 모범에 따라서 "인간을 절대로 하나의 물건으로 대하지 않기"로 작정하고 그렇게 노력하며 살고 있다.

밀러 교수는 또한 행동하는 인간, 그리고 선택한 행동으로 정의되고 그 행동에 대해 책임질 줄 아는 인간에게 깊은 관심을 가지고 있었다. 그는 "인간은 타고난 본성을 가진 게 아니라 역사를 가지고 있다"고 자주 말했다. 그리고 학생들에게 자신의 신념에 따라 행동할 것, 그리고 "겉모습 뒤에 숨은 실체를 파헤칠 것"을 강조했고, 나는 정보부 관리로서 평생 그렇게 살려고 노력해왔다. 윌리엄스 대학은 정말 좋은 교육을 하는 대학이었고, 오늘날에도 그런 대학으로 남아 있다. 그리고 밀러 교수는 그런 전통을 가장 모범적으로 보여주는 교수였다.

나의 운동 경력은 솔직히 말해서 좀 특이했다. 나는 키가 6피트 2.5인치(190cm)이고 체중은 180파운드(81kg)쯤 되는 체격이었다. 나는 풋볼과 축구를 하려고 나서봤지만, 경험이 없어서 형편없는 실패로 끝나고 말았다. 그래도 배드민턴은 잘 치는 편이어서 비공식팀을 하나 조직했는데, 단 한번 가진 컬럼비아 대학과의 시합에서 지는 것으로 끝났다. 나는 신입생 야구팀도 만들었다. 그런데 내가 시합 도중 벤치에 앉아 있는 동안에 클럽 대항 육상경기가 바로 야구장 옆에서 진행되는 일이 있었다. 내가 맡은 종목은 투창이었는데, 나는 거기서 우승을 해서 모든 사람들을 깜짝 놀라게 했다.

나는 비공식 폴로 팀에도 들어갔다. 나는 말을 탈 줄 알고, 우리 팀의 맬릿(mallet, 타구용 막대)을 실을 수 있는 스키 선반이 달린 차도 한 대 있었다. 하지만 나는 왼손잡이였는데 그 폴로 팀에는 왼손잡이 선수가 한명도 없어서 짝이 맞지 않았다. 우리는 그곳 주민 한 사람이 폴로용 말들을 모두 끌고 겨울을 나기 위해 남쪽으로 떠나는 10월이 될 때까지는 언제나 폴로를 했다. 그러다가 다음해 2월이나 3월이 되면 예일대나 코넬대 같은 곳에서 경기를 함께 하자는 연락이 왔다.

그 결과는 솔직히 일방적인 게임으로 끝났다. 내가 가장 잘했다고 말할 수 있는 거라고는 말에서 한번도 떨어진 적이 없다는 것뿐이다. 내가 윌리엄스에서 쌓은 보잘것없는 운동 경력은 전부 다 해봤자 그 정도였다.

1951년 윌리엄스 대학에서는 남학생 클럽의 운영체계를 변화시킬 필요가 있는지를 평가하는 대학위원회가 처음으로 구성되었다. 위원장으로는 스털링 교수가 지명되었고, 우리 클럽의 회장으로 뽑힌 나는 위원회 일도 열심히 했다. 내가 졸업한 이듬해에 우리 클럽은 유대인 학생 한명을 입회시켰는데, 그 즉시 전국 남학생 클럽연합에서 자동 축출되고 말았다. 그곳은 '아리안'(Aryan) 회원들만을 허용하기 때문이었다. 오늘날에는 남학생 클럽 같은 것은 사라진 지 오래이고 대학 학생회도 절반은 여학생들로 구성되어서, 윌리엄스 대학도 내가 다닐 때에 비하면 훨씬 더 풍요로운 캠퍼스 생활이 이뤄지고 있다.

윌리엄스의 뛰어난 교수 중 또 한 사람으로는 다소 악명 높은 정치학자인 프레드 슈먼(Fred Schuman)이 있었다. 유럽에서 태어난 그는 미국과 소련 사이의 급증하는 긴장을 대단히 근심스럽게 보고 있었다. 1학년을 위한 '정치학 101' 강의에서 그는 이렇게 엄숙하게 선언했다. "나는 1차 세계대전 이전에 태어났고, 2차 세계대전에서 살아남았고, 3차 세계대전에서 죽을 것으로 예상한다."

슈먼 교수의 말은 1948년 베를린 장벽이 설치되고, 1949년 중국 공산당이 집권하고, 나중에 1950년 한국전쟁이 시작되는 상황에서는 대단히 불길한 예언처럼 들렸다. 1951년 트루먼 대통령이 맥아더 장군을 해임한 사건은 대학 캠퍼스를 딱 둘로 갈라놓았다. 그리고 이제 막 졸업을 앞둔 우리들은 앞으로 긴장과 불확실성으로 가득 찬 세계의 일원으로서 일하며 살아가야 한다는 것을 알고 있었다.

3학년 중간쯤이 되었을 때, 국가안보국(NSA, National Security Agency)에서 나에게 접근해왔다. 혹시 워싱턴으로 돌아가서 포트 미드(Fort Meade)에서 일하고 싶은 의향이 있는지를 알아보려는 것이었다. 그 NSA 모집인은 안경을 쓴 책을 좋아하는 40대 남자였는데, 내가 암호해독에는 전혀 관심이 없다는 것을 금방 알아차렸다. 그래서 몇분 동안 친근한 대화가 오간 다음 그 사람은 나에게 CIA에 들어가는 걸 생각해보라고 권했다.

나는 CIA가 무슨 일을 하는지 거의 알지 못했기 때문에, 그곳의 주된 목적이 무엇이냐고 물어보았다. 그러자 영원히 잊을 수 없는, 그리고 약간은 냉소적인 대답이 나왔다. "아, 그 사람들은 비행기에서 뛰어내리고 이 세상을 구원하러 다니는 일을 하지!"

그 한마디 대답이 나를 CIA로 이끌어서 31년간 일하게 만들었다. 나보다 더 쉽게 모집에 넘어간 사람들이 많이 있을진 모르겠다.

그렇지만 최소한 또 하나의 강력한 동기는 있었다. 나의 아버지의 영향을 말하지 않을 수 없다. 아버지는 전쟁을 싫어했다. 1916년(판초 비야 검거작전 때) 콜로라도 주방위군으로 멕시코 국경에서 군 의료부대원으로 복무했고 1918년 육군 일병으로 프랑스 전선에 파견되었던 아버지는 직접 전쟁을 체험했다. 그래서 더이상은 전쟁과 관련되기를 싫어했다.

1939년 미국의 팬암 항공사에서 최초의 대서양 횡단 항공우편 배달을 시작하였다. 아버지는 대서양 왕복 비행기편의 첫날 배달 분으

1951년 윌리엄스 대학 졸업식에서 룸메이트이자 절친인 빌 에버렛과 함께. (맨 오른쪽이 나의 어머니 루시 P. 그레그, 그 옆이 나.) 이때 나는 이미 CIA에 가기로 한 상태였다. (가족 사진)

로 나에게 1939년 5월 17일자 편지를 보냈다. 편지에는 이렇게 쓰여 있었다.

"너희 세대는 앞으로 국가간에 우호적으로 공동계획을 세울 수 있는 방법을 찾아내야 한다. 그리고 어떻게 하면 모든 나라들이 세계라는 공동체의 일원으로 살아갈 것인가에 대해 점점 더 이기심을 버리고 대응해나가야 한다. … 어쩌면 그것이 네 삶의 목표가 될 것이다. 아버지는 사랑하는 마음으로 진정 그렇게 되기를 바라고 있다."

아버지의 그런 생각에 깊은 영향을 받아서, 나는 정보원으로서의 내 임무를 세계 여러 나라 사이의 더 큰 갈등을 방지하는 길로 여겼다고 할 수 있다.

나는 CIA 입사 초기에 YMCA 간부의 아들이 CIA에 들어갔다는 사실이 좀 문제가 있지 않느냐는 질문을 많이 받았다. 그럴 때 내 대답은 "나는 정보부의 일을 '더러운 일'로 여기지 않는다"는 것이었다. CIA 요원들과 외국 정보요원들의 가장 효율적인 관계는 강압이 아니라 신뢰 관계에 기초를 둔 것이었다. 그렇게 해서 얻어낸 정보라야 잘못하면 전쟁에 이르게 될지도 모르는 계산착오로부터 우리를 구해낼 수 있는 것이다.

대학시절의 마지막 학기가 끝날 무렵, 나는 끝도 없이 긴 CIA 지원서의 칸을 다 채워넣고 비밀리에 면접을 거쳤으며, 거짓말 탐지기까지 통과했다. 그리고 윌리엄스대의 마지막 시험이 끝난 하루 이틀 뒤에 워싱턴에 가서 신고하라는 명령을 받았고 1951년 6월에 며칠 휴가를 얻어 대학에 돌아가 졸업식에 참석했다.

나는 우등으로 졸업했지만, 거기에 대해서는 아무런 낭만적인 흥미도 없었다. 내 가슴은 이미 3학년 말에 멍이 들어 있었고, 졸업 당시에는 이미 진정 '환상 제로'의 상태였다.

2

정보활동

# CIA를 위해 비행기에서 뛰어내리기

우리들 CIA 신입사원들은 40명쯤이었다. 모두 대학을 갓 졸업했고 대개는 동부대학 출신이었는데 예일대 출신이 많았다. 우리는 메릴랜드 안가에서 처음 만났다. 그곳을 소개하는 첫 강의에서 우리는 앞으로 CIA 정책조정실에서 군인에 준하는 신분의 공무원으로 일하게 된다는 것을 알게 되었다.

나는 다른 훈련생들과 깊은 우정을 쌓지는 않았지만, 잭 다우니 (Jack Downey)는 나에게 여러가지로 인상 깊은 젊은이였다. 그는 우리 그룹에서 최고로 우수한 사람이었고, 나는 나도 그렇다고 생각했다. 그러나 잭은 머리가 좋고 호감이 가는 인물일 뿐 아니라, 대학 운동선수로는 내가 감히 범접할 수 없는 기록을 갖고 있었다.

처음 몇주일 동안 우리가 받은 훈련은 기본적인 것들이었고, 특별히 인상적인 것은 없었다. 교관들은 자신들의 정보 업무에 관해서는 좀체로 말하지 않았기 때문에, 우리는 그 사람들은 얘기할 만한 것이

별로 없나 보다고 느꼈다. 우리는 노상(路上) 경계법, 비밀 접속 장소, 안전 또는 위험 신호, '차단' 원칙과 '알 필요'가 있는 것만 아는 수칙들(자신의 임무 외에는 알지 못하게 하는 안전 수칙을 이른다)에 관해서 배웠다.

그것은 모두 아주 초보적인 것들이었다. 예를 들면, 분필로 우체통에 회동을 알리는 표시를 하기, 정해진 요원이 가져갈 수 있게 서류를 안전하게 숨길 곳 찾아내기, 밤중 특정 시간에 오는 전화 벨소리 횟수를 세어 세번 울리면 어떤 특정한 사건, 네번 울리면 또 다른 어떤 일이 생긴 것을 알아채기 등등이었다.

우리는 사람들이 눈치 채지 못하게 미행하는 일에는 특히 서투른 편이었다. 교관 중에는 어떻게든 미행하는 우리를 찾아내고는 따돌리고 마는, 꽤나 의기양양해하는 사람이 하나 있었다. 우리는 그가 미행하는 사람들을 따돌리는 것만큼 남을 미행하는 것도 능숙할지 궁금했다.

훈련 실습이 끝나고 그 사람과 만나는 자리에서, 그가 감시원으로 잠복해 있는 우리를 언제 찾아냈는지, 그리고 그뒤에 우리를 어떤 식으로 혼란에 빠뜨려 따돌렸는지 설명하는 것을 들으면 모두 창피한 느낌이 들었다. 우리는 대부분 키가 큰 편이었는데 그는 항상 그런 일을 하는 데에는 '작고 눈에 안 띄는 사람'이 얼마나 가치있는지를 강조했고, 우리는 분명 그런 사람이 아니었다.

우리의 가장 큰 적은 미군이 한국전쟁에서 직접 전투를 벌이고 있는 소련과 중국이었다. '공산주의의 확산'은 그것이 발생하는 곳이면 어디든지 우리가 싸우러 가야 하는, 일종의 국제적 바이러스로 표현되었다. 특히 소련사람들은 무자비하고 폭력적인 사람들로 묘사되었다. 그들은 확고부동한 공산주의 사상을 가지고 있는 인간들이어서, 그들을 정보원으로서 포섭하는 일은 위협과 강압을 행사하지 않고는 절대로 불가능하다고 배웠다. 우리가 배운 작전의 실제 사례들은 2차대전 중 미국의 OSS(Office of Strategic Services, 전략정보국, CIA의 전신)와 영국의 MI6(Military Intelligence Section6, 해외정보국)의 작전 경험으로부터 얻은 자료들이었다.

메릴랜드에서 약 6주간 훈련을 받은 뒤에, 우리는 조지아주 포트 베닝으로 보내어져 그곳에 있는 보병학교에서 12주 동안 군사훈련을 받았다. 우리는 모두 '신분을 숨기기 위해서' 가명을 사용했다. 나는 '윌리엄스'라는 이름을 골랐는데, 그 이름이 억압 상황에서도 잘 생각날 것 같아서였다. 그 훈련은 최고였다. 우리는 유럽과 아시아에서 전투 경험이 있는, 훈장을 받은 전쟁영웅들에게 배웠다. 그들의 강의는 실전을 통해 터득한 귀중한 내용이었다.

포트 베닝은 나무가 거의 없는 모래땅 위에 제멋대로 뻗어나가 있는 군사기지였다. 우리는 8월과 9월에 거기에 있었는데 날씨는 자주 섭씨 32도를 넘었고 습도도 높았다. 바로 건너편에 피닉스시가 있었지만, 여가시간을 즐기려면 앨라배마주의 채터후치강을 건너가야 했다. 거기는 싸구려 술집들과 산전수전 다 겪은 여자들이 많이 있고, 주먹질과 싸움이 넘쳐나는 곳이었다.

그 당시 한국전쟁은 전혀 잘 풀리지 못하고 있어서, 많은 전투부대가 그쪽에 투입되고 있었다. 거친 분위기의 술집에서 유난히 입이 험한 코미디언은 매일 밤 경고 형식의 개그로 공연을 마감했다. 그 마지막 대사는 "사람들이 걸리기 싫어하는 가장 무서운 질병 세가지는? 매독, 임질, 한국 파병!"이었다. 우리 그룹의 예일대 졸업생들은 그 훈련 뒤에 많이 떨어져나갔다. 이유는 자기가 CIA 요원의 소질이 없다고 느꼈거나, CIA가 자기들이 기대했던 그런 곳이 아니라는 걸 눈치챘기 때문일 것이다.

나는 3주일간의 공수훈련을 특히 잊을 수 없다. 훈장을 엄청나게 단 공군 대령 한명이 낙하산 훈련을 같이 하기 위해 우리 그룹에 합류했다. 그는 폭격기 조종사로 25번의 대독일군 전투 임무를 공중에서 수행한 사람이었다. 나는 그 사람과 상당히 친해졌는데 그는 전시 조종사로서 겪은 일을 얘기해주었다. 대령은 모종의 폭격 임무를 위해 이륙하기 앞서 그날 자신들이 어쩐지 격추당할 것 같은 느낌이 든다고 말하던 몇 조종사들을 특히 기억하고 있었다. 대부분의 경우 그들은 자신들의 말대로 되었다. (그건 흔히 "농장을 산다"고 표현했는데, 죽는다는 뜻이다)

대령의 이야기는 25번에 걸친 임무 수행이 막바지에 접어들 무렵으로 이어졌다. 어느날 아침 잠이 깼을 때 그는 그들과 똑같은 운명적 느낌이 들었다. 그래서 동료들 몇에게 그 이야기를 했다. 일단 비행을 시작한 뒤에도 여전히 공포감에 짓눌려 평소보다 경계심이 훨씬 떨어질 수밖에 없었다. "나는 부조종사 덕분에 살았지. 접근해 오는 독일 전투기 몇대를 좀더 빨리 발견했어야 하는데 나는 그러지 못했어. 그 친구가 그걸 알아채고 빨리 대응을 해서, 정말 아슬아슬하게 격추를 피할 수 있었지."라고 그가 말했다. 그런 경험을 하고 나자 그는 죽을 것 같은 예감이 든다는 조종사들에 대한 설득 작전에 나섰다. 그런 날은 각별히 더 집중력을 발휘해서 두려운 예감 때문에 스스로 예언을 실현하는 일이 없도록 하라고 당부했다.

낙하산 훈련의 가장 무서운 순간은 우리 훈련생들이 34피트(약 10미터) 높이의 도약대에서 뛰어내려야 할 때이다. 그때 우리 몸에 묶여 있는 멜빵은 잠깐 동안의 낙하 뒤에 우리를 붙잡아주고 이어서 비스듬히 설치된 와이어 케이블을 타고 땅에까지 내려가게 해준다. 34피트 높이라고 하면 별로 높지 않은 것처럼 들리지만, 위에 올라가서 아래를 내려다보면 아득히 먼 거리처럼 느껴진다. 일단 뛰어내리면 떨어지는 순간은 잠깐이고, 곧 멜빵이 내 몸을 뒤로 홱 잡아채는 힘을 느끼면 최고의 안도감을 갖게 된다.

이날 그 공군 대령이 생전 처음 낙하를 해보는 순서가 되었을 때, 나는 그의 바로 뒤에 있었다. 그는 도약대 끄트머리에서 얼어붙어 점프를 하지 못했다. 훈련 조교는 즉각 그 증상을 알아채고 그를 도약대 끝에서 뒤로 잡아끌었다. 그리고 그를 서둘러 공수탑에서 내려가게 했다. 훈련 조교들은 공포감이 전염이 잘 된다는 것을 알고 있었기 때문에, 신속하게 조치해서 그것이 퍼져나가는 것을 막았던 것이다.

대령이 끌려나갈 때 그의 얼굴에 나타난 수치스런 표정을 영원히 잊지 못할 것이다. 그는 마치 감옥으로 끌려가는 죄수처럼 보였다. 우리는 두번 다시 그를 보지 못했다. 나는 얼어붙는 것이 너무 두려운 나머지 뛰라는 신호를 받기도 전에 뛰어내렸다. 그래서 땅에 내려와서는 벌로 팔굽혀펴기를 여러번 해야 했다.

셋째 주에는 34피트 공수탑 뛰어내리기와 250피트 공수탑 꼭대기로 끌려 올라가서 미리 펴져 있는 낙하산을 타고 뛰어내리기 등 낙하산 착지를 위한 하강 연습을 끝없이 되풀이했다. 그런 다음에 실제로 비행기에 타고 공중낙하를 하는 시간이 돌아왔다. 우리는 모두 공포에 질려 있었는데, 그건 뛰어내리는 게 무서워서가 아니라 열린 문 앞에서 얼어붙어 뛰어내리지 못하게 될까 봐서였다.

비행기 안에서 돌처럼 굳은 얼굴로 앉아 있을 때, 나는 동료들에게 왕고-왕고 새 이야기를 들려주어 분위기를 풀어보려고 했다. 그것은 내가 캠프 아멕(Camp Ahmek)에 있을 때 어떤 캐나다 친구로부터 들은 이야기였다. 그 친구는 동물 흉내로 동물원 하나를 통째로 만들어냈는데, 그중에는 '타이트스킨드-우탕'(tight-skinned-Utang, 쫄바지 입은 오랑우탄)이나 '레드-애스드 캥거루'(red-assed kangaroo, 안달이 난 캥거루)처럼 웃기는 이름들이 들어 있었다.

나는 친구들에게 왕고-왕고라는 새가 끝없이 하늘로 올라갔다가 땅으로 거꾸로 떨어지면서 이상한 소리로 울어대서 그 소리가 이름이 된 거라고 이야기해주었다. 그 소리는 새의 언어로는 "이 빌어먹을 바람을 한번 느껴봐라!"라는 뜻이라고 말해주었다. 그 말에 약간 웃음이 터져나왔고, 그 순간 나는 "왕고 왕고!" 하고 고함치며 비행기 밖으로 튀어나갔다. 적어도 그 경우만은 유머가 공포를 이겨낸 것이다.

낙하산 훈련학교를 마친 다음에, 우리가 CIA에서 온 것을 알고 있는 어떤 대령이 우리들의 상의에 낙하산부대의 날개 모양 휘장을 꽂아줬다. 그러나 5분 뒤에 우리는 행정 장교에게 '우리 각자의 사물함에 보관하기 위해' 그 휘장들을 도로 내줘야 했다. 그날 이후 지금까지 나는 그 휘장을 한번도 본 적이 없다.

2011년 4월 나는 비행기 안에서 어떤 젊은 병사 옆자리에 앉았는데, 그는 나에게 이제 막 자기가 포트 베닝에서 낙하산 훈련을 마쳤다고 자랑스럽게 말했다. 우리는 거기에 대해 서로 얘기를 나눴는데 둘 다 깜짝 놀랐다. 60년의 시차에도 불구하고 훈련의 진행 과정, 사용하는 용어, 거기서 채택한 낙하산의 형태에 이르기까지 경험이 완전히 일치했기 때문이다. '망가지지만 않았다면 고치지 말고 그대로 쓰라'라는 경구가 미 육군의 낙하산 훈련에도 적용되고 있는 게 분명하다.

# 5

# 택시에서 만난 아름다운 여인

내 인생을 되돌아볼 때, 그토록 고뇌에 찬 심사숙고 끝의 선택, 여러가지 대안을 두고 신중하게 재보기, 존경하는 어른들에게 자문을 구해서 결정한 일들이 많았음에도, 결국 태어난 것 말고는 가장 중요한 일이 결정된 것은 실수나 우연히 내 손에 떨어진 기회로 인한 것이었다. 그것을 확실하게 깨닫고 나니 그야말로 숙연함이 느껴질 정도이다.

1951년 10월 나는 포트 베닝에서 훈련을 마치고 워싱턴으로 돌아갔다. 나는 워싱턴 D. C. 조지타운의 나무 그늘이 짙은 거리에 있는 어머니의 여동생 샬럿 핀니 이모 집에서 지냈다. 그곳은 31번가에 있는 높고 좁다란 건물로, 두채의 콘도미니엄 아파트로 나눠져 있었다. 건너편 집에는 나지브 할라비(Najeeb Halaby) 가족이 우리 이모와 따뜻한 우정을 나누며 살고 있었다. 나지브씨는 나중에 팬암(Pan Am)사의 CEO가 된 사람이다. 그리고 훨씬 뒤에 그의 딸 리사는 요르단의 왕비가 되었다. 나는 '누르 왕비'(Queen Noor)를 여러해 뒤에 암만에서 만났는데, 우리는 50년대 초 조지타운에서의 생활을 회상했다. 그 추억에는 그 집에서 키우던 무척 귀여운 까만 푸들 강아지도 들어 있었다.

어쨌든 1951년 10월 어느 주말, 이모네 아파트에서 지내던 나는 어머니를 만나러 헤이스팅스로 돌아갔다. 어머니는 언제나 그랬지만, 내가 직업상의 어떤 결정을 내렸을 때에는 적극적으로 지지해주었다. 모처럼의 방문기간을 우리는 즐겁게 보냈다. 그리고 내가 워싱턴으로 돌아갈 때가 되자 어머니는 "깨끗한 손수건은 가지고 있니, 지갑은 갖고 있니, 기차표는 잃어버리지 않았겠지?" 하고 조목조목 물어가며 점검하였다.

손수건은 있었지만 지갑과 기차표가 보이지 않았다. 우리는 한시간 이상 온 집 안을 뒤진 끝에 마침내 거기 있는 동안 한번도 들어간 기억이 없는 방 의자 옆에 떨어져 있는 지갑을 찾았다.

나는 표를 예매해두었던 뉴욕발 워싱턴행 기차를 놓치게 된 것 때문에 골치가 아팠다. 뉴욕을 경유하는 다른 열차는 훨씬 더 늦은 시간에 있어서 아주 늦게야 워싱턴에 도착할 수 있었다.

어머니에게 작별인사를 하면서 나는 머릿속으로는 혹시 기차 안에서 아름다운 금발의 미녀를 만날지도 모른다는 엉뚱한 기대를 해보았다. 하지만 그런 행운이 있을 리 없었다. 나는 사람들로 꽉 찬 기차칸에서, 술 취한 어떤 사람의 옆에 앉아서 불쾌하기 짝이 없는 여행을 해야만 했다. 자정쯤에 워싱턴의 유니언역에 도착했다. 그리고 역의 서쪽 끝, 택시를 잡을 수 있는 곳으로 달려갔다.

사람들이 홍수를 이루며 몇 안 되는 택시를 잡으려 다투고 있었다. 몇 분이 지나자 어떤 운전기사가 "조지타운!" 하고 외치는 소리가 들렸다. 그리로 달려가자, 기사가 앞자리에 타라고 하였다. 택시 안으로 머리를 디밀어보니 뒷자리에는 세 남자가 억지로 끼여 앉았고 앞자리도 벌써 한 사람이 차지하고 있었다. 앞자리의 승객은 무릎 위에 짐 보따리를 얹어놓고 있는 굉장히 아름다운 여인이었다. 나는 비집고 들어가서 그녀 옆에 앉았는데 그 즉시 그녀에게 홀딱 반했다. 그래서 어떻게든 좋은 인상을 주려고 속으로 지독하게 애를 태웠다.

　그 어여쁜 길동무와 너무 가까이 붙어 있었기 때문에 내가 멍청이같이 목을 길게 빼지 않고서는 그녀를 바라보기가 어려웠다. 그래도 어깨까지 닿는 긴 밤색 머리칼과 광대뼈가 보기좋게 나온 볼과 반짝이는 갈색 눈을 가진 아가씨라는 걸 알 수 있었다.

　간단한 얘기들이 이어졌지만, 각자의 신분을 가장 실제와 가깝게 드러낸 것은 이제 갓 졸업한 대학, 미들베리 대학과 윌리엄스 대학을 밝힌 것과 둘 다 '정부'를 위해 일한다고 주장한 것 정도였다.

　다행히도 사랑스러운 앞자리 동반자가 우리 일행 중 가장 먼저 자기 집 문앞에 도달했다. 나는 그녀와 짐 보따리가 택시 밖으로 빠져나오게 도와주었다. 그리고 조심스럽게 집주소를 메모해두었다. 그녀의 키가 무척 큰 게 인상적이었다. 180cm는 넘어 보였다. 우리는 웃는 얼굴로 작별인사를 나눴다. 이모집에 도착하자마자 나는 내 방으로 급히 뛰어들어가서 "미지의 여신! 토머스 제퍼슨가에 살다!"라고 적었다. 나는 무척이나 그녀를 다시 만나고 싶었지만, 내 이름을 불쑥 말하거나 그녀의 이름이 뭐냐고 묻는 방식으로 우리의 순전히 우연한 만남을 면접시험처럼 만들고 싶지는 않아서 그렇게 하지 않았다.

나에게는 차가 한대 있었다. 연노랑색의 1949년형 시보레 컨버터블이었다. 나는 할 수 있을 때마다 일부러 차를 몰고 그녀의 집 앞으로 지나다녔다. 우리는 거리에서 두번 마주쳤고, 마침내 CIA 도서관에서 제대로 마주쳤다. 나는 "제 소개를 해도 될까요?" 하고 물었다.

"그러세요." 하고 그녀가 대답했다. 그렇게 해서 바로 오늘까지도 기쁨으로 이어지는 내 평생의 결정적인 관계가 시작되었다.

우리의 첫 데이트는 버지니아주 시골로 드라이브를 하러 간 것이었다. 그 데이트는 동양 식당에서 식사를 하는 것으로 끝났다. 우리가 나중에 20년 가까이 아시아에서 살게 된 걸 감안하면, 우리의 첫 데이트에는 꼭 맞는 곳이었다. 알고 보니 멕 커리(Meg Curry)와 나는 둘 다 CIA 직원이었다. 그리고 미들베리 대학에서 러시아어를 전공한 그녀가 나보다 더 직급이 높다는 것도 알았다.

또 한가지 알게 된 사실은 『뉴욕타임스』에 실린 그녀의 사진을 내가 본 적이 있다는 것이다. 미들베리 대학의 윈터 카니발 때 졸업생 대상의 홈커밍 퀸 대회에서 그녀가 최종 후보 6명에 든 사진이었다. 사교적인 면에서는 완전 황무지이던 대학시절에 그 사진을 보면서, 어째서 나는 이런 미인을 한번도 만나지 못하는 걸까 한탄했던 것을 뚜렷하게 기억한다.

그런데 결국 만난 것이다.

멕과 나는 그뒤 5~6개월 동안 데이트를 했고 그 과정에서 멕은 우리 어머니를 만나기도 했다. 하지만 나의 북극권 극지 생존훈련 때문에 우리 연애는 중단되었다.

그런 다음에 갑자기 첫번째 해외파견 임무가 주어져서 나는 정말 하기 어려운 작별의 말을 하지 않을 수 없었다. 그 우울한 날 밤에 우리는 네 사람이 자리를 함께했다. 나의 대학시절 룸메이트이자 평생 친구인 빌 에버렛이 워싱턴에 와 있었다. 멕은 그를 위해 같은 부서의 친구인 샐리와의 데이트를 주선했다. 멕은 그날 밤 맥아더가에 있는 샐리의 아파트에서 묵을 예정이어서, 나는 그 집 앞 거리에서 슬프고 가장 불만스러운 작별인사를 하지 않으면 안되었다.

우리 두 사람만 있었더라면 좀더 잘 할 수 있었을지 모른다. 솔직히 그때는 뻣뻣하게 굳어서 어눌하게 말을 했다. 빌과 함께 묵고 있는 이모집으로 돌아오는 길에 빌은 내가 괜찮게 했다고 말해주려고 애썼다. 하지만 나는 내가 잘 못했다는 것을 알고 있었다.

나는 다른 남자들이 멕을 따라다닐 거라는 것을 알고 있었다. 그런데 정말로 내가 떠나 있었던 14개월 동안 멕은 성직자, 해군 장교, 남부의 귀족, 그녀를 나이트클럽 가수로 만들어주겠다는 어떤 남자의 구혼을 모두 거절했다.

나는 언제 돌아올 수 있을지, 아니면 돌아올 수 있기나 한 건지 전혀 알 수 없었기 때문에, 멕에게 작별인사를 한 그날 밤은 내 인생의 최악의 순간 중 하나였다.

그러나 어머니가 또 한번 나에게 큰 도움을 주었다. 워싱턴에서 멕을 만난 어머니는 그녀와 친구가 된 것이다. 나는 지금도 어머니의 그런 노력 덕분에 멕이 나를 기다리는 게 좀더 쉬웠을 거라고 여기고 있다.

내가 아시아로 떠난 지 2개월도 안 되어 나에게 주어진 베트남에

멕 커리와의 즐거운 결혼식. 1953년 7월 4일 뉴욕 아먼크의 쎄인트 스티븐 성공회 교회에서. (빌 에버렛 사진)

서의 위험한 작전이 엉터리라는 것이 드러났다. 그래서 나는 2년간 순환근무를 하도록 베트남 대신 싸이판으로 보내졌다. 이제는 앞날이 좀더 확실히 정해졌기 때문에 나는 멕에게 더욱 진지한 어조로 편지를 계속 써보내기 시작했다. 그리고 싸이판에서 1년을 지낸 뒤 1953년 5월에 자비를 들여 뉴욕으로 돌아가 곧바로 그녀에게 청혼을 했다. 싸이판에 가서 생활해야 한다는 조건도 들어 있었다.

멕이 나의 청혼을 받아들여서 우리는 1953년 7월 4일 결혼했다. 결혼식날 멕이 쎄인트 스티븐 교회의 식장에 들어오면서 나를 향해 보인 눈부신 미소를 영원히 잊을 수 없을 것이다. 그녀는 지금도 끊임없이 내 인생의 등불을 밝혀주고 있다. 우리 두 사람 사이는 세월이 지나면서 더욱 깊어지고 풍부함을 더해간다. 나는 진정 축복받은 사람이며 우리의 만남은 운명적으로 '이렇게 살도록 정해져 있었다'고 믿고 있다.

결혼한 지 몇주가 지나서, 나는 멕을 데리고 팬암 항공사의 보잉 377 스트라토크루저(Stratocruiser)기를 타고 싸이판으로 돌아갔다. 그 호화 여객기에는 더블베드가 있었고 아래층은 칵테일 라운지였다. 아, 좋았던 옛 시절! 그때는 비행기를 탔다 하면 누구나 1등석이었다.

하지만 제트 엔진 이전이던 그 시절에는, 싸이판까지는 장시간 비행이었다. 쌘프란시스코에서 호놀룰루까지 6시간이 걸렸고 거기에서 우리는 하룻밤을 보내야 했다. 다음날은 웨이크섬으로 날아가서 재급유를 받고 꽘까지 비행한 다음에, 다시 꽘에서 비행기를 갈아타도록 되어 있었다.

꽘에 착륙하는 동안, 우리의 스트라토크루저가 방향을 잘못 잡아서 제트 전투기 전용활주로로 사용되는 좁은 유도로로 들어갔다. 그 결과 앞쪽에 쳐 있던 견인 와이어에 걸려서 여객기의 왼쪽 날개 끝이 싹둑 잘려나가버렸다. 멕과 나는 조종석 바로 뒤의 칸막이 객실에 있었다. 그래서 나는 날개 끝부분이 땅에 떨어지는 것을 보았지만, 승무원들은 그것을 보지 못했다. 내가 팬암의 긴 역사에서 조종사에게 비행기 왼쪽 날개 끝부분이 잘려나갔다고 말할 기회를 가졌던 유일한 인물이 아닐까 생각한다.

조종사들은 경악했고, 당황했고, 그런 다음에는 관제탑을 향해 분노를 터뜨렸다. 나머지 다른 탑승객들은 꽘에서 5~6일을 기다려야 했다. 예비용 날개 끝부분을 공수해와서 제자리에 부착시켜야 했기 때문이다. 당시 꽘에는 변변한 호텔조차 없어서 우리는 그날 밤 물이 새는 비행기 격납고 콘크리트 바닥 위 야전침대에서 보내야 했다. 격납고 바닥은 얼마 전 지나간 태풍으로 흠뻑 젖어서 여기저기 물웅덩이가 생겨 있었다.

우리는 다행히 그다음 날에는 싸이판행 단거리 비행기인 미 해군 초계기를 얻어 탈 수 있었다. 많은 원주민들과 함께 그들이 가지고 온 병아리, 새끼돼지들을 기체 아래 화물칸에 태운 채 모두 함께 날아갔다. 정장 투피스에 모자와 장갑까지 착용한 멕의 싸이판섬 입성은 선풍적인 인기를 몰고 온 사건이었다. 그때까지 성격이 괴팍한 노총각인 나를 1년 동안이나 참고 견디어준 섬 친구들에게 신부를 소개하는 것이 너무나도 자랑스럽고 행복했다. 그 당시에 역시 CIA 직원과 결혼한 루시 블랜턴은 우리를 특별히 따뜻하게 맞아주었는데, 루시는 지금까지도 우리 가족의 절친한 친구로 지내고 있다.

나는 잘려나간 스트라토크루저의 날개 끝부분이 어떻게 내 시각을 정보요원답게 작동시켰는지 정확히 알 수는 없지만, 어떤 방식으로든 영향을 받았다는 것은 확신하고 있다. 그 시절에 사람들은 눈을 크게 뜨고 있어야 한다고 배웠다. 지금에 비해서 기술은 훨씬 더 조악했고, 인간이 실수를 범할 기회는 항상 널려 있었다.

싸이판은 아름다운 섬으로, 세계 최북단의 산호초가 서식하고 있는 곳이다. 1944년 2차대전 중 최악의 혈투가 벌어진 전쟁터였던 이곳은 1953년에도 섬 안과 주변에 전쟁이 남긴 폐기물들이 여전히 어지럽게 흩어져 있었다. 반쯤 가라앉은 배, 녹슨 탱크들과 깊은 정글 속에는 섬을 방위하던 일본군의 해골들도 널려 있었다. 불발탄도 많아서 위험했기 때문에 어떤 지역은 출입금지 구역이었다. 우리는 전시에 일본군이 마지막으로 '반자이 돌격전'을 벌였던 바닷가에서 조금 올라온 곳에 지어진 퀸셋 막사에서 살았다. 파도 소리가 언제나 우리와 함께 있었고, 우리는 점점 더 그 소리를 사랑하게 되었다.

　내가 싸이판에 온 첫해 동안은 해변 바로 옆에 지어진 독신 장교 숙소(BOQ)에서 살았다. 1952년 12월 5일, 내 25번째 생일날 밤이 생각난다. 잠들기 전 침대에 누운 채 큰 소리로 부딪쳐오는 파도소리를 들으면서, 지금까지 언제나 철썩여왔고 앞으로도 언제까지나 철썩일 그 소리에서 난생 처음으로 언젠가 죽어야 하는 인간 존재의 운명을 무척 가깝게 느꼈던 것을 기억한다. 그때는 얼마간 멕에게서 아무 소식도 오지 않아서 그녀를 잃어버릴 것 같아서 걱정이 되었다. 나 자신이 아주 작고 덧없는 존재이며 외롭다고 느꼈다. 그러나 멕이 일단 내 옆으로 오자 금세 모든 것이 완전히 달라졌다.

# 아이다호의 어치새에게서 무한성을 엿보다

이전에 준군사훈련을 받는 동안, 우리 가운데 어느 누구도 어디로 배치될 것인지, 또는 무슨 임무가 주어질 것인지 분명히 아는 사람은 없었다. 포트 베닝에서 몇주일간 훈련을 마친 뒤에 우리는 리플렉팅 풀(Reflecting Pool, 워싱턴 D. C.에 있는 워싱턴기념탑 앞의 길이가 약 7백 미터 되는 장방형 연못)을 따라 서 있는 가설 건물로 돌아왔고, 그곳에서 우리는 우리들 각자의 미래가 어떻게 될지를 알게 되었다. 그곳은 1차 대전과 2차대전 때 사용된 이래로 여전히 남아 있는, 금방이라도 쓰러질 듯한 가건물이었다.

나는 훈련 이수 성적이 좋았다. 그리고 기회 있을 때마다 '전투가 벌어지고 있는' 아시아로 가고 싶다고 말해왔다. 그 때문에 유럽에 있는 어떤 넓은 군대 창고에서 확실하지 않은 임무를 인수하기 위해 불가리아어를 배우게 돼 있다는 사실을 알고는 실망했다. 그뒤 불가리아어 공부를 시작한 지 5~6주의 시간이 흘렀지만, 그동안에도 나는 아시아로 배치되기를 원한다는 점을 분명히 해두었다.

내가 유럽에서의 내 미래에 대해 의문을 제기하면서, 거듭 아시아 지역에 배치되기를 희망한다고 말한 것이 상관들 마음을 움직였다. 1952년 초에 나는 아이다호주에서 행해지는 극지 생존훈련에 참가하라는 명령을 받았다. 그것이 내가 제기한 불만에 대한 벌인지 아니면 포트 베닝에서의 내 성적에 대한 상인지, 아직도 확실히 알 수 없다.

약 20명의 다른 훈련생과 나는 비행기로 아이다호주 마운틴 홈이란 도시에 있는 어떤 공군기지에 후송되었다. 거기서 우리는 교관들과 대면했다. 그들은 대단히 거칠면서도 유능하게 보이는 집단이었다. 우리는 앞으로 3주일 동안 고락을 같이하게 될 설피와 슬리핑백을 지급받았다. 처음 며칠은 아이다호주 북부에 있는 페이에트 호수의 호반에 설치된 낙하산을 재활용해 만든 원뿔형 티피 천막에서 보냈다. 우리는 소나무와 향나무 가지들을 잘라서 바닥에 깔았다. 그리고 티피의 꼭대기에 있는 연기 통풍구를 조절하는 방법을 배우자 막사는 상당히 쾌적하고 편안한 숙소가 되었다.

토끼 덫을 만드는 법과 호수의 얼음을 깨고 고기를 낚는 법을 배우려고 애쓰면서 보낸 그 시절은 상당히 목가적이었다. 또 우리는 설피를 신고 활동하는 법도 배웠다. 그리고 곧 우리 키를 훨씬 넘는 깊은 눈 속에서 살아야 할 것이라는 말도 들었다.

일주일도 지나지 않은 어느날 우리 일행은 약 3~4명의 교관들에게 이끌려 설피를 신고 눈 속에서 생존에 필요한 모든 것들을 짊어지고 깊은 산속으로 들어갔다. 그 속에는 교관들이 '페미컨'(pemmican)이라고 부르는, 씹어먹을 수 있도록 반쯤 말린 고기로 된 비상식량도 들어 있었다.

우리 그룹 가운데는 어빙이라는 이름의 롱아일랜드 출신 사교계 명사가 한 사람 있었다. 그가 무슨 이유로 어떻게 해서 우리 그룹에 들어왔는지 아는 바는 전혀 없지만, 우리는 모두 그를 무척이나 좋아하게 됐다. 그는 유머감각이 대단히 뛰어났지만 겉모습은 아주 형편 없었다. 그는 '파이핑 록 클럽'(Piping Rock Club)이라고 인쇄된 커다란 수건을 갖고 다녔다. 그가 그것을 갖고 다니는 것은 자기가 예상하기에 '매우 지저분한' 경험이 될 이번 훈련에 '격조'를 더하기 위한 것이었다.

그의 예상이 맞았다.

어느날 밤 캠프파이어에 둘러앉아 어빙은 그의 어머니가 반년마다 치르는 대란을 들려주어 우리를 즐겁게 했다. 그것은 가을이면 치르는 행사였다. 가을이 되면 그의 어머니는 가족들과 직원들을 모두 롱아일랜드의 햄프턴스에서 플로리다로 이주시켰고, 그리고 다시 봄이 되면 롱아일랜드로 함께 돌아왔다. 이 과정에는 넓은 사유지를 열고 닫는 일과 직원들을 배에 태워 보내고 돌아오게 하는 일의 순서를 잘 정해야 가족들이 손끝 하나 까딱하지 않을 수 있었다. 듣자 하니 그의 어머니는 이동작전의 순서를 제대로 모르고 있었던 것 같다.

우리는 3~4명의 소그룹들로 나뉘었다. 각각의 그룹은 자기 그룹의 잠자리를 만드는 데 쓸 낙하산 반쪽과 땔나무 팰 도끼 한개를 가지고 있었다. 호반을 떠나자마자 곧 가파른 오르막 산길로 접어들었는데, 눈까지 내리기 시작했다. 어빙은 까마득하게 뒤로 처졌다. 어둠이 내리자 우리는 행군을 멈출 수 있었다. 그리고 반쪽의 낙하산으로 밤을 보낼 쉼터를 준비하라는 명령이 떨어졌다. 우리는 불을 피우고, 지급받은 큰 주석깡통으로 눈을 녹여 물을 데워야 했다.

우리는 5~6미터나 깊이 쌓인 눈 속에 있었다. 바람이 불어왔고 가시거리는 아주 짧았다. 성냥을 긋기 전에 우리는 통나무를 여섯개 잘라서, 세개는 동서로 깔고 다른 세개는 남북으로 깔아놓고 그 위에다 불을 피웠다. 이렇게 이중으로 쌓은 통나무 바닥은 불을 피워도 그 밑의 눈이 녹는 것을 막아주었고, 그래서 우리가 바닥 아래로 깊이 가라앉지 않게 해주었다.

우리가 소나무 가지 위로 낙하산 천을 덮어씌우고, 바닥의 눈을 다지고 불을 피울 나무 바닥을 만들기 위해 통나무를 자르고, 불을 피우고 주석깡통에 물을 데우고 나서야 어빙이 캠프 안으로 비틀거리며 들어왔다. 그러고는 큰 소리로 "이 생존자를 보시라!" 하고 외쳤다.

우리는 그를 앉히고 뜨거운 물을 마시게 했다. 그뒤에 페미컨을 쳤다. 어빙은 파이핑 록 클럽 수건을 끄집어내고 두 뺨에 눈물까지 흘리면서, 이제껏 먹어본 것 중에 최고라고 선언했다. 이윽고 활기를 되찾자 어빙은 웃기까지 했다.

하루 더 산을 기어오르고 나서 우리는 페이에트 산맥 꼭대기에 있는 작은 호숫가에 도착했다. 여기서 우리는 전에 배웠던 토끼 덫을 놓는 법과 얼음을 깨고 구멍으로 물고기를 낚는 법을 실습해보려고 했다. 그 의도는 추락하는 비행기에서 낙하산으로 탈출할 수밖에 없을 때 우리가 가진 물건들을 절묘하게 이용하는 법, 다시 말하자면 옷핀으로 낚싯바늘 대용품을 만들거나 낙하산 줄의 일부를 이용해서 올가미를 만들어 사용하는 법을 배우는 것이었다.(나는 어린애도 아닌 다 자란 어른들이 평시에 옷핀을 갖고 다니는지는 확신할 수 없었지만, 더이상 문제를 제기하지 않는 편이 낫다고 생각했다.)

토끼 덫은 특별히 우리에게 좌절감을 안겨주었다. 우리는 긴 낙하산 줄의 끝을 올가미로 만들고 그 줄의 다른 쪽 끝을 오솔길 공중 위로 구부려놓은 작은 나무들의 가지에 묶었다. 그리고 그 오솔길을 가로지르는 곳에 만들어둔 올가미가 접히지 않도록 올가미줄을 지탱해줄 방아쇠장치를 만들기 위해 고심했다. 토끼가 길을 따라 뛰어와서 그 방아쇠장치를 건드려 올가미에 걸리면 공중으로 휙 잡아채도록 만들어야 했기 때문이다.

교관들도 실제로 올가미도 만들고 제대로 작동할 것처럼 보이는 방아쇠장치도 만들었다. 그러나 그들은 그 장치를 만들 때 '이전 생존 훈련 때 이미 만들어둔' 정교하게 깎은 매끈한 나뭇조각을 사용했는데 그런 것은 우리 능력으로는 도저히 할 수 없는 일이었다.

교관들은 능숙하게 도끼를 사용하여 호수의 얼음에 구멍을 뚫는 시범을 보였다. 그리고 줄 끝에 핀을 달고 우리가 가진 페미컨의 지방으로 만든 미끼를 꽂아서 물고기가 꾀도록 상하좌우로 달랑거리게 흔들면서 물속으로 내리는 법을 보여줬다. 그러나 우리 중의 아무도 물고기 한마리도 잡지 못했고 교관들이 물고기를 잡는 모습도 보지 못했다.

그러나 그들은 우리 훈련생들이 먹는 것보다 훨씬 더 공들여 만든 식사를 즐기는 것 같았다. 우리는 하루에 세번씩 페미컨을 우적우적 씹어먹었다. 그리고 우리는 모두 곧 설피, 도끼, 칼, 성냥, 그리고 상당량의 고단백 캔디 바 없이 20피트의 눈 속에 낙하하게 된다면 그건 분명 죽음일 거라는 결론에 도달했다.

우리들은 각자 최신의 극지용 슬리핑백과 고무를 입힌 바닥용 방수천도 지급받았다. 밤이면 우리는 옷을 전부 벗어서 바닥에 깐 방수천 위에 펼쳐놓은 다음, 그 옷 위에 슬리핑백을 놓고 그 속에 들어가서 자라는 지시를 받았다.

그것은 실제로 효과가 있어서 잠을 잘 잤다. 하지만 혹한의 어둠 속에서 용변을 보고 싶어질 때만은 예외였다. 그럴 때면 완전한 나체 상태로 슬리핑백에서 나와 설피를 신고 텐트 밖으로 나가야 하기 때문이다. 아침이면 신발이 딱딱하게 얼어붙어 있었다. 그래서 슬리핑백 속에 몸을 반쯤 넣은 상태로 불을 피워 신발을 녹여야만 했다.

그러나 우리의 사기는 나쁘지 않았다. 그 지역이 눈부시게 경치가 아름다웠고, 교관들과 우리 사이에 어느정도 유머를 이해하는 관계로 발전했으며, 어쨌든 우리는 생존해가고 있었기 때문이다. 나는 심지어 훈련이 끝나갈 무렵이 되자 서운한 느낌이 들 정도였다. 우리는 무엇보다도 자기 자신에 대해 더 많은 것을 배웠다.

나는 호수와 산맥들이 전부 시야에 들어오는 산등성이 꼭대기에 올라간 기억이 난다. 내리는 눈에 덮인 그 모든 경치는 너무도 아름다워서 감각을 압도할 지경이었다. 나는 그 풍경을 감당할 수 없었는데, 그때 큰 어치 한마리가 머리 위 소나무 가지에 앉으면서 위를 올려다보는 내 얼굴에 눈가루를 흩뿌렸다. 그러자 갑자기 그 한마리 새와 나뭇가지를 통해 모든 광경이 다 내 눈에 들어왔다.

그뒤 아시아에서 근무하며 수묵화에 대한 이해를 더하게 되었을 때 나는 아이다호주의 산등성이 꼭대기에서 경험한 것이 아시아 화가들에게 영감을 불러일으키는 바로 그것이었다는 사실을 깨달았다. 그것은 수세기에 걸쳐 전승되어온 것으로, 유한한 것의 묘사를 통해 무한성을 표현하는 것이었다. 그것만으로도 극지에서의 생존훈련은 경험할 만한 가치가 있었다.

# 7

# 잭 다우니의 비극적 임무

목가적인 아이다호주에서 워싱턴으로 돌아온 첫날, 리플렉팅 풀을 따라 서 있는 곧 무너질 듯한 2층짜리 가건물 사무실로 걸어들어가면서 나는 밀실공포증을 심하게 느꼈다. 복도는 좁고 창문도 없었다. 좁은 사무실은 금고와 책상들이 빽빽하게 들어차고, 벽은 온통 낡은 지도로 뒤덮여 있었다.

나는 곧장 내 상급자에게 가서 더 나은 곳으로, 될 수 있으면 아시아 쪽으로 배치해주지 않는다면 그만두겠다고 말했다. 그뒤로는 모든 일이 빠르게 돌아갔고, 나는 새 임무에 대해서 논의하기 위해 베트남 담당관을 만나러 가라는 지시를 받았다.

그때는 1952년 3월이었다. 프랑스는 여전히 베트남을 자기들 식민 제국의 일부로 생각하고 있어서, 식민통치를 계속하려고 호찌민의 군대, 베트민과 싸웠다. 그때는 프랑스가 디엔 비엔 푸(Dien Bien Phu)에서 결정적 패배를 하기 2년 전이었다. 미국은 프랑스를 돕기 위해 이 전쟁에 끌려들어갔다.

그 담당관과의 만남은 잊을 수 없는 기억이다. 그는 상당히 비아냥거리는 어조로 "낙하산 점프가 겁이 나나?" 하고 물었다. 포트 베닝에서 낙하 훈련까지 받은 사람인지라 나는 그 질문이 무례할 뿐 아니라 정말 바보 같은 것이라고 느꼈다. 그래서 나는 "점프할 때 낙하산은 주실 겁니까?"라고 되물었다.

그는 나에게 "잘난 척" 하지 말라고 말했다. 나는 그에게 나는 벌써 8번의 낙하산 점프 기록을 가지고 있고, 앞으로도 얼마든지 다시 할 준비가 되어 있다고 말했다.

그는 나의 새 임무가 비행기로 태국 방콕에 가서 일단의 북베트남 사람들을 선발해서 훈련시키는 것이라고 말했다. 그 훈련은 비밀 기지에서 그들에게 여러가지 파괴공작과 소규모 단위의 전투방식을 가르치는 것이었다. 그 훈련을 마치면 작전수행을 위해 북베트남에 낙하산으로 투입될 예정이라고 했다.

나는 미국이 베트남과는 아무런 직접적인 이해관계도 없다고 알고 있었기 때문에 우리의 임무가 무엇인지 물었다. 그것에 대해서는 정글로 뛰어내리기 직전에 알려줄 거라는 차가운 대답밖에는 들을 수 없었다. 나는 그 임무를 즉각 받아들였다.

지금 되돌아보면 여러가지 면에서 정말 말도 안 되는 웃기는 일이었다. 나는 프랑스 말도 베트남 말도 못 하고, 베트남이나 그 나라의 역사에 대해서도 아무것도 알지 못했다. 더구나 나는 베테랑 파괴공작원이나 게릴라 지도자와는 거리가 아주 멀었다. 그러나 '전투 현장에' 배치되기를 희망해왔기 때문에, 나에게 주어진 임무로부터 뒷걸음질쳐 빠져나올 수도 없었다. 무엇보다도 그 담당관은 영악하게도 첫 질문으로 나에게 도발을 해놓았기 때문에, 만일 내가 그 임무를 거절했다면 그는 아마 시치미를 뚝 떼고 "결국 자네는 낙하산 점프가 두려운 거야."라고 말했을 것이다.

그리고 마지막으로, 당시 초기 CIA에서 일을 처리하는 방식이 그랬다. 신참을 갓 면한 매력적인 30대 중반의 여성이 베트남 기획담당관이었는데, 내가 그 임무를 받기 하루쯤 전에 그녀가 자기의 '베트남 기획안'이 받아들여졌고 그것을 축하하는 칵테일파티가 곧 열릴 예정이라고 말하는 것을 들었다. 나는 그 파티에 초대되지는 않았지만, 그 베트남 기획안이 작성되고 상부에 받아들여져서 나에게 그 임무가 주어졌을 것이라고 지금도 확신하고 있다.

그렇게 해서 나는 처음에는 일본으로 떠났고, 이어서 방콕으로 갔다. 거기서 나는 매우 불안해하고 전혀 훈련되지 않은 일단의 베트남인들을 선발했지만, 서로 의사소통을 할 방법이 전혀 없었다. 우리는 난방이 안 되는 C-46 수송기를 타고 있었는데, 그 사람들은 얇은 면직물 옷을 입고 있었다. 수송기가 위도가 높은 북쪽으로 이동할수록 비행기 안은 점점 추워졌다. 나는 짐 속의 옷가지들을 죄다 꺼내어 그들에게 주고 체온 유지를 위해 입게 했다. 그들은 어린아이처럼 순진해 보였고, 몸집에 비해 너무 큰 내 셔츠를 입고 몸을 옹송그리며 모여 있었다.

그들은 고마워하는 표정이었지만 여전히 떨면서 온기를 잃지 않으려고 서로 몸을 붙인 채 모여 있었다. 그들은 모두 젊은 나이로, 알고 보니 태국 내에 살고 있는 베트남 소수민족의 일부로 베트남에 발을 들여놓은 적이 한번도 없는 사람들이었다. 게다가 그들은 앞으로 무슨 일이 있을지 아무것도 알지 못했다. 나는 어떻게 해서 그들이 그 비행기를 타고 북쪽으로 가게 된 건지 끝내 알지 못했다.

그 시절의 CIA는 거칠고 야만적이었다. 내가 담당요원으로 선발된 베트남 작전은 결국 일종의 사기라는 것이 드러났다. 한 부패한 중심 요원이 방콕의 CIA 담당관들을 속여서 '돈을 가지고 튄' 사실이 밝혀진 것이다. 따라서 그 작전은 원래의 계획이 무엇이었든 간에 취소되지 않으면 안되었다. 나는 그 작전의 목적이 무엇이었는지 전혀 몰랐다. 즉 어떤 목표들을 공격하려는 것인지, 아니면 그런 경망한 계획이 어떤 식으로 그 지역에 대한 미국의 이익을 증진시킬 수 있을 것인지도 전혀 알 수 없었다. 그러나 그 작전이 취소된 결과 내 여생의 기대수명은 늘어났고, 나는 CIA 요원들을 위한 싸이판섬의 큰 훈련 기지로 가게 되었다.

전부터 나는 내가 만나는 CIA 사람들에 대해, 신참 요원으로서 매우 혼란스런 느낌을 갖고 있었다. 그들 가운데 OSS에서나 미 육군에서 경험한 진정한 실전 기록을 가지고 있는 이들을 만나면 마음이 편했다. 하지만 현장에서 정보요원 활동을 별로 많이 한 것처럼 보이지 않는데도 마치 그런 것처럼 행동하는 일부 훈련 교관들에 대해서는 정말 기분이 나빴다. 지난번 베트남 담당관처럼 나보다 서너살 정도 연상인 남성 집단도 그랬다. 그들은 중간급의 위치에서 어느정도 영향력을 가지고 있었지만, 그 자리에 있을 만한 어떤 자질도 보이지 않는 그런 부류의 사람들이었다.

우리 신입 요원들은 상급자들에게 그들이 이전의 임무배치에서 어떤 일을 했는지에 대해서는 절대로 질문하지 말라는 말을 듣고 있었다. 그것은 필수 '기밀 보호' 원칙에 위배되는 일이라는 얘기였다. 나는 그 원칙이라는 것이 많은 경우 상급자들이 자기들의 무능함을 감추는 위장수단이라는 사실을 깨닫게 되었다. 나는 또한 포트 베닝에서 낙하산 훈련 과정이 끝난 뒤 얼마 지나지 않아서, 많은 군사훈련 동기생들이 정보국을 떠난 사실을 알고 충격을 받았다.

싸이판에서도 역시 똑같은 패턴의 일이 벌어지고 있는 것이 분명해 보였다. 싸이판에 도착한 바로 그날 밤 나는 어떤 포커 게임에 참가했다. 그 자리에 있었던 한 상급자는 몹시 취한 모습이었는데, 몇 판을 나에게 크게 지자 화를 내면서 비틀거리는 걸음으로 포커 판을 떠났다. 1시간쯤 지난 뒤 게임이 모두 끝났을 때, 먼저 간 그 게임의 패자가 바닥에 자기 지갑을 떨어뜨리고 간 것을 알았다. 남아 있던 게임 참가자들은 모두 함께 그 사람의 집(퀀셋 막사)을 찾아가서 지갑을 상당히 수상쩍은 그의 부인에게 돌려줬다. 그 사람은 알고 보니 군사훈련 부서의 내 직속 상관이었고, 나는 다시는 그와 포커를 하지 않으려고 조심했다.

싸이판의 가장 훌륭한 두 상관은 고(故) 조 라자르스키와 고 길 레이튼 대령이었다. 조 라자르스키는 카친족(the Kachins, 미얀마 북쪽에 사는 소수민족)과 함께 미얀마의 정글에서 일본군에 대항해서 용감하게 싸운 기록을 가진 OSS 대원이었다. 그리고 길 레이튼 대령은 다양한 육군 정보국의 업무를 거쳤고 그것이 자기 개성과 CIA의 임무에도 잘 맞는 인물이었다. 나는 그 두 사람으로부터 긍정적인 가르침을 얻었다. 그러나 다른 수많은 초기 CIA 상관들은 그들처럼 해서는 안

된다는 것을 알게 해준 반면교사들이었다.

우리는 어떤 방법을 써서든 전 세계에 걸쳐 있는 적지로 침투할 수 있는 정보원 팀들을 훈련시켰다. 그 팀들의 거의 대부분은 중국인들이거나 한국인들이었지만 가끔은 다른 지역에서 온 비정규적인 팀들도 있었다. 그럴 때 우리는 각별히 조심했고 보안 수준을 최고로 높였다.

내가 좋아한 팀은 한국인 팀이었다. 그들은 대부분 농촌 출신으로 아열대의 싸이판을 천국같이 생각했다. 전쟁 중의 한국은 '동토(凍土) 조선'이라고 불릴 만큼 추웠기 때문이다. 한국인들은 훈련에 잘 적응했고 유머감각도 대단했다. 나는 그들이 파견될 임무의 목적에 대해서는 아는 것이 없었다. 그들 중 다만 몇명이라도 살아남기를 빌 뿐이었다.


싸이판에서 독신생활을 하던 중 몇차례 일본 출장을 다녀와야 할 일이 있었다. 1952년 9월에 간 그런 여행에서 나는 그 전 해에 나와 CIA 훈련을 같이 받았던 잭 다우니를 우연히 만났다

잭은 온통 흥분된 상태였다. 우리가 만난 그다음 날, 그는 최근에 낙하산을 타고 만주에 뛰어내린 어떤 정보원 팀에게 보급품을 떨어뜨릴 비행기를 탈 예정이었다. 그 팀은 자기들 보급품을 눈 속에서 잃었다는 SOS 구조요청 신호를 보냈다. 그 비행기는 보급품 투하뿐 아니라, 그 팀의 정보원 한 사람을 '공중 낚기'(air snatch) 기술을 써서 철수시키는 것이 목적이었다. 그 기술이란 비행기가 낮게 날면서 내려뜨린 로프 끝의 갈고리로 등에 부착된 고무줄에 걸어 그 사람을

공중으로 홱 끌어당기는 것이었다.

그날 밤 나는 정보국의 다른 친구와 함께 잭 다우니와 토오꾜오 근처 일본식당에서 저녁식사를 했다. 나는 그가 흥분하던 것과 내가 속으로 질투심을 느꼈던 것을 지금도 똑똑히 기억한다. 그리고 나는 그 비행 임무의 위험을 알고 있었기 때문에 그가 무사할지 무척 걱정되기도 했지만 내색하지 않으려고 애썼다.

우리 셋이 함께 저녁을 먹은 일본식당은 매운 요리와 매력적인 웨이트리스들이 있는 다채롭고 재미있는 곳이었다. 잭은 드디어 '전투' 현장을 직접 보러 가게되어 들뜨고 기분이 최고로 좋아 보였다. 그는 덩치가 커서 예일대 풋볼 팀의 가드로 뛸 정도였고, 헤비급 레슬러이기도 했다. 또한 대단한 지성인이고 뛰어난 유머감각을 가진 친구였다.

우리가 함께 아는 친구인 일본계 미국인 2세는 일본어가 유창했기 때문에 그를 통해 우리는 시중을 드는 여자들과 야한 농담을 주고받기도 했다. 그날 밤은 우리 세 사람 모두의 기억에 또렷이 남을 만한 행복한 저녁이었다.

나는 싸이판으로 돌아왔다. 그리고 며칠 후 다우니의 비행기가 실종되었고 탑승자들은 모두 죽은 것으로 추정된다는 소식을 들었다. 나는 다우니에게 늘 감탄하고 있었고 그 비행기의 조종사와 부조종사도 잘 아는 사이로 좋아했기 때문에 크게 충격을 받았다. 6개월이 지난 뒤에 중국은 다우니가 탄 비행기는 추락했고, 그는 살아 있으며 재판을 통해 무기징역형이 선고되었다고 발표했다. 중국인들은 또한 사람의 젊은 CIA 요원 리처드 펙토도 체포, 구금했다.

잭 다우니에게는 일본식당에서 나와 함께한 저녁이 그뒤 20년이 넘도록 자유의 몸으로 맛본 마지막 식사가 되었을 것이다.

중국인들의 발표에 따르면 그 첩보팀은 낙하산을 타고 땅에 내리자마자 바로 체포됐으며, 애초에 보급품을 요구하는 SOS 신호도 중국측의 강요로 보내졌다는 것이 명백하였다. 그 보급품을 낙하하기로 한 장소는 보급품을 다시 공급해주러 오는 비행기를 격추하기 위해 중기관포를 둥글게 배치해놓은 함정이었다.

정보부 팀들은 모두 비밀리에 메시지를 보낼 때 그 상황이 강제된 것인지 아닌지를 알리는 '안전 신호와 위험 신호'를 그 메시지에 포함시키는 방법을 배웠다. CIA는 재보급 비행기를 보낸 결정이 어떤 근거로 이루어졌는지 조사에 착수하였다. 나는 이 조사의 결과를 본 적이 없지만, 다른 사람들도 비슷한 생각을 하는 것처럼 내 추측으로는 그 SOS 메시지에 포함된 신호가 모호했기 십상이고 현장에서는 비행기를 보내는 쪽으로 결정이 내려졌을 것이다. 요원들이 강하하고 나서 연락을 취하는 일은 아주 드물었기 때문이다.

그런 결정의 결과로 비행기의 조종사와 부조종사를 포함해서 비행기에 탔던 여러명이 목숨을 잃었다. 나는 재보급 비행기를 보내는 결정을 내린 그 기지의 책임자를 알고 있었다. 또한 잭 다우니가 그 불운한 비행기에 타려고 그동안 강력하게 요청을 계속했을 것이라는 것도 알고 있었다. 어쨌거나 그 기지의 대장은 잘못된 결정을 내린 데 대해 어떤 책임도 지지 않았다. 그리고 그는 우여곡절을 겪은 끝에 평범하게 그의 경력을 마감했다.

1973년에 20년 넘게 감옥살이를 한 잭 다우니가 마침내 풀려나왔다. 그는 중국 여인과 결혼해서 아들을 낳고 행복하게 살고 있다. 잭은 코네티컷주에서 판사로 일하고 있는데, 자기의 인생에서 그렇게 오랜 세월 희생을 치르게 한 상관들의 결정에 대해 나에게 단 한번도 분노를 표한 적이 없다. 아마도 당시 자기가 얼마나 구조작전의 일원으로 참가하기를 원했는지 알기 때문일 것이다. 그는 지금 자신의 이름을 딴 법원 건물도 있는, 널리 존경받는 인물로 살고 있다.

2010년 6월 15일 우리 부부는 랭글리에 있는 CIA 본부에 초대되어 다우니와 펙토의 임무를 주제로 CIA가 만든 영화에서 배우들이 당시에 일어난 일들을 재연하는 것을 관람했다. 다우니와 펙토 두 사람은 함께 그 자리에 참석해서 사람들로 꽉 찬 강당이 울릴 정도로 큰 박수갈채를 받았다. 레온 파네타(Leon Panetta) 감독은 그들에게 이 영화를 헌정했고, 영화는 중국 감옥에서 힘든 독방 생활을 이겨낸 그들의 삶을 훌륭하게 보여준 좋은 작품이었다. 그 영화는 대중들에게 개봉하려는 용도는 아니고 훈련 및 오리엔테이션용으로 사용될 것이다.

나는 이 영화의 헌사가 상급자들이 내린 잘못된 결정의 직접적 결과로 고초를 겪은 두 사람에게 바쳐진 것이 기뻤다. 나는 앞으로도 CIA가 스스로 잘못한 일에 대해 이런 종류의 시인을 계속해주기를 바란다.

여기서 한가지 덧붙여야 할 사실은 1958년 동독의 어떤 방송이 내 이름을 CIA 요원으로 거명하였다는 점이다. 내가 어떤 커다란 현지 단체의 일원이고 그 조직 전체가 정보국 일을 하는 것처럼 비난했지만, 사실 그들 가운데 상당수는 CIA와 전혀 관련이 없는 사람들이었다. 나는 그런 정보가 다우니-펙토 추락 사건의 생존자들에 대한 중국인들의 심문 과정에서 나오지 않았나 의심했다. 후에 그 추측이 정확하게 맞았다는 것을 알게 되었다.

내가 현역으로 일할 당시에는 1950년대나 60년대를 '좋았던 옛 시절'로 생각하는 좀 잘못된 향수가 많았지만, 실은 50~60년대의 정보국의 이미지는 실제 능력보다 훨씬 더 나은 모습으로 포장되어 있다. 1970년대 말 나는 공작업무를 앞둔 신참 CIA 훈련생들에게 정보국이 어떻게 진화해왔는가에 대해 오리엔테이션을 하게 되었다. 정보국의 업무가 1950년대 초기 이후로 얼마나 전문성이 더 강화되어왔는지 그들에게 설명하기 위해 나의 여러가지 경험을 예로 들었다.

오늘날 CIA의 이미지는 매우 잡다한 일을 하는 집단처럼 되어 있다. 그러나 어렵고 위험한 여건 속에서도 과거의 어느 때보다도 훨씬 더 많은 업적을 쌓고 있다고 믿는다.

# 8

# 일본에서 행복했던 시절

 

 

 

1954년 말 우리는 다음 근무지가 일본으로 예정되었다는 것을 알았다. 일본에 사는 동안 내내 나는 CIA에서 일했다. 그곳은 2차 세계 대전 이후 일본의 재건을 도와주고 일본이 오늘날과 같이 번영하고 안정적인 민주국가가 될 수 있게 하려는 미국의 막대한 원조를 총괄하는 부서였다. 말하자면 우리는 일본을 미국의 가깝고도 결정적인 우방국가로 만드는 일을 했다.

내가 일본에 있는 동안 우리의 주적(主敵)은 소비에트 연방이었다. 모스끄바는 일본을 어떻게든 그들의 영향권으로 끌어들여서 극동 지역에 대한 접근 통로를 확보하려고 필사적인 노력을 기울였다. 그리고 매우 가능성이 큰 얘기지만, 러시아가 1904~1905년에 일어난 러일전쟁에서 일본에게 당한 참패를 설욕하려는 의도도 있었을 것이다. 일본을 자기들의 우방국으로 만들려는 소련의 노력이 총체적으로 실패한 것은, 일본이 민주국가로 다시 태어나려는 그 시기에 일본에서 행해진 미국의 모든 군사조직과 민간조직의 활동이 성공한 것에 공을 돌려야 할 것이다. 마찬가지로 중요한 것은 자동차에서 TV 세트, 컴퓨터에 이르기까지 세계적 수준의 제품을 만드는 생산국으로 일본이 부활한 것이었다. 그리고 미국의 기업가 W. 에드워드 데밍이 제품의 검사와 품질관리를 강조한 것을 일본이 전적으로 수용한 것이 일본이 빠르게 경제적 명성을 얻는 데 성공할 수 있었던 핵심적인 요소였다.

멕과 나는 1955년 1월 초 어느 춥고 흐린 날 토오꾜오 하네다 공항에 도착했다. 우리는 토오꾜오 중심가에 있는 프랭크 로이드 라이트(Frank Lloyd Wright)가 설계한 유명한 석조 건축물인 테이꼬꾸 호텔에서 지냈다. 이 건물은 1923년 토오꾜오 대지진에서 살아남은 몇 안되는 건물 중의 하나였다. 그 건물은 즉시 우리들의 기분을 북돋워주었다. 거친 자연석으로 장식된 내부의 벽은 어딘지 모르게 따스한 느낌을 주었고, 호텔 안 곳곳에는 '친근하고 아늑한 공간들'이 있었다. 지금까지 숙박한 다른 어떤 건물에서도 그런 곳을 아직까지도 발견하지 못했다. 아마도 그것이 프랭크 로이드 라이트가 가진 천재성의 일부일 것이다.

우리는 커다란 아오야마 공동묘지 모퉁이에 있는 작은 서구식 주택에 살았다. 우리에게는 안을 빨간색으로 장식한 검은색 '딱정벌레' 폭스바겐이 있었는데 우리 동네의 좁은 길을 몰고 다니기에 적당하게 작았다. 우리는 아오야마에서의 시절을 무척 좋아했다. 우리의 작은 집은 언덕 위에 있었다. 다다미방 한개와 미닫이문이 많은 신축성 있게 지어진 건물이어서, 토오꾜오 생활의 일부이기도 했던 잦은 약한 지진에 옆으로 흔들리고 시끄럽게 달그락거렸다. 한쪽에는 잔디 밭이 있고 화초들이 심어져 있었지만 이렇다 할 만한 나무는 없었다.

일본인들은 작은 공간에서도 호젓함과 프라이버시를 누릴 수 있게 하는 독특한 건축 능력이 있는데, 우리 집이 바로 일본인들의 그런 재능을 보여주는 본보기였다. 우리 집의 유일한 '중앙난방' 장치는 등유 난방기였다. 도착한 다음해에 첫딸 루시가 태어났을 때, 우리는 아기 침대를 집안에서 제일 따뜻한 곳인 우리 침실 옆 통로 상단에 놓아주었다.

토오꾜오에 도착한 직후부터 나는 가까운 시부야의 한 언덕 위에 있는 나가누마 학교에서 일본어 공부를 시작했다. 그 학교는 담으로 둘러싸인 좁은 3층 콘크리트 건물로, 작은 주차장이 딸려 있었다. 수업은 월요일과 목요일 저녁 7시 반부터 9시까지였다. 처음 2년 동안 나를 가르친 선생은 아사노 쯔루꼬였는데 작은 체구에 안경을 낀 여선생이었다. 그는 우리 가족의 친한 친구가 되었고, 나중에는 그 학교의 교장이 되었다.

미스 아사노는 대단한 유머 감각이 있었다. 그녀는 내 발의 커다란 사이즈를 일본어로 자주 언급했다. 아사노 선생이 초보자들을 가르치기 위해 가장 즐겨 쓴 방식 중의 하나는 어떤 영어 문장이었는데, 그 문장을 일본어로 바꾸면 일본어의 중요한 연결 조사인 '와(は), 가(が), 데(で), 니(に), 오(を)'의 역할을 명확히 알 수 있었다. 그래서 내가 맨 처음 일본어로 유창하게 말할 수 있게 된 문장 가운데 하나는 '존 부스가 권총으로 링컨 대통령의 머리를 쏘았다'는 문장이었다. 그것을 정확하게 말할 수 있게 되어서 기뻤지만 사교생활이나 행사

에서 그 말을 써먹을 기회는 거의 없었다.

나는 토오꾜오의 거리들을 거닐며 재미있는 술집들을 찾아내는 것으로 일본어 공부를 보충했다. 특히 1950년대 중반에는 일본어를 배우려고 할 만큼 자기 나라에 관심이 많은 미국인을 만나면 일본인들은 무척 기뻐했다. 나처럼 나가누마에서 일본어를 배우고 있던 애머스트 대학 출신의 덩치 큰 친한 친구 하나가 자주 나와 함께 다녔다. 우리는 몇군데 술집들을 자주 들렀는데, 거기서 일하는 종업원이나 술손님들은 일본어 회화를 익히는 데 큰 도움이 되었다.

그 시대에는 젊은 여성들의 취업 기회가 그리 흔치 않았다. 항공사의 여승무원이 되는 것이 아마 더할 나위 없는 최고의 기회였을 것이다. 그래서 술집 호스티스로 일하는 일본의 최고 명문대 출신들도 종종 보게 되었다. 대개는 아버지가 전쟁 중에 사망해서 과부가 된 어머니를 돕기 위해 일하러 나왔다는 게 그녀들의 주장이었다. 우리가 만난 사람들 중에 전쟁에 참가했다고 시인하는 일본 남자들은 있었지만, 그들 중 누구도 우리하고 싸웠다고 말하는 사람은 없었다.

어쨌든 다양한 술집에서 있었던 방과후의 토론은 어학, 역사, 정치의 측면에서 큰 도움이 되었다. 그렇게 4년이 지나자 나의 일본어는 매일 온종일 2년간 일본어를 공부한 사람들과 같은 수준에 도달했다. 일본에서 일본어를 매우 유창하게 말할 수 있게 된 것은 내 삶의 큰 즐거움 가운데 하나였다. 특히 등산을 할 때나 스키 여행, 온천이나 수많은 술집과 식당에서는 더욱 그랬다.

일본에 도착하고 나서 얼마 지나지 않아서, 우리는 토오꾜오 론 테니스 클럽(TLTC, Tokyo Lawn Tennis Club)에 가입했다. 과반수가 일본인으로 구성된 그 클럽에는 각국의 대사관과 경제계에서 일하는 외국인 회원들이 많아서 우리의 사교활동에서 중심적 역할을 했다.

어릴 때 폐결핵을 앓았던 것 때문에 나는 열여섯살까지도 테니스를 전혀 칠 줄 몰랐다. 그뒤 싸이판 시절 이전까지는 어쩌다가 한번씩 쳤다. TLTC에 가입할 당시에 나는 테니스가 서툴렀다. 그러나 그 클럽의 7개 진흙바닥 코트는 테니스를 치기 쉬웠고 일본인들은 친절했다. 나는 키가 크고 특이한 왼손잡이 써브를 했기 때문인지 실력이 꾸준히 늘었다. 그 클럽은 토오꾜오 중심에 자리를 잡고 있었다. 부분적으로 그늘이 진 현관 옆 포치가 코트 쪽으로 향해 나 있는 수수한 단층건물 클럽하우스는 테니스 활동의 동력이 되었고, 우리는 회원이 된 것이 정말 좋았다.

클럽은 한달에 한번 정도 회원들에게 도전의 기회이자 큰 재미를 주는 클럽 내 토너먼트 대회를 개최했다. 지금은 일본 천황이 된 아끼히또 황태자도 때때로 이 토너먼트 대회에 참가해서 클럽의 모든 일본인 회원들을 몹시 기쁘게 했다. 나는 오래된 일본의 정부기관인 궁내청이 황태자가 할 수 있는 일과 할 수 없는 일을 매우 엄격하게 제한하고 있다는 말을 들었다. 그러나 TLTC에서 그는 평소보다 훨씬 자유로웠다.

1957년 황태자는 일본의 산속 휴양지 카루이자와의 테니스 코트에서 평민 출신의 사랑스러운 쇼오다 미찌꼬와 만났다. 두 사람은 함께 TLTC에 나타나기 시작했고 나도 한두번 그들과 함께 테니스를 쳤다. 나는 그 전에도 미찌꼬를 만난 적이 있었다. 그녀가 나와 자주 테니스를 치던 상대인 사이고오 타까요시의 친구이자 테니스 파트너였을 때였다.(사이고오는 1877년 전쟁에서 죽은 일본 최후의 가장 유명한 사무라이인 사이고오 타까모리의 직계 후손이다.)

1957년 11월, 미찌꼬와 황태자의 약혼이 발표됐다. 그것은 큰 사회적 파장을 불러일으켰다. 황태자는 황실과 혈연관계를 가진 많은 친척들 중의 한 가문과 결혼할 것으로 예상되고 있었기 때문이다. 미찌꼬는 약혼이 발표됐을 때 『타임』지의 표지인물로 나오기까지 했다. 어느날 나는 TLTC에서 바로 그 『타임』지 한부를 회원들에게 보여주려고 손에 쥐고 있었는데, 그때 뜻밖에도 미찌꼬가 클럽에 나타났다. 그래서 나는 그 잡지를 건네주었다. 그녀는 아주 깍듯이 감사인사를 했다. 그녀가 아직도 그 잡지를 갖고 있는지 가끔 궁금하기도 하다.

1946년부터 1950년 사이 황태자의 영어 가정교사였던 엘리자베스 그레이 바이닝과 잘 아는 어떤 사람이 해준 이야기가 생각난다. 바이닝 여사가 알기로 히로히또 천황은 자기가 1920년대의 빠리 방문 때 사용했던 빠리 지하철 티켓의 승객용 조각을 오랫동안 간직하고 있었다. 그것을 보면 자신의 가장 자유로웠던 시절이 생각나기 때문이라고 했다 한다. 바이닝 여사는 황태자의 결혼식에 초청받은 유일한 외국인이었다.

그 이듬해 봄, 내가 무척 존경하는 코이즈미 신조오가 TLTC로 와서 황태자가 토너먼트 대회에서 테니스를 치는 걸 지켜보았다. 유명한 학자이며 케이오 대학 전 총장인 코이즈미는 오랜 세월 동안 황태자에게 학문을 가르치는 가정교사였다. 그는 얼굴에 섬뜩한 화상 흉터를 갖고 있었다. 그것은 미군의 토오꾜오 공습으로 여러 곳에서 화재가 났을 때 서재의 책들을 건지려다가 불에 덴 상처였다. 그런 폭격은 미국 내에서는 논란이 된 적도 거의 없지만, 히로시마와 나가사끼의 원자폭탄보다도 더욱 많은 사람을 죽인 원인이었다.

우리가 황태자의 테니스 시합을 보고 있을 때, 코이즈미는 나에게 자기 곁으로 와서 앉아달라 했다. 긴 침묵이 흐른 뒤에 그는 나를 향해서 영어로 "황태자는 앞으로 괜찮을 겁니다."라고 말했다. 나는 그가 황태자에 대해 그처럼 기탄없이 이야기하는 데 놀랐다. 그래서 큰 관심을 가지고 코이즈미의 말을 경청했다. 그가 계속해서 말하길 천황의 가문이 일본 대중들로부터 고립된 상태를 개선할 필요도 있으며, 천황 가계와 한번도 혼인 관계가 없었던 쇼오다 미찌꼬와의 결합이 우생학적으로도 바람직할 것이라고 했다. 코이즈미의 말은 옳았지만 궁내청의 지배하에 사는 규제된 생활이 황후에게는 분명 매우 힘들었을 것이다.

1957년 봄 귀국 휴가를 마치고 토오꾜오로 돌아왔을 때 우리는 요요기 하쯔다이에 있는 큰 일본식 저택에서 살게 되었다. 그 집에서 우리는 거의 5년 동안 행복하게 살았다. 그 집에는 아름다운 정원과 큰 거실과 식당이 있었고 바닥에 다다미가 깔린 일본식 별채가 딸려 있었는데, 네차례 토오꾜오를 방문한 어머니는 반은 그 별채에서 지냈다. 그 시기에 우리는 일본을 떠나는 친구에게서 비스마르크라는 이름의 나이 든 닥스훈트 종 개를 물려받았다. 우리 애들은 그 개랑 집 안팎을 가리지 않고 함께 놀기를 좋아했다. 정원에는 1년 내내 거의 매달 온갖 꽃이 피었다. 우리에게 특별한 즐거움을 안겨준 것은 자두나무였다. 일본인 가정부의 도움으로 자두 술을 담글 수 있을 만큼 자두 열매가 많이 열렸기 때문이다.

둘째 딸 앨리슨이 1960년 5월 세이보인 병원에서 태어났다. 중국에서 피난 나온 아이텔이란 독일인 의사와 프랑스인 간호사들이 출산을 도왔다. 그 병원의 규정은 1956년 루시가 태어난 육군병원처럼 군대식 통제가 심하지 않았기 때문에, 멕과 앨리슨은 빨리 퇴원할 수 있었다. 유난히 아름다운 그해 봄에 앨리슨은 우리 가족에 큰 기쁨을 주면서 새 식구가 되었지만, 그애가 태어난 때는 일본 국내나 국제적으로나 격동의 시기였다.

막 태어난 앨리슨을 보고 나서 병원에서 집까지 차를 몰고 돌아오는 길에 라디오에서 개리 파워스가 조종하는 U-2 첩보기가 소련에 의해 격추되었다는 소식을 들었던 것이 지금도 기억난다. 자기들 영공을 침범했다는 사실에 대한 소련의 분노는 앞날에 좋은 징조가 아니었다.

'이 아이는 얼마나 위험한 세상 속에 나온 것인가.' 내 머리에서는 이런 생각이 떠나지 않았다.

1960년 5월과 6월 토오꾜오에서는 새로운 미일 안보조약 협상에 반대하는 큰 시위들이 있었다. 우리 토오꾜오 대사는 더글러스 맥아더 2세였는데, 그는 1945년 여름 일본의 항복 이후 미국의 일본 주둔군 사령관이었던 더글러스 맥아더 장군의 조카였다. 맥아더 대사는 키시 노부스께 수상과의 새 안보조약 협상에서 결정적으로 중요한 역할을 했다. 미 의회에서는 그 조약을 비준했지만 일본의 전반적인 좌파들과 일본 사회당, 그리고 특히 노조연합은 그 조약에 대한 일본 의회의 비준을 강력히 반대했다.

1960년 여름으로 계획되었던 드와이트 아이젠하워 대통령의 일본 방문은 취소될 수밖에 없었다. 하네다 공항 부근의 거대한 시위군중이 그의 공보비서관 제임스 해거티가 탄 차를 포위해서 꼼짝 못하게 만들었다. 해거티는 대통령의 방문 일정을 논의하기 위해 토오꾜오에 파견되었지만, 헬리콥터로 구출되어 그곳을 빠져나와야 했다.

그런 대규모 시위는 대체로 평화스럽게 진행되기는 했지만, 키시 노부스께 수상을 실각하게 만들었다. 키시보다는 좀더 나은 인물인 이께다 하야또가 키시를 대신해서 4년이 넘게 수상직을 맡았다. 마침내 그 안보조약은 비준이 되었고, 이께다 수상은 그 조약이 양국 모두에게 큰 이익을 가져다줄 것이라고 공식 선언했다.

반대시위가 계속되던 어느날 멕과 나는 우리 집 승용차 폭스바겐을 타고 미군부대 안의 매점으로 쇼핑을 가는데, 넓은 간선도로에서 시위대 때문에 길이 막혔다. 학생, 교사, 노조원들로 이뤄진 시위대는 큰 길을 메운 채 모두 손에 플래카드를 들고 행진하고 있었다. 그러나 시위대들은 우리 차가 미국인 번호판을 단 것을 보고는 별 요구를 하지 않았는데도 행진을 잠시 멈추고 얌전히 통과시켜주었다.

일본의 중부지방에 있는 나가노현은 아름다운 일본 알프스산맥으로 유명하다. 그곳에 이끌려서 우리는 자주 토오꾜오를 떠나 여름에는 산행을 하고 겨울에는 스키를 타러 갔다. 1958년 여름 우리는 토오꾜오와 이웃한 시즈오까현에 있는 12,388피트(3,776m)의 일본 최고봉 후지산을 등정했다. 후지산은 세계에서 가장 완벽한 화산 봉들 가운데 하나로, 일본인들은 일찍이 종이 위에 먹으로 그림을 그리기 시작한 초기부터 대대로 후지산의 풍경을 그려왔다.

그 산의 겉모습은 사람이 속기 쉬울 정도로 평화롭게 보이지만 사실은 매우 위험하여 여름에 단 2개월 동안만 산행이 허용되었다. 1년 중 나머지 기간은 회오리바람, 폭우, 갑작스런 눈보라 때문에 후지산을 오르는 산행은 기껏 잘된 경우라야 고생스러운 등산, 대개의 경우엔 지극히 위험한 등산이었다.

1950년대 초, 젊은 CIA 요원들 여러명이 겨울 등산을 시도했다. 그중 한명은 나도 잘 아는 사람이었는데, 강풍과 날리는 눈발로 앞이 잘 보이지 않고 몸을 가누기조차 어렵게 되자 현명하게도 정상 가는 길의 능선 중간쯤에 있는 대피소에서 산행을 중지하고 머물렀다. 그러나 다른 이들은 그렇게 하지 않고 계속 등산을 했다.

내 친구가 불 없는 대피소에서 웅크리고 있을 때 지붕에 쿵 하고 무거운 것이 떨어지는 소리가 들렸다. 밖에 나가 살펴보던 그는 동료 한 사람의 만신창이가 된 시신을 발견했다. 그는 바람에 날려 넘어진 다음 얼어붙은 비탈면을 가속적으로 미끄러져 내려가다가 튀어나온 바위에 부딪혀 몸통이 공중으로 튕겨지는 치명상을 당했다. 그리고 수백 피트 아래 대피소로 떨어진 것이다.

일본인들은 '오직 바보만이 후지를 오르지 않는다. 그러나 더 큰 바보만이 그곳을 두번 오른다'라는 말을 즐겨 한다. 멕과 나는 그 말에 언제나 동의한다. 우리는 어느 바람 부는 여름 밤에 그곳을 올랐는데, 산비탈 위에서 바람에 날아다니는 깡통들의 달그락거리는 소리와 어딜 가든지 공중에 가득 찬 오줌 냄새로 기억되는 등산이었다. 수만명에 달하는 일본인들이 등산 허용 기간에 그 산을 오른다. 그런데 1958년 당시만 해도 등산로에는 이렇다 할 공중화장실이 한군데도 없었다.

그래도 우리의 등반에는 음미할 만한 아름다운 장면도 분명히 있었다. 정상에 점점 더 다가갔을 때, 조그마한 종들이 내는 소리가 아름다운 음색으로 영롱하게 우리들 귀에 들려왔다. 아래를 내려다보자 모두 흰 옷을 입고 작은 종을 하나씩 든 불교도 순례자들의 긴 행렬이 올라오고 있었다.

하산은 무척 재미있었다. 화산재로 이뤄진 길고 부드러운 경사면을 달리거나 미끄럼을 탈 수가 있었다. 그런 길에서는 어떻게 넘어지더라도 전혀 위험하지 않았기 때문이다. 요즘도 나는 비행기로 일본에 갈 때마다 후지산이 눈에 들어오기를 바란다. 그리고 여름에는 짙은 잿빛, 겨울에는 눈부신 백색으로 빛나는 후지산의 아름다운 봉우리를 볼 때마다 우리의 그때의 산행과 정상을 정복했을 때의 뿌듯한 만족감을 떠올리면서 큰 즐거움을 느낀다.


일본에서 지낸 처음 7년 동안 나는 계속해서 일본어를 공부했다. 4년을 공부한 끝에 나가누마 학교를 졸업했고, 그 이후에는 집으로 일본어 교사들을 불러서 공부하는 방식으로 바꿨다. 이 일본어 선생 가운데 단연코 최고의 인물은 혼다라는 분이었는데, 그는 젊은 시절 산악인이었기 때문에 나의 나가노현에 대한 사랑에 공감했다. 그의 지도를 받으면서 내 일본어는 최고조에 이르렀다.

어느날 아침 혼다 선생은 결코 잊지 못할 수업을 해주었다. 그는 "나에게 간단한 질문 하나를 하면 20가지 다른 답을 해주겠습니다. 거기에는 내가 당신을 어떻게 느끼는지, 그 질문을 어떻게 느끼는지,

내가 당신을 나보다 사회적 신분이 높은 사람으로 생각하는지 아니면 더 낮은 사람으로 생각하는지, 그리고 당신 질문으로 우리 관계가 나빠졌는지 더 좋아졌는지가 다 들어가게 됩니다."고 말했다.

내 질문은 "우리 함께 하꼬네에 갈까요?"라는 것이었다.

그에 대한 대답으로 혼다는 최소한 20가지 답변을 줄줄이 쏟아냈다. 그렇게 함으로써 그는 나에게 일본어의 사회적 복잡성을 엿볼 수 있는 길을 보여주었다. 경직된 신분체제에서 생겨났기 때문에 일본어는 이런 복잡한 언어가 될 수밖에 없었을 것이다. 이를테면 어떤 특정 동사를 신중하게 선택함으로써 말하는 사람은 상대방보다 자기가 높은 사람인지 낮은 사람인지를 분명히 보여줄 수 있다. 외국인으로 일본어를 잘한다는 것은 어렵지 않다. 일본인들은 외국인의 문법적 실수에 대해 너그럽다. 그것을 일본인들은 아웃사이더, 즉 가이진(외인外人)이 몰라서 저런다는 식의 무지의 탓으로 돌린다. 그러나 일본어의 사회적 관계를 표현하는 모든 미묘한 점을 완전히 파악하고 일본어를 한다는 것은 지금까지 외국인으로서 그런 경지에 다가간 사람도 없으며, 거기 이른 사람은 더욱 없다. 나는 외국인들이 일본인을 완전히 이해하기가 그처럼 힘든 이유가 주로 일본어 특유의 복잡 미묘함에 있다고 믿는다.

혼다의 학생 시절이 거의 끝나갈 무렵에 우리는 그 부부를 우리 집 저녁식사에 초대했다. 그는 잠시 생각을 해본 다음에 초대를 수락했다. 혼다의 아내는 비둘기색 기모노를 입은 우아한 백발의 노부인이었다. 그녀는 그 기회를 굉장히 즐기는 것 같았다. 나중에 혼다는 나에게 부인이 외국인 가정을 방문한 것은 그때가 유일한 경우였으며,

저녁식사를 위해 외출한 것도 평생 몇번이 되지 않는다고 말했다.

나는 일본에 있는 동안 만난 다른 일본인들처럼 혼다와도 가깝게 지냈다. 1959년 혼다 선생 부부는 우리가 귀국 휴가를 가려고 배편으로 요꼬하마를 떠날 때 우리를 배웅하러 나왔다. 나와 함께 나가노의 일본 알프스에 대한 사랑을 나누고, 일본인의 특성을 꿰뚫어볼 수 있는 통찰력을 갖게 해준 혼다는 나의 삶을 깊이있고 풍요롭게 만들어준 사람이다.

1962년 1월 나는 다음 근무지인 워싱턴으로의 귀환을 앞두고 준비차 베트남으로 가기 위해서 가족들보다 먼저 토오꾜오를 떠났다. 우리에게 와 있던 어머니와 멕, 그리고 루시와 앨리슨은 모두 싸이공에서 나와 합류했다. 우리는 인도와 유럽을 거쳐서 미국으로 돌아왔다.

그다음 2년 동안 있었던 일들 중 가장 중요한 것들을 꼽는다면 베데스다의 키오쿡 가(街)에다 집을 산 것과 아들이 1963년 7월 4일에 태어난 것이다. 멕은 극도로 허약한 상태에서 임신 중이었고 우리는 멕의 외삼촌 부부인 스탠리 파이크와 밀드레드 파이크의 집에서 조용히 우리의 결혼 10주년을 축하하고 있었다. 그런데 갑자기 멕이 산통을 느끼기 시작해서 워싱턴 D. C.의 컬럼비아 산부인과병원으로 서둘러 가 입원해야 했다. 분만은 금세 끝났고 우리 아들은 무게가 2.5파운드(약 1.2kg)밖에 되지 않았다. 거의 3개월이나 일찍 태어난 조산아였다.

의사에게 우리 아기의 생존 가능성이 어느 정도인지 묻자 그는 그저 고개만 저었다. 지체없이 아기 이름을 짓기 시작한 나는 존 핀니 그레그라는 이름을 생각해냈다. 내 외가 쪽으로 여덟명의 '존 핀니'가 줄줄이 족보에 있었는데 그들 가운데는 1736년 메인주 고램의 첫 개척자인 존 핀니 대위도 있었다. 나는 그 이름이 가진 유전적인 견인력이 존의 생존을 도와줄 것이라는 강력한 염원을 담았다.

다음날 아침, 우리가 토오꾜오에 있을 때 처음 만났던 성공회의 테드 이스트먼 신부가 병원에 와서 존에게 세례를 주었다. 존이 누워 있는 인큐베이터 구역으로 들어가려면 완전한 수술 복장에다 얼굴에는 마스크까지 써야 했다. 멕의 아버지와 나는 얼굴에 눈물이 흐르는 것도 모른 채 큰 창문을 통해 이를 지켜보았다. 안에는 눈부시게 아름다운 모습의 멕이 휠체어에 앉아 있었다. 얼굴에 미소를 띤 채 눈물은 전혀 보이지 않았다. 그녀에게는 아들이 생긴 것이다!

존은 인큐베이터 안에서 2개월을 보낸 뒤 체중과 생존력이 충분히 생긴 다음에야 '바깥 세상'으로 나올 수 있었다. 추벤부르버라는 이름의 헌신적인 독일인 간호사가 존에게 큰 도움을 주었다. 그녀는 아기의 손 힘을 보고 이 아이는 살아나겠다는 걸 알았다고 말했다. 그녀가 우유가 담긴 작은 병을 들고 인큐베이터 안으로 수유를 할 때마다 아기가 자기 새끼손가락을 힘있게 움켜잡았다는 것이다.

워싱턴에서 2년을 지낸 뒤 다시 버마에서 2년을 보낸 1966년 여름, 우리는 갑자기 일본으로 돌아가라는 명령을 받았다. 어떤 중요한 군사작전상의 곤란한 상황이 발생했는데, CIA는 거기에 대처하기 위해서 낯익은 인물을 토오꾜오로 데려오는 것이 적절하다는 판단을 한 것이다. 나는 1955년부터 1962년까지 공식적이든 비공식적이든 가리지 않고 폭넓은 계층의 일본인들과 좋은 관계를 가져왔기 때문에 토오꾜오로 돌아가는 것이 기뻤다. 우리는 토오꾜오 중심가 롯폰기 부근에 있는 한 아파트에서 살았다. 테니스 클럽 TLTC의 친구들은 우리의 복귀를 열렬하게 환영해주었고, 우리 아들 존과의 만남을 기뻐했다.

1966년의 토오꾜오 생활의 패턴은 5년 전과는 전혀 달랐다. 우리는 더 나이가 들었고 나는 상당한 고위직이 되었으며 아이들은 학교에 다녔고 일본인 친구들의 영향력은 더 커져 있었다. 나는 우리가 돌아오고 나서 얼마 안되어 TLTC 운영위원회의 이사로 선임되었다. 우리는 여전히 나고야현의 산행과 스키 타기를 계속했지만, 우리의 교유 범위는 빠른 속도로 넓어졌고 외교계의 인사들이 점점 더 많이 포함되었다.

4층 우리 아파트는 침실 4개에 한개의 발코니가 딸려 있는 편안한 집이었는데, 전망이 아주 좋았다. 스모그가 바람에 날려 사라진 맑은 날이면, 우리는 발코니에 서서 멀리 있는 후지산을 바라볼 수 있었다.

나는 일본어 공부를 다시 시작했다. 워싱턴과 버마에 있는 동안 일본어 읽기와 새 칸지(일본어 한자) 익히기를 완전히 중단한 상태여서 실력이 많이 쇠퇴해 있었다. 토오꾜오 근무 마지막 3년 동안 나는 일본어 회화를 익히는 것에만 노력을 집중했다. 그 과정의 하나로 나가누마 학교 학생 시절에 자주 들른 몇군데 술집을 둘러보러 나갔다. 많은 술집이 문을 닫았지만 시부야의 '불펜'이라는 바는 아직도 잘 돌아가고 있었다. 그곳의 최고참 호스티스는 놀랄 만큼 아름다운 일본 여자로 나는 그녀와 대화 나누는 것을 좋아했다. 다시 그 술집에 갔을 때 그녀가 여전히 거기에 있는 것을 보자 무척 기뻤다.

그녀도 나를 기억하고 있었다. 그리고 일본어로 "최근엔 뵙지 못했네요. 어디 다녀오셨어요?" 하고 물었다. 나는 "여기 마지막으로 오고서 4년 반이 더 지났습니다." 하고 대답했다. 그녀는 고개를 저었다. 그러고는 얼굴에 슬픈 표정을 지으며 말했다. "제 생활은 언제나 똑같아요. 그래서 마지막으로 뵌 게 불과 한달 전처럼 생각되네요." 그녀는 갑자기 더 늙어 보였다. 우리는 그녀의 인생이 단조롭고 공허하다는 사실을 침묵으로 공감하면서 서로를 바라보았다. 나는 그 불펜 바에는 두번 다시 가지 않았다. 그곳에는 더이상 서로 대화할 거리가 남아 있을 것 같지 않았기 때문이다.

당시에는 호주인들이 계속해서 테니스계를 지배했다. 그들은 일년에 한번씩 여름마다 토오꾜오에 와서 토너먼트 대회에 참가했는데, 항상 TLTC에 와서 연습을 했다. 그럴 때면 으레 테니스에 대해 아는 게 많고 열성적인 관중들이 모여들어서 응원을 하거나 박수를 보냈다.

어느 해에는 로이 에머슨, 켄 로스월 그리고 루 호드가 모두 왔다. 특히 에머슨은 언제나 아주 쾌활하고 붙임성이 좋았다. 그런데 어느 날 그가 제안하길 구경하고 있는 TLTC 회원들 중 몇명을 넣어 조를 짜서 '한 게임 하자'고 했다. 기쁘게도 내가 그 조원으로 초대되었고, 우리 4인조 가운데 가장 실력이 약한 회원으로서 내가 에머슨의 파트너를 하게 됐다.

우리 상대는 일본 데이비스컵 팀의 코치와 일본 데이비스컵 팀의 선발에서 당시 막 탈락한 젊은 일본 선수였다. 그는 자기가 얼마나 잘하는지 보여주기 위해 매우 고심하고 있었는데, 에머슨은 이 점을 금방 눈치챘다. 우리가 코트를 바꿀 때 에머슨은 멋진 호주식 악센트의 영어로 나에게 "저 친구는 이 시합을 너무 심각하게 생각하는 게 분명해."라고 말했다.

2인 1조의 선수로서 에머슨의 플레이 기술은 감탄할 만큼 절묘했다. 그리고 볼을 받을 기회가 있을 때마다 에머슨은 그 젊은 일본인 선수가 단 한점이라도 따려는 모든 시도를 완벽하게 봉쇄했다. 몇 게임을 하고 나자 '엠모'(Emmo, 에머슨의 애칭)는 파트너를 바꿔보자고 제안했다. 즉각적으로 내 써브가 위력을 발휘했다. 첫 시도에서 나는 얼떨결에 에머슨에게 써브로 한점을 얻어냈다.

그는 자기 라켓을 땅에 던지고는 두 손으로 박수를 쳤지만, 그뒤부터 나는 써브에서 단 한점도 얻지 못했다. 그는 나를 진짜 적수로 생각하는 영광을 베풀어준 것이다. 그것은 나에게 매우 훌륭한 경험이었다. 나는 그날 정상급 선수들의 기술은 우리 보통 사람들로서는 도저히 이해하기 힘든 그런 수준이라는 것을 깨닫게 되었다.

1967년 12월 말 나는 남자들만의 송년회, 소오베쯔까이에 초대를 받았다. 손님 중 한 사람은 사또오 에이사꾸 수상이 이끄는 내각의 고위급 각료였다. 만찬이 진행되고 점점 더 술잔이 돌면서, 화제는 미국의 정책으로 옮겨갔다.

베트남전쟁은 미국 쪽에 불리하게 돌아가고 있었고, 린든 존슨(Lydon Johnson, LBJ) 대통령은 정치적으로 곤경에 처해 있었다. 나는 1968년 대통령선거의 공화당 후보를 뽑는 전당대회에서 누가 LBJ의 경쟁자가 될 것인가에 대해 질문을 받았다. 나는 리처드 닉슨이 그 역할을 할 것으로 예상하고 있었던 것 같다. 그러나 내 기억으로 그

때 내가 한 대답은 이랬다. 아마도 LBJ는 아예 출마를 포기할 것이다, 베트남전쟁이 미국사회에 준 악영향과 거기에 대한 자기 책임을 인식하고 있기 때문이다.

그로부터 1개월 뒤인 1968년 1월 30일, 베트콩은 구정 대공세(舊正攻勢, Tet Offensive)를 시작했다. 그것은 북베트남의 대규모 군사적 참패로 이어졌지만, 미국 국내에서는 승리가 거의 눈앞에 다가왔다는 미국정부의 모든 주장들을 반박하는 사태로 받아들여졌다. 1968년 3월 31일 LBJ는 재선에 출마하지 않겠다고 선언했다. 나는 그날 밤 늦게 집에서 알렉시스 존슨(Alexsis U. Johnson) 미국대사의 전화를 받았다. 자기 집으로 즉시 와달라고 했다.

존슨 대사는 정계의 유력자였다. 그는 전 세계에서 가장 나이 많은 고참 외교관 중의 한 사람이었고 아시아와 워싱턴에서 모두 괄목할 만한 업적을 보여주었다. 그의 부인은 남부 출신의 아주 재미있는 사람인데다 뛰어난 이야기꾼이었다. 대사는 나를 파자마 차림으로 맞이한 다음 자기가 사또오 에이사꾸 수상으로부터 강한 질책의 전화를 받았다고 말했다. 수상은 재선에 나서지 않겠다는 LBJ의 결정이 알려지기 전에 자신에게 공식적으로 알려주지 않은 이유가 뭐냐고 따졌다는 것이다.

대사는 "나도 대통령의 결정에 완전히 놀랐다고 사또오 수상에게 말했다"고 했다. 그러자 사또오는 미국대사관은 그런 일이 있을지 지난 12월 말에 이미 알고 있었음이 틀림없다, 그레그라는 이름의 한 미국인 직원이 LBJ가 재선에 나가지 않을 것이라고 그때 이미 말한 적이 있다고 지적하더라는 것이다. 대사가 이제 뭔가 묻고 싶은 표정으로 나를 응시하면서 대답을 기다렸다. 나는 그날 무슨 일이 있었는지, 무슨 말들을 했는지, 그리고 그 자리에 누구누구가 있었는지를 모두 설명했다.

존슨 대사는 크게 웃고 내 등을 토닥거리면서 어찌된 일인지 완전히 이해했다고 말했다. 그는 지적으로 세련된 사람이었고, 우리는 늘 좋은 관계로 잘 지냈다. 21년이 지난 뒤, 조지 H. W. 부시 대통령이 나를 한국 대사로 지명했을 때 존슨이 보내준 우정 어린 축하편지에는 "당신은 앞에 놓여 있는 그 유망하지만 고통으로 가득 찬 길에 꼭 맞춘 듯 잘 맞는 인물이라고 확신한다"라는 말이 들어 있었다.

1968년 봄 멕과 나는 황궁의 정원에서 열리는 가든파티에 초대받았다. 그 파티에는 오리몰기(duck-netting)라는 특이한 놀이도 포함돼 있었는데, 궁내청이 후원하는 연례행사였다. 많은 군중이 거기 모여 있었다. 일부는 넓은 정원을 이리저리 거닐고, 일부는 줄을 서서 파티의 주최자인 연로한 일본정부의 고관과 악수할 기회를 기다리기도 했다. 주최자는 우리를 공식적으로 초청한 사람이었다.

우리도 줄을 서서 기다리고 있는데, 누군가가 뒤에서 "그레그씨 부부이시죠, 안녕하세요?" 하고, 외국인 악센트가 강하게 드러나는 목소리로 말을 걸었다. 고개를 돌려보니 유리 또뜨로프라는 이름의 러시아인 얼굴이 보였다. 그는 KGB 요원으로 알려져 있었다. 그는 카메라를 들고 있다가 재빨리 우리 사진을 찍으면서 "정말 아름다운 부부이십니다."라고 말했다. 그는 황급히 그 자리를 떴지만 우리 사진이 모스끄바에 있는 KGB 본부로 보내지리라는 것을 알았다.

그 무렵 나는 토오꾜오에서 또 다른 러시아인과 특별하게 만날 기

아끼히또 황태자(왼쪽에 서 있는 이)
와의 테니스. 1960년 무렵. (우리는 그
시합에서 졌다.) (가족 사진)

KGB 요원 유리 또뜨로프가 1969년
토오꾜오에서 우리가 다른 사람에게
포즈를 취하고 있을 때 몰래 찍은 우리
부부의 사진. 1994년 그는 이 사진을
쿄오도오통신(共同通信)의 친구를 통
해서 "냉전이 끝났다"는 신호로 나에
게 돌려줬다. (KGB 사진)

회가 있었다. 우리는 제3국을 통해서 어떤 젊은 러시아인 외교관이 미국으로 망명하기를 원한다는 사실을 알게 되었다. 그 외교관의 배경을 조사해보니 그는 우리가 원할 만한 가치있는 내부 정보를 갖고 있지 않다는 사실이 드러났다. 그러나 그는 유명한 러시아 가문 출신이었다. 그래서 그를 철저히 조사해서 망명자로 받아들여야 할지 말아야 할지를 판단할 권한이 나에게 주어졌다.

우리는 오랜 시간 얘기를 했고, 점점 더 친밀한 대화를 나누게 되었다. 나는 그에게 왜 망명을 원하는지를 물었다. 그는 알렉세이 꼬시긴과 레오니드 브레즈네프의 비효율적(그리고 집단적인) 지도체제에 진저리가 난다고 말하고, "러시아는 앞날이 없다"는 것을 느꼈다고 말했다. 그는 정보상 별로 이용가치가 없다는 게 확실했고 우리 정보원으로 채용하기에는 너무 이상주의자였다. 그래서 나는 두시간 가량이나 들여가면서 그에게 지금 있는 곳에 그대로 머물면서 모스끄바 내부의 변화를 위해서 일해달라고 설득했다. 우리는 친구로서 헤어졌다. 그로부터 20년 후 베를린장벽이 무너졌을 때, 나는 그 사람을 머릿속에 떠올리면서 그때 일을 정말 만족스럽게 생각했다.

1994년 뉴욕의 코리아소사이어티(Korea Society)에서 일하고 있을 때 나는 워싱턴의 쿄오도오통신 지국장 하루나 미끼오의 편지를 한 통 받았다. 또뜨로프가 우리를 찍은 두장의 사진도 함께 왔다. 하루나는 그때 또뜨로프가 워싱턴에 살고 있었는데, 어느날 사무실로 찾아와서 냉전이 끝났다는 신호로 그 사진들을 나에게 보내달라고 부탁했다고 말했다. 몇달이 지난 뒤 나는 또뜨로프로부터 우호적인 전화를 한통 받았는데, 그는 이번에는 증권투자상담사가 되어 다시 미국에 출장을 와 있었다. 나는 그에게 사진을 보내줘서 기뻤다고 말하고, 우리 두 나라가 냉전 이후 시대에도 건설적으로 함께 일할 수 있을 것이라는 기대를 피력했다. 또뜨로프도 내 말에 동의하고, 다음번에 모스끄바에 오게 되면 자기를 꼭 찾아주라고 초대했다.

1969년 6월 토오꾜오에서 지내는 기간이 끝나가자, TLTC는 우리에게 송별연을 베풀어주었다. 그것은 기쁘기도 하고, 향수에 젖게끔 하기도 한 파티였다. 우리는 일본으로 돌아오기를 바라는 뜻의 글자가 새겨진 은쟁반을 받았다. 여러가지 면에서 우리는 일본을 떠나기가 싫었다. 그러나 이제는 여기서 앞으로 더 나아가야 할 시간이었다. 그래서 우리는 우리 그레그 일가의 가슴속에 영원히 남아 있는, 우리의 인생 중 가장 행복하고 가장 힘차게 생활했던 지난 10년에 작별을 고했다.

가장 기억에 남는 송별회는 훨씬 소규모에다 전혀 공식적이지 않은 모임이었다. 나는 영향력 있는 한 저명한 일본인 친구가 베푸는 게이샤 송별파티에 초대를 받았다. 나는 거기서 어떤 일들이 벌어질지 아무것도 모르는 상태에서 초대에 응했다. 이전의 경험은 양장을 한 일본인 호스티스들이 손님 시중을 드는 술집에 간 것이 전부였고, 그녀들은 손님들과 함께 술을 마시고 춤추고 노래했다. 진짜 게이샤 파티에 가본 적은 한번도 없었다

나를 초대한 이는 나를 까만색 대형 승용차에 태우고 요시와라 구역 한복판으로 데려갔다. 그곳은 옛 에도시대 이래 게이샤 생활의 중심지인 좁은 골목길과 전통적 목조건물들이 남아 있는 지역이었다.

차에서 내리자 우리 옆으로 검은 휘장을 두른 인력거 한대가 지나갔다. 남자 한 사람이 끄는 인력거는 게이샤를 태우고 그녀의 일터로, 아니면 밀회 장소로 천천히 달려가고 있었다.

우리는 낡은 일본식 건물로 들어가서 신발을 벗고 이층 큰 방으로 올라갔다. 그곳에는 우리를 맞이하기 위해 검은 기모노를 입은 4명의 여자들이 웃으며 상냥한 태도로 다다미 바닥에 앉아 있었다. 짙은 화장은 전혀 하지 않았고 내 눈에는 모두 적어도 60세는 되어 보였다.

초대한 이는 내가 놀라는 것을 보고 웃으면서, "긴장하지 마세요, 내 생각에는 당신도 이제 곧 즐기게 될 겁니다."라고 말했다.

정말 그랬다.

그 여자들은 우리를 맞으러 일어나는 대신에 우리를 친밀하게 대하며 그들 사이사이 다다미 바닥에 앉혔다. 곧 일본 술 사께가 나오고 우리는 일본어로 대화를 시작했다. 그 사께는 최고급이었는데 끊이지 않고 계속해서 나왔다. 나는 일본에 얼마 동안이나 살았는지, 일본어 회화는 어디서 배웠는지, 부인과 가족은 있는지 등등의 늘 받는 그런 질문을 받았다. 그날 저녁 술자리가 진행되면서, 나는 그 여자들이 모두 은퇴한 게이샤들이며 그 가운데 몇명은 꽤 유명한 게이샤라는 것을 알게 되었다. 그들은 새로 시행된 반매춘법에 따라서 그동안 자기네가 의지해 살아온 후한 연금이 끊어지자 어쩔 수 없이 다시 일터에 나올 수밖에 없게 된 퇴기들이었다. 그러니 사태가 이렇게 된 데 틀림없이 분개하고 있었을 테지만, 나에게는 조금도 내색하지 않고 아주 성공적으로 나를 놀려대고 즐겁게 해주는 데에만 혼신의 노력을 기울였다.

대화를 나누는 동안 그 여자들이 수십년 동안 연마한 재치와 매력으로 인해 나이 따위는 전혀 상관없는 것이 되어 사라져버렸다. 그들은 모두 인물이 좋았고, 한두명은 젊었을 때 눈부신 미인이었으리라는 것을 알 수 있었다. 그들은 모두 음담패설에 대단히 능했는데, 짓궂게도 나를 대상으로 그것을 적용했다. (일본식 유머는 항상 다른 사람들을 희생양으로 삼을 뿐, 자기 자신을 겨냥하는 경우는 없다.)

여자들이 내 일본어 실력이 아주 좋다는 것을 알게 되었을 때부터 연극무대의 방백처럼 자기들끼리 서로 질문을 하기 시작했다. 물론 들으라는 듯이 하는 그런 질문들을 내가 알아듣고 있다는 걸 알고 하는 얘기였다. "너는 그의 발 크기와 코의 길이가 다른 어떤 물건 길이와 어떤 관계가 있다고 생각하니?" 하고 한 여자가 다른 여자에게 눈을 살짝 굴리면서 물었다.

그것에 대한 완벽한 대꾸는 이런 대답이었을 것이다. "미안하지만 그건 너무 커서 당신들 중의 누구도 제대로 감당하지 못할 거요." 이 말을 했더라면 아마도 비명 섞인 웃음이 터져나왔을 테지만, 나는 그렇게 딱 맞는 대답으로 응수할 만한 재치도 배짱도 없었다. 그래서 기껏해야 내 몸의 어느 한 곳의 크기는 다른 부위들의 크기와 전혀 관계가 없다는 둥, 그런 말을 입속으로 우물거리며 말했을 것이다. 그러면 누군가는 그에 대한 대답으로 "정말 이상하네. 다른 외국인들도 다 그런지 궁금하네요." 하고 말했을 것이다.

우리는 그뒤에 아름답게 장식된 식사가 준비되어 있는 낮은 식탁으로 자리를 옮겼다. 거기에는 초밥과 붉고 희고 노란색 사시미, 향기롭고 김이 나는 죽이 차려져 있었다. 그 여자들은 나를 향한 농담

시리즈를 계속 퍼부었고, 그들은 내가 다다미 바닥에 앉아 있을 때 그처럼 어정쩡한 자세는 발기 때문이라는 얘기까지 했다. 그날 저녁의 음담에는 어떤 성역도 금기도 없었다.

어느 시점에선가 두 여자가 내 손금을 읽었고, 그걸로 각자가 내 과거와 미래에 대해 다채로운 추측을 교대로 내놓았는데 특히 이성 관계에 대한 것이 많았다. 그들은 카드 속임수와 빠른 손재주를 부리는 데에도 매우 능해서 정신이 하나도 없게 만들곤 했다. 나는 마치 그들의 손아귀에 들어 있는 노리개 같은 느낌이 들었다.

이 글을 쓰고 있는 동안 여러해 동안 잊고 있었던 일본말의 어떤 구절이 기억의 표면으로 떠오른다. 그것은 일본어 발음으로 '하나노 시따가 나가이 히또'(はなのしたが ながいひと), 즉 인중이 긴 사람이라는 말이다. 일본여자가 어떤 남자에 대해 이렇게 말을 하는 것은 그 남자를 음탕한 기질을 가진 바람둥이로 생각한다는 뜻이다. 그 오래 전 저녁시간에 그 여자들은 그 구절을 일찌감치 나에게 적용했다. 그리고 내가 그렇지 않다고 부정할수록 내 즐거운 고문자들의 더 큰 웃음을 불러일으킬 뿐이었다. 그녀들은 웃는 방식조차도 성적 흥분을 도발했다. 섬세한 손으로 입을 가리고 유머러스한 황홀경 속에서 고개를 돌리는 모습이 그랬다.

그날 마셔댄 사께는 엄청나게 많은 양이었다. 그 여자들은 모두 나보다 술을 잘 마셨다. 그날 저녁 파티가 끝났을 때, 그 여자들은 내 초대자의 귀에 대고 무슨 말을 속삭였다. 그러자 그가 나에게 "이 사람들은 당신을 놀리는 게 재미있었지만, 당신이 조금 더 젊었더라면 좋았을 것이라고 합니다. 자기들 취향에 비해, 당신은 나이가 좀 너무 많다고 하네요."라고 말했다. (그때 내 나이는 41살이었다.)

그렇게 그날 밤은 우아하고 재미있게 끝났다. 그러나 우리가 좀더 일찍 만났더라면 어떤 일들이 있었을까를 생각하면 약간 서운하기도 했다. 그날의 게이샤 파티는 수백년 동안 일본 남자들을 즐겁게 하고 마음을 사로잡았던 일본 특유의 생활방식을 엿볼 수 있게 해준 잊지 못할 경험이었다.

우리는 1969년 6월에 일본을 떠났다. 그리고 34년이 지나서, 결혼 50주년을 맞은 2003년에 멕과 나는 우리 애들과 배우자, 손주들을 데리고 다시 일본으로 갔다. 우리가 그처럼 행복하게 살았던 일본에 대한 느낌을 새롭게 하고, 우리 손주들에게도 그 나라를 소개해주고 싶어서였다. 유감스럽게도 토오꾜오에 있던 우리 일본식 집들은 아파트 건물들이 들어서는 바람에 흔적도 없이 사라지고 없었다. 심지어 1966년부터 69년까지 살았던 아파트까지 사라졌다.

그러나 멕과 내가 애정을 가지고 기억하고 있던 토오꾜오와의 유대 하나는 아직 남아 있었다. 우리가 꾸준히 테니스를 치던 곳으로 루시, 앨리슨, 존에게도 테니스를 가르쳤던 토오꾜오 론 테니스 클럽이었다.

나는 우리 가족의 TLTC 방문 일정을 잡았다. 옛 친구 한 사람이 그 클럽의 회장으로 있었는데, 친절하게도 내가 3번이나 우승했던 국제 복식대회의 트로피를 찾아 반짝반짝하게 잘 닦아서 테이블 위에 올려놓아주었다. 덕분에 우리 가족은 그것을 구경하고 사진도 찍을 수 있었다. 트로피에 새겨진 나의 옛 테니스 파트너였던 고(故) 사이고오 타까요시의 이름을 다시 보자, 당시 무척 행복했던 추억이 되살아

나는 듯했다.

우리 가족은 쿄오또에도 여행을 갔다. 쿄오또는 그 독특한 매력을 영원히 잃지 않고 있었고, 그곳에서 우리는 세월이 흘러도 변함없는 모습의 사찰과 정원들을 방문했다. 다른 식구들은 모두 쿄오또에서 항공편으로 귀국했지만, 멕과 나는 예전에 수없이 많이 등산을 하고 스키도 즐겼던 나가노현의 산악지역에 돌아가보았다. 나가노현의 상황은 지난날에 비해서 훨씬 사람들이 많이 붐비고 더 '개발'이 되었지만, 사람들은 옛날 그대로 소박하고 친절하고 손님들을 따뜻하게 맞이했다.

나의 녹슨 일본어 능력은 놀랄 만큼 회복되었고 특히 사께를 한잔하고 나면 더 좋아졌다. 새 다다미 냄새는 우리가 산속의 소박한 여관에서 보낸 밤들을 떠올리게 하는 자극제와 같았다. 그리고 원뿔 모양으로 솟아오른 후지산 봉우리는 힘이 넘쳤던 우리의 젊은 날의 추억이자 일본의 가장 강력한 상징으로 다가왔다.

# JFK와 베트남

내가 직접 몸으로 베트남전쟁에 관여할 기회는 두번에 걸쳐서 다가왔다. 첫번째는 1962년 2월부터 1964년 6월까지 워싱턴에서 CIA의 베트남 담당부서 책임자로 근무한 시기이고, 두번째는 1970년 9월부터 1972년 6월까지 싸이공 주위의 10개 지방을 담당하는 지역담당관(ROIC) 시절이다. 그 당시에 미 육군은 그 지역을 제3번 작전구역이라고 불렀다.

베트남에 대한 나의 정신적 유대는 영원히 끝나지 않을 것이다. 비록 헬리콥터 안이었지만 내가 처음으로 총격을 당한 곳이 베트남이고, CIA의 요원이자 책임자로서 완벽하게 쓰인 곳도 거기였다. 그리고 잘못된 계획이지만 베트남전쟁에 내가 관여하게 된 것이 아군이든 적군이든, 그리고 아래 사람이든 상관이든, 다른 사람을 다루는 방법에 대한 모든 이론을 시험해볼 좋은 기회라는 것을 알게 되었다.

나는 2차대전 당시에는 참전할 만큼 나이가 많지 않았고 한국전쟁은 1945년부터 1947년의 군복무 덕분에 전시 소집을 면했다는 죄의식을 가지고 있었다. 그러나 1972년 6월말 베트남에서 고향으로 돌아왔을 때에는 그런 죄의식은 완전히 사그라져 있었다.

1962년 1월, 일본에서 7년간을 매우 행복하게 지내고 난 뒤에 나는 싸이공을 거쳐 귀국하게 되어 있었다. 가족들은 며칠 후 싸이공에 와 합류하였다.

나의 첫번째 중요한 만남은 1962년 2월 말, 폴 D. 하킨스(Paul D. Harkins) 장군과의 만남이었다. 장군은 융통성 없는 근엄한 표정에다 양쪽 어깨에는 반짝이는 별 4개를 달고 있는 베트남 군사원조사령부(MACV)의 사령관이었다.

하킨스는 당시 싸이공에 도착한 지 얼마 되지 않았고 MACV도 그가 도착하기 불과 2주일 전에 만들어졌다. 우리는 넓고 음산한 느낌을 주는 장군의 사무실에서 만났다. 그때는 장군들이 자기들이 만난 명사들과 그동안의 업적을 보여주기 위해서 사무실에 흔히 장식하는 명판, 사진들, 무기류 같은 잡동사니들이 아직 하나도 없었다.

하킨스는 나를 향해서 힘차게 단언했다. "자네가 다른 사람들에게 어떤 말을 들었든 상관없네. 어쨌든 우리는 앞으로 6개월이면 군사적인 승리를 거두고 이곳을 벗어나게 될 것만은 틀림없어."라고 장담했다. 어째서 그렇다는 건지 확신이 가지 않았지만, 하킨스의 주장에는 강한 자신감이 들어 있었다.

하지만 내가 이야기를 해본 다른 사람들은 자신감이 덜해 보였다. 하킨스는 '대쪽'이라는 별명을 가지고 있었고, 우리의 베트남 개입과 관련해서 흑백을 딱 가를 수 없는 일에는 전혀 관심이 없는 극단적

의견의 소유자같이 보였다. 그의 사무실의 텅 빈 공간이 그의 확신에 찬 승리의 발언을 한층 더 공허하게 들리게 했다.

CIA는 당시에 외부인들에 대한 강한 적대감을 가진 고산지대의 산악부족(the Montagnards)에 대한 공작을 진행하고 있었다. 우리는 민간인 비정규 방위군단(CIDG, Civilian Irregular Defence Groups)이라고 부르는 것을 만들어냈다. 그것은 자기네 지역 내에서 활동 중인 베트콩 부대들을 소탕하라고 만든 민간인 부대였다. 나는 그 지역들 가운데 한 곳을 가봤는데, 거기서 작전에 참가하고 있는 CIA 요원들의 강인함과 열성에 감명을 받았다. 나는 또 싸이공 부근의 요새화된 베트남 마을도 방문했다. 그곳은 자기 교구에 대한 베트콩의 공격을 여러 차례 물리친 것으로 유명한 불굴의 베트남 가톨릭 사제가 이끌고 있는 마을이었다. 중앙정부가 그들을 무장시키고 지원했다

미군 주둔은 아주 좁은 지역에 국한되어 있었고, 기껏해야 3~4명으로 구성된 고문단이 마을 단위로, 또는 주(州)에 해당하는 자치구별로 한 팀씩 파견되어 있을 뿐이었다. 나는 잠깐 방문하고도 싸이공에 앉아 있는 사람들이 우리의 베트남 개입의 미래에 대해서 시골 지역에서 일하는 현장 사람들보다 너무 많은 자신감을 가지고 있다는 것을 분명히 알 수 있었다.

우리 가족과 나는 싸이공에서 다시 만난 뒤에 인도, 이딸리아, 프랑스, 스위스, 런던에서 잠깐씩 머물면서 즐거운 귀국여행을 했다. 어머니는 크리스마스에 토오꾜오로 우리를 방문하러 왔다가 계속 함께 지내다가 우리와 함께 돌아왔다. 그런데 우리의 귀국여행은 역사상 가장 험악한 대서양 횡단 여행으로 마감했다. 여객선의 식당은 거

의 텅 비어 있었고, 배는 끊임없이 위아래로 요동쳤으며, 승객들은 각자 자기 선실의 침상에 엎드려 있거나 침상 옆 난간 너머로 토하거나 했다. 그것만 빼면, 그 여행은 우리 가족 모두에게 훌륭한 경험이었다.

일단 워싱턴에 도착한 후 베데스다의 키오쿡 거리에 미리 사두었던 집으로 이사를 하고 나서, 나는 CIA 본부에서 내가 처음 맡은 임무를 익히는 데 열중했다. 베트남 담당부서 책임자로서 나는 많은 사람들을 의식해야 했다. 베트남에 대한 CIA의 인원 투입은 빠른 속도로 늘어났다. 가장 관심이 가는 인물은 당시 CIA의 극동국장이었던 윌리엄(빌) 콜비(Willian Colby)였다

콜비는 매우 훌륭한 OSS 경력을 가진 인물이었다. 그는 특출한 용맹과 독실한 가톨릭 신앙 때문에 사람들에게 '전투병 신부'라는 별명으로 유명했다. 그는 날씬한 체형에다 미끈한 미남으로 안경을 끼고 완벽하게 빗질을 해 넘긴 머리를 하고 있었다. 그 모습은 2차대전 중 프랑스와 노르웨이에 낙하산으로 착륙해서 두 나라의 나치 점령군에게 효과적인 타격을 가했던 사람이라기보다는 투자은행의 은행가처럼 보였다. 그는 CIA 내부에서 빠르게 승진해서 그 당시에는 얼마 전부터 싸이공의 지국장이 되어 있었다. 그래서 그는 아는 것이 엄청 많은 상관이었다.

콜비는 항상 '추가 업무'를 기꺼이 맡을 준비가 되어 있었고, 부하들에게도 같은 것을 기대했다. 그리고 내가 어디에 있는지를 실시간으로 알려고 했다. 어느 토요일 오후에는 전화로 조지타운 대학교 테니스 코트에 있는 나를 호출했다. 그리고 한시간 뒤에 나는 그

의 사무실에서 네발로 바닥을 박박 기고 있었다. 그의 사무실 벽에 붙어 있던 '내셔널 지오그래픽' 베트남 지도를 떼어내 중앙정보국장 (DCI)이 볼 수 있도록 우리 정보원 팀들이 북베트남에 침투한 지점들을 지도 위에 표시하는 중이었다. 종이를 자르고 풀로 붙이는 일이 많아서, 나는 온통 지저분한 모습이 되어갔다. 콜비는 내가 일하면서 소리없이 웃는 것을 보고, 나에게 무슨 재미있는 것이라도 발견했느냐고 물었다. 나는 여전히 테니스 복장을 하고 있었기 때문에 내가 지금 하고 있는 일이 지금 옷차림하고 맞지 않아서라고 대답했다. 그는 크게 웃고 나서, 내가 딱 맞는 시간에 딱 맞는 작업을 하고 있는 거라고 말했다. 우리는 서로 무척 잘 지냈다. 그래서 베트남을 주제로 한 고위급 유관 기관장 회의에 그를 대신해서 내가 CIA 대표로 참석하는 일도 자주 있었다.

1962년 6월, 나는 민간인과 군 장교들을 대상으로 하는 제1회 '대게릴라전 과정'의 수강자로 선발되었다. 매우 수준 높은 수업이 5~6주 동안 이어졌는데, 그 과정을 이끌어간 사람은 경제사가이면서 케네디 대통령의 수석보좌관이기도 한 월트 로스토우(Walt Rostow)였다. 로스토우는 게릴라의 공격을 받고 있는 국가들의 경제성장 단계에 관심이 많았고, 적군의 공격을 가장 잘 막기 위해서는 훌륭한 정보망, 경제원조, 고도로 전문화된 제한된 군사력을 조합하여 대응해야 한다고 생각하고 있었다. 결국 그 교육과정의 목적은 공격받고 있는 '사람들의 마음을 사로잡'는 방법을 연구하는 것이었다.

그 과정을 마치자 우리는 모두 백악관으로 실려가서 케네디(John F. Kenned, JFK) 대통령과 악수를 하는 시간을 가졌다. 대통령이 우리를 맞이하기 위해 백악관 밖의 로즈가든으로 나왔고 우리는 한 줄로 줄을 섰다. 나는 어떤 준장 바로 뒤에 있었다. 그는 2차대전의 영웅으로 별명이 '비니거(식초) 조'인 스틸웰(Joseph Stilwell) 장군의 아들이었다. 대통령은 즉각 '스틸웰'이란 이름을 알아보았고, 내 교육 동기생인 그 순진한 장교는 자랑스러운 마음에 얼굴이 발갛게 상기되었다.

나는 대통령이 직접 참석한 자리라는 점과 그의 강렬한 인상과 지성, 그리고 대게릴라전밖에는 베트남의 난국을 헤쳐나갈 방법이 없다는 그의 굳은 신념에 강한 감동을 받았다.

1962년 10월 쿠바의 미사일 위기는 지금도 가장 생생한 기억으로 남아 있다. 위기에 관한 정보는 점점 더 많은 사람들이 거기에 대한 이야기를 들을 수밖에 없게 되어 CIA 본부 전체로 서서히 퍼져나갔다. 핵전쟁에 대한 현실적인 가능성이 분명해지면서, 나는 하루하루 악몽으로부터 깨어나는 것이 아니라 점점 더 악몽 속으로 빠져드는 것 같은 기분이었다. 나는 특별히 어느날의 서글픈 밤이 추억으로 떠오른다. 그날 밤 우리 옆집 사람들과 함께 혹시 워싱턴이 핵폭탄 공격을 받을 경우를 가정하여 절망적인 기분으로 최선의 대피 장소를 결정하기 위해 우리 지하실 저장소들을 돌아다녔던 것이다.

케네디 대통령이 위기를 미국 국민들에게 공표했을 때, 사실상 모든 CIA 종사자들은 그것을 이미 알고 있었고 우리 본부 빌딩이 소비에트 미사일의 공격 목표물 1호가 될지도 모른다는 사실까지 충분히 인식하고 있었다. 나는 버지니아주 깊숙한 곳에 있는 비밀문서보관소로 가는 길에 대해 안내를 받았고, 직접 그리 가서 그 길을 답사하고 익혀두라는 명령까지 받았다. 그건 '내가 만일 살아남는다면' 처음부터 다시 시작하기 위해 어디로 가야 할 것인지를 알아두어야 하기 때문이었다.

나는 어둠이 내린 뒤에야 그 암울한 임무지로부터 운전을 해서 돌아오고 있었다. 워싱턴 주위의 고갯마루에서 시내를 내려다보았을 때, 도심으로부터 갑자기 밝은 섬광이 번쩍 비치는 것이 보였다. 아마도 전동차가 제3 궤도를 지나면서 나는 섬광이었을 것이다. 그러나 그것이 진짜 핵공격의 시작이라고 생각하자 그 순간 심장이 심하게 고동쳤다. 나는 진정하기 위해 차를 길가로 빼지 않을 수 없었고, 온몸은 땀으로 흠뻑 젖었다.

그다음 날 본부에서는 핵공격의 생존자들은 전원 웨스트버지니아에 있는 찰스타운 경기장으로 모이도록 하라는 종합 발표가 있었다. 그 정도로 하는 것이 그 당시 비상계획이 할 수 있는 수준의 한도였다. 2주간의 위기가 안전하게 끝났다는 케네디 대통령의 발표는 나에게 달콤한 안도감을 느끼게 해주었다. 나중에 베트남에서 내가 탄 작은 헬리콥터가 치명적인 추락의 위험을 가까스로 피하고 났을 때 느꼈던 안도감이 유일하게 거기에 필적할 만한 느낌이었을 것이다.

케네디 대통령이 얼마나 영리하게 그 위기를 잘 다뤘는가 하는 내부의 비화가 차츰 드러나게 되자 그에 대한 나의 존경심은 점점 더 커졌다. 나는 나중에 미군 고위 장성 두명을 직접 조사해야 했는데, 맥스웰 테일러(Maxwell Taylor)와 커티스 르메이(Curtis LeMay)라는 이름의 장군이었다. 그들은 대통령에게 당시 치명적으로 위험한 조언을 했지만 대통령은 현명하게 그것을 거절했던 것이다. 그들이 자기들의 그릇된 신념과 오판의 힘을 있는 대로 발휘해서 그 전쟁놀음을 벌였던 것을 확인하고 나자, 나는 케네디 대통령이 가진 인격의 힘과 그의 지혜에 대해 한층 더 큰 존경심을 갖게 되었다.

1963년 5월부터 11월까지 이어진 기간은 미국과 남베트남에게 구제 불능의 최악의 시기였다. 응오 딘 지엠(Ngo Dinh Diem) 대통령의 정책에 반대하는 불교도 시위대들에 의해 중부 베트남의 후에 시(市)에서 사태가 시작되었다. 응오 딘 지엠 대통령은 불교가 압도적으로 지배하는 나라에서 인기 없는 가톨릭 신자였다. 중앙정부가 가혹한 탄압으로 맞서자 항의 시위의 기운은 빠른 속도로 격화되었고 남쪽으로 싸이공까지 퍼졌다.

1963년 6월, 나는 콜비의 사무실에서 그와 함께 있다가 한 고령의 불교 승려가 싸이공 도심의 네거리에서 지극한 평정심을 유지한 채 자기 몸에 불을 질러 자살을 했다는 소식을 들었다. 우리는 바로 TV로 보게 되었다. 그것은 내가 처음 본 분신 장면이었고 정말 무시무시했다. 대단히 침착한 사람인 콜비조차도 그 장면에 심하게 마음이 흔들려서, 그것이 앞으로 있을 더 나쁜 일의 비극적 전조라고 정확하게 지적했다. 지엠 대통령과 그의 가족은 모두 오만하고 고집 센 가톨릭 신자들이었다. 그리고 그가 불교도 시위대들에 대해서 야만적이고 거친 단속을 한 것으로 인해 그들 일가를 바라보는 워싱턴의 시각도 즉각 부정적으로 변했다.

로저 힐스먼(Roger Hilsman)은 웨스트포인트 출신으로 대게릴라전의 필요성, 그리고 베트남 민중들과 심리적으로 화합을 유지할 필요를 깊이 믿고 있는 인물이었다. 그는 버마에서 공훈을 세웠는데, 그것은 처음에는 '메릴의 약탈자들'(Merrill's Marauders, 2차대전 때 프랭크 메릴 준장의 지휘 아래 있었던, 정글 전투로 유명한 미국 병사들) 소속으로, 그뒤에는 OSS 부대원으로 세운 공훈이었다. 힐스먼은 당시 국무부 정보조사국(INR, the Bureau of Intelligence and Research)의 국장이었으며, 다른 대부분의 국무부 고위 관리들과 마찬가지로 지엠과 그의 정책들에 대해 점점 더 냉소적이고 부정적이 되어갔다.

1963년 중반, 베트남 주재 미국대사 프레드릭 놀팅(Frederick Nolting)은 상황 평가를 위해 싸이공으로부터 워싱턴으로 소환되었다. 나는 국무부의 힐스먼이 주재하는 한 회의에 CIA를 대표해서 참석했는데, 국무부는 그 회의에서 곧장 우리가 지엠에 대한 강력한 지지를 지속할 것인지 아니면 지지를 그만둘 것인지에 대한 문제를 제기했다. 힐스먼은 버마에서 메릴 부대와 OSS 부대의 유격대원으로 복무했던 자기 경험의 프리즘을 통해서 베트남의 상황을 명확하게 파악하고 있었다. 그는 만일 우리가 베트남 민중의 마음을 사로잡아서 민심을 얻고 싶다면 더 나은 남베트남 지도자를 찾아낼 필요가 있다는 것을 길고 상세하게 설명했다.

놀팅 대사는 그 장광설이 끝날 때까지 말없이 앉아 있었다. 마침내 힐스먼은 그를 똑바로 보면서 말했다. "프리츠, 당신이 싸이공에 파견된 목적은 특별히 지엠과 그의 가족들과 함께 일하라는 것이었지요. 지금 꼭 하고 싶은 말이 없습니까?"

놀팅은 자리에서 일어나서 조그만 소리로 이야기했는데, 이는 지엠에게 영향력을 행사하는 일이 무척 어렵다는 것을 그가 잘 알고 있음을 보여주는 것이었다. 그는 "베트남에서 지엠과 그의 남동생 누

(Nhu)와 같은 배짱과 냉정함을 가진 사람은 달리 아무도 없습니다. 만일 우리가 그들을 저버린다면, 우리는 고만고만한 장군들이 정권의 실권자로 주기적으로 등장하게 되는 부담을 지게 될 것입니다."라며 발언을 마무리했다. 그는 자리에 앉았고 두번 다시 입을 열지 않았다.

프레드릭 놀팅의 말은 옳았다. 그러나 그것은 힐스먼이 듣고 싶은 말이 아니었다. 쿠데타 계획이 수립되기 시작했고, 1963년 8월 말 놀팅은 경질되고 헨리 캐벗 로지(Henry Cabot Lodge)가 신임 대사로 부임했다.

나는 요즘에 와서 고도로 민감한 정보에 대한 기밀 해제와 연구가 진행된 결과, 베트남에 관해 알려지면 곤란한 비밀 중의 비밀들이 남김없이 밝혀지고 있는 것에 무척 놀라고 감탄하고 있다. 내가 발견한 가장 생생한 증거물은 1963년 11월 4일 케네디 대통령이 육성으로 해놓은 녹음이었다. 그는 딕터폰에다 자신의 비망록을 녹음해놓았는데, 그 내용은 바로 하루 이틀 전, 미국이 지원한 싸이공의 군사 쿠데타로 응오 딘 지엠 대통령과 그의 남동생이 암살된 사건에 대한 것이었다. JFK는 쿠데타를 지지한 사람들과 반대한 사람들을 일일이 밝혀놓았고 그 쿠데타의 결과에 충격을 받았다고 말했는데, 그의 목소리는 우울하고 유감스러워하는 느낌으로 가득했다.

갑자기 녹음이 그의 어린 남매 캐롤라인과 존의 목소리 때문에 중단되었다. 아이들이 그의 집무실로 뛰어들어와서 케네디 대통령의 즐겁고 애정 어린 관심이 그쪽을 향했기 때문이다. 나는 JFK가 어떤 종류의 인간인가를 판단할 수 있는, 이런 강력한 청각 증거물을 접하고 깊은 감동을 받았다. 그때는 그의 암살 사건이 일어나기 불과 3주일도 안 남은 시점이었다.

1963년 11월 22일 대통령 암살 소식을 들었을 때, 나는 CIA 본부 주차장에 있었다. 본부 건물 전체가 충격으로 인한 침묵과 엄청난 슬픔에 빠졌다. 우리 모두가 1년 전 쿠바 미사일 위기에 대한 케네디의 현명한 대처가 아마도 정보국 건물을 핵공격으로부터 구했을 것이라는 점을 인정하고 있었기에, 우리의 집단적 비탄과 상실감은 더욱 컸다. 나는 존 F. 케네디에 대해서 생각할 때마다 아직도 마음이 아프다.

그가 살해된 날 나는 사무실로 다시 걸어들어오면서 많은 직원들이 복도에서 드러내놓고 통곡하는 것을 보았다. 그날은 정말 미국을 위해서도 최악의 슬픈 날이었고, 앞으로 오랜 세월 동안 닥쳐올 어두운 앞날을 예고하는 비극적인 날이었다.

나흘 뒤인 11월 26일, 나는 어머니에게 그날 우리가 어떻게 보냈는지 편지를 길게 써보냈다. 어머니는 그것을 잘 보관해두었고 가족들을 위해 여러통 복사도 해놓았다. 나는 그 가운데 한통을 이 책을 준비하면서 찾아냈다

사랑하는 어머니께,

그동안은 정말 이상하고 끔찍스러운 시간이었습니다. 우리는 이제야 대통령의 죽음을 현실로 받아들일 수 있게 되었지만, 이 일의 파문은 앞으로도 몇년 동안 퍼져나갈 것입니다. 어떤 면에서 저는 이 사건의 뿌리가 링컨의 암살로부터 자라난 것이라고 생각합니다. 링컨 대통령이 살아서 자신의 정책을 미국 남부에서도 끝까

지 펼칠 수 있었더라면 국민들은 오늘날 더 잘 단결할 수 있을 것이고, 100년이나 지난 지금 케네디 대통령의 인종정책도 이런 종류의 잘못된 분노를 불러일으키지는 않았을 것이기 때문입니다. 이제는 커다란 회한만이 남아 있습니다. 그러나 이것은 동시에 우리 국민들의 생활 속으로 들어와 자리잡고 커져가는 폭력을 상당 부분 몰아낼 기회이기도 합니다. 하지만 우리가 이 기회를 잡을 것인가 아니면 더 큰 불안과 불신과 증오를 향해 추락해 내려갈 것인가는 더 두고봐야 합니다.

우리는 오랜 시간 텔레비전을 보고 있었지만, 더 직접 참여하고 싶었습니다. 그래서 11월 25일 JFK의 장례식날 새벽 6시 이전에 일어나서 워싱턴 시내로 차를 몰고 나갔습니다. 아직 교통 혼잡은 없었고, 사람들은 백악관 맞은편의 보도 위에서 담요를 뒤집어쓰고 누워서 기다리고 있더군요. 백악관 건물 자체는 희미한 새벽 빛 아래 삭막해 보이기만 했고, 이윽고 국회의사당 주변의 대리석에 분홍빛 아침놀이 비치기 시작하자 사람들이 무리를 지어 조심스럽게 움직이기 시작했습니다. 그 줄은 끝도 없이 길게 뻗어 있었어요. 우리는 알링턴까지 차로 갔는데, 거기에서 로버트 E. 리의 오래된 저택 바로 아래에 새로 파놓은 무덤을 보았습니다.

그날 오후 저는 7살짜리 루시를 데리고 다시 알링턴 국립묘지로 갔습니다. 오르막길이 길었지만 저는 루시를 어깨에 목말을 태우고 걸어갔어요. 우리는 길이 굽어진 곳에 서서 장례행렬이 지나가는 것을 지켜보았습니다. 그때 까만 말 한마리가 끄는 장례식 운구 마차가 다가왔습니다. 그 마차는 양쪽 말등자에 승마용 부츠 한켤

레를 뒤쪽을 향하도록 거꾸로 붙여놓았는데, 믿어지지 않을 만큼 슬픈 광경이었습니다. 검은 운구마차는 비극의 짐을 싣고 삭막한 분위기 속으로 덜컹거리는 공허한 음향을 내면서 지나갔고, 그뒤에는 케네디 일가가 대형 검은색 승용차들을 타고 용기를 잃지 않으려는 굳은 표정을 한 채 지나갔습니다. 그다음에는 침통한 표정의 세계 인명사전이랄까, 다음과 같은 명사들이 뒤를 이었습니다. 매부리코로 유명한 묵직한 얼굴의 샤를 드골 프랑스 대통령, 이목구비가 작고 반짝이는 눈 아래 긴 수염을 기른 에티오피아의 하일레 셀라시에 황제, 가장 뛰어난 용모로 시선을 끈 하얀 해군 모자를 쓴 영국의 필립 왕자 등등… 그뒤로는 신임 대통령 린든 존슨이 거대한 덩어리를 이룰 정도로 수많은 표범 같은 비밀 경호원들에 둘러싸여 지나갔고, 그들은 사방을 끊임없이 둘러보며 감시의 눈길을 던지고 있었습니다

거기에는 그밖에도 셀 수 없이 많은 세계적 인물들이 있었고 모두가 잠깐 반짝 지나가는 사람들이기는 했지만, 그래도 저는 루시가 그들을 기억할 수 있었으면 했습니다. 그래서 우리가 언덕을 올라가는 동안에 저는 루시를 목말을 태워 수많은 군중들 틈에서 사람들을 잘 볼 수 있게 해주었어요. 바람 한점 없이 고요했던 그날, 저녁 햇빛이 헐벗은 나뭇가지 사이로 비스듬히 비치며 저물어가던 그날의 풍경은 엄청난 크기의 그 비극에 꼭 맞는 엄숙한 무대장치와 같았습니다. 안으로 들어가자 여기저기 다른 무덤 주위에도 작은 조문객 무리가 보였고 예포를 발사하는 소리도 들렸습니다. 다른 사람들도 죽어서 장례를 치르고 있었던 거지요. 하지만 케네

디의 위대함 때문에 다른 이들의 죽음은 눈에 들어오지 않았습니다. 최소한 인간의 기준으로 볼 때에는 그랬습니다.

지금 이 글을 쓰면서 나는 1865년 오하이오에서 고향마을을 통과하는 링컨의 장례 열차를 지켜보고 있는 12살 소년인 할아버지를 생각한다. 우리는 이런 비극을 도대체 몇번이나 경험하게 되어 있는 운명일까, 의구심을 떨칠 수 없다.

# 베트남전쟁의 파국

1963년 12월, 나는 로버트 맥나마라(Robert McNamara) 국방장관의 짧은 싸이공 출장에 동행했다. 이제 갓 집무실에 자리잡은 존슨 대통령은 남베트남과 미국의 두 대통령이 모두 암살당한 사건에 따른 베트남 정세의 변화에 대한 전문가의 평가를 원하고 있었다.

하킨스 장군은 아직도 MACV(베트남 군사원조사령부)의 사령관이었고 현지에 남아 있는 미군 병력은 소규모에 머물러 있었다. 주둔 미군의 구성도 위관급이나 영관급을 부대장으로 하는 군사고문단 정도로 그나마 지방의 주, 군 단위에 배치되어 있는 수준이었다. 나는 맥나마라의 몇줄 뒤 좌석에 앉아 있었기 때문에 "우리는 6개월이면 군사적 승리를 거두고 이곳을 벗어날 것이다"라는 하킨스의 말이 주문(呪文)처럼 끊임없이 반복되는 것을 들으면서 맥나마라의 뒷목이 점점 벌겋게 변하는 것을 볼 수 있었다. 그 주문은 내가 처음 그것을 들었던 1962년이나 그때나 똑같이 진실과는 거리가 멀었다.

맥나마라는 자기가 받은 MACV에 대한 첫 브리핑이 끝난 뒤에, 방금 보고받은 내용이 대단히 불만족스럽다는 점을 분명하게 밝혔다. 그는 화가 난 목소리로 이렇게 말했다.

"나는 이 보고가 전적으로 불만스럽습니다. 당신들 모두가 똑같은 이야기를 하고 있는 것은 문제입니다. 나는 내일 현장으로 가서 직접 내 눈으로 살펴볼 예정입니다. 내가 돌아올 때까지 더 나은 분석과 정보보고를 내놓을 것을 기대하겠습니다."

그날 밤 늦게까지 MACV에는 불이 환하게 밝혀져 있었지만, 아무 소용없는 일이었다. 현장에서 돌아온 다음에도 맥나마라는 근본적으로는 똑같은 낙관적인 보고를 받았는데, 다만 달라진 것은 '군사적 승리'를 달성하기 전까지 예상되는 기간이 6개월에서 12개월로 연장된 정도였다. 훨씬 나중에 나는 맥나마라가 존슨 대통령에게 제출한 보고서를 읽어본 적이 있다. 그는 자기가 받은 비현실적인 보고 때문에 '혼란'에 빠져 있었고, 현장에 나가보니까 현실은 하킨스의 부하들이 생각하고 있는 것 같은 낙관적 상황하고는 전혀 딴판이었다고 썼다.

하킨스는 1964년 중반에 베트남을 떠났고 그 자리에는 윌리엄 웨스트모얼랜드(William Westmoreland) 장군이 대신 임명되었다. 웨스트모얼랜드가 도착했을 때 베트남의 미군은 2만명이 채 못 되는 병력이었다. 하지만 4년 뒤 그가 떠날 때에는 50만명 이상이 실전에 배치되었고, 전투는 계속되었다.

1964년 봄 국방부에서는 남베트남에 대한 하노이와 베트콩의 공격을 중단시킬 수단으로서 북베트남 폭격이 얼마만큼 유효한가를 판단하기 위해 워게임(War Game, 전쟁 시뮬레이션)이 열렸다. 우리가 막아야 할 그 공격은 라오스와 캄보디아를 관통하는 호찌민 루트를 통해서 남베트남으로 꾸준히 유입되는 군수품들의 공급에 의해서만 가능한 것이었다. 나는 워게임에서 청팀(미국팀)의 실무자급 CIA 대표로 들어갔다. 우리는 국방부 지하실에 있는 창문이 없는 큰 방에서 만났다.

존 보그트(John Vogt)라는 이름의 공군준장이 실무그룹을 이끌었다. 그는 우리에게 폭격을 한다고 가정하고 그 임무에 대해 무엇을 어떻게 할 것인지 미리 결정할 것, 폭격 결정을 보완할 세부계획과 폭격의 효과에 대한 분석 보고서를 준비할 것 등을 지시했다. 그런 뒤에 우리는 그 보고서를 청팀의 고위간부 그룹에게 제출할 예정이었다. 그 그룹의 지휘를 맡은 사람은 합동참모본부 의장 맥스웰 테일러 장군과 여러 특수 분야의 전문가들로, 여기에는 CIA의 존 매콘(John McCone) 국장, 공군의 커티스 르메이 장군, USAID(미국 국제개발처) 처장, 그리고 국무부 고관 한 사람이 포함되어 있었다.

육군참모총장 얼(일명 버즈Buzz) 휠러(Earl Wheeler) 장군은 홍팀의 팀장이었다. 홍팀은 중국과 북베트남을 대표했다. 워게임의 통제단이 우리가 계획한 작전을 그쪽 팀에 알려주면 그 팀은 거기에 대한 대응작전을 짜게 되어 있었다. 통제단은 우리 청팀의 계획과 홍팀의 대응작전을 평가한 뒤에 그로 인해 초래될 상황을 설정했고 우리 두 팀은 다시 그 상황에 맞춰 대응작전을 하도록 되어 있었다.

그 게임은 두 팀이 만나서 그동안 발생한 상황을 검토하는 것으로 끝날 예정이었다. 나는 홍팀 가운데 실무자급 CIA 대표로 나온 사람이 해리라는 이름의 매우 영리한 작전 요원이라는 사실을 알게 되어 흐뭇했다.

보그트 준장이 놀란 것은 청팀의 실무그룹이 폭격 문제에 대해서 의견이 양분되어 있다는 사실이었다. 미 공군이 만들어서 우리에게 제시한 폭격 계획은 북베트남의 남쪽 끝에서부터 군사목표물들에 대한 폭격을 시작해서 점차 북쪽으로 옮겨가면서 결국 하노이가 남쪽에 대한 공격을 멈출 때까지 계속한다는 것이었다. 그 계획이 북베트남에서 성공적으로 효과를 발휘할 것인가에 대한 의문의 여지는 전혀 없었다.

반면에 국무부 대표와 나는 이 폭격 계획이 하노이의 전쟁수행 결의를 굳히게 만들 뿐, 민간인 사망자가 늘어남에 따라 미국에 대한 혹독한 국제적 비난을 불러오는 것 외에는 아무런 성과가 없다고 느꼈다.

예상보다 토론이 길어지자 보그트 장군은 우리 팀의 표결을 요청했다. 투표는 8대 2 정도로 국무부와 CIA 의견에 불리하게 끝났다. 그런 다음에 우리 팀 군인들은 공중 공격 실행 작전을 짜는 일을 시작했다. 보그트는 나에게 미국의 공격이 미칠 영향력의 정보평가서 작성을 요청했다.

곧바로 우리는 고위급 청팀과 합류했다. 그 팀은 그때까지 그렇게 가까운 거리에서 본 적이 없는 명망있는 인물들로 구성된 그룹이었다. 국가안보담당 대통령보좌관 맥조지 번디(McGeorge Bundy)도 그 방에 들어왔다. 그가 홍팀 소속인지, 아니면 통제단에 속한 것인지 확실히 알 수 없었다.

보그트 준장은 실무자급 청팀의 의견 분열에 대해 공정하게 설명하고, 그렇지만 우리는 팀 내 투표를 통해 폭격을 진행하기로 뜻을 모았다고 말했다. 그는 공격 계획의 골자를 제시했는데, 모두들 승인하는 분위기였다.

보그트 장군이 나를 돌아보면서 폭격 효과에 대한 CIA의 분석을 보고하라고 했다. 나는 그 공격 계획이 수립된 근거와 그 목적에 대해 간단히 설명하는 것으로 시작했다. 그런 다음에는 내가 왜 이 계획이 실패할 것이라고 생각하는지 설명하기 시작했다.

그러자 테일러 장군이 내 설명을 상당히 위압적으로 중단시켰다. 그는 연한 푸른 눈에 얼음처럼 차가운 시선을 가진 사람이었다. 테일러는 보그트 장군에게 어떻게 해서 청팀이 자기 팀 소속의 CIA 대표조차도 성공할 수 없다고 생각하는 계획을 제출하게 된 것이냐고 물었다.

바로 그 순간 CIA의 매콘 국장이 나를 한참 쏘아본 다음 자기의 수석보좌관인 할 포드를 향해서 몸을 돌렸는데, 그건 누가 봐도 '이게 어찌된 일인가?' 하고 묻는 제스처였다. 그것은 나에게는 영원히 잊을 수 없는 생생한 장면이었다.

보그트는 솔직하게, 자기가 나에게 청팀의 폭격 계획을 지지하는 분석보고서를 작성하라고 한 것이 아니라 내 생각이 어떤지를 써달라고 요청했다고 말했다. 짧은 토론이 이어진 뒤에, 그들은 결국 내 분석을 완전히 무시하고 폭격 계획을 진행하기로 결정했다. 나는 내가 북베트남 폭격에 반대했다는 사실로 인해 방금 전에 내 경력을 모두 날려버린 것이 아닌지 걱정스러웠다.

그뒤에 이어진 토론에서 르메이 장군은 그 계획이 가진 가장 큰 장점 중 하나가 중국을 더욱 노골적으로 베트남전쟁으로 끌어들이는 것이라는 점을 분명히 했다. 르메이 장군은 하노이가 우리의 폭격에 대응해서 즉각 남쪽의 목표들에 타격을 가하고 싶어 할 것으로 생각했다. 그리고 그럴 능력이 부족하니까 중국에 기댈 것이라고 생각한 것이다.

르메이는 당시에 중국이 마치 한국전쟁에서 소련이 했던 것처럼 은밀히 남쪽으로 특별 임무를 띤 병력을 침투시킬 것으로 생각했다. 그것을 우리가 적발해서 공개하게 되면, 결국 미 공군이 새롭게 드러나고 있는 중국의 핵무기 제조시설들을 공격할 수 있는 가능성이 열릴 수 있다고 생각한 것이다. 그런 핵시설이야말로 르메이가 공격하고 싶어 좀이 쑤시는 목표물들이었다

그런데 우리의 폭격을 통한 공격에 반응하는 홍팀의 대응은 내가 생각하기로는 상당히 현명한 작전이었다. 보복성 공습 같은 것은 아예 없었고, 무고한 민간인들의 사망에 대한 강력한 항의성명과 UN을 통한 공식적 항의, 그리고 호찌민 루트를 통한 병력과 물자 유입의 증대, 그리고 남베트남에 대한 공격 강화 등이 대응책의 전부였다.

그 위게임은 자기들의 폭격 계획의 사전 승인을 원하고 있었던 국방부 기획관들의 시각으로 볼 때는 전혀 잘 되어가고 있지 않았다. 게임 참가자들 전원이 참석한 그 게임에 대한 마지막 회의에서 르메이는 홍팀의 리더인 휠러 장군에게 미친 듯 화를 내며 공격했다. 건장한 체구의 르메이는 벌건 얼굴에 몸을 앞쪽으로 기울인 채 휠러를 노려보면서 "버즈, 내가 자네 수도를 공격하면 자네도 내 수도를 공

격하게 된다는 건 뻔한 사실이 아닌가!"하고 말했다

휠러 장군은 침착하게 이렇게 대답했다. "아니, 내가 그렇게 해주기를 자네가 바라고 있다는 걸 나도 잘 아네. 그래서 나는 세상에 어떤 일이 있더라도 그런 짓은 절대로 생각조차 하지 않을 작정이야." 나는 CIA 친구 해리가 휠러의 대답에 조용히 미소를 짓고 있는 것에 주목했다.

르메이는 "우리는 지금 북베트남을 폭격해서 24시간 만에 석기시대로 되돌려놓을 수 있다는 사실을 망각하고 있는 것이다."라고 맞받았고, 이 말은 그의 명언으로 남았다.

긴 침묵이 이어졌다. 드디어 맥조지 번디가 침묵을 깨고 간단히 결론을 냈다. "내 생각에 우리의 문제는 북베트남이 이미 석기시대에 너무 가까워져 있다는 것이다."라고 말했다.

그 워게임은 의견이 분분한 가운데 끝났지만, 미국의 북베트남 목표물들에 대한 폭격은 이후에 바로 시작되었다. 그리고 CIA에서 내입지는 그 게임 참가로 인해 손상되지는 않았다. 매우 영악한 맥콘 CIA 국장은 베트남전쟁을 완전히 지지하는 사람이 아니었다.

그뒤 얼마 지나지 않아, 나는 멕이랑 '닥터 스트레인지러브'라는 제목의 영화를 봤다. 그 영화에서 스털링 헤이든은 훌륭하게 르메이(영화 속에서는 르메이가 아니라 핵공격에 미친 미 공군의 잭 리퍼 장군이다)를 희화화했다. 나는 그 영화에서 헤이든이 연기한 르메이가 대통령에게 소련을 핵무기로 선제공격해야 한다고 조언하는 장면을 똑똑히 기억하고 있다. 그것을 보자 우리의 워게임에서 르메이가 보여주었던 현장 연기가 내 기억 속에서 한꺼번에 되살아났다.

1965년 존슨 대통령과 맥나마라 국방장관은 르메이 장군을 강제 퇴역시켰다. 아마도 미국 역사상 모든 전쟁기획관이 한 말 중에서 가장 오래도록 남아 있는 명언은 "나는 무고한 민간인이라는 게 있다는 것을 믿지 않는다"는 르메이의 말일 것이다.

그런 사람이 있었는데도 우리가 지금까지 살아남은 것은 행운이다.

# 11
# 버마에서 보낸 나날들

'버마는 뉴욕에서 갈 수 있는 곳 중에서 가장 먼 곳'이라는 것이 1964년 6월 말 우리 그레그 가족이 랑군행 팬암 제트여객기에 올라 탈 때 내 머리에 떠오른 생각이었다. 우리가 버마를 향해서 떠난 것은 아들 존이 한살도 채 되기 전이었다. 루시는 자기의 어린 동생이 갓 태어났을 때는 마치 '깃털이 다 뽑힌 성난 닭'처럼 보였다고 지금도 기억하고 있다. 그애는 여전히 작고 체중도 미달이었지만 살려는 투지는 강했기 때문에 우리는 출발했다.

아이들은 아무도 버마로 가는 것에 불평하지 않았다. 하지만 나는 8살짜리 루시와 4살짜리 앨리슨에게 그 비행기는 우리가 처음 타보는 제트기라는 것, 그래서 무척 빨리 그곳에 도착할 수 있다는 것을 강조해둔 터였다. 나는 딸들이 집에서 얼마나 멀리 떨어진 곳으로 가야 되는지 알 수 없도록 거리감을 줄이려고 애썼다. 존은 멕의 품안에만 있으면 대만족인 듯했다.

나는 아주 작은 아이였을 때에 '버마 셰이브'(Burma-Shave)라고 부르는, 붓이 필요 없는 면도용 크림을 선전하는 길가 광고판을 보고 버마라는 나라가 있다는 걸 처음으로 알게 되었다. 내 기억에 그 광고판들은 가로로 된 작은 흰색 표지판들의 연속으로, 각각 수백 피트씩 거리를 두고 특히 서쪽으로 뻗은 교외도로를 따라 서 있었다. 그래서 각각의 표지판에는 전체 문장 중 단어 몇개씩만 씌어 있었다. 예를 들면 다음과 같았다.

(첫 광고판) 여자는 뛰어내린다
(둘째 표지판) 비상계단으로
(셋째 표지판) 털북숭이 원숭이를
(넷째 표지판) 피하려고
(다섯째 표지판) 버마-셰이브


또는


할아버지의 수염은
빳빳하고 억셌다
바로 그것 때문에
다섯번째 이혼당했다
버마-셰이브


또는

그는 반지도 있고

집도 있었다

그러나 그녀는 그의 턱을 만졌다

그것으로 모든 것이 끝났다

버마-셰이브


2차대전 중에 나는 대 일본전에 쓰일 군수품을 인도에서 중국까지 힘들게 운반하는 버마 루트(Burma Road, 버마 산악지대를 거쳐 중국 충칭 重慶에 이르는 전략 도로)에 대한 책을 읽었다. 그리고 1944년 버마를 통해 인도를 침공하려던 일본의 시도가 윌리엄 슬림(William Slim)이라는 이름의 영국군 장군에 의해 좌절됐다는 것, 그 장군이 일본군과 필사적인 전투를 벌인 곳은 인도 국경 근처의 임팔(Imphal)이라고 부르는 곳이라는 것을 나중에 알게 되었다. 우리가 버마로 이사갈 때까지는 그것이 정말로 특이한 그 나라에 대해 내가 아는 전부였다.

버마의 공식 이름은 미얀마(Myanmar)이다. 그러나 영국 식민주의자들은 '버마'가 더 발음하기 쉽다고 여겼다.(군사정부가 1989년 버마에서 미얀마로 국명을 바꾸었으나 민주화운동가들은 여전히 '버마'라는 국명을 쓰고 있다.) 버마는 프랑스, 덴마크, 네덜란드, 벨기에를 모두 합친 것보다 더 크다. 이 나라는 북쪽 끝에서 남쪽 끝까지의 길이가 1천 2백 마일 (2,050km) 이상이며, 벵골만과 안다만해를 따라 난 해안선의 길이가 1천 마일(1,600km)이 넘는다.

버마는 한때 세계 최대 쌀 수출국이었다. 그리고 막대한 광물과 임산자원을 보유하고 있다. 이 나라의 최북단에는 '버마의 얼음산' 카까보라지(Hkakabo Razi)가 솟아 있다. 그 산의 높이는 1만 9천 피트(약 5,800m)가 넘고, 1996년까지는 그 정상에 오른 사람이 없었다. 버마의 거대한 두 강, 이라와디강과 살윈강은 엄청난 양의 토사를 싣고 와서 버마의 삼각주(델타) 지대를 남쪽으로 빠른 속도로 넓혀나가고 있다. 1700년경까지만 해도 항구였던 남 버마의 고대 수도 페구(Pegu)는 현재 해안으로부터 50마일 이상 안으로 들어간 내륙에 위치하고 있다.

영국인들은 1855년에 버마에 들어왔다. 랑군은 쾌적한 기후, 아름다운 건축양식, 특유의 정취 때문에 '동양의 진주'로 알려졌다. 영국인들은 버마를 2차대전 이후 그 나라가 독립할 때까지 식민지 인도의 일부로 관리했다.

버마는 나라를 지배하고 있는 버마족과 100개가 넘는 소수민족들 사이의 전투로 인해 오랜 세월 동안 분열된 상태에 있었다. 이들 사이의 전투는 이 나라의 비옥한 중앙평원을 둘러싸고 벌어진 것이었다. 이 소수민족들 가운데에는 회교도, 기독교도와 만물은 영혼이 있다고 믿는 정령 신앙자들, 불교도들이 모두 포함되어 있었다. 버마인들은 버마-타이 국경을 따라 살고 있는 세력이 강한 산악부족 카렌(Karen)족에 대해 특별히 적대적이었다.

소수민족에 대한 적대의식을 특징적으로 보여주는 고대 버마의 한 속담으로 랑군 북서쪽 벵골만의 해안을 따라 살고 있는 회교도 아라칸족에 대한 말이 있다. '만일 코브라 한마리와 아라칸족 한 사람을 동시에 만나면, 아라칸족을 먼저 죽여라'라는 것이다.

랑군에 도착하자마자 우리는 재빨리 윙가바 거리에서 정원과 테니스 코트가 딸린 영국식으로 지은 콘크리트 저택을 찾아냈다. 우리는 파키스탄인 요리사를 빼고는 모두 훌륭한 일꾼들을 인계받았다. 그 요리사는 끊임없이 불평을 늘어놓다가 곧 우리를 떠났다. 핵심 일꾼은 두 사랑스러운 '유모', 비비와 노나였다. 두 사람은 모두 기독교도이자 카렌족이었다.

오늘날까지도 랑군의 중앙정부에 저항하고 있는 카렌족은 베트남의 산악족과 비슷하다. 지배세력인 버마족은 그들을 비옥한 강 유역의 평야지대에서 산속으로 쫓아냈다. 비록 쫓겨나오긴 했지만 카렌족은 2차 대전이 끝난 이래 지금까지 중무장한 군대를 유지해오고 있고, 이 때문에 버마의 군대는 결코 반란을 종식시킬 수 없었다.

비비와 노나는 우리 애들을 돌보는 데 혼신의 힘을 다 쏟았다. 루시, 앨리슨 그리고 존은 그보다 더한 보살핌을 받을 순 없었을 것이다. 그곳에는 국제학교도 하나 있었고 외교관들이나 미국대사관 직원들도 모두 친절히 대해주어서 우리 가족은 빠르게 그리고 즐겁게 그곳 생활에 적응할 수 있었다.

랑군에 정착하고 나서 우리는 모리스 콜리스(Maurice Collis)의 작품들을 즐겨 읽게 되었다. 그는 버마의 영국 식민지 총독부의 일원으로 장기 근무했던 아일랜드 사람이다. 콜리스의 책들은 1940년대에 발행되었지만, 랑군의 헌책방에 가면 그때까지도 찾아볼 수 있었다. 콜리스의 첫 근무지 배치는 1920년대에 벵골만에 있는 먼 오지의 외딴 마을이었는데, 그는 단 한명의 외톨이 서구인이었다.

콜리스는 오래 전부터 그 지방에 살아온 버마인 하인들이 다른 곳에서 방문객들이 오는 것을 그들이 도착하기 전에 늘 미리 안다는 사실을 알게 되었다. 그가 하인들에게 어떻게 외지인들의 접근을 도착하기 2시간 전부터 미리 알 수 있었느냐고 묻자, 그들은 콜리스는 왜 그렇지 못하는지를 오히려 이상하게 생각했다.

그때부터 콜리스는 시끄러운 소음이 많은 현대 생활이 우리들의 청각 기능을 약화해서 정적을 편안하게 느끼고 거기에 맞게 적응해온 사람들에게 전달되는 소리를 우리는 듣지 못하는 것이라고 믿게 되었다.

콜리스는 버마에서 오랜 세월을 지냈다. 그리고 그 나라의 고요함과 느린 삶의 속도에 충분히 익숙하게 되자, 그야말로 초자연적인 몇 가지 경험을 하게 되었다. 가장 생생한 경험은 버마 전통의상을 입은 남자 형상의 유령을 만난 것이었다. 그 유령은 콜리스가 메르귀항의 남쪽이 내려다보이는 높직한 절벽 위에 있는 옛 영국 행정관이 살던 외딴 집에서 자고 있을 때 한밤중에 찾아와서 잠을 깨웠다. 17세기 말 이곳에서 사업을 하던 영국 상인 사무엘 '샴' 화이트란 사람이 있었다. 그는 메르귀 항구를 본거지로 하여 돈을 많이 벌었다. 그러나 1687년 총독부 관리들이 화이트와 가까이 지내던 많은 동료들을 학살했다.

콜리스는 그가 만난 유령이 그때의 비극과 관계가 있을 것이라고 추정했다. 영국 관리의 집과 화이트의 건물은 둘 다 말라리아모기를 피할 목적으로 같은 절벽 위에 지어져 있었기 때문이다. 1950년대에 버마에서 미국해외정보국(USIA, United States Information Agency)에 근무했던 클리프와 낸시 포스터 부부는 메르귀를 여행하던 중에 바로 그 낡은 집에서 그와 비슷한 유령을 만났다. 콜리스가 겪은 일을 모른 그들은 1968년 토오꾜오의 우리 아파트에서 그 일들을 써놓은 책을 읽고 깜짝 놀랐다. 콜리스는 그의 훌륭한 두권의 저서 『숨겨진 버마 속으로』(*Into Hidden Burma*)와 『샴 화이트』(*Siamese White*)에서 그때의 일들을 폭넓게 다루고 있다.

우리 가족도 랑군에 있을 때 거의 그런 경험을 할 뻔했다. 우리가 사는 영국 식민지풍의 주택은 집 뒤의 늪지대로 이어지는 큰 정원으로 둘러싸여 있었다. 우리는 몽(Mon)족 출신의 정원사 한명을 데리고 있었는데 그는 가족과 함께 우리 뒤뜰의 허름한 건물에서 살았다. 우리 정원에는 여러 종류의 야자수 나무들과 이국적 꽃이 피는 다양한 식물들이 있어서, 언제라도 꺾어 올 만한 꽃들이 많이 있었다. 우리 정원사는 야채밭을 따로 가지고 있었다. 그리고 거기서 나는 야채는 언제든지 우리와 함께 인심 좋게 나누어먹었다.

어느날 정원사가 위험한 뱀들이 우리 집 경내로 들어왔다고 보고했다. 우리는 독이 있는 파충류들을 종류별로 많이 모아두고 있는 랑군동물원으로 전화를 했고, 도와주겠다는 약속을 받았다. 나는 한 트럭 가득 탄 남자들이 긴 장대, 갈퀴, 그리고 큰 칼을 들고 도착할 것을 기대했다. 그러나 그 대신 날이 어두워져서야 젊은 군인 한 사람이 큰 마대자루를 들고 나타났다. 나는 그가 도중에 길을 잘못 들어서 너무 늦게 왔기 때문에 일을 하기 어려울 거라고 생각했다. 하지만 그는 자기는 어두워야 가장 잘할 수 있다고 말했다. 그는 정원의 모든 전등을 전부 꺼달라고 했고, 나는 그렇게 했다. 그러자 고요한 열대의 어둠이 다가왔다

두어시간쯤 뒤에 그 군인이 우리 문을 노크했다. 그리고 심하게 아

래위로 요동치는 마대자루를 자랑스럽게 들어보였다. 그는 "이젠 다 잡은 것 같습니다."라고 말했다. 내가 어떻게 뱀을 찾아냈느냐고 물었더니 "저는 뱀이 내는 소리를 듣습니다. 그런 다음에 잡지요." 하고 간단히 대답했다. 싸이먼과 가펑클(Simon and Garfunkel, 미국의 포크 음악 듀오. 아름다운 포크 록을 구현하며 1960년대 폭발적인 인기를 얻었다)의 〈사운드 오브 사일런스〉(The Sounds of Silence)에 나오는 "내 오랜 친구 어둠이여. 다시 그대와 이야기를 나누러 왔네"(Hello, darkness, my old friend. I've come to talk to you again) 그대로였다.

일단 집 뜰의 뱀들을 제거하고 나자, 나는 '정원에 뱀이 있다'는 뜻의 버마 말을 배우기로 작정했다. 우리 정원사는 무슨 말이든 영어라고는 한마디도 알아듣지 못했기 때문이다. 그 말은 버마에 체재한 마지막 시기에 아주 유용했다. 내 후임자도 테니스를 치는 사람이었는데, 그래서인지 우리 집과 테니스 코트를 무척 좋아해서 이사를 오고 싶어 했다. 그러나 그에게도 아주 어린 아이들이 있었기 때문에 뱀에 대해서는 걱정이 많았다. 나는 어떤 젊은 군인이 우리 정원에서 뱀들을 깨끗이 치워버리고 난 뒤로는, 우리 집 울타리 안에서 뱀이라고는 한마리도 본 적이 없다고 그에게 말했다. 그는 크게 안심했다. 그러고 나서 우리는 우리 운전기사 툰 세인이 모는 승용차를 타고 외교관들의 연회장으로 떠났다.

그런데 우리는 곧바로 우리 집 진입로 한복판에서 기분 나쁘게 똬리를 틀고 있는 커다란 녹색 나무독사 한마리를 만나게 되었다. "저 뱀을 차로 치어버려!" 내가 큰 소리로 명령했다. 독실한 불교도였던 툰 세인은 빡빡 깎은 머리에 땀이 송글송글 솟아오를 정도로 고심하면서 독사를 치지 않도록 조심스럽게 피해 갔다. 그 독사는 우리가 지나칠 때 고개를 돌리고 우리를 구경하기까지 했다. 앞자리에 앉아 있던 내 후임자는 그 광경을 놓치지 않고 다 보았다. 그리고 미칠 듯이 걱정을 하면서, 어쩌면 우리 집으로 이사를 못 오게 될지도 모르겠다고 말했다. 그뒤 연회장에서 나는 내 후임자를 많은 친구들에게 소개했는데 그중 몇명은 나중에 내 후임자가 랑군에 부임한 걸 별로 좋아하지 않는 것 같다고 말했다.

그날 저녁 연회가 끝나고 멕과 나는 집으로 돌아오는 중간에 내 후임자를 그의 호텔 앞에 내려주고 툰 세인을 그의 집 근처에 내려줬다. 나는 우리가 늪지대 끝에서 살기 때문에 우리가 맞닥뜨릴지도 모르는 여러가지 뱀의 종류에 대해 미리 조사해두고 있었다. 코브라는 가장 활동이 활발하고 동작도 빨랐다. 독사들은 더 느리고, 돌아다니는 범위도 별로 넓지 않았다.

우리 집 진입로를 향해 다가가면서 나는 그 독사의 출현을 예상하고 있었는데, 과연 놈은 정말 그곳에 남아 있었다. 4피트나 되는 길이의 몸통을 땅에서 수 피트 높이의 두터운 생나무 울타리 위에 걸치고 있었다. 나는 차의 전조등 불빛을 뱀에게 맞춰놓고 차에서 내려 멕을 감싸면서 집 안으로 들어갔다. 그리고 돌아서서 정원사의 오두막으로 갔다. 그는 내가 공들여서 조심스럽게 준비해둔 버마 말에 즉각적인 반응을 보이며 곧장 한 손에 큰 칼을 다른 손에는 쇠막대기를 들고 나왔다.

그는 나에게 쇠막대기를 건네주고 차 쪽으로 달려갔다. 나는 그를 따라가서 그가 큰 칼로 생나무 울타리에서 뱀을 끌어낸 뒤 격렬하게 몸부림치는 그 뱀을 신속하게 머리를 잘라버림으로써 끝장내는 장면을 놓치지 않고 볼 수 있었다.

정원사는 몸을 앞으로 숙이고 조심스럽게 죽은 뱀을 살폈다. 그리고 그는 내 쪽으로 돌아서서 생생한 몸짓 연기로 한 손으로 뱀의 머리를 표현하고 다른 손으로 그것을 때리는 시늉을 했다. 그러고 나서 그는 입을 딱 벌리고 눈을 크게 뜨고 눈알을 굴린 다음 머리가 가슴에 닿도록 깊이 숙여 보였다. 나는 그 신호를 읽었다. 정원사는 칼 위에 축 처진 뱀을 걸치고는 자랑스럽게 빠른 걸음으로 사라졌다. 나는 그가 다음날 아침 식사로 그걸 먹지 않았나 생각한다.

그다음 날 나는 내 후임자에게 그 독사는 죽었고, 정원사는 불교도가 아니어서 능숙하고 용감한 동맹군이 되어줄 거라고 말했다. 그는 즉시 우리 집으로 이사를 결심했고, 내가 들은 바로는 거기서 성공적으로 즐겁고 행복한 재임기간을 보냈다.

테니스는 우리 생활의 큰 부분을 차지하고 있었다. 우리 집의 테니스 코트는 언제나 사람들로 붐볐다. 그리고 우리는 모두 정기적으로 테니스를 쳤다. 나는 버마 토너먼트에도 여러번 나갔다. 그런데 테니스 대회가 많지 않아서, 그런 대회도 일간 영자신문의 상당히 큰 기사로 취급되었다. 담당 기자는 쾌활한 성격에 유머감각도 있는 이였는데, 그때 겨우 35살인 나를 "반백의 미국인 베테랑"이라고 썼다.

그 대회들은 우승이 쉽지 않았다. 준준결승부터는 5전 3선승제 경기였다. 랑군의 더위 속에서 그것은 일종의 고행이었다. 나는 큰 토너먼트에서는 한번도 우승하지 못했다. 보통은 준준결승이나 준결승에서 지친 나머지 나가떨어졌다.

어떤 토너먼트에서 나는 운이 나쁘게도, 대회의 초기 대전 추첨에서 버마 국가 챔피언을 뽑았다. 그것은 3전 2선승제의 시합이었다. 나는 잘 싸웠다. 첫 세트를 아슬아슬하게 지고 난 뒤, 두번째에는 이겼다. 나는 잃을 게 없었으므로 자신만만하게 플레이를 펼쳤다. 내 써브는 많은 득점을 만들어냈다. 세번째 세트는 많은 사람들이 우리 코트 주위로 모여든 가운데 초긴장 속에서 치러졌다. 내 상대는 표정이 험악해졌고 자기 공격 순서가 되자 좋은 써브를 친 뒤에 바로 네트로 달려들 만큼 게임의 강도를 높였다. 그는 3세트의 열번째 교전에서 나의 써브를 꺾고 6대 4로 이겼다.

나는 내가 보여준 플레이에 만족했다. 그리고 지역 신문에서 '반백의 베테랑'이 버마 최고의 선수에게 한 세트를 빼앗은 사실을 어떻게 다룰지 궁금했다. 그러나 다음날 신문에는 그 시합에 대해 기자가 쓴 기사는 아예 없었다. 그리고 득점표에는 두번째 세트의 점수가 뒤바뀌어 표기되어서, 내가 세 세트를 연달아 진 것으로 되어 있었다. 나는 그것이 재미있기도 하고, 한편으로는 약이 오르기도 했다. 그 테니스 기자가 그다음 한두번의 대회에서 나를 슬슬 피하는 것을 보았다.

또 언젠가 다른 대회에서는 나는 버마 최고의 젊은 선수 한 사람과 시합을 할 기회가 있었다. 어떤 세트에서 내가 그를 이겼다고 생각하고 있는데, 심판이 내 득점 샷을 실격으로 처리했다. 나는 짧게 항의했고, 그 바람에 침착성을 잃게 되었다. 결국 그 시합에서는 졌다. 그날 밤 늦게 우리 집의 버마 국내전화 벨이 울렸다. 대단히 드문 일이라서 나는 아래층으로 구르다시피 내려가서 전화를 받았다. 전화한 사람은 그날 내 시합의 심판으로, 자기 오심에 대해서 사과하는 전화였다. 그는 "난 당신이 질 거라고는 전혀 생각지 못했습니다."라고 말했다. 그러나 그 말은 그날 일어난 모든 일에 관해서 기분만 더 상하게 했을 뿐이다.

또 한가지 생생한 추억은 버마에 도착하고 나서 얼마 안 되어 존을 데리고 랑군동물원에 갔을 때의 일이다. 존은 그때 생후 13개월쯤 되었고 여전히 아주 작았다. 그 동물원에는 굉장히 훌륭한 호랑이 우리들이 갖춰져 있었다. 우리가 어떤 거대한 수컷 호랑이 우리로 다가갔을 때 그 호랑이는 걸음을 멈추고 우리를 향해 돌아앉아서는 유모차를 타고 있는 존을 불길하게 노려봤다. 불안을 느낀 나는 다음 우리로 옮겨갔다. 그곳에서는 어린 호랑이 세마리가 장난을 치면서 서로 몸싸움을 하고 있었다. 우리가 철창 앞으로 다가서자 호랑이들은 장난을 멈추고 우리가 있는 쇠창살로 다가와서 세마리 모두 오직 존만을 노려보았다.

동물원 사육사 한 사람이 급히 와서 내 귀에 대고 "놈들이 모두 그 아기를 잡아먹고 싶어 합니다." 하고 속삭였다. 나는 바로 호랑이 우리를 떠나 원숭이 구역으로 자리를 옮겼다. 원숭이들은 우리에게 조금도 관심을 보이지 않았다. 그리고 몇달 후 랑군의 신문에 세마리 어린 호랑이들이 부주의한 사육사를 습격해서 죽였다는 보도가 있었다.

존은 그 동물원에 가는 것을 좋아해서, 우리는 몇달 후 아이를 데리고 그곳을 다시 찾았다. 이번에는 그 호랑이들이 존에게 완전히 무관심했다. 전에는 그애 몸에서 풍기던 어떤 것이 이제는 더이상 없었던 것이다. 아마도 어린 동물이나 사람은 일정한 냄새 같은 것을 발산해서 호랑이들을 매혹시키면서 아주 만만한 대상으로 느끼게 만들어주는 것 같았다. 그 모든 것들은 우리가 느끼긴 해도 충분히 정체를 파악하지 못한 버마의 이국적인 풍경이라 할 만한 것이었다.

1964년 9월, 우리는 첫번째 버마 국내여행으로 북쪽 만달레이까지 기차여행을 떠났다. 그곳에서 2, 3일을 지낼 예정이었다. 우리는 오후 늦게 출발해서 벼가 초록색으로 무성하게 자라고 있는 논 사이를 조용히 달려갔다. 우물가에 모여 있는 주민들, 저녁밥을 지으려고 피워놓은 불, 저물어가는 저녁노을 속에서 희미하게 빛나는 황금빛 돔형의 불탑들이 보였다. 우리는 미국의 풀먼 열차의 일본판이라고 할 수 있는 침대 설비가 된 객차에서 밤새 잘 자고, 다음날 아침 신선한 기분으로 만달레이에 도착했다.

호텔의 입실 수속을 마친 뒤에는 지프사의 스테이션왜건을 타고 부산한 거리를 통과하고 수많은 석공들이 평생을 바쳐 불상을 조각하던 곳의 무수히 많은 석탑들을 지나 서쪽으로 향해 계속 달려 아마라푸라시를 통과했다. 한때 버마의 옛 수도가 자리잡았던 곳으로, 거기를 지나면 이라와디강의 널따란 계곡으로 진입하게 되어 있었다.

그 강은 그때 연중 수위가 가장 높고 강물도 가장 넓게 범람하고 있었지만 위험한 것은 아니었다. 넓게 펼쳐진 논밭을 지나 상당한 거리를 더 달린 다음에 우리는 아홉 경간으로 이어진 아바 다리(Ava Bridge)에 도착했다. 그 다리는 영국인들에 의해 1934년에 개통되었다가 2차대전 중에 파괴된 것을 그뒤에 다시 복구한 것이었다. 그 위로 차량과 기차가 다니고 있었는데, 당시에는 이라와디강을 건너는 유일한 다리였다. 이라와디강은 버마 북쪽의 산악지대에서 발원해서 9백 마일 이상을 흘러내려 랑군 남쪽 삼각주에 이르는 강이다.

이라와디강이 버마를 관통하여 흐른다고 간단히 말하는 것은 코끼리는 회색이라고 말하는 것과 같다. 미국의 강은 대부분 그냥 단순히 바라보는 대상이거나 계절에 따라 찾아오는 홍수를 견디어내는 어떤 것일 뿐이다. 내가 자란 고향 바로 곁에 있던 허드슨강도 우리가 바라보는 대상, 때때로 얼어붙는 것, 큰 배들이 그 위로 지나다니는 물길이었다. 하지만 우리는 그 강에서 헤엄을 치거나 빨래를 하거나 그 물을 마시거나 그 물을 우리 정원에 주거나 하지는 않았다.

광대한 이라와디강과 버마의 관계는 많은 면에서 나일강과 이집트의 관계와 같다. 그 강은 농작물의 생육에 주기적으로 영향을 주고 생명력을 불어넣는다. 하지만 중국의 강들처럼 순식간에 사납게 돌변해서 수천명을 익사시키는 일은 없다. 나는 그 강이 버마의 대부분을 자기 등에 짊어지고 운반하는 굉장히 큰 동물 같다고 생각한다.

한 은제품 상점에 잠깐 들른 다음, 우리는 다시 자동차를 타고 선인장이 무성한 들판의 수많은 무너져가는 폐탑들을 지나쳐 갔다. 머리에 터번을 두르고서 무거운 짐을 지고 성큼성큼 걷고 있는 인도인들의 모습은 버마가 수세기 동안 인도와 동남아시아 사람들이 서로 섞이는 교차로였다는 사실을 시간을 넘어 상기시켜주었다. 나는 세계의 한쪽 모퉁이에 서서 서쪽으로는 갈색으로 덮인 인도와 중동 땅을, 동쪽으로는 녹색의 아시아 대륙과 짙푸른 태평양을 바라보고 있는 느낌을 받았다.

다음날 아침 우리는 만달레이 언덕을 오르기 위해 새벽 5시 반에 일어났다. 그 산은 계곡 바닥 평지에서 위로 7백 피트나 솟아 있었다. 출발할 때에는 달빛이 아직 환하게 비치고 있었고 계곡 아래쪽으로 부터 온갖 소음이 우리 귀에까지 들려왔다. 그것은 기차의 기적소리, 개 싸우는 소리, 아침체조 시간 군인들의 구령소리, 그리고 6시에 치는 징소리 같은 것들이었다.

언덕 꼭대기에서 본 광경은 놀랄 만큼 훌륭했다. 서쪽으로는 멀리 이라와디강이 보였고, 희미하지만 아바 다리의 윤곽도 확인할 수 있었다. 발 아래로는 새벽 골퍼들이 줄지어 오르내리는 모습이 보였고, 그들이 휘두르는 골프채 끝에서 나는 작은 반사광이 우리를 향해 윙크하는 것 같았다. 동쪽으로는 가파른 산맥이 솟아 있고, 시원한 바람이 랑군에 도착한 뒤로 한번도 느껴보지 못한 신선한 기분을 안겨주었다.

그날 오전 늦게 우리는 차로 42마일을 더 올라가서 메이묘(Maymyo)에 도착했다. 약 2천 7백 피트 높이에 있는 메이묘는 영국인들이 잘 구축하기로 유명한 '산악 기지' 중의 하나이다. 그곳은 영국의 지배를 받던 시기에 버마의 여름철 수도였기 때문에 아직도 식민주의의 흔적이 고스란히 남아 있는 인상이었다. 오래된 영국학교 교사와 사무실 건물이 무척 많았다. 메이묘의 택시는 영국인들이 타던 당시의 마차들을 본따 만든 사륜 마차였다. 우리는 붉은 벽돌, 하얀 기둥, 벽난로, 양쪽으로 나뉜 층계 등 식민지시대 미국의 저택을 상기시키는 어느 선교사의 게스트하우스에 묵었다.

오후에 우리는 메이묘 골프 코스에서 한때 북버마 골프의 1인자였던 페르샤 혈통의 어떤 신사와 골프를 쳤다. 그는 평생 양조업에 종사했지만 그때는 반퇴직 상태였다. 그에게는 아름다운 영국인 부인이 있었는데, 골프 말고도 그는 그 지역에서 풍성하게 나오는 과일들을 가지고 포도주, 잼, 젤리를 만드는 취미가 있었다.

그날 저녁 우리는 영국성공회 계열 학교 교장인, 샨(Shan)족의 피를 이어받은 신사와 만찬을 함께 했다. 버마 군대에 복무하고 있는 그의 아들이 카렌족 반란군과 싸운 이야기를 들려주었다. 그날 저녁은 따뜻한 일가족 모임이었으며 우리는 그 일부가 되어 쉽게 어울렸다. 그날 밤 우리는 담요를 덮고 잤다. 그리고 아침에 게스트하우스 바깥에서 나는 말발굽 소리에 잠을 깼다. 그리고 기차를 타고 저녁때 랑군으로 돌아왔다

버마에서 진정으로 매력적인 것은 단 하나, 그곳 사람들이었다. 우리는 버마에서 던컨 하인즈(Duncan Hines, 1950년대 여행자를 위한 레스또랑 평가 및 추천서)가 추천할 만한 음식점을 발견하지도 못했고, 집으로 싸가지고 갈 정도의 음식이라고 할 만한 것도 별로 만나지 못했다. 우리가 머물던 그 나라는 힘이 세고 단순하고 친절한, 열심히 일하는 사람들이 사는 곳이었다. 그들은 그동안 서구사회와의 접촉이 대체로 단절되어 있었기 때문에 우리와 만나는 데에 아주 열성적이었다. 우리는 버마가 어떤 단계('버마식 사회주의')를 거치면서 국가를 완전히 개조하려고 하고 있지만 성공하기는 힘들 것 같다고 느꼈다.

버마 사회는 일본이 겪은 것 같은 완전한 변신을 할 만한 준비가 되어 있지 않았다. 그 나라의 농촌 생활에는 그때나 지금이나 고유의 생활양식이 깊이 자리잡고 있다. 그것은 땅과 물과 나무, 그리고 영

원한 복을 받기 위해서 끝없이 세우는 불탑들과 연결된 삶이다. 우리는 그 사람들의 그런 삶의 양식에 동화되기를 원하지는 않았지만, 그래도 그들의 삶을 좀더 잘 이해할 수 있게 되었다.

버마인들의 생활은 연중 계속 이어지는 불교축제와 함께 한다. 이는 부처의 일생에 근거를 두고 있다. 4월은 긴 건기가 끝날 무렵이고 매우 더운 때여서, 나흘 동안 계속되는 띤잔(Thingyan)이라는 물 축제가 있었다. 그 기간에는 사람들에게 친구든 낯선 이들을 가리지 않고 서로 물을 끼얹는 것을 널리 권장했다. 랑군 전역에 즐비한 노점들마다 버마 국내에서 제조된 강력한 플라스틱 물총들을 팔았는데, 그건 6미터 이상 떨어진 거리에서도 사람을 흠뻑 젖게 할 수 있었다.

1966년 4월, 랑군에서 맞는 두번째 4월을 기념해서 우리는 물을 서로 퍼붓는 그 축제를 열기로 결정했다. 그리고 꽤나 많은 버마 친구들, 우리가 보기에 유머감각이 있다고 생각되는 외교관들을 골라 초대했다. 그 파티는 흠뻑 젖은, 굉장히 성공적인 파티였는데 두가지 사건이 특히 두드러졌다. 첫번째는 버마에 갓 부임한 어느 대사관 직원의 젊고 사랑스러운 미국인 부인이 파티 장소에 도착하면서 일어난 사건이었다. 그녀는 예쁜 주름이 잡힌 하늘하늘한 드레스를 입고, 둥글게 부풀려 모양을 낸 헤어스타일의 신선하고 매혹적인 모습으로 나타났다. 그녀가 웃으며 인사를 하면서 차에서 막 내려섰을 때, 우리 집 자동차 출입구 꼭대기에서 소리없이 활짝 웃으면서 대기하고 있던 한 버마인이 그녀의 머리 위에다 한통 가득찬 물을 제대로 퍼부었다.

이 글을 타이핑하고 있는 지금도 여전히 웃음이 터져나온다. 거의 반세기가 지났지만, 한껏 멋지게 치장한 아름다운 귀부인의 자태에서 갑자기 긴 머리카락들이 얼굴 위에 달라붙은 물에 빠진 생쥐로 변해버리던 모습이 떠올라서이다. 그녀가 즉각 사태를 파악한 다음, 자기를 공격한 남자를 맹렬히 쫓아가서 충분히 복수가 될 때까지 공격을 가했다는 것을 덧붙이지 않을 수 없다

그날의 두번째 추억은 내 훌륭한 친구인 버마 주재 인도 대사, 나렌드라 싱(Narendra Singh)과 관련된 것이다. 나렌드라는 키가 크고 얼굴이 잘생긴 사람으로, 엄청난 부를 소유한데다 철저히 서구화된 시크(Sikh)교 가문 출신이었다. 그는 힘이 아주 좋은 테니스 선수이기도 해서 우리는 자주 함께 시합을 했다. 나는 그가 인도에서 휴가를 보낸 뒤 은장식이 많이 달린 여러개의 골동품 장총들을 갖고 돌아온 것을 기억하고 있다. 그는 그 총들을 '가족 무기고'라고 부르는 곳에서 꺼내어 랑군의 집을 장식하려고 가지고 왔다.

나렌드라는 물 퍼붓기 파티의 열광적인 참가자였다. 게다가 우리가 그 파티를 위해 특별히 여러가지 음료를 섞어서 만들어놓은 강력한 와인펀치를 엄청나게 많이 마셨다. 그 포도주 파티는 날이 어두워진 다음까지도 계속되었는데, 어떤 순간이 되자 나렌드라는 잠깐 좀 누워도 되는지 물었다. 그를 서재로 데리고 가서 긴 의자에 눕히고 젖은 천으로 눈을 덮어주자, 그는 거의 바로 잠이 들었다.

조금 뒤에 영국 대사관에서 전화가 와서, "싱 대사께서 아직 거기에 계십니까?" 하고 정중하게 물었다. 나는 전화를 건 사람에게 끊지 말고 기다리라고 말한 뒤, 나렌드라를 깨웠다

그는 투덜거리고 욕설을 내뱉으면서도 자기가 영국 대사관에서

열리는 정장 차림의 만찬에 참석하기로 되어 있었다는 사실을 재빨리 기억해냈다. 그리고 이제는 도저히 그 약속을 지킬 방법이 없다고 말했다.

나는 그를 대신해서 유감을 표해주었다. ("싱 대사께서는 불가피하게 자리를 뜰 수 없어서 유감스럽게 생각하십니다."라고 전했다.) 그리고 우리 두 사람의 우정은 그날 파티의 총체적으로 웃기는 난장판 덕에 더욱더 강화되었다.

우리 집의 테니스 코트는 온갖 종류의 활동에 모두 사용되었다. 공 잡기 게임, 자전거 타기, 사방치기 놀이, 걸스카우트 회의 같은 것도 거기서 했고 대규모의 만찬 파티도 거기서 여러번 열었다. 한번은 어느 일요일에 우리 가족과 관저의 근무자들이 모두 함께 하는 게임의 날을 개최한 적도 있다. 그날의 놀이 중에는 당일 행사용으로 만든 비공식 시합도 들어 있었다. 나는 정원사, 유모, 집사를 상대로 탁구공을 입으로 불면서 테니스 코트를 건너가는 시합에 도전했다. 특히 우리 정원사는 내가 땅에 엎드려서 배정된 공을 입으로 불며 엉금엉금 기어가는 것을 보고는 기절초풍했다. 그리고 너무나 심하게 웃느라고 말 그대로 땅바닥에 드러누울 지경이었다. 유모 중 한 사람이 그 시합에서 의외로 쉽게 우승했다. 모두 굉장히 재미있게 즐긴 게임이었다.

버마인들은 춤추기를 좋아했다. 그래서 식사와 술, 댄스 음악이 빠지지 않는 파티가 자주 열렸다. 그 당시는 rpm(1분당 회전수) 33의 LP레코드판 시절이었다. 우리는 처비 체커(Chubby Checker)의 유명한 트위스트 레코드판을 가지고 버마에 갔었는데, 그 곡이 즉시 히트를 쳐서 엄청나게 복사들을 해갔다. 그래서 나는 우리가 트위스트를 버마에 도입했다고 해도 과언이 아니라고 생각하고 있다. 싱가포르에 출장을 갔을 때, 당시엔 처비 체커만큼이나 인기있던 허브 앨퍼트(Herb Alpert)와 티후아나 브라스(Tijuana Brass)의 초기 LP판도 사올 수 있었다.

우주비행사 존 글렌(John Glenn)이 유명한 지구궤도 비행을 하고 3년이 지난 뒤 잠깐 버마에 다녀간 일이 있었다. 그는 여전히 군복 차림이었다. 그의 창백한 얼굴색이 해군 유니폼의 녹색 기조와는 잘 어울렸는데, 당시 묵고 있던 '스트랜드'라는 호텔에서 수도꼭지에서 나오는 물로 양치질을 하는 치명적 실수를 저지른 때문이었다. 나는 글렌이 상원의원이 됐을 때 만났는데, 자기 평생에 랑군에 갔을 때보다 더 아팠던 적은 없다고 얘기했다. 글렌은 그렇게 병이 났으면서도 자기의 모든 일정을 소화했고, 랑군 사람들에게 강렬한 인상을 남겼다.

미국 데이비스컵 팀도 랑군에 온 적이 있다. 허브 피츠기번(Herb Fitzgibbon), 마티 리슨(Marty Riessen), 클라크 그래브너(Clark Graebner)가 이끄는 이 팀은 시범경기를 보여줬다. USIA(미국정보국)의 도움으로 나는 피츠기번과 함께 테니스 훈련용 동영상을 찍었는데, 버마 데이비스컵 팀의 코치는 그것을 받고 매우 기뻐했다. 내가 아는 한, 그들은 아직도 그것을 활용하고 있을 것이다.

어느날 버마에서 골프를 치던 멕이 바로 근처에서 염소를 치는 어느 버마인 가족에게 자청해 어린 염소 한마리를 사온 적이 있었다. 멕은 새끼염소가 하도 귀여워서 그 값으로는 거액인 5달러나 억지로 쥐어주고는 유아원에 들러서 앨리슨을 차에 태우고 집으로 돌아왔다.

우리 집에는 구부정한 자세에 노쇠해 보이는 정원사의 아버지가 함께 살고 있었는데, 별로 하는 일이 없이 지냈다. 그는 재빨리 그 염소를 돌보겠다고 나섰다. 그런 다음 새끼염소의 끈을 잡고 울타리 주위로 끌고다니면서 인생에 또 다른 목표를 갖게 된 것을 무척 기뻐했다. 마침내 그 염소는 빌리 고트(숫염소)라는 이름을 얻었고 염소 냄새를 풍기기 시작했다. 우리는 또 '내니(유모)'란 이름의 암염소 한마리도 그 가족에 추가했다. 랑군을 떠나게 되었을 때, 우리는 남아 있는 집 일꾼들에게 염소들을 계속 잘 돌봐주라고 말했다. 그러나 그들은 우리가 마침내 떠나는 것을 축하하며 대대적인 염소구이 파티를 벌였을 것이다.

이상이 랑군에서 행복했던 2년 동안의 생생한 추억이다. 물론 오랫동안 군사독재정권이 지배하던 나라여서 언짢고 슬픈 추억도 있다. 군사정권의 특징인 부패와 잔학성(멕과 친한 여성들 중에는 정부 고관인 남편이 재판도 없이 감옥에 갇힌 사람들이 많았다), 국민들의 염원에 아랑곳하지 않는 태도 탓이었다. 우리는 그곳에서 1960년대에 정권을 장악한 네 윈(Ne Win)이라는 장군의 강압적 군사독재체제의 출범을 직접 목격했다.

2014년 현재 버마에는 더 나은 변화에 대한 희망이 존재하며, 그것을 구체적으로 상징하는 이가 바로 아웅산 수찌(Aung San Suu Kyi)라는 강인한 여성 투사이다. 그녀는 버마 해방의 영웅이자 건국의 아버지인 아웅산 장군의 딸인데, 장군은 1947년 우쏘(U Saw)라는 정적에 의해서 처참하게 살해당했다. 수찌는 크게 두각을 나타냈던 1999년의 선거 이후로 10년 이상을 가택연금 상태에서 보냈다. 랑군 정부는 학생들과 시위대 군중들을 수백명씩 살해하고 투옥하는 야만적 방법으로 강력하게 탄압했다. 수찌는 버마 군부의 지도자들에게 버마를 떠나라는 권유를 받고 있었으며, 국외로 출국하는 것은 언제든지 자유롭게 할 수 있었다. 그러나 그녀는 한번 출국하고 나면 두번 다시 돌아오는 게 허락되지 않을 거라는 사실을 잘 알고 거절했다.

2011년 9월 말 그녀는 랑군에서 직접 위성방송을 통해 찰리 로즈(Charlie Rose, 미국의 방송인. 유명한 '찰리 로즈' 토크쇼의 호스트), 그리고 남아프리카의 데스몬드 투투(Desmond Tutu) 주교와 대화했다. 깊은 감동을 주는 말들이 교환되는 가운데 그녀는 자신이 버마 지도자들과의 대화에서 용기를 얻으며, 결코 희망을 잃지 않고 있으며 "체제 변화가 아닌, 가치의 변화"를 위해 활동해야 하고 보통 사람들이 공포로부터 해방되어야 한다는 점을 피력했다. 그녀는 내가 아는 그 누구보다도 강력하게 변화를 이뤄내는 힘을 보여주었고, 오늘날에는 자기 조국을 더 큰 정치적 자유를 향해 이끌어가고 있다.

수찌는 그동안 버마 의회의 의원으로 선출되었고, 이제는 무려 20여 년 만에 처음으로 외국에도 나가게 되어, 영국에 있는 아들들을 만날 계획을 하고 있다. 이 세상에 그녀 같은 사람들이 더 많이 있기를 기원할 뿐이다.

# 다리를 저는 아이를 찾아 나서다

 

 

토오꾜오에서 50년대와 60년대를 사는 동안에, 나는 대체로 일본인들의 편견이라는 왜곡된 프리즘을 통해 한국과 한국인들을 보고 있었다. 일본은 해결되지 않는 범죄사건들은 대개 한국인들 짓으로 덮어씌웠다. 그들은 하층계급의 직업을 갖고 있었고, 일본인들과 사교적인 접촉이 전혀 없었다. 일본인들은 한국인을 자기네 사회 전체에 팽배해 있는 악랄한 적대감을 가지고 대했다.

1923년의 대지진 재앙 직후 일본인들은 분노와 혼란의 와중에서 한국인들을 희생양으로 삼았다. 그들은 대규모의 자연재해와 그 후유증으로 급속히 번진 엄청난 화재에 대해 마치 한국인들이 어떤 책임이라도 있는 것처럼 당시 일본에 살고 있던 6천명이나 되는 많은 한국인들을 살해했다. 제2차 세계대전 중에 일본인들은 수천명의 한국인들을 그들의 의지에 반하여 강제로 일본으로 끌고왔는데, 이는 본질적으로 노예 노동이자 강제 노역의 노동력 공급원이라 할 것이다.

일본에서 나의 마지막 임기 중 어느날, 나는 친구와 함께 토오꾜오의 한 지역인 신주꾸로 차를 타고 지나가야 할 일이 있었다. 그 지역은 대중목욕탕과 사창가가 많고, 범죄가 많기로 유명한 곳이었다. 배달용 트럭이 좁은 길을 막고 있어서 차를 멈춰 서 있는데, 한무리의 작은 남자애들이 골목에서 몰려나와서 서로 즐겁게 떠들어대면서 놀이터로 놀러가는 듯 빠르게 뛰어 지나갔다.

아이들 뒤로 8~9세쯤 돼 보이는 또 다른 남자아이가 그 애들을 따라가려고 안간힘을 쓰면서 기괴한 자세로 절뚝거리며 걸어왔다. 그런데 그애가 우리 앞을 지나갈 때 갑자기 균형을 잃고 쓰러지면서 우리 차 몸체에 부딪쳤다. 넘어지지 않으려고 차의 문손잡이를 붙잡았을 때 아이의 얼굴이 나에게서 바로 몇 센티밖에 떨어져 있지 않았다. 그애는 나와 시선이 마주치지는 않았지만(사라져가는 제 동무들 쪽만 좇고 있었으니까), 나름대로 의지가 참 대단한 소년으로 보였다.

친구와 나는 그 일로 둘 다 마음속 깊이 어떤 감정을 느꼈다. 우리 아이들은 모두 다 건강이 좋았기 때문이다. 그런데 몇주가 지난 뒤에 나는 토오꾜오의 미군 라디오 방송에서, 슈라이너 아동병원이 소아마비로 다리를 저는 아이들이면 누구든 그 수술비를 병원이 다 부담해서 수술해준다는 연속 광고를 듣게 되었다. 방송 광고는 꼭 미국인에게만 해당되는 것은 아니고, 말 그대로 어떤 아이들이라도 대상이 될 수 있다는 것을 분명하게 밝히고 있었다.

나는 우리에게 깊은 인상을 심어준 그 절름발이 아이를 찾아내자고 친구에게 제안했다. 친구가 선뜻 승낙을 해서 우리는 다시 신주꾸로 가보았다. 내 친구는 '니세이'(일본인 2세)여서 일본어를 유창하게 잘했다. 내 일본어도 인근 상점에서 일하는 사람들에게 다리를 저는 아이를 아는지 묻기에는 충분했다. 그러나 우리가 던진 질문들은 그들에게 의심스러운 호기심만 불러일으켰을 뿐, 아무런 소득 없이 끝났다.

우리가 찾는 것을 막 포기하려고 할 때, 우중충한 약방에서 한 늙은 여자가 우리가 묻는 말과 그 말을 들은 약사들이 왜 그 아이를 찾는지 반문하는 것을 듣고 있었다. 우리가 그 아이에게 병원 치료를 받을 수 있도록 도와주려는 거라고 얘기하자마자, 그녀는 마치 그 아이는 어떤 도움도 받을 가치가 없는 존재라는 듯이 "하지만 걔는 한국인예요!" 하고 버럭 소리를 질렀다.

우리가 끈질기게 계속 묻자 그 늙은 여자는 그 아이 아버지가 근처의 공중목욕탕에서 일하는 것 같다고 말해줬다. 우리는 누추한 목욕탕을 찾아가서 야간 근무를 하는 고용인들 중에 다리를 저는 아들이 있는 사람이 있다는 말을 듣고 그의 주소를 받아냈다.

우리는 다세대 주택의 축축한 지하층 셋방들 가운데 있는 아주 작은 방의 문을 두드렸다. 우리가 그애 아버지를 깨웠을 때 그는 처음에는 겁을 먹고 의심스러워했다. 하지만 우리가 무슨 일을 하려고 하는지를 알게 되자 곧 진정하고 차분해졌다. 그랬다. 그는 한국 민족이었다(이름은 일본 이름이었다). 그리고 지금은 학교에 갔지만 다리를 저는 아들이 있는 것도 맞았다. 그리고 기꺼이 슈라이너 아동병원에 아들을 데리고 갈 거라는 것, 그것도 맞았다.

우리는 그에게 핵심적인 정보를 대충 말해주었고 그는 우리에게 감사하다고 말했다. 그리고 우리는 그곳을 떠났다. 나는 나중에 그 아이가 수술을 받았다는 것, 완전히는 아니지만 상태가 많이 좋아졌다는 말을 들었다. 그것이 내가 그 사건에 대해 알고 있는 것의 전부이다. 그렇지만 그 일은 일본에서 오랜 세월 살아온 수많은 한국인들이 당면하고 있는 삶의 모습을 나에게 생생히, 실감나게 보여준 사건이었다.

# 다시 베트남으로

베트남으로 출발하기로 한 날 나는 새벽 일찍 잠에서 깼다. 멕은 아직 내 곁에서 자고 있었다. 나는 유사 이래 지금까지 나와 비슷한 슬픈 순간을 겪었을 이름없는 수백만명을 생각하고 있었다. 그 사람들 역시 불확실한 전쟁을 앞두고 깊은 불안감 속에서 가족들과 친숙한 삶의 모든 것을 남겨둔 채 전쟁터로 떠나갔을 것이다. 나는 돌아올 수 있다는 자신감이 있었지만, 내 앞에 놓여 있는 상황들을 어떻게 잘 극복할 수 있을 것인지는 확신할 수 없었다.

"그래, 이번에는 내 차례가 된 거야." 하고 생각하면서, 나는 침대에서 일어나 방바닥에 발을 내려놓았다.

나의 베트남 귀환은 1970년 9월로, 맥나마라 장관과 함께 1963년 12월 싸이공을 방문한 이후 거의 7년이 지났을 때였다. 버마에 있는 동안에는 베트남전쟁의 추이를 알기가 어려웠다. CNN이 생기기 전이었고 버마에는 아직 텔레비전도 없었을 때였으며, 버마 국내신문의 언론인들에게 그 전쟁은 거의 관심의 대상이 아니었다. 나는 전쟁이 유리하게 전개되지 않고 있으며, 빠져나오기 어려운 정글 속 늪으로 우리가 점점 더 깊이 끌려들어가고 있다는 정도만 눈치채고 있었다.

1966년 중반 일본으로 돌아갔을 때 우리는 사태를 더욱 명확히 알 수 있었다. 거기에는 텔레비전이 있었고 『재팬 타임스』(*Japan Times*) 라는 제대로 된 신문도 있었기 때문이다.

조지 H. W. 부시와 나는 1967년 12월 토오꾜오에서 처음 만났다. 그때 그는 텍사스주 하원의원으로 '진상조사' 임무를 띠고 싸이공으로 가는 중이었다. 마침 나와 함께 아이다호의 극지 생존훈련을 같이 했던 전 CIA 동료 한 사람이 부시를 수행하고 있어서, 우리를 부시에게 소개해주었다.

부시는 키가 크고 젊어 보이는 친절한 사람이었다. 또 멕에게 아주 매력적으로 대해주어 우리 부부에게 무척 좋은 인상을 남겼다. 부시는 베트남에서의 미국의 상황에 대해서 내 견해를 물었다. 나는 "남베트남 사람들이 우리의 노력에 도움이 될 만큼 견고한 기반을 구축해주지 않는다면 우리는 모래 수렁 속으로 가라앉을 것입니다."라고 대답했던 것 같다. 나는 그때에는 부시를 대통령이 될 가능성이 있는 인물로 생각하지 않았다. 또한 텍사스에서 둘 다 석유사업을 하던 때부터 부시를 알고 지냈던 내 친구 역시 나하고 생각이 같았다.

1968년 1월 말에 있었던 북베트남군의 구정 대공세는 그들에게는 군사적 패배였지만 우리에게는 엄청난 심리적 패배를 안겨주었고, 결국은 베트남화를 초래했다. 베트남화라는 것은 미군의 베트남 철수를 의미했다. 내가 싸이공에 도착했을 때에는 이미 철수가 한창 진행되고 있었다.

내가 머물게 될 집은 싸이공에서 북동쪽으로 약 20마일 떨어진 강변도시 비엔 호아(Bien Hoa)에 있었다. 그곳은 롱 빈(Long Binh)의 넓은 지역을 차지하고 있는 육군기지와 비엔 호아 바로 외곽의 미군 공군기지 중간에 있었다. 나는 싸이공 주위 10개 주(州)의 CIA 책임자였다.

나의 주된 군사적 임무는 인구가 밀집한 싸이공 항만 지역에 대한 로켓포의 공격을 막는 것과 군사기지들에 대한 적의 직접 공격을 격퇴하는 일이었다. 사람들로 붐비는 싸이공 항만지역은 공격에 취약한 화물선들이 계속 드나들면서 전투에 쓰일 무기와 탄약을 운반해 들여오는 곳이었다. 또한 나는 남아 있는 베트콩 조직 내부로 침투해서 신뢰할 만하고 유효한 첩보망을 조직하라는 명령도 받았다. 두 번째 임무가 첫번째보다 훨씬 어렵다는 사실은 잘 알고 있었다. 나의 CIA 직책명은 MR 3(Military Region 3, 작전지역 3)의 ROIC(Regional Officer in Charge, 지역담당관)이었다.

내 밑에서 일하게 될 CIA 요원 한명이 자기 차로 나를 비엔 호아까지 태워다주었다. 지금 생각해봐도 그곳은 일찍이 본 중에 가장 초라한 곳이었다. 도로의 양쪽을 따라 가시철조망이 아무렇게나 늘어서 있었고, 철조망 위에는 넝마들이 널린 채 뜨거운 흙먼지 바람 속에서 펄럭이고 있었다. 내 사무실은 진흙탕 물이 흐르는 동 나이(Dong Nai) 강가의 요새처럼 담벽으로 둘러싸인 단지 안에 있었다. 우리는 그 집을 '포트 아파치'(아파치 요새)라고 불렀다.

나는 강에서 두 구역 위쪽에 있는 콘크리트로 지어진 베트남식 주택에서 혼자 살았다. 천장 선풍기와 무늬목을 깐 바닥, 플라스틱 창문이 있는 집이었다. 내 침실은 이층에 있었다. 그 방에는 내가 쓸 방탄조끼, 철모 그리고 우지(Uzi) 기관단총이 걸려 있었다.

포트 아파치는 내가 하루 세 끼 식사를 해결하는 장소였다. 여러 명의 CIA 요원들이 거기서 살면서 근무했다. 그리고 수십 명의 베트남인 직원들이 그 사무 공간을 나눠서 사용했는데 번역사, 통역사, 요리사, 연락원 같은 사람들이었다. 건물의 위층에는 넓고 편안한 응접실이 하나 있었고, 당구대와 셔플보드가 설치되어 있었다.

그 집에서 가장 좋았던 것은 폭이 300야드쯤 되는 강을 내려다볼 수 있는, 지붕이 없이 넓게 트인 서쪽 베란다였다. 낮에 그 강을 보면 언제나 흙탕물이었지만, 석양이 수면에 반사되는 저녁이 되면 강은 작은 나룻배들과 폭이 좁은 고기잡이배들로 가득 차면서 아름답게 변했다. 고기잡이배들 위에 경이롭게 균형을 잡고 선 남자들이 둥그런 투망을 강물 속으로 던져넣었다.

나는 비엔 호아에서 유일하게 아름다운 것은 강과 하늘이며, 그 두 가지를 모두 볼 수 있는 곳이 바로 우리 건물의 베란다라고 쉬이 결론지었다. 석양의 풍경은 종종 대담한 형상의 구름과 내가 버마에 있을 때를 포함해서 이전에는 한번도 본 적이 없는 강렬한 색채의 하늘로 장관을 이뤘다.

1970년 10월 어느날 저녁 베란다에 홀로 앉아서 나는 다음과 같은 시를 썼다. 이는 내가 느끼고 있던 전쟁의 위협, 특히 밤이 다가오면 더 심해지는 막연한 공포감 같은 것을 기록해보려는 것이었다.

마구 흩어진 이상한 형상의 구름들이

하늘과 맞닿은 저 지평선 너머에 숨어 있다

몸을 비틀며 춤추는 마녀들이

화염과 혼란을

저 멀리 서쪽 끝까지 피워 보내는 듯


우리를 보조하는 베트남인 직원들은 상냥하고 아는 것이 많은 정
보통들이었으며 열성적으로 우리 요원들을 도와주었다. 베트남의 역
사와 인물들을 알기 위해서 내가 읽어야 할 책을 물어보자 그들은 즉
시 『낌 반 끼우』(*Kim Van Kieu*) 한권을 가져다주었다. 그것은 1804년
에 베트남어로 처음 출판되고 이후 후속 판이 거듭된 전설적인 서사
시였다. 내용은 덕망있는 아버지를 파산과 투옥으로부터 구하기 위
해 스스로 사창가로 팔려간 어떤 고결하고 아름다운 딸에 관한 이야
기이다.

기울어져가는 명문가, 파산이 임박한 가문을 그린 점에서 『낌 반
끼우』는 중국의 걸작 소설 『홍루몽』(*Dream of the Red Chamber*)의 이
야기와 닮았다. 그것은 우리를 기다리고 있는 '창백한 운명'에 대해,
'낮말은 새가 듣고, 밤말은 쥐가 듣는다'는 교훈에 대해, 그리고 위험
할지도 모를 옛 친구와의 우연한 만남을 피해야 할 필요성에 대해 서
술하고 있었다. 이야기는 모험담으로 가득 차 있었지만, 전반적인 기
조는 베트남의 비극적 역사가 지닌 슬픔과 상실감과 회한이었다.

내가 도착하고 약 한달이 지난 어느날 업무가 거의 끝나갈 무렵,
부대 내 방송시설에서 갑자기 부대의 모든 출입문들이 폐쇄될 것이

며 허락 없이는 누구도 부대를 떠날 수 없다는 내용이 딱딱한 어조로 방송됐다. 부대의 행정장교에게 전화를 걸어 무슨 일이냐고 물었더니 "돈을 잃어버린 사람이 있다"는 대답이었다. 그는 베트남인 직원들 중 누군가가 돈을 훔쳐갔다고 의심하고 있었다. 나는 왜 그렇게 생각하는지 물었지만, 그는 제대로 대답하지 못했다.

나는 즉각 부대 내의 방송실로 갔다. 그런 행동을 한 것은 그때가 처음이었다. 나는 출입구들은 폐쇄되지 않을 것이라고 방송하고, 그 대신 부대 내의 모든 직원들이 퇴근하기 전에 어딘가 잘못 놓아둔 돈봉투가 있는지 찾아봐달라고 요청했다. 2분 뒤에 베트남인 비서 한 사람이 웃으면서 체력단련실 책상 위에 놓여 있었다며 돈을 가지고 들어왔다.

나는 그녀에게 감사하다고 말한 뒤에, 단지 내의 방송시설을 통해 돈을 찾았다고 방송하고 기다렸다. 몇분 지나지 않아 어떤 당황한 CIA 요원이 사무실로 들어와서 자기가 돈을 무심코 그곳에 놓아두고는 어디에 두었는지 기억하지 못했다고 말했다. 그 행정요원은 그 일이 있은 지 얼마 안 되어 임기가 끝났고, 베트남인 직원들 사이에서 내 주가는 올라갔다.

싸이공에서 나는 전략촌 평가 시스템(the Hamlet Evaluation System)에 대하여 제법 상세한 브리핑을 받았다. 그것은 남베트남의 모든 지역 상황을 컴퓨터로 집계한 일종의 상황도였다. 그것은 신중하게 미리 설계된 설문에 대해 각 지방의 주나 군 단위 고문으로 일하고 있는 미군 장교들이 정해진 스케줄에 따라서 수시로 응답을 하는 시스템을 토대로 만들어졌다. 베트남인 촌장이 지금 자는 곳이 자기 집의 침상 위인가 아니면 참호 속인가? 학교는 정규수업을 하고 있는가? 곡물 가격은 오르는가 내리는가? 그곳에 총격전이 있었는가? 만일 있었다면, 누가 죽었는가, 그리고 몇명이나 죽었는가?

이런 질문들에 대한 대답에 기초해서 각 시골마을들은 빨간색(나쁨), 노란색(주의), 또는 녹색(좋음)으로 각각 판정을 받았다. 싸이공의 MACV(베트남 군사원조사령부)의 본부들에는, 그런 판정을 표시하는 불빛이 판 위에서 인상적으로 반짝이는 대형 스크린이 있었다. 나는 조심스럽게 내가 담당하고 있는 10개 지역을 살펴보고 대부분 지역의 불빛이 녹색이고 몇개는 노란색, 그리고 빨간색은 거의 없는 것을 보고 다행스러워했다.

나는 비엔 호아에 도착하자마자 CIA의 작은 전초기지에 2~3명씩의 요원들이 근무하고 있는 지역들을 찾아가보기로 했다. 또 그런 곳을 포함한 모든 지역을 차를 타고 둘러볼 계획도 세웠다. 나는 오가는 도로변에 매복의 위험이 있기 때문에, 그런 식으로 차를 타고 다니는 건 분명 어리석은 짓이라는 충고를 들었다.

내가 그런 충고는 싸이공의 대형 스크린에 드러난 정세에 비춰보면 조심이 지나친 것이라고 대답하자, 모두들 콧방귀를 뀌며 비웃었다. 그들은 싸이공 바로 서쪽의 하우 응히아(Hau Nghia)주를 가장 위험한 곳으로 여겼다. 그곳에는 베트콩이 자기들의 은신처 겸 군수품 저장고 겸 기습공격의 거점으로 사용하는 거대한 지하 땅굴 단지가 있었기 때문이다.

내가 왜 그런 땅굴 마을을 직접 공격하지 않느냐고 묻자 베트남군(ARVN)은 그 벙커 지역에는 근처에도 가기를 꺼린다고 대답했다.

지뢰가 대량으로 매설된 지역인데다가 베트콩이 그 지역을 아주 영리하게 방어하고 있기 때문이라는 것이다. 게다가 미군들은 거기서 떠날 예정이고, 아무도 '베트남에서 죽은 마지막 전사자' 신세가 되기를 원치 않았다.

오늘날 싸이공 바로 북서쪽의 꾸 찌(Cu Chi)에 있는 그 거대한 땅굴 단지는 중요한 관광명소가 되어 있다. 그리고 그 땅굴들은 캄보디아 국경까지 죽 이어져 있다는 사실도 밝혀졌다. 내가 거기 있을 때는 땅굴 단지의 아주 작은 몇군데만 위치를 확인했을 뿐이다. 싸이공의 컴퓨터화된 시스템은 중대한 결함이 있었던 것이다.

나는 가능하면 언제나 차를 몰고 다녔다. 그렇게 하면서 그때까지 여전히 그 지역에 주둔하고 있는 미 육군부대의 근무태도를 피상적으로나마 확인할 수 있었다. 비엔 호아 동쪽의 한 작은 군사기지 안에는 여러대의 중탱크들을 거느린 기갑부대도 있었는데, 분명 순찰근무 중이어야 할 탱크들이 대로변에 주차되어 있는 광경을 자주 목격했다. 어떤 탱크에는 아무렇게나 기른 머리에 머리띠를 두르고 담배(아마도 마리화나)를 피우면서 평화를 상징하는 손가락 사인을 보내는 군인들이 타고 있는 것을 본 적도 있다. 그들의 탱크 회전포탑의 옆쪽에는 "하느님, 우리 모두를 도와주소서"(HEAVEN HELP US ALL)라는 글이 페인트로 씌어져 있었다.

언젠가 한번은 고속으로 달리는 미 육군 디젤트럭 뒤를 따라 달렸다. 그런데 그 트럭은 반복적으로 베트남 민간인 보행자들을 길 바깥으로 밀어붙이며 달렸다. 보행자가 보일 때마다 그 트럭은 갑자기 검은 연기를 뿜어내면서 속력을 내 사람들 속으로 돌진하곤 했다. 보행자들이 차를 피해 길 옆의 도랑으로 뛰어드는 광경을 여러차례 목격했다.

나는 그것을 보고 정나미가 떨어져서 그 트럭을 앞질러 갔다. 세 사람이 앞좌석에 앉아서 모두 웃고 있었다. 나중에 나는 그 트럭이 소속된 수송부대가 마약을 많이 하기로 악명이 높다는 말을 들었다. 내가 본 것을 그 부대의 지휘관에게 보고했지만 거기 대해서는 아무런 후속조치가 없었다. 아마도 그런 일쯤은 아무도 관심을 둘 필요가 없는 후방의 골칫거리 정도로 여기는 것 같았다.

비엔 호아에서 내보내는 모든 CIA 전문은 나의 상관이 지국장으로 있는 싸이공으로 전달되었다. 비엔 호아에서 나는 또 CORDS(Civil Operations and Revolutionary Development Support, 민간작전 및 혁명개발지원처)라는 윌리엄 펑크하우저(William Funkhouser) 미국대사가 이끄는 조직에도 속해 있었다. 펑크하우저는 가봉 주재 미국대사를 지낸 적이 있는 국무부의 관리로 당시 베트남 대사직을 자원해 와 있었다. 1967년에 설립된 CORDS 조직은 이른바 '민심의 전폭적 지지'를 얻기 위한 노력의 하나였다.

빌 콜비는 베트콩 포로들이 대우를 잘 받고 있는지, 고문을 당하지나 않는지 등을 확인하기 위해서 베트남에 돌아와 있었다. 그는 또 베트콩과 싸우는 군대와 민간인 부대들 사이의 협력과 목표 설정을 개선하려는 피닉스 프로그램(Phoenix Program)을 기획하고 시행하는 일을 맡았다.

내가 베트남에 도착했을 때까지도 피닉스 프로그램은 본질적으로 잠들어 있는 상태나 마찬가지로 보였다. 내가 근무하는 동안 비엔 호아 바깥에서 수행된 어떤 작전에서도 피닉스 프로그램은 제 역할을 한 적이 한번도 없었다. 나는 콜비를 대단히 존경하고 그가 해놓은 업적을 인정했지만, 그의 대단한 노력에도 불구하고 우리가 여전히 전쟁에서 지고 있다는 것은 부정할 수 없는 사실이었다.

내 부하로 일하는 사람 가운데 몇명은 전문적인 CIA 요원 출신이고, 그밖의 다른 사람들은 군 제대자들과 전직 경찰들이었다. 우리에게는 또 포트 아파치로 배치된 3명의 여직원이 있었다. 그중 2명은 보고요원이고 한명은 쉴라라는 놀랄 만큼 혈기왕성한 내 여비서였는데, 부대 전체의 어떤 남자에게도 지지 않을 만큼 씩씩했다.

나는 또 나이 든 베트남군 고급장교 두명과도 긴밀한 연락관계를 유지하고 있었다. 베트남군 정보국의 콩 대령과 국립경찰의 히엔 대령으로, 두 사람 모두 자질이 뛰어난 인물이었다. 나는 그들과 좋은 관계를 유지하면서 MR 3에 속하는 10개 주 전체에서 진행되는 전황에 대해서 싸이공으로 보내는 월간 보고서 작성을 할 때마다 많은 도움을 받았다. 또 독자적으로 움직이면서 간헐적으로 보내오는 정보원들의 보고도 도움이 되었다. 특히 시골에 있는 CIA의 소규모 전초기지들이 보내주는 관찰보고서는 단순한 정보를 뛰어넘는 가치를 발휘했다.

내가 이내 분명하게 깨닫게 된 것은 전황에 대해 비엔 호아가 집단적으로 가지고 있는 대단히 회의적인 시각이 싸이공을 지배하고 있는 낙관주의와는 천지 차이라는 사실이었다. 처음 싸이공에 와서 받은 여러차례의 브리핑에서 나는 정세가 좋아지고 있으며 의회가 주요 재정 지원을 삭감한 것이 '전쟁 승리'에 대한 최대의 장애요인이

▶ 나의 43번째 생일 베트남 북부 비엔 호아의 정글에서. 1970년 12월 5일. (개인 사진)

▼ 베트남군 정보장교 콩 대령(왼쪽에서 두번째)과 동료장교들과 함께. 1971년 비엔 호아. (개인 사진)

라는 말을 들었다.

우리 지역에서 특별한 두가지 풍경을 꼽는다면 비엔 호아에 기지를 둔 A-37 전폭기 비행중대, 그리고 직원들의 일부분을 호주에서 온 의사와 간호사들로 충원하고 있는 대형 베트남 병원이었다. 이 두 조직체를 한 문장 속에 언급하는 것은 전폭기 조종사들과 호주 간호사들 사이에 강력한 공생관계가 있기 때문이다.

비엔 호아의 조종사 라운지는 술 마시는 바가 유명했다. 그곳 카운터 위에는 대형 광고판에 "꺼져라, 공산주의"(FUCK COMMUNISM)가 반짝였다. 대체로 부러워서 하는 말이었겠지만, 그 기지 익살꾼들은 경고문의 첫 단어를 간호사들에게도 적용해야 한다고 떠들어댔다.

그런 것들이 6년간의 전쟁과 관료주의가 비엔 호아에서 창출해낸 조직과 개인의 괴상한 결합이었다. 나는 곧 그곳의 다양한 요구와 필수 업무에 익숙해졌고, 한두달도 지나지 않아서 싸이공이 아니라 비엔 호아에 배치된 것을 감사히 여기게 되었다. 싸이공에서는 전쟁에 대한 강제된 낙관주의적 분위기가 사람을 질리고 숨막히게 만들고 있었기 때문이다.

포트 아파치에서 동 나이 강변에 바로 이어지는 곳에 에코 패드(Echo Pad)라고 불리는 헬리콥터 착륙장이 있었다. 수송과 전투지원을 하는 대형 휴이(Huey) 헬기들이 요란하게 쿵쿵거리는 소리를 내면서 잇달아 착륙하는 일은 매일 되풀이되는 일과였고, 나도 그런 식으로 헬기를 타고 가까운 지방들까지 무척 많이 날아다녔다. 더 먼 곳을 갈 때는 에어 아메리카(Air America, 민간 항공기로 위장한 관용 또는 군용 항공기)를 이용했다. 그 비행기는 스위스 필라투스사가 제작한 단발 피스톤 엔진을 탑재한 필라투스 포터(Pilatus Porter)였는데, 놀랄 만큼 짧은 거리의 이착륙(STOL, short takeoff and landing) 능력을 지닌 비행기였다.

공중에서 내려다본 베트남의 시골은 6년 동안 끊임없이 퍼부은 미군 폭격의 추악한 기념물인 진흙탕으로 채워진 웅덩이들을 제외하면 매우 아름다웠다. 그와 다르게 하늘에서 볼 수 있는 망가진 숲은 베트콩이 전문적 은신 수단으로 사용하는 정글의 울창한 수풀을 없애버리기 위해서 미군이 에이전트 오렌지란 고엽제를 농약처럼 살포해 나뭇잎을 전부 제거해버린 지역이었다.

내가 근무한 대부분의 기간 동안 국경 너머 캄보디아에서도 전투가 있었고 그 대부분은 국경에 인접한 떠이 닌(Tay Ninh)에서 벌어졌다. 나는 거기까지 가서 캄보디아의 목표물에 대해 미군이 점점 더 대규모로 헬기 공습을 가하는 것을 지켜보았다. 그것은 영락없이 영화 〈지옥의 묵시록〉(Apocalypse Now)에서 막 나온 것 같은 장면이었다. 헬기 조종사들은 챙 넓은 모자를 쓰고 카우보이 스타일로 엉덩이에 6연발 권총 탄대를 느슨하게 내려 맨 옛 제7 기병대 사람들 같았다.

4개 군사지역 CIA 대표들은 매달 싸이공에 가서 테드 섀클리(Ted Shackley) 지국장이 여는 회의에 참석했다. 그런데 나는 지국장과 불편한 관계로 발전되어온 사이였다. 아마도 내가 베트남에 도착하자마자 포로들의 심문 결과와 탈주자들의 보고를 기초로 하여 정보보고서를 만들려고 노력을 기울인 때문이었던 것 같다. 그 정보보고서에서 우리 MR 3가 싸이공의 거대한 스크린 위에 표시된 것보다 실제로는 훨씬 더 안전하지 못하고 오히려 더 위험하다고 했던 것이다.

새클리는 이 보고서의 워싱턴 송부를 거절했다. 나는 항의했지만, 내 정보가 '구닥다리'라는 대답을 들었을 뿐이다. 나는 더 새롭고 더 나은 정보를 기초로 해서 좀 다른 버전의 보고서를 다시 만들었지만 그것 역시 빛을 보지 못하고 폐기되었다.

나는 그 월례회의를 몹시 꺼리게 됐다. 우리가 그동안 전개한 베트콩에 대한 침투작전의 유효 숫자에서 우리 MR 3는 항상 꼴찌였기 때문이다. 새클리는 우리에게 무자비한 압력을 가해오면서 더 확실한 보고서를 내놓으라고 윽박질렀다. 나는 그 얼마 전에 외딴 베트콩 지역에 침투하는 뛰어난 조직 하나를 인수했지만 나의 지휘하에 그 능력을 확인하는 작전조차 엄두를 내지 못할 정도로 스트레스가 심했다.

우리는 중요하지도 않고 확실하지도 않은 비현실적인 공작들을 끊임없이 수행하고 있었는데, 그 대부분은 부패하거나 무능한 베트남 관료들이 우리에게 제안한 작전이었거나, 어떤 경우는 고문의 결과로 얻어낸 정보에 의한 것이었다. 오늘날 아프가니스탄에서 탈레반 조직에 침투하는 공작에 관한 기사를 읽을 때면, 나는 참으로 깊은 동정심을 느낀다.

내 근무기간 중 이정표가 될 만한 중요 사건은 1971년 3월 26일, 제1기병사단(공수부대)이 6년간의 작전을 끝내고 본국으로 철수한 것이었다. 그 사단 사령부는 비엔 호아 바로 북쪽에 있었으며, 남베트남 전 지역에 산재한 예하 부대들을 거느린 이 '제1기병대'는 '베트남에 있는' 가장 큰 미군부대 가운데 하나였다. 총 14만 5천명의 인원이 사단을 거쳐갔는데, 대부분은 1년 복무자였으며 그들 가운데 약 4천 3백명이 전사했다.

나는 아직도 그 귀국 환송식에서 나눠준 세로로 접힌 프로그램을 가지고 있다. 그 표지에는 "귀향——임무 완수"라는 글이 인쇄되어 있다. 그 표지 위에 나는 "나는 이 행사에 참석했다. 상반된 감정이 섞여 있었다. 장교들은 침울해 하고 사병들은 기뻐한다."라고 썼다.

베트남 주둔 미군 총사령관 크레이턴 에이브럼스(Creighton Abrams) 장군이 거기에 나와서 칭찬과 작별의 말을 엮은 감동적인 연설을 했다. 하지만 나처럼 베트남에 남아 있어야 할 사람이라면 어느 누구도, 제1기병사단이 임무를 완수했다고 느끼는 사람은 없었을 거라고 나는 지금도 믿고 있다.

1971년 말이 되자 호주군과 뉴질랜드군은 이미 떠났고, 태국군은 철수 중이었다. 캄보디아군 부대들은 접경지역 침투작전의 일부로 우리가 만든 부대들이었지만 전혀 쓸모가 없었다. MR 3의 미군 병력은 모두 합해 겨우 4개 전투대대였다.

MR 3에서 일어나는 전투의 진행 속도에 완전히 더 익숙하게 되자, 나는 베트콩 조직을 파괴하는 가장 좋은 방법은 직접 공격하는 것뿐이라는 사실을 깨닫게 됐다. 그것은 전쟁포로나 탈주자로부터 얻은 정보를 기초로 해서 우리가 아직 실행할 수 있는 일이었다. 전쟁은 베트남군에게 맡긴다는 '베트남화'가 진행되고 있기는 했지만, 그래도 미군 헬기부대들이 남아 있었기 때문이다. 그들은 확실한 공격목표들을 제시해주고 CIA 요원들이 곁에서 안내하며 같이 싸워준다면 여전히 전투할 태세가 되어 있었다. 또 우리에게는 대부분 산악부족으로 구성된 주(州)정찰부대(PRU, Provincial Reconnaissance Units)

들이 있었다. CIA는 내가 1962년에 처음 알게 된 민간비정규방위군 (CIDG, Civilian Irregular Defence Groups)의 프로그램에 따라 그들과 거의 10년 동안이나 긴밀한 관계를 유지하고 있었다.

비엔 호아가 '침투작전이 아닌 공격' 모드로 작전을 바꾸게 만든 가장 결정적인 요인은 펠릭스 로드리게스(Felix Rodriguez)와 특수부대 출신으로 당시에는 CIA와 계약직으로 일하고 있던 2~3명의 요원들이 그곳에 있었던 덕분이었다. 펠릭스는 불운하게 끝난 CIA의 피그스만 작전을 위해 CIA가 모집한 쿠바인이었다. 펠릭스는 공격부대에 앞서서 쿠바 해안에 상륙했지만, 공중지원이 없는 가운데 순식간에 포위되어 체포됐다. 그러나 그는 체포된 상태에서 도망쳐나왔고, 쿠바에서 탈출하여 CIA에 복귀했다.

그뒤에 그는 볼리비아로 파견되어 체 게바라를 체포한 볼리비아군 병력을 지휘했다. 펠릭스는 체를 살리기 위해 굉장히 노력했지만 볼리비아인들은 애초부터 체를 죽이기로 작정하고 있었고 그 결정을 실행했다. 펠릭스는 체와 그가 체포되어 있던 며칠 동안 서로 존경하는 사이가 되었다. 펠릭스는 오늘날까지도 게바라가 마지막 순간에 자기에게 건네준 롤렉스 시계를 가지고 있는 것을 자랑스럽게 여기고 있다.

잘생긴 얼굴, 다부진 체격, 검은 머리의 펠릭스는 예나 지금이나 한결같은 투사로 두려움을 모르는 대담하고 단호한 군인이었다. 그는 PRU와 함께, 그리고 베트콩과의 전투를 여전히 열성적으로 계속해나가고 있는 미군 헬기조종사들과도 잘 협력하며 싸웠다. 일단 첩보작전을 펴서 베트콩의 벙커, 보급 지점 또는 휴식처의 위치를 파악하게 되면 즉시 군사작전을 개시했다. 로슈(Loche)라고 부르는 2인승 소형 헬기를 탄 펠릭스를 선두로 하여 그 뒤를 더 큰 중무장한 헬기들이 따라갔다.

펠릭스는 적진의 목표물 위치를 발견할 때까지 나무꼭대기를 스칠 정도까지 비행하였는데, 적과 직접 교전하는 일도 자주 있었다. 그때는 그를 뒤따르던 휴이 헬기들이 적에게 중기관총 사격을 가했고 PRU에 의한 지상공격이 이어졌다. 적군의 지상 사격에 소형 헬기가 맞아서 여러차례 추락하기도 했지만, 펠릭스는 살아남았다.

포로의 심문을 통해 어떤 베트콩 부대 하나가 싸이공 항만 지역으로 들어오는 우리 보급품 및 탄약 운반선들에 대한 로켓포 공격을 특수 임무로 맡고 있다는 사실을 알게 되었다. 펠릭스는 이 부대를 끈질지게 추적해서 그 부대 지휘관 이름까지 알아냈다. 어느날 저녁 그는 상의에 전투훈장을 잔뜩 단 정장차림으로 우리 집으로 달려와서 그 베트콩 부대를 공격해서 격퇴하고 자기가 그 부대의 지휘관을 직접 사살했다고 자랑스럽게 보고했다.

이 업적과 체 게바라 체포의 공으로 펠릭스는 CIA가 주는 '정보의 별'(Intelligence Star) 상을 받았다. 그 당시는 좀처럼 수여하지 않는 상이었는데, 그는 포화 속이나 극한적 작전 환경에서, 아니면 이 두가지 모두의 조건에서 용맹성을 보인 사람에게 주는 그 상을 받을 만한 자격이 있었다. 펠릭스는 지금도 1년에 두세번은 '안부' 전화를 걸어온다. 그는 오랫동안 자기 목에다 현상금을 걸었던 쿠바의 카스트로 체제를 증오하고 있다.

1971년 여름 섀클리 지국장은 4명의 CIA 지역담당관(ROIC) 전원을 엘즈워스 벙커(Ellsworth Bunker) 대사에게 전황을 보고하기 위한 싸이공 회의에 소집했다. 내가 베트남에서 근무하는 동안 거대한 베트남 CIA 지국에 소속된 고위급 현장요원 4명이 한자리에 다 모인 것은 그때가 유일했다. 다른 지역담당관들 중 두명은 우리가 벙커에게 보고하던 그날에야 처음 서로 만났다. 우리 4명의 보고는 전혀 사전 조율이 되지 않은 것이었는데도 하나같이 전황에 대해 극도로 비관적인 전망을 하고 있었다.

(현재는 기밀해제된 나의 1971년 6월 싸이공행 보고서 첫머리는 다음과 같이 시작된다. "한해의 중간 시점에서 본 MR 3는 어두운 색조의 모자이크이다. 거의 마무리되고 있는 이 지역의 미군 철수는 힘의 공백상태를 만들었고, 이 공백을 남베트남군은 아직도 채우지 못하고 있다. 오랫동안 재정비, 재조직 작업을 해온 베트콩과 북베트남군은 이 지역 몇군데에서 그런 상황을 잘 이용하고 있다.")

우리 4명이 모두 똑같이 비관적인 어조로 말하는 동안, 벙커는 무게를 잡고 침묵을 지키며 앉아 있었다. 이후 맨 마지막으로 발언한 사람은 퇴역한 미군 소장으로, 미군과 베트남군 사이의 연락관으로 대사관에 계속 소속되어 있는 사람이었다. 예의 바르고 낙천적인 성격의 이 담당관은 새로 개통되는 다리들, 반입되는 새 무기들, 그리고 베트남인 지휘관들 사이에서 일어나는 긍적적 변화들에 대해서 낙관적으로 이야기를 했다. 마침내 벙커는 "여러분 감사합니다. 모든 얘기를 듣고 나니 무척 고무적이군요." 하면서 회의를 끝냈다

CORDS 조직의 선임 지휘관이었던 로버트 코머(Robert Komer)라는 대사관 고위 관리도 그 보고회의에 참석했다. 나는 화가 나서 대

사가 우리들의 비관적 보고에 대해 '고무적'이라고 결론지은 것을 도대체 어떻게 생각하느냐고 그에게 물었다.

코머는 "아, 그건 걱정하지 말게. 대사는 자네들 말을 다 알아들었으니까. 그는 단지 언론에 새나갈 수도 있는 부정적인 언급을 하고 싶지 않아서 그렇게 말한 거야."라고 대답했다. 상층부의 직계 상관들이 오히려 더 비현실적 사고를 하고 있는 듯했다.

비현실적 사고와 전반적인 느슨함은 싸이공에만 국한된 것이 아니었다. 비엔 호아에서조차 그런 일들이 많이 있었다. CORDS 직원들이 모인 리처드 펑크하우저의 주례 참모회의에서도 같은 주제를 놓고 서로 중구난방으로 엉뚱한 주장을 펴거나 어떤 해결책도 내기 힘든 논쟁거리들을 들고 나오는 사람들을 자주 볼 수 있었다. 이런 종류의 일들은 프린스턴 대학의 파이베타카파(Phi Beta Kappa, 미국 대학 우등생들의 친목단체) 출신으로 2차 세계대전에 참전해서 인도에서 버마까지 '생사의 고비를 넘기는' 위험한 비행 임무를 도맡았던 펑크하우저를 진짜로 화나게 만들었다. 펑크하우저는 웬만해서는 바보들에게 쉽게 영향받지 않는 사람이었지만, 이번에는 자신이 너무 많은 바보들에게 포위되어 있다는 걸 자주 느꼈다.

내가 CORDS 참모회의에 참석하던 초기의 어떤 회의는 저녁이면 영화를 상영하는 크고 어두운 방에서 열렸다. 거기에서 펑크하우저는 약 40명에 달하는 자기의 참모들에게 전쟁에 관련된 일련의 질문을 던졌다. 그들은 대부분 중간간부들과 문관들이었다. 펑크하우저는 베트남화 정책이 미군들의 사기에다 마지막 종을 쳤으며, 수많은 사람들이 봉급날이나 파견 기간이 끝나기만 기다리면서 '마지못해 일하는 시늉만 하고 있다'는 사실을 감지하고 있었다.

펑크하우저는 자기 질문에 대한 그럴듯한 대답을 듣지 못하자 화가 났다. 그는 "여기 누구 최근에 책 읽은 사람이 있나?" 하고 외쳤다.

아무 대답도 없었다.

그가 나에게 고개를 돌리자 이제 큰일났구나 싶었다. 그는 "어때 그레그, 자네는 그래도 정보참모로 일하고 있으니, 뭔가 읽은 게 있겠지?"라고 말했다.

사실 그때 나는 앞에서 언급한 적 있는 베트남의 서사시집 『낌 반 끼우』 읽기를 막 끝낸 참이었다. 나는 딱 걸렸기 때문에 어쩔 수 없이 그 '불편한 진실'을 말하지 않을 수 없었다. 나는 베트남인의 정신세계를 비춰주는 재미있는 이야기라고 『낌』을 설명했다.

펑크하우저는 즉각 내 말을 받으며 자기 참모들에게 "그 책은 우리가 모두 읽어야 할 중요한 책인 것 같은데, 자네들 중에 그걸 읽은 사람들이 몇명이나 되나?"라고 말했다.

그러나 손을 드는 사람은 하나도 없고, 베트남에 관해 자기가 읽은 다른 책을 언급하는 사람도 없었다. 그러자 펑크하우저는 자기의 미국 공보원 공보관을 향하면서 "그래도 자네는 분명히 읽었겠지?" 하고 말했다. 그 가엾은 친구는 읽은 적이 없었다.

나는 방 안에 있는 사람들의 머릿수를 세어보고 이들이 베트남에서 근무한 햇수를 모두 합치면, 이 방 안에 있는 미국인의 베트남 경험이 최소한 2백년은 될 것이라고 계산했다. 그러나 자기가 근무하고 있는 나라에 대해서 좀더 알려고 신경을 쓴 사람은 한명도 없는 것 같았다.

나는 그날부터 CORDS 참모진 사이에서 별로 인기있는 사람이 아니었다. 나는 많은 사람들이 어떻게든 일신만 편하고 위험 없이(심지어 위험수당까지 받으면서) 전시 근무를 할 수 있는 길을 찾아놓은 상황에 평지풍파를 일으켜놓은 셈이었다. 그들은 베트남 여성을 정부로 두고 있는 경우도 많았고, 어떤 사람들은 결혼 생활까지 하고 있었다.

그래도 내가 일하는 CIA팀 동료들 가운데에는 베트남에 정이 들고 베트남의 장래에 대한 희망을 갖게 되어 오래 전부터 비엔 호아에 정착해 살고 있는 퇴역군인들이 있었다. 나는 그들 대부분이 유능하고 자기 일에 열심이라고 판단하고 있었다.

이것은 특히 루디에 대해 맞는 말이었다. 그는 재능이 많고 헌신적이며 여러가지 어려운 근무 경험을 거친 군무원 신분의 직원이었다. 그는 애들이 딸린 아름다운 베트남전쟁 과부와 만나 비엔 호아의 아파트에서 함께 살고 있었다.

어느날 초저녁에 나는 루디가 다급한 목소리로 걸어온 전화를 받았다. 그가 방금 근무를 마치고 집으로 돌아와보니 아이 중 하나가 아파서 '절망적인 상태'에 빠져 있었다고 말했다. 그는 나에게 의료지원팀 사람을 데리고 와달라고 부탁했다. 나는 호주 간호사 한명을 수소문해서 데리고 루디의 집으로 급히 달려갔다. 우리는 비극적 장면을 보았다. 조그맣고 예쁜 소녀가 움직이지 않은 채 조용히 누워 있었고 그 주위에는 아직도 놀라서 울고 있는 어린 형제자매와 슬픔에 몸부림치는 아이 엄마, 그리고 그녀를 위로하고 있는 루디가 있었다.

간호사가 신속하게 그애의 죽음을 확인했다. 우리는 나중에 그 소녀가 8살이고 심각한 심장발작이 전에도 있었다는 사실을 알게 됐다. 루디는 나에게 그 아이를 좀 데려가달라고 말했다. 나는 그의 뜻대로 아이 엄마와 울고 있는 아이들을 달래고 있는 간호사를 남겨둔 채 소녀를 안고 그 집을 나왔다.

나는 그때까지도 따스한 체온이 남아 있는 이름도 모르는 사랑스런 꼬마의 시신을 안고 계단을 내려와서 바깥에 세워둔 내 차로 다가갔다. 나는 아이의 고요한 얼굴 위에 눈물을 떨어뜨리지 않으려 애쓰며 천천히 아이를 뒷좌석에 눕혔다. 그리고 집으로 차를 몰고 왔지만, 시신을 혼자 두고 싶지 않아서 다시 아이를 안고 들어와 거실의 소파 위에 눕혔다. 내 어린 딸 루시와 앨리슨이 잠들면 안고 가 침대에 데려다 눕히던 것이 생생하게 되살아났다.

나는 한참 만에야 마음을 가라앉히고 필요한 전화들을 걸 수 있었다. 그런데 내가 어떻게 해야 되는지 아는 사람이 아무도 없어서 차를 몰고 롱 빈에 있는 미 육군병원 응급실로 가기로 했다.

우리는 다시 차로 돌아갔다. 나는 담요 같은 것을 가져다가 아이의 몸을 감쌌지만, 얼굴까지 덮고 싶지는 않았다. 어쩐지 그 아이가 마법처럼 다시 깨어날 것 같은 희망을 품었던 것 같다.

병원 위치를 정확하게 몰랐지만, 나는 미군 헌병대의 지프를 발견하고 도움을 청했다. 그들은 익숙하게 내 차를 안내해서 군부대와 그 안의 병원까지 도착하게 해주었다. 내가 응급실이라고 생각해낸 것은 사실은 전장의 부상자들이 헬기로 운반되어 들어오는 수술병동이었다. 헬기 착륙장이 병원 바로 바깥에 붙어 있었다.

그애를 안고 나는 적십자 표시가 그려진 대형 문 쪽으로 걸어갔다.

가까이 가자 문이 활짝 열렸다. 어떤 미국인 여자 간호병이 달려왔지만, 얼굴 표정이 거의 적의를 가진 표정으로 바뀌었다. 그녀는 이렇게 생각하는 듯했다. '이 사람은 우리가 취급하지도 않는 시신을 가져와서, 여기서 뭘 하는 거지?'

간호사가 능숙하게 팔로 그애를 받아 안고는 필수적인 행정적 질문들을 시작했지만, 나는 거의 아무것도 대답할 수가 없었다. 내가 누군지, 그애가 누군지, 그리고 그애의 부모가 누군지를 애써 설명하고 있는 동안, 방금 도착한 헬기들이 바로 바깥에서 쿵쿵거리는 소음을 내면서 착륙하는 소리가 들려왔다.

벨이 한차례 울리고, 갑자기 대형 유리문이 활짝 열렸다. 위생병들이 달려오는 가운데 진흙투성이의 출혈이 심한 부상자가 들것에 실려 옮겨졌다. 옆으로 밀려나 벽에 기대어 선 채 나는 내 눈앞에 벌어진 광경을 이해하려고 애를 썼다.

그 부상병은 들것으로부터 곧장 수술대로 옮겨졌다. 그리고 거의 순식간에 많은 수의 의료진들이 주위를 에워쌌다. 그들은 자기들이 할 일을 정확하고 능숙하게 알고 있는 것처럼 보였다. 이어서 간호사들과 의사들 사이에서 중얼거리는 소리가 들려왔고, 짧은 침묵이 이어졌다.

그때 갑자기 누군가가 큰 소리로 웃었다. 나는 수술대 위의 부상자가 고개를 들고 주위를 멍한 시선으로 둘러보는 것을 보았다. 그는 옷이 다 벗겨진 상태였지만, 피가 많이 흐르는 피부의 베인 상처를 제외하고는 기본적으로 다른 곳은 다 괜찮은 모양이었다. 날아온 포탄의 폭발력에 날려 깊은 진흙 웅덩이에 처박혔지만, 의식을 잃었을 뿐 기본적으로 부상은 당하지 않았던 것이다.

간호사가 다가와서 손가락으로 내 볼을 살짝 두드리며 "삶은 계속되지요."라고 말했다. 나는 몇장의 서류에 서명을 한 뒤에 가도 좋다는 말을 듣고 이미 깊어진 밤의 어둠 속으로 기진맥진한 채 걸어나왔다. 그 병원에는 세번 가게 되는데, 그것이 첫번째 방문이었다. 더 나쁜 일들은 나중에 생겼다.

데이빗 콘젤만(David Konzelman)은 MR 3에서도 좀더 골치 아픈 지방을 맡은 밝고 자신만만하고 열성적인 젊은 CIA 요원이었다. 한두번밖에 만난 적이 없지만, 나는 만날 때마다 그의 넘치는 에너지와 명료한 보고서에서 깊은 인상을 받았다. MR 3의 각 지역은 전쟁과 관련해서 일어나는 사건들이 일정한 패턴을 보여주었는데, 그 패턴은 그 지역의 지리, 지형 그리고 대치하는 양쪽 군대의 지휘관의 자질에 달려 있었다. 데이빗이 맡은 지방은 가장 복잡하고 위험했으며, 그곳의 미군 지휘관들은 충성심이 미약한데다 변덕이 심했다.

어느날 나는 우리의 지역 작전 중 하나가 실패해서 헬기 한대가 비상착륙을 할 수밖에 없었고, 그 과정에서 누군가 부상을 당했다는 보고를 받았다. 그러나 알고 보니까 실제로는 훨씬 더 나쁜 소식이었다. 데이빗이 백린 수류탄에 맞아서 끔찍한 화상을 입은 것이었다. 그날은 바람이 세게 부는 날이어서 헬기의 조종사가 어떤 좁은 곳에 기체를 착륙시키면서 바람 방향을 알 수 있도록 연막탄을 터뜨려달라고 요청한 모양인데, 실수로 백린탄을 터뜨린 것이다.

데이브는 즉각 롱 빈 병원으로 공수되었다. 나는 몇시간이 지나서야 가볼 수 있었다. 화상 정도가 하도 끔찍해서 그를 못 알아볼 뻔했다. 그러나 그는 나를 알아보았다. 그리고 거의 쾌활하게 들릴 정도의 어조로 이렇게 시원한 데에서 옷을 다 벗고 아름다운 아가씨들에게 둘러싸여 있으니, "바로 내가 늘 고대해온 것"이라고 말했다. 그 말은 내가 이제껏 들어본 말 중에, 그리고 특히 죽음의 문턱에서 끔찍한 고통을 견디면서 한 말 중에 가장 용감한 발언으로 지금도 내 마음에 남아 있다.

의사들은 나에게 데이브가 생존할 가능성은 거의 없다고 말했다. 그런데도 그는 계속 생존해서 일본으로 공수되었고 나중에는 텍사스에 있는 육군 화상치료센터로 보내졌다. 거기서 그는 몇주일을 더 보낸 뒤에 숨졌다. 그의 상태에 대해 우리가 받은 중간보고서에는 그의 놀랄 만한 용기와 자신의 통증을 덜어주려고 애쓰는 사람들에게 감사하다는 말을 늘 반복했다는 얘기가 기록되어 있었다. 데이빗은 27살이었다.

비엔 호아에서는 그를 알고 지냈던 우리들끼리 모여서 그의 삶과 죽음을 이야기했다. 누군가는 그가 즉시 숨을 거두어서 그처럼 고통스러운 몇주일을 피할 수 있었더라면 더 나을 뻔했다고 했다. 정말 그랬을까 다시 생각을 해보고 있는데, 또 다른 사람이 그 말에 반대하며 말했다. "일단 사는 것이 가장 중요하고, 그 마지막 몇주 동안에 데이브는 자기가 진짜로 어떤 종류의 인간인가를 확실하게 보여주고 간 겁니다. 만일 그가 바로 숨을 거뒀더라면, 우리는 그걸 영원히 알 수 없었을지도 모르지요."

내가 워싱턴주에 사는 데이빗의 부모에게 써보낸 편지의 주제도 그것이었다. 나는 데이빗이 보여준 용기에 대해, 그를 돌봐준 사람들이 얼마나 그를 칭찬했는지에 대해서도 전했다. 아주 어릴 때 우리 집 마당에 있던 작은 사과나무에 얽힌 비슷한 이야기도 함께 적어 보냈다. 그 나무는 전혀 꽃을 피우지 않다가 어느 봄에 마지막으로 눈부시게 빛나는 꽃들을 피워낸 다음 바로 말라죽었다.

데이빗의 이름은 CIA 본부 현관 홀에 있는 명예의 벽(the Wall of Honor)에 새겨진 이름들 가운데 들어 있다. 나는 그곳에 갈 때마다 그의 이름을 찾아보면서 회상에 잠긴다.

비극의 세 폭짜리 그림 세트 중 마지막 장면은 내 임기의 후반부에 가깝게 지내며 일하던 국립경찰국의 히엔(Hien) 대령이 매복공격을 받아 심하게 다친 사건이었다. 끔찍한 세세한 내용들이 드러나자 베트콩이 특별히 히엔을 공격목표로 삼았다는 사실이 분명해졌다. 베트콩은 자기들이 전투에서 노획한 위력이 강한 클레이모어 지뢰 여러 개를 히엔이 정기적으로 지나다니는 길에 설치해놓고 그가 탄 지프가 그곳을 지날 때 그걸 터뜨렸던 것이다.

믿을 수 없는 일이지만, 히엔은 단 한 개의 지뢰 파편에 맞았는데, 그 치명적 한 조각이 그를 장님으로 만들었다. 그가 공격당한 다음날 나는 동료로서 그리고 가까운 친구로서 위문차 롱 빈 병원에 갔는데, 베트남인들의 행렬 뒤에 서서 기다려야 했다. 그들은 슬픔에 잠겨 발을 끌며 걸었고 그들 중 많은 이들이 울고 있었다. 그때까지도 눈 위에 새로 감은 붕대에서 피가 배어 나오고 있었지만, 그래도 히엔은 병상 위에 몸을 꼿꼿이 세우고 앉아서 방문해준 친구들과 부하들에게 감사인사를 하였다. 어떤 베트남인들은 미국의 전문적 의료기술이 그의 시력을 되찾아줄 수 있지 않을까 하는 희망을 표시했지만,

할 수 있는 일은 아무것도 없었다.

나는 의사들이 히엔에게 재건 성형수술을 해가는 동안, 그리고 병원에서 퇴원한 이후에도 그와 연락을 유지하며 지냈다. 그리고 베트남을 떠나기 직전에 그의 집에 찾아갔다. 히엔은 지팡이를 더듬거리고 돌아다니면서 맹인 생활에 적응해보려는 중이었다. 그의 아름다운 부인은 참담해하는 모습이었다. 히엔은 영어를 유창하게 잘해서 우리는 우리가 함께 성취하기 위해 노력해온 목표, 즉 자유롭고 안전한 남베트남에 관해 이야기했다. 우리는 둘 다 베트남의 미래에 대해서 전혀 낙관하지 못하였다.

그만 돌아가려고 자리에서 일어나면서, 나는 그에게 마지막으로 질문이 하나 있다고 했다. 그가 뭐냐고 물었다. 나는 "당신 눈을 잃게 한 파편에 대해 생각해봤는데, 1인치만 못 미쳤으면 무사했겠지요. 하지만 1인치만 더 뒤로 날아갔으면 목숨을 잃었을 겁니다. 행운인 겁니까, 불운입니까?" 하고 물었다.

그는 고개를 푹 숙이면서 "왜 이런 질문을 하는 겁니까?" 하고 물었다.

나는 "앞으로 살아가는 내내 당신 자신에게 묻게 될 거니 지금 대답하는 게 나을 것 같아서요."

그는 곁에 서 있는 아내에게 손을 뻗었다. 그녀가 손을 잡아주었다. 그러자 그는 "나는 행운이라고 생각해요." 하고 대답했다.

"나도 동감입니다." 하고 내가 말했다. 우리는 포옹을 했고, 그 다음날 나는 베트남을 떠났다.

17년 후, 나는 히엔으로부터 편지 한통을 받았다. 그것은 깨끗하게 타이핑되어 있었고 미국 우표가 붙어 있었다. 나는 주한 미국대사로 서울에 있었다. 그 며칠 전 한국의 쇠고기 시장에 대한 미국의 개방 압력에 항의하는 학생들이 우리 대사관저를 침입한 사건이 있었다. 우리는 그 사건 이후 국제 뉴스 TV 방송에 나왔었는데, 히엔은 TV에서 나오는 내 목소리를 듣고, 바로 나라는 것을 알았다고 편지에 썼다. 편지에는 계속해서, 자기는 북베트남의 교화소에서 4년의 어려운 세월을 보냈지만 "미국인 친구들이 자기를 기억해준 덕분에" 그들의 도움으로 가족들과 함께 미국에 건너올 수 있었다고 씌어 있었다. 그는 점자로 타이프를 칠 수 있게 된 것을 자랑했고, 정말로 만족해하는 것 같았다. 나는 답장을 보냈다. 그리고 이후에 계속해서 서로 연락을 하며 지내고 있다.

2000년에 히엔의 가족들은 간호사로 일하는 딸이 물리학 교수와 올리는 결혼식에 우리 부부를 초대하였다. 히엔의 가족은 버지니아 주 폴스 처치에 살고 있다. 결혼식장에서 히엔은 나에게 축사를 해달라고 청했다. 나는 그가 부상당한 이야기, 그의 용기, 그리고 내가 그에게 했던 질문에 대해 이야기했다. 히엔과 그의 가족들은 정말 운이 좋은 것이다. 그들도 그걸 잘 알고, 그 사실에 기뻐하며 살고 있다.

1971년 7월 1일, 아버지가 살아 계셨다면 81번째 생일을 맞았을 그날에 나는 가족에게 내가 전쟁에 대해 느낀 것들을 정리해서 쓴 편지를 보냈다.

우리는 그동안 시도한 거의 모든 작전에서 실패했다. 내가 일하는 베트남 지역에서는 대부분의 미군 병력이 이미 철수했다. 베트남군은 우리의 철수가 남긴 공백을 아직도 완전히 채우지 못하고 있다. 우리는 주어진 경주에서 꽤 잘 달린 다음, 이제는 배턴을 베트남 사람들에게 넘기고 있다. 그동안 여기서 너무 오래, 너무 열심히 싸웠기 때문에 여기 있는 많은 미국인들이 이제 이것을 '놓아버리는 것'은 쉽지 않을 것이다. 그러나 이제 우리는 놓아야 한다. 앞으로 무슨 일이 생기든 그건 저들 나라의 일이지 우리의 일이 아니다. 우리를 이곳으로 끌어온 도미노 이론은 틀렸음이 드러났다. 월트 로스토우에겐 어떨지 몰라도, 최소한 나에게는 차라리 틀린 편이 낫다. 그래서 나는 지금 남베트남 사람들이 가능한 한 최선의 새 출발을 할 수 있게 해주기 위해 내가 할 수 있는 모든 일을 다 하고 있다. 그리고 또한 내가 직접 본 것으로부터 배우려고 애쓰고 있다. 여기는 대단히 흥미로운 곳이지만, 지금은 불행한 장소일 뿐이다.

1971년 초가을, 나는 어떤 의제도 통보받지 않은 채 싸이공의 CIA 지국장에게 불려갔다. 나는 싸이공으로 차를 몰고 가면서 긴장을 느꼈다. 테드 섀클리와 나는 1년 전 내가 베트남에 도착했을 때부터 그때까지 계속 불편한 관계였는데, 그건 전황에 대한 나의 견해가 그의 견해와 너무나도 달랐기 때문이다. 아마도 벙커 대사에게서 힌트를 얻은 결과이겠지만, 섀클리는 전쟁을 낙관하는 내용만을 보고했고 다른 사람들에게도 그런 보고만을 허용했다. 내가 MR 3의 활동에 관한 월례보고서를 통해 공식적으로 싸이공에 보낸 의견은, 위에 인용한 가족편지에 나타나 있는 것처럼 전혀 낙관적이지 않았다. 나는 당시에 내 공식적인 견해가 한번도 워싱턴으로 전달된 적이 없었을 것이고, 최소한 내가 비엔 호아에 있는 동안에는 전달되지 않았을 거라고 지금도 생각하고 있다.

내가 섀클리의 사무실로 걸어들어가자, 그는 곧장 본론으로 들어갔다. 그는 전쟁의 진행상태에 대한 우리의 상반된 견해를 거론한 다음 자기가 지국장이지 내가 지국장이 아니라는 점을 상기시켰다. 그런 뒤에 내가 '10센트짜리 우편 파우치를 통해' 자기의 권위를 깎아내렸다고 비난했다. 그가 '10센트짜리 우편 파우치'라고 말한 것은 내가 CIA 본부의 고위층에게 개인적으로 편지들을 보냈다는 뜻이었다. 섀클리는 자기 의심의 증거로 "자네가 여기서 떠들던 것과 똑같은 얘기를 워싱턴으로부터 듣고 있다"고 말했다.

나는 그에게 워싱턴으로 가는 보고의 공식 채널을 한번도 벗어난 적이 없다고 말했다. 그리고 그의 의심 때문에 화가 난다고 말하고, 그렇게 나를 믿지 못한다면 내가 비엔 호아의 직책을 그만두기를 원하는 게 아니냐고 말했다.

섀클리는 내가 떠나기를 원하는 건 아니라고 했다. 다만 자기의 지국이 한목소리를 내도록 하고 싶었다고 말하면서 한발 물러났다. 우리 사이의 긴장이 개인감정의 수준으로까지 상승하는 바람에 그 만남은 두 사람 모두에게 거북하게 끝났다.

나는 비엔 호아로 차를 몰고 오면서 속이 부글부글 끓어올라 잠시 사직할 생각까지 했다. 그러나 그렇게 하는 건 오히려 내가 비겁하게 도피하는 짓이라는 것을 이내 깨달았다. 그래서 나는 내 자리를 지켰고, 우리가 만난 일을 아무에게도 말하지 않았다.

내가 마지막으로 섀클리를 본 것은 당시 시찰여행 중이던 리처드 헬름스(Richard Helms) 국장을 대동한 그의 유일한 비엔 호아 방문 때였다. 섀클리의 관심은 자기와 오랜 관계를 유지해온 헬름스에게만 쏠려 있었다. 섀클리 지국장은 우리가 어떤 사람들인지, 또는 매일매일 우리가 하고 있는 일이 어떤 일인지도 거의 알지 못했다. 그래서 그가 우리를 헬름스에게 소개한 말도 형식적인 것이었다. 섀클리와 그의 직계 부하들은 싸이공을 벗어난 적이 거의 없었다. 나는 그 점이 일부나마 그들의 전쟁에 대한 지나친 낙관주의를 설명할 수 있다고 생각한다.

1971년 추수감사절 무렵 멕이 잠깐 비엔 호아를 방문했다. 우리를 만나는 사람들마다 멕의 방문을 열렬히 환영했고, 그 덕분에 우리의 연말 휴가 시즌은 견딜 만한 것이 되었다. 나는 비서 쉘라에게 멕의 방문을 축하하는 우리 집 칵테일파티 준비를 맡겼다. 쉘라가 만든 초대장에는 드레스 코드(참석자의 옷차림)로 '양복 상의와 넥타이'(coat and tie)라고 적혀 있었다. 이것은 비엔 호아에서 전례 없는 유별난 사건이어서, 익살스러운 유머감각을 가진 데이브 윌슨은 전화를 걸어 상의를 바지 속으로 넣어야 하는지 바지 위로 내놓아야 하는지를 물었다.

펑크하우저 대사는 새 옷같이 깨끗한 시어서커(조직이 도드라지게 짜인 여름용 면직) 상의에 까만 편물 넥타이 차림으로 도착했다. 그 옷은 방탄조끼 차림에 수류탄을 허리벨트에 매단 채 기관총을 들고 땀을 철철 흘리면서, 멕의 표현에 따르면 "철커덕거리며 등장"한 펠릭스와 극명하게 대비되었다. 펠릭스는 임무 때문에 늦은 것을 사과했고, "그래도 파티를 놓치고 싶지 않았다"고 말했다. 그는 파티 분위기를 띄우는 데 크게 기여했고 펑크하우저 대사도 그와 만난 것을 즐거워했다.

멕이 귀국한 뒤에 되도록 다른 직원들이 많이 휴가를 떠날 수 있도록, 나는 크리스마스 휴가를 연속해서 2년째 비엔 호아에서 보내기로 작정했다. 이번 크리스마스는 첫해의 크리스마스보다 지내기가 한결 쉽다는 것을 알았다. 모든 일과에 익숙해 있었고 고대하고 있는 귀국 휴가도 얼마 안 남은데다, 내 근무기간도 서서히 끝나가고 있었기 때문이다.

1972년 1월 나의 귀국 휴가는 빠르게 지나갔지만, 무척 행복하고 즐거운 시간이었다. 멕과 나는 북쪽으로 차를 몰아 뉴햄프셔의 하노버까지 가서 어머니를 방문하고 진정한 겨울의 상쾌한 맛을 느꼈다. 그때 어머니는 81세였는데, 여느 때나 마찬가지로 기백이 대단했다. 어머니는 내가 비엔 호아에서 써 보낸 편지들을 전부 보관하고 있었다. 그중에서 고른 편지들을 나는 이 회고록을 쓰는 데 인용하고 있다.

나는 기분이 좋아져서 비엔 호아로 돌아갔다. 그러나 내 베트남 근무의 마지막 5개월은 결국 가장 극심한 격전의 시기였다. 나는 북베트남 정규군 주력부대의 연말 공세가 있을 것을 100퍼센트 예상하고 있었다. 이는 남베트남군 전투력을 시험해볼 목적으로 북베트남군이 고안한 작전이었다. 그래서 나는 휴가를 떠나기 직전 이 공격에 대한 예상보고서를 올려 싸이공에 있는 일부 인사들을 불안하게 만들었다.

내가 돌아온 직후에는 모든 것이 조용했다. 그러나 펠릭스는 싸이공 북부의 깊숙한 적진 속에서 작전 중인 그의 산악족 PRU부대 중 몇군데가 뭔가 불길한 일이 곧 일어날 듯한 느낌을 감지했다고 보고했다.

포트 아파치 부대는 이전부터 비엔 호아에 있는 미군과 호주인들을 위한 일종의 사교센터 같은 것으로 변해 있었다. 우리 부대는 국방부의 영화 순회 상영회 대상지였고 일주일에 2~3일 밤은 모두를 초대하여 영화를 상영했다. 꼭 새 영화일 필요는 없었다. 비가 아주 많이 쏟아지던 어느날 밤에 〈바람과 함께 사라지다〉를 관람했던 일이 생각난다.

어느날 저녁 우리는 호주인 고참 간호사들 가운데 한 사람이 갑자기 포트 아파치에 동행 없이 혼자 나타나는 바람에 놀라면서도 한편으로는 기뻤다. 키가 크고 검은 머리칼에 또렷한 용모와 무희처럼 다리가 길고 늘씬한 그녀는 대형 휴게실에 있는 우리 여섯명에게 도발적인 감동을 안겨주었다.

그녀는 내가 누군지를 알고 있었고 이야기를 하고 싶어 하는 것 같아서 함께 바깥 베란다로 나갔다. 달도 없는 캄캄한, 미풍이 강 쪽에서 희미하게 불어오는 무더운 밤이었다. 당구대에서 들려오는 공 부딪히는 소리가 딸그닥거리면서 우리 대화 사이사이에 끼여들었다.

이 특별한 간호사는 어떤 미국인 대령과 친밀한 관계를 맺고 있었다. 그 대령은 그때 휴가 중이었지만 나는 그가 남을 지배하려드는 성격에다 사방팔방 자기의 권위를 휘두르는 인물인 것으로 알고 있었다. 나는 그녀에게 베트남 근무가 즐거운지 물었다. 그녀는 자기네 간호사들이 누구도 이전에 상상하지 못했을 만큼 예상보다 훨씬 더 힘들고 스트레스가 심한 일들을 겪어야만 했다고 격한 감정으로 이야기했다.

그녀는 "우리는 모두 다른 사람들과 친하게 잘 지내려는 희망을 품고 여기 왔지만, 여기서 받는 여러가지 압박이 너무도 심해서 도저히 불가능해요."라고 말했다. 그리고 여기서는 민간병원의 임무도 자주 전쟁의 대살육의 뒤치다꺼리를 해야 해서 견디기 어렵고, 그래서 모두 지친데다가 심한 사회적 압박과 전쟁터에서 살아가는 삶의 긴장까지 자기들을 짓누르고 있다고 설명했다.

그래서 대부분의 간호사들은 그런 걸 극복하는 유일한 방법은 전혀 외출을 하지 않거나, 아니면 개인적 성취와 각종 압박으로부터 모두 피난처를 제공해줄 수 있는 어떤 사람과 친밀한 관계를 발전시키는 길뿐이라는 것을 알게 되었다고 했다. 그 간호사는 나에게 그런 이야기를 한 것조차 미안해하면서 한편으로는 후회하는 것처럼 보였지만, 나는 그처럼 민감한 문제를 솔직히 이야기하려는 의지에 좋은 인상을 받았다.

나는 그녀가 하는 말을 충분히 알아들었다고 말하면서 우리는 남자든 여자든 호주 사람들이 병원에서 하는 헌신적인 봉사에 대해 모두들 감사하고 있고 그들과 함께한다는 사실만도 우리에게는 크나큰 기쁨이라고 말해주었다.

우리는 함께 맥주를 마셨고, 그런 다음 함께 그녀의 지프까지 걸어 내려갔다. 그리고 그녀는 차를 몰고 어둠 속으로 사라졌다. 그 특별한 간호사와 나눈 대화는 그것이 마지막이었지만, 나는 그녀가 말해준 것을 곰곰이 생각해보면서 그녀가 새삼 감탄스러웠고, 그 남자 친구인 대령이 참으로 부러웠다.

1972년 초 비엔 호아의 어느날 밤 나는 베트남군 내에서 장성급으로 승진한 유일한 고산족 출신이 주최한 만찬에 초대를 받았다. (아파치족의 추장 제로니모가 미 육군의 준장이 됐다고 생각해보라.) 나는 친구들을 대동하고 갔는데, 내가 술을 얼마나 마시든 만찬의 마지막에 제공되는 마법의 묘약 덕분에 아침에는 전혀 숙취가 없을 것이라고들 장담했다.

우리를 초대한 주인은 유명한 술꾼으로, 그날 저녁은 정말 시끌벅적한 술판이었다. 마르뗄 꼬냑이 물 흐르듯 넉넉히 아낌없이 제공되었다. 당시 빠리에서도 마르뗄을 비축하고 있다면 상당히 사치스러운 수준의 생활을 하는 사람이었을 것이다.

우리가 이제는 돌아가려고 비틀거리면서 자리에서 일어날 때, 우리 호스트가 보기만 해도 기분 나쁜 흑갈색 액체가 든 병을 한개 내놓았다. 그는 다음과 같이 말했다. "나는 이 속에 든 게 무엇인지는 말하지 않겠어요. 그랬다가는 여러분이 절대로 안 마시려고 할 테니까요. 하지만 충고합니다. 특히 그레그씨, 건강을 위해서 이 작은 잔으로 한잔 마셔두세요."

그 끔찍한 액체가 제대로 내려가지 않고 토하거나 체할 것을 예상하면서, 나는 작은 유리잔으로 하나 가득 찬 그것을 꿀꺽 마셨다. 그런데 그것은 제대로 잘 내려갔다. 나는 그날 밤 아주 깊이 푹 잘 잤고 다음날 아침에는 '삶의 환희'(joie de vivre)가 가득 찬 느낌으로 일어났다. 전쟁이 늘 지옥인 것만은 아니다.

1972년 초 제임스 홀링스워스(James Hollingsworth) 소장이 MR3의

미군 최고 지휘관으로 부임했다. 그는 내가 일찍이 알던 모든 사람들 가운데 가장 다채롭게 불경스러운 사람이었다. 다른 군대 친구들이 나중에 내게 말해준 바로는, 그가 4성장군이 되지 못한 유일한 결함은 바로 그의 말이라고 했다. 1940년도 텍사스 A&M(텍사스 농공대학) 졸업생인 홀링스워스는 그 유명한 대학을 나온 사람들 가운데 가장 훈장을 많이 받은 사람이었다. 그는 자기의 용맹성에 대한 보상으로 셀 수 없을 만큼 많은 훈장을 받았고 전투 중의 부상으로 명예전상훈장 퍼플하트(Purple Heart, 전쟁 중 부상을 입은 사람에게 주는 훈장. 조지 워싱턴이 독립전쟁 중 만들었다고 전해진다)를 여섯개나 받았다. 그는 2차대전 중 7개의 주요 군사작전에서 싸웠고, 조지 패튼 장군 밑에서 상급 지휘관을 지냈는데, 패튼 장군에 대해서는 엄청난 존경과 찬사를 자주 쏟아놓고는 했다.

홀링스워스는 악명 높은 몇개 지역에서 명성을 날렸다. 예를 들면 1940년대 말, 분단된 베를린에서는 만일 소련군이 직접 서베를린을 점령할 의도를 보일 경우에 우선 깨뜨리고 갈 수밖에 없는 '유리창' 역할을 하도록 배치된 육군부대를 지휘했다. 그때 베를린에서 성병이 심각한 문제가 되었는데, 어느 의무부대의 부대장이 홀링스워스의 부대를 지목하고 그 내용을 홀링스워스 부대에 알렸던 모양이다. 그는 자기의 결론에다가 덧붙일 말이 있는지 홀링스워스에게 물었다. 그는 "씹하지 않는 놈들은 싸우지도 않는다"라고 잘라 말했다.

홀링스워스는 헬기 호출부호가 '데인저 세븐티 나이너'(Danger 79er)였는데, 그는 헬리콥터를 타고 MR 3의 베트남군과 미군 부대들을 방문하는 데 많은 시간을 보냈다. 그는 비엔 호아 외곽에서 벌이고 있는 CIA의 준 군사작전들을 금방 파악하고 그 작전들을 100퍼센트 승인했다. 그는 싸이공 함락을 위해 편성된 북베트남 정규군 사단의 주력부대가 총공격에 나설 가능성에 대해 점점 더 염려를 하게 되면서, 우리가 자기에게 제공하는 전략적 군사정보를 무척 고맙게 생각했다.

1972년 초부터 나는 홀링스워스를 매일 아침 7시에 만나게 되었다. 그는 키가 크고 근육질의 몸에다 단단하고 강한 가죽 같은 얼굴을 하고 있었고, 그가 한번 노려보면 마치 주먹으로 얼굴 한복판을 정면으로 맞는 느낌이 들 정도였다. 그리고 무척 드물기는 했지만 한번 웃을 때면, 거의 축복을 하사받는 느낌이었다.

그런 새벽 회의들은 상당히 다채롭기도 했다. 어느날 나는 적의 중요한 보급품이 호찌민 루트를 거쳐 서쪽 앙코르와트로 이동하고 있다는 캄보디아 출처의 정보를 보고했다. 그때 누군가가 앙코르와트가 어디에 있느냐고 물어서, 나는 벽에 걸린 지도에서 그곳을 가리켰다. 홀링스워스가 지도를 한참 노려보더니 이렇게 으르렁댔다. "난 저 빌어먹을 곳을 기억하지. 박쥐 한마리가 내 모자에다 똥을 쌌거든."

모두들 폭소를 터뜨렸다. 그러자 MR 3의 정보참모로, '아서 왕'이란 별명의 어느 뚱뚱한 대령이 말했다. "맞습니다, 장군님, 누구나 자기만의 경험이 있는 거지요. 저는 거기 탁본을 몇개 뜨려고 간 적이 있습니다." 홀링스워스의 말은 1천년의 위대한 인류문화유산이 그의 모자 위에 떨어진 조그만 박쥐 똥 하나에 밀려나버렸다는 점에서, 참으로 기념비적인 발언이었다.

홀링스워스의 베트남쪽 파트너는 응우옌 반 민(Nguyen Van Minh, 구엔 반 민) 장군이었다. 두 사람은 세상에서 그 이상 다를 수가 없을 만큼 완전히 다른 사람들이었다. 민 장군의 힘이 넘치고 공격적인 전임자는 도 까오 트리(Do Cao Tri) 장군이었는데, 그는 1971년 캄보디아 전투와 관련된 비행기 사고로 숨졌다. 민은 영리하고 신중한 사람이었는데, 나는 차츰 그와 친해졌다. 1971년 6월 민의 아버지가 88세로 사망하여 싸이공에서 장례를 치를 때, 나는 거기 참석한 유일한 미국인이었다.

홀링스워스는 나에게 할 수 있는 한 자주 그를 만나도록 지시했다. 민은 영어를 잘해서 우리는 점점 더 자주 만났다. 민은 내가 미국의 관점에 대해 이야기하는 것에 관심이 많았고, 홀링스워스와 싸이공의 상관들은 민의 의욕이나 미래에 대한 전망에 대해서 더 잘 알아보고 싶어 했다.

내가 1972년 2월 초 휴가를 마치고 비엔 호아로 돌아오자 펑크하우저 대사가 나를 좀 보자고 했다. 우리는 처음에는 다소 껄끄러웠지만 서로 존경하는 사이가 되었다. 대사가 우리 집 추수감사절 파티에 와서 멕과 펠릭스를 만났을 때, 두 사람이 모두 그에게 대단히 좋은 인상을 주었던 것이다. 그리고 그것 때문인지, 내가 없는 사이에 국무부 고위 감독관이 대사가 맡고 있는 CORDS의 전체 성과를 평가하기 위해 비엔 호아에 다녀갔다는 것을 나에게 말해줄 정도로 우리 둘 사이는 호전되었다.

그 감독관은 민 장군을 만나 미국인들이 그에게 해주고 있는 일들 가운데 가장 도움이 된다고 생각하는 게 무엇이냐고 물었다. 민은 자기가 가장 높게 평가하는 것은 MR 3에서 CIA가 벌이는 작전이라고 대답했다. 펑크하우저는 친절하게도 이 얘기를 나한테 다 말해주었고 그런 얘기를 하는 것이 아주 즐거운 것 같았다. 나는 기뻐하면서 이 소식을 펠릭스, 루디, 그리고 직접 베트콩과 맞서서 전투를 하고 있는 다른 모든 사람들에게 전했다.

1972년 2월과 3월 중에는 모든 일이 더 급하게 돌아가기 시작하는 것 같았다. 루디와 펠릭스는 헬기를 타고 다니면서 어떤 베트콩 벙커 지역에 대한 공습작전을 조직하는 일을 해주고 있었는데, 실수로 5백 파운드의 폭탄이 엉뚱한 곳에 투하되어 베트남군 유격대 한복판에 떨어졌다. 몇 사람이 공중으로 날아갔다.

펠릭스는 헬기를 착륙시킨 다음 폭탄으로 패인 구덩이 가에 진흙을 뒤집어쓴 채 꼼짝도 하지 않고 누워 있는 형체를 시체로 알고 헬기에 옮겨 실었다. 그런데 그 병사가 헬기 안에서 깨어났고 자기가 비행 중인 것을 알고 큰 충격을 받았다. 그래서 자기 팔다리가 전부 다 붙어 있는지, 제대로 움직이는지를 더듬거리며 확인해보았다. 다 괜찮았다. 그는 터질 듯한 두통만 제외하면 다친 곳이 없었다. 그 실수로 죽은 사람은 없었다. 그 폭탄은 한 박자 늦게 폭발하는 지연 신관을 장착한 것이었고, 땅속으로 파고들어간 다음에 폭발하게 되어 있는 종류였다. 베트남에서 웃지 못할 일들이란 그런 것들이었다.

2월 말 호주인들이 기억에 남을 만한 멋진 파티를 열었다. 호주 간호부대팀이 새로 도착한 것을 기념하는 파티였는데, 거기에 혹해 비엔 호아 공군기지의 조종사들도 많이 참석했다. 호주인들은 매우 우수한 밴드를 데려왔고 장발과 길게 기른 수염을 자랑하는 데이브 윌슨(Dave Wilson)을 내세운 신나는 댄스팀의 춤판도 벌어졌다. 몇몇 한국인들은 윌슨에게 그날 춘 춤을 어디서 배웠는지 묻기도 했다. 그는 그런 관심에 아주 의기양양해했다.

완전한 전투복장을 갖추고, 반 인치의 짧은 머리를 한 거구의 특수부대 소령 한명이 윌슨에게 시비를 걸었다. 그가 춤추는 걸 한참 구경하던 그 소령은 "당신 도대체 누구야, 그리고 뭐하는 사람이야?" 하고 물었다.

윌슨은 "오, 난 뉴질랜드의 치과의사요."라고 태연하게 대답하면서 시치미를 뗐다.

같은 유머의 맥락에서 '비엔 호아에만 있는' 사건으로 되짚어볼 만한 이야기가 두개 더 있다. 1972년 2월 어느날 밤, 나는 집에서 1971년 소득세 연말정산을 하고 있었다. 전화 벨이 울려서 받으니 비서 쉴라였다. 그녀는 나에게 미국인 헬기 조종사 한 사람이 앤의 4층 아파트 창문에서 추락했다고 말했다. 앤은 우리의 두 공보관 중 한 사람으로 무척 영리하고 매력적이었으며 당당하면서도 풍만한 몸매를 갖고 있었다. (세번째 남편과 결혼할 무렵의 엘리자베스 테일러를 생각하면 된다.)

나는 급히 그 아파트 건물로 달려갔는데 집 바깥은 모든 것이 조용한 듯했다. 위로 올라가보니 앤이 울고 있었다. 몹시 충격을 받았지만, 그래도 자기 손님이 죽지는 않았다는 것을 알고 안도하는 모습이었다. 그녀가 본 그의 마지막 모습은 그가 '곤드레만드레 취해' 비틀걸음으로 뒷걸음질치다가 낮고 긴 안락의자에 걸려 넘어지더니 창문에 쳐놓은 방충망을 찢고 창문 너머로 사라진 것이다.

다른 사람들 말로는 그 조종사는 떨어지면서 아래층마다 창문 위에 설치된 차양에 몸이 부딪쳐 속도를 줄일 수 있었다. 지상에서는 널따란 금속제 배수구 덮개가 그가 마지막 착지할 때 몸의 충격을 흡수하면서 구부러졌다는 것이다. 그는 그런 일이 있었는데도 일주일 이내에 멀쩡하게 비행 임무에 복귀했다. 아마도 술을 그렇게 많이 마신 것이 몸을 유연하게 해서 목숨을 건지는 데 도움이 된 것 같았다.

춤꾼 윌슨은 새로 온 한 아름다운 간호사에게 홀딱 반했다. 그는 동 나이강에서 황혼녘에 보트를 함께 타는 것이 그녀를 차지할 확률을 높여줄 거라고 생각해서, 나에게 자기와 그 간호사의 '석양 여행'에 같이 가줄 수 있는지 물었다. 나는 좋다고 했지만, 권총을 휴대하고 갔다. 그 강은 나를 불안하게 했기 때문이다.

우리는 선체 바깥에 달린 모터에 시동을 걸었다. 나는 선미의 운전석에 앉아서 지정 운전자 역을 맡았고 윌슨과 그 간호사는 선수 쪽 좌석에 나란히 앉았다. 두 사람이 하는 이야기는 모터 소리에 간간이 끊기기는 했지만 부드러운 바람을 타고 뒤쪽에 있는 나에게까지 날아왔다.

윌슨은 배가 강을 따라 상류로 올라가는 도중에, 지역의 명소들을 일일이 가르쳐주었다. 나는 간호사의 대답은 알아들을 수가 없었다. 그때까지 들어본 호주 영어 중 가장 강한 호주식 억양이었다. 윌슨이 저녁식사를 함께 하자고 제안했으나, 그녀의 대답을 알아듣지 못했다.

"지금 뭐라고 하셨지요?" 하고 둔탁한 모터소리 너머로 그가 물었다. 그녀의 대답이 반복됐다.

"미안합니다만, 무슨 말인지 못 알아들었어요." 윌슨이 말했다. 거기 대한 그녀의 대답은 한방의 폭탄이었다. "이런 젠장! 난 벌써 전부

예약이 꽉 찼단 말예요!"

윌슨과 나는 풀이 죽어서 포트 아파치로 돌아왔다.

강을 거슬러올라간 짧은 여행 직후에 나는 「수상스키 타는 사람」
이란 시를 썼다.


갈색 물 위의 배 지나간 하얀 자국
활처럼 굽은 자세로 선 형상이
침울한 강물에
곡선 무늬를 새긴다.


정글의 그늘 속
가늘게 뜬 눈들이
모터 소리 나는 곳을 노려본다
이윽고 수척한 머리를 들어올린 자는
조준기로 앙상한 가슴을 겨누고
한발의 총성은 메아리를 남기고
비명소리는 물속으로
무너지는 형상은 강물의 흐름 속에 잠긴다.


노려보는 눈들, 벌어진 입들은
뒤로 후퇴하고
강변에 올라
은신처로 향한다.

스키를 끌던 로프는
이리저리 엉뚱한 곳으로 요동치며 흘러가고
스키는 엇갈려 십자가를 그린 채
강물 위에 떠 있다

갈색 물 위엔 선혈의 붉은 띠
희미한 사람의 형상이
얼굴을 아래로 향한 채
바다를 향해 둥둥 떠간다

북베트남 정규사단의 총공격이 임박했음을 알리는 징후들이 착착 쌓여가면서 좀더 나은 전략정보에 대한 수요도 급격하게 늘어났다. 나는 몇달 동안이나 베트남군의 포로 심문관인 베트남인 대령과 고문문제로 격렬한 언쟁을 벌여왔다. 그 대령의 이름 신(Sinh)은 그가 하는 짓에 딱 맞는 이름이었다.(죄라는 뜻의 sin과 발음이 같다는 의미) 신은 일상적으로 포로들을 학대함으로써, 고통을 면할 수만 있다면 무슨 말이라도 하려는 사람들로부터 대부분 신빙성이 없는 정보들을 엄청나게 만들어냈다.

1972년 초에 우리는 신이 잘 알려진 베트콩 지휘관을 체포한 사실을 알아냈다. 그는 몇년 동안이나 MR 3 구역 안에서 전투를 벌여온 인물로 유명했다. 나는 즉각 신에게 포로의 신병인도를 요청했지만 그는 거절했다. 나는 그가 고개를 가로저으면서 쓸쓸하게 웃던 것이 생각난다. 그건 마치 '너희들 미국인들은 절대로 이 전쟁의 본질을 알지 못할 거다'라고 말하는 듯했다.

5~6일이 지나고, 놀랍게도 신이 고문으로 엉망이 된 그 포로를 나에게 넘기면서 "그는 알고 있는 게 많은데, 내게는 아무 말을 안 하려고 한다"라고 했다.

나는 그 포로를 재능이 많은 한 CIA 요원에게 맡겼다. 그는 교사 경력이 있고 불어를 꽤 할 줄 알았다. 나는 포로의 부상을 치료해주도록 하고, 그가 마음에 걸리는 게 무엇인지, 우리에게 말을 할 수 있게 만들려면 어떤 조치가 필요한지 알아내라고 지시했다. 우리는 그가 자기가 생포되자마자 은신처로 숨은 가족들을 걱정하고 있다는 것을 이내 알게 되었다. 그는 가족들이 숨은 곳이 어디인지는 정확히 알고 있었다. 그래서 우리는 그 정보를 이용해서 그 가족을 안전하게 비엔 호아로 데려오기 위한 PRU의 작전에 착수했다. 우리는 그 작전에 성공하였고, 그 포로는 자기의 사랑하는 가족과 다시 만나게 된 것에 감사했다.

포로의 다음 요구는 자기가 오랜 세월 동안 가보지 못한 싸이공으로 데려가달라는 것이었다. 그와 담당요원은 함께 싸이공으로 가서 시내를 자유롭게 활보하고 함께 식사도 했다. 그러고 나자 담당요원이 나에게 와서 그가 우리가 알고 싶어 하는 것을 다 이야기해줄 것이라고 말했다. 사람들로 붐비고 번창하고 있는 싸이공을 본 그는 자기가 전쟁에서 잘못된 편에 서 있었다고 확신하게 되었다는 것이다.

우리는 그를 헬기에 태우고 지도도 가지지 않은 채 MR 3에서 가장 대규모의 치열한 접전이 벌어지고 있는, 그가 익숙하게 잘 아는 전선 (D전투구역) 부근으로 데려갔다. 그는 우리가 공격할 수 있을 만한 몇개의 조그마한 목표물들을 알려주었다. 우리는 그에게는 보여주지 않은 채 그것들을 지도 위에 표시해놓았다. 그러고 나서 그를 다시 비엔 호아로 데려와서 그에게 같은 지역을 그린 새 지도를 주고 거기에 아까 공중에서 찾아낸 목표물들의 위치를 표시해달라고 했다. 그는 순순히 그렇게 했다. 그가 공중에서 말한 사실이 정확하다는 걸 확신할 수 있었다. 그 공격목표들 가운데 몇군데를 우리는 신속하게 공격했다. 이 목표물들에 대한 공격은 모두 유효했다. 화약고였음을 증명하는 대폭발이 일어나거나, 아니면 그곳에 숨어 있던 베트콩 부대와 총격전으로 이어진 것이다.

우리 포로에게서 얻은 가장 중요한 정보는 북베트남군 부대들이 대규모 지상전을 계획하고 있다는 사실이었다. 이와 관련된 것으로, 그는 비엔 호아 근처에 중요한 참호 겸 큰 땅굴 단지가 있으며 그곳으로부터 비엔 호아 공군기지에 대한 로켓포 공격이 계획되고 있다는 것, 그건 아마 앞으로 있을 지상공격과 연계되어 실시될 것이라는 것도 알고 있었다. 그는 단지의 위치를 정확하게 지적할 수는 없었지만 그 전반적인 위치는 알고 있었고, 그것이 규모가 매우 크고 중요한 단지라는 것을 잘 알고 있었다. 싸이공의 에이브럼스 장군과 MR 3의 홀링스워스 장군은 이 정보를 분석했다. 그리고 그 목표지역을 선제공격해서 날려버리기 위한 B-52 전략공습 계획을 수립했다.

B-52 폭격이 있던 날 밤, 나는 요란하게 덜커덕거리는 것 같은 소음에 잠을 깼다. 일어나서 바깥을 내다보았을 때에는 아무런 소리도 들리지 않았다. 하지만 북쪽의 지평선 너머에서 번쩍거리는 섬광 같은 것이 희미하게 보였다. 나는 그제서야 내 침실의 플라스틱 창문들

이 B-52의 공습의 충격파에 심하게 흔들리는 것을 느꼈다.

나는 복잡한 심정으로 침대에 돌아와 누웠다. 고문에는 입을 열려 하지 않았지만 친절에 반응한 어떤 포로로부터 얻어낸 정보가 결국 은 그가 이전에 무기를 들고 함께 싸우던 전우들을 죽이고 있는 것이 다. 전쟁의 비극에 오직 깊은 슬픔을 느꼈다.

아이로니컬하게도 내 친구 히엔 대령에게는 지역 베트콩 부대들 의 연락병으로 가장하고 국립경찰을 위해 일하는 여성 정보원이 있 었는데, 그녀는 B-52가 그 참호 지대를 폭격할 때 그곳에 있었다. 그 녀는 구사일생으로 살아남아 공습 때 그 참호 안에는 북베트남군의 고위 지휘관도 함께 있었다고 보고했다.

지하 참호의 진흙벽들이 여기저기 무너지고 전깃불도 꺼졌을 때, 흙먼지가 가득한 숨막히는 어둠 속에서 그들은 모두 공포와 혼란에 빠졌다. 생존한 병사들은 손전등을 찾아내서 켜고 자기네 지휘관을 찾기 시작했다. 그들이 흙 속에 파묻힌 상관을 간신히 파내자 내뱉은 첫마디가 "이건 미군들이 한 짓이다. 놈들은 곧 철수할 것이고 이번 이 우리를 죽일 수 있는 마지막 기회였다. 이 전쟁은 우리가 이긴다!" 였다. 길게 보면 그의 말이 결국은 맞았다.

1972년 3월 말 싸이공에서 일본과 베트남 사이에 데이비스컵 테니 스 경기가 열렸다. 나는 그 경기를 참관하러 차를 몰고 시내로 들어 갔다. 나는 일본 데이비스컵 팀의 주장 와따나베 이사오를 토오꾜오 에 살 때부터 알고 있었다. 경기는 완전히 축제 분위기였다. 벙커 대 사도 관람석에 와 있었다. 그것은 전쟁이 끝나기만 한다면 남베트남 사회가 어떤 분위기일지를 잠깐이나마 목격할 수 있는 희소한 기회이기도 했다.

경기가 시작됐을 때에는 햇빛이 쨍쨍했는데, 점점 검은 구름이 몰려오더니 천둥까지 북쪽을 향해서 우르릉거리며 지나갔다. 나는 두 번째 단식 경기가 끝나기 전에 자리를 떴다. (일본이 두 경기 모두 이겼다.) 그리고는 거의 새카만 구름 사이로 끊임없이 번갯불이 번쩍거리는 불길한 구름의 장벽을 마주보면서 비엔 호아까지 차를 몰고 돌아왔다.

하루 이틀 뒤인 1972년 4월 1일 북베트남군 6개 사단이 탱크를 앞세우고 남쪽 싸이공을 향하면서 MR 3 지역으로 돌진해왔다. 공격이 개시되던 날 새벽 참모회의에서 홀링스워스는 "드디어 올 것이 왔다"는 말로 회의를 시작했다.

북베트남군의 진격은 싸이공에서 북쪽으로 50마일 떨어진 안 록(An Loc)이라고 부르는 조그만 교차로 도시에서 저지됐다. 그곳에서 겹겹으로 참호를 파고 대기 중이던 남베트남군 부대들이 잘 싸워준 것이다. 홀링스워스는 적군의 공세에 충격을 받아서, 미 공군의 자산이라고 할 만한 것 가운데에서 남베트남 지상군을 도울 수 있는 것이 있다면 손에 닿는 대로 모든 것을 총동원해서 지원에 나섰다.

하지만 동원할 수 있는 미군 지상병력은 이미 전부 철수하고 없었다. 그는 직접 기획하고 지휘까지 맡은 B-52의 폭격작전으로 얻은 화려한 평판에다가 또 하나를 첨가했다. 수천 마일 떨어진 곳에서 날아온 B-52기의 전략폭격과 비행거리 15분이 안 되는 비엔 호아에서 발진한 A-37 전폭기의 전술공격을 적절하게 결합시켜 효과적인 공격을 지휘한 것이다.

안 록이 포위되어 있던 어느날, 홀링스워스는 나에게 안 록 바로 가까운 한 마을에 단단히 참호를 파고 자리잡은 채 안 록과 마찬가지로 심한 공격을 받고 있는 한 베트남군 부대의 현황을 조사해달라고 요청했다. 그곳이 함락되면 거기에 묶여 있던 다른 북베트남 부대들이 안 록을 집중적으로 공격할 수 있게 되므로, 홀링스워스는 그 점을 걱정하고 있었다. 내가 가겠다고 동의하자, 평소에 나와 무척 친하게 지내던 존슨이라는 대령이 함께 가주겠다고 했다. 우리는 소형 4인승 헬리콥터를 타고 갔다. 존슨은 조종사와 함께 앞자리에 앉고 나는 뒷자리에 앉았다.

포위된 마을 위에 이르자 조종사는 나선형으로 빙글빙글 돌면서 지상으로 내려가 착륙했다. 그것은 지상 포화에 피격될 확률을 줄이면서 곧장 착륙장으로 내려앉는 기술이었다. 나는 그 베트남 부대의 지휘관을 알고 있었다. 그는 여전히 사기가 높고 아군이 이길 것이라고 낙관하고 있는 것 같았다. 우리는 그의 참호 안에서 편하게 대화를 나누었다. 베트남인들이 대단히 좋아하는 마르뗄 브랜디로 여러 차례 건배도 했다.

그런데 우리의 이륙은 도착할 때와는 전혀 달랐다. 마을의 동쪽과 남쪽에 집중포화가 쏟아지고 있었다. 그래서 조종사는 이륙하자 기체를 될수록 지상에 바싹 붙여서 저공으로 서쪽을 향해 전속력으로 비행했다. 그때 조종사가 우리에게 사격의 일부가 가해지는 왼쪽으로 고개를 돌리는 순간, 나는 키가 큰 풀숲 위에 우뚝 솟아 있는, 유칼립투스 나무 같은 거대한 고사목을 향해 우리 헬기가 정면으로 날아가고 있는 걸 보았다.

내가 조종사에게 경고할 무선 버튼을 손으로 더듬어 찾고 있는 순간 존슨 대령이 조종사의 어깨를 손가락으로 두드려 우리를 구했다. 조종사는 즉각 반응하였고, 그 순간 기체는 수직으로 솟아올랐다. 헬기의 활주부 다리에 나무 꼭대기 가지들이 걸려 부러지면서 헬기가 휘청거렸지만 프로펠러가 다시 바람을 탔고, 그렇게 해서 우리는 나무 사이를 벗어났다.

"유감입니다." 하고 조종사가 간결하게 말했다. 그것이 묘비에 적힌 말이 아니라 사과의 말인 것이 천만다행이었다. 당시에 그 말은 묘비명에 너무 자주 쓰이고 있었기 때문이다. 그것은 내가 베트남에서 경험한 것 가운데 '농장을 사는 것, 즉 죽는 것에 가장 가까이 갔던 경험이다.

나는 그 시절에는 밤에 잠들기가 어려웠다. 그래서 나는 집에다 맥과 어머니 앞으로 엄청나게 많은 편지를 썼다. 오늘날 그 편지들을 읽으면 이 책을 쓰는 데 도움이 되는 많은 기억의 불씨들이 되살아난다.

나는 맥에게 보내는 시도 몇편 썼는데, 대개 이런 시였다.

오늘 밤
나의 기억 속에는
생각이 깃들어 쉴 수 있는
피난처가 없다.


눈먼 새들처럼
지나간 재앙들이 남긴 돌멩이와 가시풀 더미에서

부딪치고 허우적거리고
미래의 안개 속에 길을 잃고
힘없는 날개를 퍼덕인다

마침내 새들은 당신의 손 위에 내려앉고
당신이 그들을 더 가까이 당겨
보지 못하는 두 눈에 살며시 입김을 불어주면
새들은 비로소 잠 속으로 가라앉는다.


정보보고서를 쓰거나 정세분석의 글을 쓸 때는 글을 쓰는 사람의 감정이 어떤가는 중요하지 않다. 그러나 시를 쓸 때는 감정이 전부이다.

안 록의 포위상태는 계속 이어졌다. 홀링스워스가 공들여 조직하고 시행한 공중폭격으로 인해 탱크를 앞세운 북베트남 공격부대에는 수많은 사상자들이 발생했다. 보급품과 탄약이 안 록시를 방어하는 남베트남군 부대에 공중 투하되었다. 미군 장교들 두명이 아직도 안 록의 지하 참호에 남아 있었지만, 그들과는 무선통신이 완벽하게 유지되고 있었다. 두 사람이 전황의 전술적 부분에 관한 귀중한 정보를 보내주어서 공습의 시점과 폭격의 목표 지점을 설정하는 데 큰 도움이 되었다.

전방항공관제관(FAC)들과 저속 단발단엽기(소형정찰기 파이퍼 컵스Piper Cubs를 생각하면 된다)를 탄 미군 조종사들 역시 포병과 공군의 탄착지점을 지정하여 큰 공을 세웠다. 당시 맥기퍼트

(McGiffert) 준장은 홀링스워스의 부사령관이었는데 나는 그와 함께 수없이 안 록 주위를 비행하면서 전방항공관제관과 지하 참호의 미군 장교 두명과의 교신을 들을 수 있었다.

특별히 기억에 남는 어느날 오후 일이었다. 맥기퍼트의 헬기가 에코 패드에서 나를 태우고 라이 케(Lai Khe)의 베트남군 사령부로 날아갔다. 거기서 나는 민 장군을 잠깐 만났다. 그런 다음 우리는 일선에서 격전을 벌이면서 서서히 안 록을 향해 전진하고 있는 베트남군 보병부대들을 지나 북쪽으로 비행했다. 점점 가까워지는 공중폭격의 섬광과 연기, 그리고 대포의 포격으로 일어나는 흙먼지만 없다면 포위된 도시는 보기에는 아주 고요했다.

그러나 끊임없이 들려오는 무선통신의 교신 내용은 안 록이 여전히 심한 공격을 당하고 있음을 분명히 말해주고 있었다. 우리가 공대지, 지대공, 공대공 무선통신의 대화들을 듣는 동안 이 전쟁의 3차원 입체도면이 뚜렷하게 머리에 들어왔다. 그들 사이의 대화는 포격 및 폭격 구역에서의 소개, 목표 확인, 항로 접근 경고 등이었다. 그 목소리도 뚜렷하게 구별이 되었다. 안 록에 있는 한 소령은 누구에게나 '베이비'라는 호칭을 붙였고 말을 약간 더듬었다. (예를 들면, "오케이, 베-베이비, 노, 놈들의 목구멍 깊이 제일 큰 놈으로 한방 떨어뜨려!" 하는 식이었다.) 호출부호가 '스킬렛(냄비) 호텔'인 어느 전방 항공관제관은 약한 영국식 악센트를 쓰고 'r'을 'w'로 바꿔서 발음했다. ('올 라잇'은 '올 와잇'으로, '프리'는 '프위'라고 했다.)

우리는 록 닌을 향해 북쪽으로 더 멀리 비행했다. 길에는 심하게 폭파된 차량들이 많았고 한 교차로에는 남베트남군 트럭과 탱크 대열이 산산조각이 나서 흩어져 있었다. 북베트남군에 장악된 록 닌은 사람 하나 없는 황폐한 모습이었지만, 모터사이클을 탄 군인 한명을 우리 헬기의 도어 사수가 발견했다. 그는 즉시 기관총을 아래쪽으로 빙글 돌렸고, 조준기가 달린 총구는 마치 여우의 귀처럼 삐죽하게 아래쪽으로 내밀어졌다. 그런데 뜻밖에도 그 사수는 갑자기 빙긋 웃더니 고개를 흔들면서 기관총을 다시 위로 들어올리고 그 운좋은 병사를 놓아주었다. 그는 고개를 돌려 나를 쳐다보면서 어깨를 으쓱해 보였다. 그런 것이 전쟁 중에 발생하는 예측 불허의 사건이다.

그뒤 우리는 북동쪽으로 방향을 바꿔 날아가면서 맥기퍼트가 볼 때 적의 재보급로인 듯한 몇군데 도로와 샛길들의 위치를 확인했다. 우리는 쏭바강과 그 남쪽 강변에 있는 작은 대나무숲 방향으로 새로 타이어 자국이 난 어떤 작은 샛길을 따라갔다. 그 강의 북쪽 강변으로 희미한 샛길들이 더 보였다.

마치 정찰 중인 공군 다니엘 분(Daniel Boone, 전설적 서부 개척자, 인디언과의 전투로 유명하다)이라도 되는 것처럼, 맥기퍼트는 그 샛길들이 캄보디아로부터 흘러오는 강으로 연결되는 보급로이며 남쪽 강변의 작은 대나무숲은 트럭들이 그곳에 도착한 보급품을 옮겨 싣고 다시 남쪽으로 이동시키는 장소라고 판단했다. 그는 즉각 C-130 스펙터 무장헬기를 불러 그 대나무숲을 기관포로 공격하라고 명령했다. 그것은 지체없이 시행됐다. 그리고 스펙터 헬기의 조종사들은 대나무숲에서 적들의 반격이 있었고 2차 폭발이 뒤따랐다고 보고해왔다. 맥기퍼트의 판단은 적중한 것이다.

그뒤에 우리는 라이 케로 돌아왔다. 거기에서 나는 민 장군과 90분

가량 보냈다. 그는 떠이 닌주에서 거둔 최근의 승리로, 사기가 되살아난 것 같았다. 그러나 그는 여전히 자기에게는 좀 너무 큰 규모의 심포니 오케스트라를 지휘하고 있는 지휘자처럼 보였다. 그의 목관악기와 현악기 부분은 잘 되고 있었지만 금관악기와 타악기 부분은 박자를 잘 맞추지 못했다.

그다음 우리는 해가 저물 무렵 안 록으로 돌아왔다. 헬리콥터 두대가 보급품을 내려주고 참호에 있는 두 장교와 교대할 장교 세명도 내려주기로 되어 있었다. 점점 짙어지는 어둠 때문에 지상에서 벌어지고 있는 일들이 잘 보이지는 않았지만, 다시 공중에 떠다니는 무선교신 목소리들이 그곳의 상황을 설명해주었다. "연막탄을 터뜨려, 아군들이 도착하고 있어! 그들이 내린단 말이야!" 잠시 정적. "이런 빌어먹을 부상자들이 너무 많이 탔어. 저 자식들 헬기 다리에서 떼어내! 모두 다 탔다고? 맙소사 이건 어디서 쏴대는 거야. 두대는 벌써 갔어 초만원으로 태우고! 나한테 그러지 마, 지금 정신없다구!"

그런 식의 대화가 계속됐다. 맥기퍼트는 얼굴을 찡그리고 그걸 들으면서 사태를 파악하려고 애썼다. 마침내 분명해진 사실은 헬리콥터 두대가 들어왔다가 나갔다는 것, 헬기 안으로 기어올라온 남베트남 부상병들을 두대의 헬기에 초만원이 되게 태우고 이륙했지만 미군 장교 두명도 역시 무사히 태우고 갔다는 것이다.

우리는 안도감으로 얼굴을 펴고 다시 남쪽으로 날아갔다. 홀링스워스는 아직 그곳에 있었다. 이제 돌아간다고 말하는 그의 텍사스 억양의 목소리가 어둠 속에서 들려왔다. 그렇게 그날 하루는 끝이 났다.

나는 다음 날 안 록에서 우리가 빼내온 두 미군 장교와 함께 아침을 먹었던 것이 생각난다. 한달 만에 처음으로 목욕을 한 그들은 2주간의 휴가를 떠날 참이었다. 그리고 자기들 말대로 "사람 사는 세상으로 돌아온 것"을 기뻐했다. 누구에게나 무선으로 '베이비'라고 부르던 소령은 말 더듬는 습관이 사라진 것처럼 보였다.

5월 11일은 안 록에서 특별히 운이 나쁜 날이었다. A-37 전폭기 네대가 지상의 대공포에 맞아 격추됐다. 세대의 조종사들은 구조됐지만, 한대는 화염에 휩싸여 정글 깊숙이 추락했다. 실종된 조종사는 24세의 마이클 블라씨(Michael Blassie)라는 큰 훈장도 받은 중위였는데, 그의 죽음으로 호주 간호사 한명은 엄청나게 큰 슬픔에 빠졌다. 나는 한번도 블라씨를 만난 적이 없었지만 그에게 마음을 사로잡힌 그 간호사는 알고 있었다. 그녀는 깊은 슬픔과 사랑의 감정으로 그에 대해 이야기했다.

블라씨의 유해는 남베트남군 수색대에 의해 1972년 10월에 발견됐지만 신원이 정확하게 확인되지는 않았다. 그 유해는 나중에 앨링톤 국립묘지의 무명용사 묘역에 안치되었다. 1984년 메모리얼 데이(전몰장병 추모일)에 레이건 행정부는 그 유해에 대해 특별히 베트남전쟁의 '무명용사'로 예우를 하였다. 『뉴욕타임스』에 따르면, 레이건 대통령은 그날 감정이 상당히 격해져 "이 무명용사에 대해서 우리도 다른 사람들처럼 여러가지 상상을 해볼 수 있습니다. 그는 미국의 어느 대도시의 거리에서 놀던 청년일까요? 아니면 농장의 아버지 곁에서 일하던 청년은 아닐까요?"라고 연설을 했다고 한다.

법의학적 기술, 특히 DNA 판독기술의 발전으로 나중에 그 유해는 블라씨 중위의 것으로 밝혀졌다. 1998년 그의 유해는 가족들 품으로 돌아갔다. 그리고 지금은 최고의 영예와 제대로 된 신원을 가지고 쎄인트루이스에 묻혀 있다. 언젠가 그의 어머니 팻 블라씨는 말했다. "그애는 너무 늦지 않게 냉동이 된 거예요, 정말 운이 좋은 거죠."

5월 말이 되자 북베트남군 사단들은 정글 속으로 퇴각했다. 홀링스워스의 맹렬한 공중방어 작전으로 시달린데다가 최종적으로는 싸이공으로부터 보강된 중무장한 남베트남군 부대들과의 전투로 기세가 꺾였기 때문이었다.

스피로 애그뉴(Spiro Agnew) 부통령이 그 무렵 싸이공에 도착했다. 에이브럼스 장군은 그에게 북베트남군의 싸이공 포위를 막은 것과 그로 인해 부통령의 방문을 가능하게 만든 것은 홀링스워스 장군의 용맹과 풍부한 지략 덕분이었다고 보고했다.

나는 전적으로 그 판단에 동의했다. 홀링스워스의 엄청난 힘과 용맹은 전설적이었다. 어느날 새벽 그때까지도 잠을 이루지 못한 홀링스워스는 아직 캄캄한 어둠 속에서 그의 사무실에 도착했다. 그는 문이 잠겨 있는 것을 보고 지도와 도표를 꺼내기 위해 문의 경첩을 잡아뜯어낸 적도 있었다. 그는 매일 오랜 시간을 헬기를 타고 날아다니며 보냈다. 그래서 그의 호출부호 '데인저 세븐티 나이너'(Danger 79'er)는 '용맹스러운 안 록 사수'와 같은 말이 되었다.

홀링스워스는 또한 민 장군에게 최대한 압력을 가해서 싸이공의 중무장 베트남군을 간선도로를 통해 이동시켜 안 록의 방어력을 보강했다. 남베트남군의 반응은 느려터져서 홀링스워스는 그 때문에 불같이 화를 냈다. 그의 말을 빌리면 "그 녀석들은 로켓추진식 수류탄을 한방 맞을 때마다 B-52 폭격을 요구한다"고 했다.

안 록 포위기간의 마지막 시기에 그는 한번은 아침 참모회의를 시작하면서 "이 빌어먹을 베트남 놈들이 무엇이 잘못됐는지 내가 연구해봤는데 그놈들은 '안구직장염'에 걸린 게 틀림없어. 그래서 시신경이 똥구멍의 신경과 얽혀버려서 엉망진창이 된 거야!" 하고 큰 소리로 으르렁거렸다.

입은 최악으로 거칠었지만, 그래도 홀링스워스는 훌륭한 무관(武官)이자 외교관이었다. 민의 부대들이 안 록의 포위를 깨뜨리고 최종적으로 그곳에 진입했을 때, 홀링스워스는 그 부대와 지휘관들에게 후한 찬사를 아끼지 않았다.

테드 섀클리가 싸이공 지국장직을 떠나고 그 자리를 톰 폴가(Tom Polgar)가 대신했다. 그는 시골지역의 전황에 대해 좀더 현실적인 시각을 가진 사람 같았다. 폴가 국장은 비엔 호아에서 해낸 작전들을 호의적으로 평가했고, 내 근무 임기가 끝날 때가 가까워오자 나에게 무척 매력적으로 들리는 싸이공의 새 직책을 제안했는데 그건 그가 새로 만들어낸 자리였다. 그러나 그것은 최소한 1년 더 베트남에 있어야 한다는 걸 의미했다.

나는 한창 학교에 다닐 나이인 세 아이들과 베데스다에 살고 있는 멕에게 조심스럽게 편지를 보내 이 제안에 대해 의견을 물었다. 멕은 내가 베트남에 근무하는 기간 동안 사실상 홀어머니 역할을 하며 살고 있었다. 내가 어디가 됐든 멀리 떠나가 있다는 것만 해도 충분히 살기가 괴로운데 하물며 '베트남에' 보내놓고 산다는 건 더욱 힘든 일이었다. 특히 맏딸인 루시에게는 더 그랬다. 그애는 당시 10대 중반이었는데 그 또래의 집단은 결사적으로 베트남전에 반대하고 있었다. 베트남전쟁 반대 시위가 모든 고등학교와 대학 캠퍼스에 걷잡을 수 없이 퍼져나가고 있을 때였다.

그래서 멕의 답장은 짧고 핵심을 찔렀다.

"안돼, 썅(FUCK YOU)!"

전혀 그녀답지 않은 이 불경스러운 대답은 그야말로 적절했을 뿐 아니라 정말 현명한 대응이기도 했다. 나는 예정된 날짜에 베트남을 떠났다.

내 근무기간의 맨 마지막 시기에 에이브럼스 장군은 싸이공의 MACV 사령부에서 나를 위한 오찬을 마련해주었다. 분명 홀링스워스가 제안했을 것이다. 나는 지난날 그처럼 자주 혹평을 받았는데도 이제는 찬사를 받기 위해 MACV로 들어가고 있다는 것 때문에 기분이 묘했다. 나는 베트남에서 우리를 지휘한 세명의 사령관 중에서 가장 훌륭한 사령관인 에이브럼스 장군과 얘기할 기회를 가진다는 것이 반갑고 으쓱해지는 기분이었다.

나는 오찬에서 수행부하를 6명인가 8명쯤 거느리고 온 에이브럼스의 바로 옆자리에 앉았다. 우리는 베트남군 잡역병이 내온 소박한 음식을 먹었다. 나는 에이브럼스가 상당히 오래 베트남에 있었다는 것을 알고 있었다. 그래서 그에게 얼마나 오래 있었느냐고 물었다. "6년" 하고 그는 자랑스럽게 대답했다. 나는 어떻게 그렇게 오래 견딜 수 있었는지 물었다. 그는 "뭔가를 계속 배우면서 지내는 거지." 하고 대답했다.

나는 최근에 배운 것이 무엇인지 공손하게 물었다. 그는 이제 막

버나드 폴(Bernard Fall)의 『아주 작은 곳에 있는 지옥』(*Hell in a Very Small Place*)이란 책을 이제 막 다 읽었는데, 1954년 프랑스군이 디엔비엔 푸(Dien Bien Phu)에서 당한 패배를 생생하게 설명해주는 책이라고 했다. 이어서 에이브럼스는 자기는 프랑스인들이 베트남에서 왜 자기들의 식민지체제를 재건하는 데 실패했는지에 대한 폴의 추론을 이제야 이해할 수 있다고 말했다.

"폴이 어떻게 설명했습니까?" 하고 내가 물었다.

에이브럼스는 "폴의 설명에 따르면, 프랑스인들이 식민지를 잃은 것은 그들이 그 지역을 정치적으로 조직하는 데 실패했기 때문이라네. 나는 그 설명을 이제는 이해할 것 같은데, 1년 전만 해도 이해할 수 없었던 것 같아."라고 대답했다.

나는 그 말에 대해서 뭐라고 대답해야 할지 알 수 없었지만, 이후 에이브럼스 장군의 이름을 딴 우리의 중전차들이 이라크와 아프가니스탄에서 굉음을 울리면서 누비고 다니는 사진을 볼 때마다 그의 대답이 생각난다.

나는 하루쯤 뒤에 1972년 6월 말 팬암 여객기를 타고 싸이공을 출발했다. 이륙 후 제트기가 북동쪽으로 기수를 돌리자, 그 비행기가 비엔 호아 상공을 통과한다는 것을 알고 있던 나는 진흙탕 강변에 있는 저 먼지투성이의 도시, 잊을 수 없는 수많은 일들이 일어났던 그곳을 잠깐이라도 볼 수 있기를 기대하면서 창문에 얼굴을 대고 내다보았다. 그러나 구름에 가려 시야가 흐렸다.

1년 뒤 CIA는 나에게 미군 병력의 완전 철수 이후 일어난 변화를 평가하기 위해 잠깐 싸이공을 다녀오라고 명령했다. 톰 폴가 지국장은 조심스러운 낙관론을 폈다. 나는 비엔 호아에도 들렀는데, 거기에는 여전히 CIA 요원들이 몇명 배치되어 있었다. 그곳은 불길한 고요함 속에 싸여 있는 것 같았다.

나는 민 장군과 만날 희망도 품었다. 그는 아직도 MR 3의 사령관으로 이미 4성장군이 되어 있었다. 하지만 그가 동 나이강에서 수상스키 중이라는 대답을 들었고, 그래서 만나지 못했다.

내가 살던 집에 가보았는데 비어 있었다. 옛 침실 벽장 위 칸에서 딸 앨리슨이 10살 때인 1970년 크리스마스 선물로 그려 보내준 그림을 발견했다. 그림을 손에 들고 침대에 걸터앉자 생각은 그 옛날로 돌아갔다. 나의 비엔 호아 시절의 물건이 아직도 거기 있는 걸 보니 기뻤다. 나는 다음날 베트남을 떠났고 이후 다시 가보지 못했다.

CIA가 최종적으로 포트 아파치를 폐쇄하자, 그곳을 떠나는 현장 담당관 한명은 당구대에서 검은 색 8번 공을 집어 힘껏 동 나이강 물에 던졌다.

## 14
# 김대중 납치사건

베트남 근무에 이어 나는 CIA 지국장이 되어 서울로 갔다. 1973년 중반 내가 서울로 떠날 준비를 하고 있을 때, 명민하긴 하지만 독재 자였던 남한의 박정희 대통령은 워싱턴과의 관계를 다시 생각하고 있었다. 그는 2개 정규사단이나 되는 한국군을 베트남전쟁에 파병, 1965년부터 1971~72년까지 전투현장에 투입했다. 모두 31만 2천명 의 한국인들이 베트남에 파병되어 싸웠다.

1973년까지 미국은 남베트남으로부터 모든 미군 부대들을 철수시 켰다. 그러나 한국의 대규모 지원에도 불구하고 우리가 패배했다는 사실은 명백했다. 그 사실은 베트남전을 전적으로 냉전의 측면에서 이해하고 있던 박대통령을 매우 불안하게 만들었다. 그는 그는 우방 국 미국의 힘과 신뢰성을 진정으로 의심하기 시작했던 것이다.

1972년 박정희는 한국중앙정보부(KCIA)의 이후락 부장을 파견하 여 평양에서 김일성과 회담하게 했다. 그는 또 비밀 핵무기개발 프로그램을 출범시키고, 미국이 그가 갖기를 원하지 않는 무기 시스템의 구매를 비밀리에 추진하기 시작했다. 우리는 그런 일들이 한반도의 안정을 해칠 수도 있다고 생각했다. KCIA가 고문을 사용한다는 사실과 그 수법이 지독하게 악랄하다는 것이 한국 내에서는 널리 알려져 공포의 대상이 되고 있었다.

서울로 출발할 준비를 하고 있던 당시에는 나는 그런 것들을 거의 몰랐다. 그러나 확실하게 나의 관심을 끌었던 것은 자유주의 정치가이며 1971년 대통령선거에서 박대통령에게 아슬아슬한 표차로 패했던 김대중이 미국에 와 있다는 것, 그가 박대통령이 취하는 여러가지 정치적 조치들을 비판하기 때문에 KCIA 요원으로 의심되는 자들로부터 계속 위해를 당하고 있다는 사실이었다. 그 조치들이란 차후 대통령 선거의 통제권을 현직 대통령에게 주는 것이어서 그가 다시 출마하더라도 대통령에 당선될 기회가 전혀 없다는 것을 의미했다.

나는 밤중에 서울에 도착했는데, 느낌이 아주 좋았다. 나는 대륙 위의 본토에 있는 느낌을 좋아하는데, 중국이라는 거대한 덩어리에 가깝게 붙어 있는 또 하나의 국가인 버마에 있을 때의 기억이 되살아나는 기분이었다. 서울 시내에는 불이 켜져 있지 않은 지역이 많았고, 캄캄한 주택가 여기저기 보이는 빨간색 네온 십자가들이 기독교의 위세를 대변하고 있었다. 나는 내가 앞으로 살게 될 집을 알고 있었다. 1968년 나는 그 집에서 만찬을 한 적이 있는데, 아주 편안한 집이었다. 나는 곧바로 침대에 들어 잠을 잤고, 새벽에 일찍 일어나 서울 북쪽에서 어렴풋이 윤곽을 드러내는 산봉우리들을 바라보았다. 나는 그곳에 온 것이 기뻤다.

내 첫번째 임무는 우리 미국대사인 필립 하비브(Philip Habib)에게 전화를 거는 일이었는데, 나중에 갈수록 그에 대해 큰 존경심을 가지게 되었다. 브루클린에서 레바논계의 미국인 부모 사이에서 태어난 하비브는 활달한 성격에 거침없이 말을 하는 성격이었다. 그의 외모나 몸가짐을 보면 남성복점 출신이 아닌가 싶을 정도이지만 중동에서 발휘한 외교적 수완으로 로널드 레이건으로부터 자유메달(Medal of Freedom)을 받았을 만큼 대단한 인물이었다.

하비브는 나에게 다음과 같이 말했다. "나는 당신들 CIA가 무얼 하는지 몰라. 만일 당신들이 말썽만 부리지 않는다면, 나도 전혀 관심 없다네. 하지만 규칙 하나는 반드시 지켜야 하네. 나는 당신들이 박동선하고 어떤 관계도 맺는 걸 원치 않아. 그는 우리 의원들을 매수하려는 못된 놈이니까 놈을 멀리하라고. 그는 금방이라도 자네 포켓 속으로 기어들어오려고 할걸세." 하비브의 박동선에 대한 판단은 모든 면에서 정확하였다.

나의 두번째 의전상의 방문은 한국의 중앙정보부 이후락 부장을 찾아가는 일이었는데, 그를 만나자마자 혐오감을 갖게 되었다. 이부장은 미국대사관 건물 맞은편 빌딩 꼭대기층에 거대한 사무실을 갖고 있었다. 촬영기사 한명이 내가 들어오는 모습을 찍었다. 그 순간 나는 양복 상의 안에 터틀넥 스웨터를 입은 것은 실수다 싶었다. 이부장은 큰 책상 뒤에 앉아 있었고 그 뒤에 제복을 입은 직원들이 서 있었는데, 모두 검은 양복에 눈부시게 빛나는 흰 셔츠와 넥타이를 착용한 정장 차림이었다.

CIA는 북한에 대한 정보수집에서 아무 성과도 없이 꽉 막혀 있는 거나 같았다. 그래서 나의 주된 임무 가운데 하나는 KCIA와 긴밀하게 접촉함으로써 우리가 수집하는 정보의 질을 개선할 수 있는지 알아보는 일이었다. 의례적인 사교적 인사말이 오간 뒤에 나는 이부장에게 그 전해에 북한을 방문하여 평생의 적 김일성과 마주앉은 느낌이 어땠느냐고 물었다.

이부장의 대답은 나를 놀라게 했다. 그는 갑작스럽게 영어를 시작하더니, 거칠고 열렬하게 다음과 같이 대답했다. "참 대단한 녀석이오. 일인 통치에다 강인한 체력에, 정말 대단한 작자요!" 이부장은 김일성과 대화해본 결과 만일 앞으로 남북관계를 개선하려면 평양의 체제전복 공작에 의해 남한체제가 흔들리지 않도록 남한의 정치나 안보 문제를 더 강경하게 다뤄야 한다고 믿게 됐다는 점을 나에게 특별히 강조했다.

그날 이후로 나는 KCIA와의 협조를 통해 우리가 북한에 대해 수집한 정보의 질을 개선하려고 계속 노력했지만 아무런 소용이 없었다. 그들에게는 한두명의 우수한 북한문제 전문 분석가들이 있었지만, 그들이 주로 강조하는 건 남한을 정치적으로 조용하게 유지해야 한다는 것뿐이었다. 그런 시각에서 KCIA는 김대중을 가장 성가신 존재이자 최대의 위협으로 보고 있었다. 당시 김대중은 일본여행 중이었는데, 거기서 그는 박대통령의 '유신체제'에 대한 강력한 비판을 계속했다. 유신체제는 국민이 대통령을 뽑는 데 직접 투표하지 못하도록 대통령 직선제를 폐기하였다.

1973년 8월 초 어느날 나는 멕과 함께 대사관에서 5~6마일 떨어진 미군 장교클럽 리셉션에 참석했다. 그때 장교 한명이 우리 테이블로

급하게 다가와서 하비브 대사가 급히 나를 만나고 싶어 한다며 긴급 상황이라고 말했다. 대사관으로 가는 도중에 나는 사무실로 전화를 걸어 무슨 일이냐고 물었다. 내 여비서는 아는 게 전혀 없다고 대답했다.

하비브는 격분하고 있었다. 그는 김대중이 토오꾜오의 자기 호텔방에서 납치됐으며, 지금 그가 어디 있는지, 어떻게 됐는지 생사 여부를 아는 사람이 아무도 없다고 말했다. 하비브는 자기는 한국의 중앙정보부가 김대중을 납치한 것으로 의심하고 있다고 분명하게 말했다.

그는 계속해서, 내가 이 책의 서문에서 인용한 것처럼, 다음과 같이 말했다. "이 나라에서 일이 어떤 식으로 돌아가는지 알아. 그들은 그를 죽이려 하고 있지만, 내가 뭐라고 하는지 들어볼 때까지는 일단 기다리겠지. 그러니 내일 아침까지 그를 데려간 게 누군지, 지금 어디 있는지 알아내게. 그럼 우리가 살려낼 수도 있을 거야."

다음날 아침 나는 KCIA가 김대중을 납치한 게 맞다고 하비브에게 말할 수 있었다. 김대중은 일본과 한국 사이의 쓰시마 해협 어딘가에 떠 있는 소형 선박 위에 있었다.

하비브는 그것을 어떻게 알아냈는지 묻지 않고 바로 내 말을 믿었다. 그것은 아마도 내 얘기가 자기가 의심한 것을 확인해준 때문이었을 것이다. 그는 정보를 준 것에 감사했지만, 우리는 길게 얘기를 나눌 시간이 없었다. 그는 사건이 어떻게 진전되는지 자기에게 보고해 달라고 했다. 그런 다음 이제는 모든 게 시간문제라 생각하고 김대중을 살리기 위한 메시지를 박대통령에게 보내기 위해 빠른 속도로 움직였다.

우리가 서울에서 얘기를 나누는 동안 김대중은 바다 한가운데 배에서 납치범들에게 눈이 가리고 손과 발이 묶인 채 조롱받고 거친 대접을 받고 있었다. 그는 꼼짝없이 바다 속에 던져질 거라 예상하고 있었다. 죽을 운명이라 체념하고 가족을 위해 기도하였다.

정오가 조금 지났을 때 비행기 한대가 김을 태운 배 위를 낮게 날았다. 그뒤에 납치범들은 곧바로 그의 손발을 풀어주고 인간적으로 대하기 시작했으며, 마실 물도 건넸다. 배는 한국으로 돌아갔다. 그날 밤 늦게 김대중은 서울의 자기 집 근처 길에서 정신이 몽롱한 상태로 발견되었다. 이 모든 이야기를 나는 김대중이 대통령이 된 뒤에 그로부터 들어서 알게 되었다. 그는 자기가 탄 배의 상공을 지나간 비행기는 CIA가 보낸 것이며 자기의 석방을 명령한 것도 CIA였다고 확신하고 있었다. 나는 김대통령에게 그건 CIA의 비행기가 아니라 그를 죽이지 말고 풀어주라는 서울의 명령을 전달하는 한국정부의 비행기였을 가능성이 가장 크다고 말했다.

하비브에게 내가 준 정보를 가지고 무슨 일을 했는지 직접 물어본 적은 한번도 없다. 나는 그가 차에 뛰어올라 대통령이 사는 청와대로 달려가서 자기가 알고 있는 정보를 가지고 박대통령과 정면으로 맞서서 김의 즉각적 석방을 요구했을 것이라고 잘못 판단했다.

하비브는 그보다는 훨씬 더 영리했다. 대사는 박이 성미가 급하고 자존심이 강하며, 그 납치에는 남한 권력의 제 2인자급 인물이자 박이 가장 가까이 두고 신뢰하는 이후락이 개입되어 있다는 사실을 알고 있었다. 그래서 이 문제에 대해 직접 대면해서 부딪히게 되면 자

첫 파열음만 낼 뿐 결과는 확실치 않을 수 있었다. 하비브는 현명하게도 박에게 긴급 메시지를 보내 자기는 김대중 납치에 대해 알고 있으며 김이 죽는다면 미국과 서울의 관계가 끝장날 우려가 있다고 말했다. 하비브 대사는 박에게 김을 살릴 수 있는 가능한 모든 수단을 동원하라고 압박했다.

이런 접근은 박에게 생각할 시간을 주고 대면해서 직접 당혹스러운 일을 당하는 걸 피하게 해줄 시간을 주었다. 그는 한국정부 내에서 제멋대로 독자적 행동을 하면서 엉뚱한 짓을 꾸미는 불한당 같은 부류들이 비열한 짓을 시도했기 때문에, 대통령인 자기가 신속하게 개입해서 그것을 저지했다는 스토리를 꾸며내게 했다. 이런 방식으로 '대통령의 체면을 살리는' 것은 아시아에서는 늘 최우선의 관심사이다.

하비브는 현명하게도 이 스토리를 끝까지 지켜나갔다. 워싱턴과 서울의 관계 개선을 위해서는 박대통령과의 우호적 관계가 필수적이라는 것을 알고 있었기 때문이다. 김대중 대통령은 2009년 사망하기 1년 전쯤 나에게 자기는 박대통령이 직접 KCIA에게 자기를 납치해 죽이라고 명령한 증거를 가지고 있다고 말했다. 오직 하비브의 영리하고 빠른 개입이 그를 살릴 수 있었던 것이다.

나와 긴밀한 연락관계를 가진 또다른 인물은 미국의 대통령 비밀경호실에 해당하는 조직인 대통령경호실(PPF, Presidential Protective Force)의 실장이었던 박종규였다. PPF 박은(앞으로 나는 그를 이렇게 부르겠다) 내가 상당히 좋아했던 사람이다. 그는 자기 주인을 보호하기 위해 절대적으로 헌신하는 일본의 사무라이를 떠올리게 하는 인물이었다. PPF 박이 KCIA의 이부장을 좋아하지 않는다는 사실을 나는 금방 확실히 눈치챌 수 있었다. 그는 이부장을 지나치게 야심적이며 매우 통제하기 어려운 인물이라고 평했다.

중앙정보부의 요원이 김대중을 납치했다는 사실이 알려지자, 한국의 대학 캠퍼스 여러 곳에서 항의시위와 소요가 발생했다. 그중 가장 눈에 띈 것은 남한의 '하버드'라고 불리는 국립서울대학교의 시위 사태였다. 한국의 공안기관, 주로 국립경찰이 이런 시위를 강력하게 탄압했다.

KCIA가 서울대 시위 진압에 개입했다는 것은 널리 알려진 사실이었다. 그들은 미국에서 교육받은 한국인 교수 한명(최종길 교수)을 자기가 근무하는 대학 캠퍼스의 폭동을 선동했다는 혐의로 체포했다. 그들은 그 교수를 공포의 대상이었던 KCIA 조사실로 끌고갔다. 거기서 그들은 그에게 고문을 가해 죽음에 이를 정도가 되도록 했거나, 아니면 그가 고통에서 벗어나기 위해 창문에서 뛰어내릴 정도가 되도록 만들었다. 그가 KCIA가 날조해낸 허위 혐의를 자백할 것을 계속 거부했기 때문이다.

그의 부인이 의사였다고 보도됐지만 부인마저 고문당한 남편의 시신을 보는 것이 한동안 금지됐다. 이런 사실들이 널리 알려졌고 나는 적절한 절차에 따라 그것들을 워싱턴에 보고했다. 그리고 곧 그 보고서에 덧붙여서 이런 야만적 행위에 대해 내가 KCIA 측에 공개적으로 항의하는 것을 허용해주도록 요청했다. 워싱턴의 내 상관은 10년 전에 죽었는데, 당시 내 요청을 거절했다. 그는 나에게 "한국인을 한국인으로부터 구하는 일은 중단하고" 사실만 보고하는 데 집중하라고 명령했다.

나는 그 구두명령을 며칠 동안 곱씹었다. 이는 나에게 중대한 도덕적 위기였기 때문이다. 그래서 내 경력 가운데 처음이자 유일하게 상부지시를 의도적으로 위반하였다. 나는 PPF 박을 찾아가서, 워싱턴의 승인이 나지 않은 사항이지만 내가 개인적으로 이야기를 하는 것이라고 말했다. 그러면서 나는 정치적 견해가 다르다는 이유로 자국민들을 고문하면서 북한의 위협에 대해서는 전혀 관심이 없는 그런 조직과 함께 일하는 것이 너무나 힘들다고 말했다. 박은 내 말을 매우 진지하게 경청했고 메모를 했지만 아무런 질문도 하지 않았다. 그리고 자기를 찾아와준 것에 고마워했다.

그리고 나서 열흘도 되지 않아 이후락 KCIA 부장의 해임 발표가 있었다. 그는 국외로 달아났지만, 해외에서도 추적 대상이 됐다. 그의 후임자인 신직수 전 법무장관이 바로 나를 만나고 싶다고 연락해왔다. 촬영기사, 딱딱한 격식의 직원들은 사라지고 없었다. 걱정이 많은 고위 관료 혼자만 집무실의 자리를 지키고 있었다.

신부장은 나에게 자기는 정부를 편들기 위해 정부에 맞서 법을 어기는 사람들을 반대할 것이지만 그와 마찬가지로 정부 편에서 법을 어기는 사람들도 반대할 것이라고 말했다. 그가 내린 첫 내부 지시는 고문 금지였다. KCIA의 사정은 크게 변했다. 그리고 그들과 함께 협력함으로써 나는 남은 임기 동안 효과적으로 일했다. 그러나 우리는 극도로 경색된 북한을 대상으로 전략적 목표를 수행하는 데는 유감스럽게도 별 진전이 없었다.

나는 지시를 위반하면서 벌인 내 행동에 대해 단 한마디도 CIA 본부에 보고하지 않았다. 내 상사는 정말 '엄격'한 사람이었고, 내가 자기 지시를 따르지 않았고 반대로 행동했다는 것을 알고 있음이 분명했다. 그러나 결과가 좋았기 때문에 소환해서 경위를 따지지 않기로 결정했을 것이다.

지난 10여년 동안 나는 CIA 간부들로 구성된 여러 그룹을 대상으로 강연을 해왔다. 그때마다 나는 그들에게 나의 불복종에 대해 말해주고, 그들도 만일 나와 같은 처지에 놓인다면 그렇게 해야 한다고 권고한다. 꼭 해야 할 일을 못하게 되면 CIA에 대한 신뢰, 나아가 자기 자신에 대한 신뢰까지 다 잃게 될 테니 말이다.

그런 그룹 강연이 끝난 후 당시 DCI(Director of Central Intelligence, 중앙정보국장)이었던 조지 테닛(George Tenet)으로부터 친절한 감사 편지를 받은 적이 있다. 나는 테닛의 편지가 그의 직책상 보내준 형식적인 제스처 이상의 것이라고 생각하고 싶지만, 꼭 그렇게 확신할 수는 없다. DCI가 특정한 규칙 위반 사례를 지지한다는 것은 그 입장을 감안할 때 위험한 짓이라고 할 수 있다. 거기에 따르는 위험이 너무 크기 때문이다.

2013년 4월에 있었던 일이 머리에 떠오른다. 그때 나는 이제 막 졸업을 하게 된 웨스트포인트 사관생도라는 특별한 집단을 앞에 놓고 강연을 했고, 나의 한국 이야기를 들려주었다. 강연이 끝나자 전사의 얼굴을 한 생도가 내게 다가와서 "나는 선생님이 하신 그런 일을 할 만한 배짱은 없습니다. 자신의 모든 걸 다 걸어야 하는 모험이거든요."라고 말했다.

나는 "그래, 나는 분명 위험한 도박을 한 거지. 하지만 내가 나 자신을 어떻게 생각하는가가 CIA의 지도부에서 나를 어떻게 생각하는가 하는 것보다 더 중요하다는 결론을 어렵게 내린 걸세." 하고 대답했다.

그 생도는 나를 무겁게 바라보았다. 우리는 악수를 했고, 그는 웃음을 띤 채 고개를 가로저으며 걸어 나갔다. 우리 두 사람 모두에게 매우 강렬한 한 순간이었다. 그가 잘 되기를 빈다.

# 15

# 박정희 대통령의 장기집권

내가 베트남에서 매우 긴밀하게 함께 일했던 짐 홀링스워스 중장이 서울과 DMZ(비무장지대) 사이에 위치한 한미연합사령부(joint ROK-U.S. Corps)를 지휘하고 있었다. 그 사령부는 당시에 세계에서 가장 큰 지상군 사령부의 하나였다. 홀링스워스는 베트남에서 한국군 2개 사단과 긴밀한 공동 작전을 펴면서 일했기 때문에, 서울 북쪽에 있는 연합사령부의 한국군 동료들에게도 잘 알려졌고 존경을 받았다.

내가 마지막으로 그를 본 이후로 세월이 흘렀지만 홀링스워스는 늙지도 않고 연륜에 맞게 온화해지지도 않았다. 그는 여전히 딱딱하고 질긴 면상을 가진 텍사스 총잡이의 전형이었다. 한국군 최고 사령관들과의 빈번한 회합에서도 홀링스워스는 북한으로부터 어떤 공격이 있더라도 신속하게 패퇴시킬 것이라고 욕지거리를 섞은 말로 자신감을 나타냈다.

그는 어느날 "우린 그 망할 자식들을 전선의 북쪽 끝에서 모조리 죽여버릴 겁니다!"라고 DMZ 바로 남쪽의 임진강 남쪽 제방에 앉아 있는 대규모의 열광적인 한국 군중들 앞에서 외쳤다.

그러나 나와의 사적인 대화에서 홀링스워스는 훨씬 자신감이 덜했고, 북한군의 침공을 서울 외곽에서 저지할 수 있을지에 대해서도 확신하지 못하였다. 북한군 중포병부대의 전력이 남한에 비해 훨씬 우세하고 한국군 포병대의 대항 사격 능력이 부족하기 때문이었는데, 그 문제점은 오늘날까지도 이어지고 있다.

북한군 침공의 공포는 여전히 남한에서 매우 강하게 작용하고 있었고, 1968년 1월 30명의 북한군 특공대가 청와대를 습격한 사건의 기억도 여전히 생생하게 남아 있었다. 서울에서는 일주일 내내 밤마다 심야 통행금지가 시행되었고, 한달에 한번 대대적인 방공훈련이 실시되었다. 한국의 골프장들은 평평한 페어웨이 위로 레이더를 피할 수 있는 북한군 AN-2기가 착륙할 수도 있다면서, 페어웨이 위에 구멍들을 뚫어놓았다가 저녁이 되면 비행기의 야간 침투를 막기 위해 그 구멍들 속에 긴 막대를 꽂았다.

내 근무기간 중에 한국군은 북한군이 DMZ 밑으로 힘들여 파놓은 여러개의 땅굴들을 찾아내어 막아버렸다. 나는 최근에 딸 앨리슨에게 서울에 있을 때 겪은 일 가운데 무엇이 가장 기억에 남는지 물어봤다. 그녀는 "하늘에 뜬 탐조등 불빛"이라고 회상했다. 그 탐조등은 청와대 근처에 있을지 모르는 공중침투를 우려하여 비춘 것이었다.

한국이 독일에 초소형 잠수함들과 그것의 '모함'(mother ship)을 주문한 것을 미 해군이 알아냈는데, 그 때문에 상당히 재미있는 사건이 벌어졌다. 한국 주둔 미 해군의 지휘를 맡고 있던 미국 제독과 나는 어떻게 하면 한국인들이 그 잠수함 보유 사실을 실토하게 만들 수 있을까를 의논했다. 잠수함은 미국이 그동안 한국이 소유할 수 없게 강력히 저지해왔던 무기였다.

미 해군은 그 소형 잠수함이 한국의 서해안 밖 해상에서 '시험훈련'에 나서는 날짜와 시간을 알고 있었다. 그래서 바로 그 순간에 맞춰, 제독이 한국 해군 측에 자기가 방금 발견된 적 잠수함을 공격하기 위해서 미군 제트기들을 긴급 이륙시킬 것이라고 통고했다. 그러자 한국인들은 그 잠수함이 자기들 것이라고 인정하지 않을 수 없게 됐다. '공격'은 취소됐고 그 잠수함은 즉각 한미합동 지휘체제 아래로 편입되었다. 우리가 아는 한, 이것으로 한국의 비밀 무기구매 작전은 끝이 났다.

1974년 8월 박대통령은 국립극장에서 일본의 한국 식민지지배가 끝난 기념일인 광복절 29주년 행사에서 연설을 하고 있었다. 갑자기 청중 속에 있던 북한 첩보원 한명이 벌떡 일어서더니 권총을 꺼내들고 그를 향해 발사했다. 대통령은 방탄장치가 된 연단 뒤의 안전한 공간으로 재빨리 움츠리며 몸을 숨겼다. 그러나 비극적인 것은 암살자가 쏜 총알 중 한발이 대통령의 부인 육영수를 명중해 치명상을 입힌 것이다. 암살 시도 순간을 찍은 유명한 사진도 남아 있는데, 그것을 보면 무대 위에 앉아 있던 사람들이 모두 머리를 구석으로 처박고 몸을 숨기고 있고, 오직 PPF 박만이 총을 꺼내들고 무대 앞으로 뛰어나가 암살범을 향해 총격을 가했다.

박종규의 사격은 목표를 빗나가면서 관중석 합창단에 있던 어린

1974년 8월 15일 비극의 현장. (연합뉴스 사진)

소녀의 목숨을 끊었다. 그 암살자는 제압됐고 부인은 극장 밖으로 실려나갔으며, 대통령은 중단되었던 연설을 끝냈다. 그의 부인은 그날 늦게 숨을 거두었다.

PPF 박은 그 비극에 대해 '책임을 져야' 했기 때문에 대통령 경호실장직을 사임했다. 재일한국인인 그 암살자는 일본 경찰에게서 훔친 권총을 몰래 한국으로 가지고 들어왔다. 그는 재판에 회부됐고 유죄판결을 받아 처형되었다.

한국에서 발생한 이 피비린내 나는 사건은 일본에 대한 엄청난 악감정을 불러일으켰다. 암살자가 일본에서 살았다는 것, 그리고 일본 경찰로부터 훔친 무기를 사용해서 한국 대통령의 부인을 죽였다는 사실은 서울에서 일본과 관련된 어떤 것에 대해서도 한국인들의 격렬한 적대감을 일으켰다. 격분한 한국인들은 일본 대사관을 포위하고 목청껏 욕설을 외치면서 자기들의 분노가 얼마나 깊은지 보여주기 위해 손가락 끝을 자르기까지 했다. (우리 딸 앨리슨은 그것을 "길

건너에서 손가락을 자르며 일본에 대해 집단적 히스테리의 항의 시위를 벌인 일"로 기억하고 있다.)

당시에는 필립 하비브 대사의 임기가 끝나서 리처드 에릭슨(Richard Ericson)이 대사 직무대행을 맡고 있었다. 에릭슨은 놀랄 만한 솜씨로 사태를 진정시켰다. 그는 미국의 우방국인 한국과 일본을 향해 그 암살은 다른 누구도 아닌 북한이 저지른 사건이며 한일간에 마찰이 생기는 건 평양의 손아귀에서 놀아나는 결과가 된다는 것을 상기시켰다.

애처가였던 박대통령은 부인의 죽음 이후에는 반은둔 상태에 들어갔다. 1974년 11월 제럴드 포드(Gerald Ford) 대통령의 서울 방문은 소련과의 회담을 위해 블라지보스또끄로 가는 도중에 들른 것이었지만, 박에게 그와 워싱턴의 관계가 많이 호전된 느낌을 갖도록 만들었다. 포드는 미국이 아시아에 지속적인 관심을 갖고 있으며 한국을 귀중한 우방국으로 여기고 있다는 점을 강조했다.

포드의 방문이 있은 지 얼마 안 돼서 나는 박대통령의 골프 초대를 받고 무척 놀랐다. 박대통령과 리처드 스나이더(Richard Sneider) 대사, 미군 사령관 리처드 스틸웰(Richard Stilwell) 장군이 참석하는 자리였다. 서울에서 지낸 18개월 동안에 나는 박대통령과의 회의에는 여러번 참석했지만 사교적 접촉은 처음이었다.

박대통령은 내가 이후락 중앙정보부장에 대해 반대하는 말을 PPF 박에게 발설한 사실을 알고 있고, 김대중을 납치한 사람이 누구인지 하비브 대사에게 알려준 이가 나라는 것도 알고 있었을 것이다. 그는 또한 내가 PPF 박에게 박대통령은 자기가 꼭 알아야 할 언짢은 일들을 말해줄 '나쁜 소식 전담 장관'이 필요하다고 말한 것도 다 알고 있었다.

그래서 나는 박이 나를 어떤 식으로 대할지 몹시 궁금했다. 그는 특별히 잘 치는 골퍼는 아니었기 때문에 골프 게임을 시작한 지 얼마 안 돼서 우리 둘의 공이 모두 러프에 빠지게 되었다. 그때 나는 그에게 일본어로 말을 걸었다.

그는 내 말에 "당신, 일본어 잘하는군. 어디서 배웠는데 그렇게 일본말을 잘하게 됐소?"라는 일반적인 반응을 보였다.

그래서 나는 "토오꾜오에서 10년이나 지내다보니 뭔가 배우게 되었습니다."라고 대답했다.

우리는 우호적인 대화를 계속하면서 서로를 재보고 있었다. 박은 상당히 뛰어난 유머감각의 소유자여서, 나에게 "일을 조금만 덜 열심히 한다면 골프를 더 잘 칠 수 있을 거요." 하고 말했다.

게임이 끝나고 나서 저녁식사 시간에 나는 다른 고위층 한국인 골프파티 참가자들이 자기네 대통령에게 말을 거는 것조차 매우 꺼리는 것을 보고 꽤 충격을 받았다. 국방부장관과 육군참모총장은 거의 웨스트포인트의 신입 생도처럼 자기 자리에 경직된 자세로 앉아 있었다. 긴 침묵이 흐른 끝에 나는 대통령에게 근대 터키 건국의 아버지, 케말 아타튀르크(Kemal Ataturk)와 자신을 비교해본 적이 없는지 물었다.

그는 무거운 시선을 나에게로 던지고는 마치 독사가 쥐를 보듯이 한참 동안 노려보았다. 잠시 후에 그는 "나는 케말 파샤에 대해 잘 모르지만, 나도 한국을 위해서 그가 자기 조국 터키를 위해 했던 것처럼 조국을 경제적으로 부유하고 군사적으로 강한 나라로 만드는 일을 하고 싶다"고 대답했다. 박은 자기가 영원히 대통령직에 있을 생각은 없으며, 만일 1971년에 새 임기의 대통령으로 재선출되지만 않았더라면 자기 부인은 아직 살아 있을 것이라고 덧붙였다.

스나이더와 스틸웰 그리고 나까지 세 사람은 모두 박이 한 말을 그가 차기 대통령 선거에는 나가지 않을 것이라는 의미로 해석했다. 그러나 우리는 모두 잘못 짚었다. 5년 뒤에 신직수의 후임 중앙정보부장이 박을 암살하게 되는 그날까지, 그는 한국의 최고 권좌에 무려 18년 동안이나 앉아 있었다.

내가 서울에서 보낸 다사다난한 2년의 세월은 빨리도 지나갔다. 박동선은 하비브 대사가 예측했던 대로 "내 호주머니 속에 들어오기 위해" 완전히 조작된 가짜 사교모임 초청장을 보내 나를 참가하도록 유혹하는 등 애를 많이 썼다. 나는 그 모임을 깨뜨려버렸다. 하비브 대사는 그 얘기를 듣고 내가 일찍이 그에게 보고했던 그 어떤 얘기보다도 더욱 만족스러워했다.

내 임기가 끝나기 직전 하원 외교위원회의 아시아태평양 소위원회 의장인 레스터 울프(Lester Wolff) 하원의원이 다른 의원 한 사람을 대동하고 서울에 왔다. 그는 나에게 자기와 동료의원이 KCIA의 신부장을 방문할 때 함께 가달라고 요청했다.

신은 울프를 맞이하면서 이런 말을 했다. "나는 가끔씩 그레그씨와 만나는 것이 두려울 때도 있습니다. 내가 꼭 들어야 하지만 듣고 싶지 않은 말을 자주 해주니까요. 사실은 그런 점에 대해 감사하고 있습니다." 2~3일 뒤에 신은 나를 자기 집무실로 불러, 나에게 환상적으로 아름다운 분홍빛 장식품을 선물하며 내가 우리 양국의 정보조직 사이의 관계 개선을 위해 노력해준 것에 감사를 표했다.

우리 가족은 나의 서울 임기를 즐겁게 보냈다. 그리고 우리가 언젠가 다시 돌아올 수나 있을지 알 수 없는 상태로 한국을 떠났다.

# 파이크위원회와 카터의 백악관

1975년 초가을 나는 서울에서 워싱턴으로 돌아왔다. 그리고 내가 고(故) 시모어 볼튼(Seymour Bolten)이 책임자로 있는 CIA의 심의실 (Review Staff)에 배속된 것을 알고 놀랐다. CIA는 자기 조직의 활동에 대한 의회의 조사에 대비하기 위해 심의실을 두었다. 의회로부터 받는 조사는 상원의 처치위원회(Church Committee)와 하원의 파이크위원회(Pike Committee) 두곳에서 실시하는데, 내 업무는 파이크위원회의 조사에 대비하는 것이었다. 나는 어떤 CIA 간부가 그 업무에 배속된 지 3개월도 안 돼서 그 일에 정나미가 떨어져서 사직한 자리에 들어간 것인데, 곧 그 이유를 알 수 있었다.

내가 언젠가 CIA의 역사기록자 제럴드 K. 헤인즈(Gerald K. Haines) 에게 말한 것처럼, 파이크위원회를 상대하면서 지낸 그 몇달 동안은 베트남 근무는 피크닉였다 싶을 정도로 고통스러웠다. 의회 소속 위원회가 제기하는 문제들에 대해서 격론을 벌이는 일을 하느니 차라리 베트콩과 싸우는 편이 훨씬 더 나을 듯했다.

『정보 연구』(*Studies in Intelligence*)라는 잡지에 게재한 1979년의 기사에서 헤인즈는 다음과 같이 기술했다. "파이크위원회의 조사보고서는 뉴욕의 민주당 하원의원 오티스 파이크(Otis Pike)가 주도했고, 처치위원회의 조사보고서는 역시 민주당의 아이다호의 프랭크 처치(Frank Church) 상원의원이 이끌었다. 처치위원회가 CIA의 불법적 활동이라는 좀더 선정적인 대상을 고발하는 데 주력하는 동안, 파이크위원회는 CIA 활동의 효율성과 납세자들이 부담하게 되는 비용에 대해서 검토하기 시작했다. 불행하게도 파이크 하원의원과 파이크위원회, 그 위원회의 위원들은 CIA나 포드 행정부와의 업무관계를 협조적으로 발전시키는 데에는 완전히 실패했다."

그건 정말 맞는 말이다. 헤인즈는 다음과 같이 계속했다. "그 위원회는 기밀문서와 정보에 대한 접근과정에서 발생하는 문제점과 자료의 비밀해제를 둘러싸고 CIA나 백악관과 바로 사이가 틀어졌다. CIA와 파이크위원회의 관계는 대립적으로 변했다. CIA 간부들은 그 위원회와 위원회의 조사활동을 몹시 싫어하게 되었다."

파이크위원회의 어떤 젊은 직원과 나의 첫 만남은 앞으로 다가올 수개월의 시련을 시작하는 기조를 마련해주었다. 할머니 안경 같은 둥근 안경테 너머로 나를 노려보면서, 에밀리라는 젊은 여자는 나에게 "CIA가 외국인에게 준 2백 달러 이상의 모든 선물 기록을 내놓으라"고 단호하게 말했다.

그것은 말도 안 되는 터무니없는 요구여서 좀 우습기도 했지만 속이 뒤집히는 일이었다. 나는 그녀에게 정보국(CIA)은 사람에 대한 기록은 갖고 있지만 선물 파일은 갖고 있지 않다고 말했다. 그리고 그녀의 요구에 답하려면 정보국이 모든 CIA의 파일을 샅샅이 조사해야 할 터이지만 오래된 기록들은 대부분 워싱턴을 벗어난 지역에 이관되어 있다고 설명했다. 그러니 그녀의 요구를 위해서는 연인원 수백명의 인력이 1년간 해야 할 작업량이 필요하고 엄청난 시간낭비가 될 거라고 말했다.

거기에 대한 그녀의 대답은 간단명료했다. "헛소리!"

정보국의 작전 간부들이 의미없는 일에 무한정 묶여 있지 않게 하면서 현실적인 모양새를 갖추어 에밀리의 요구를 충족시킬 수 있는 방법에 대한 기나긴 논쟁이 이어졌다.

나중에 알게 된 바로는, 에밀리와 많은 동료 직원들은 1975년 로버트 레드포드가 출연한 영화 〈콘돌〉(Three Days of Condor)의 영향을 받았는데, 그 영화는 CIA가 거의 전지전능하다고 할 수 있을 정도의 능력을 발휘하는 초대형 컴퓨터로부터 얻은 정보를 기초로 엄청나게 가혹한 작전을 지휘하는 내용이었다. 아마도 에밀리가 상상한 것은 내가 그런 컴퓨터에게 가서 '선물' '2백 달러' '외국인들'이라 씌어진 버튼을 눌러 그녀의 질문에 대답을 해주는 장면이었는지 모르겠다.

역사기록자 헤인즈는 심의실 멤버로 있던 어떤 요원이 파이크위원회의 직원들에 대해서 "매우 젊고 무책임하며 순진하고 현실을 모르는 아이들"이라고 묘사한 말을 인용하고 있다. 이 묘사는 많은 파이크 직원들에게 해당되는 말이지만, 파이크 소속의 모든 직원이 그런 것은 아니었다. 그중 여러명은 시간이 지나자 CIA 활동을 높이 평가하게 되었고 실제로 파이크위원회 직원 세명은 위원회의 조사업무가 끝난 뒤에 CIA에 들어오고 싶어 했다. (모두 입사하지는 못했다.)

CIA의 심의실에서 내가 다른 사람들과 함께 한 업무는 비현실적이 거나 때로는 괴상망측하기까지 한 정보 제출 요구와 싸워 물리치는 일이었다. 우리는 위원회가 그런 요구를 하지 못하게 막을 수는 없었 다. 특히 특정 의원의 이해관계가 걸린 지시에서 비롯된 요구일 때는 더욱 그러했다. 그렇지만 우리는 위원회의 파이크 의장이 자기 위원 회가 정보문서의 비밀해제에 관한 단독의 권한을 갖고 있다고 주장 하는 것에 대해서는 크게 우려하지 않을 수 없었다.

그런 긴장관계와 개입된 사람들의 인간 됨됨이를 감안할 때 파이 크위원회와 상대하는 것은 내가 일찍이 CIA에서 해온 업무 가운데 가장 힘들고 불쾌한 일이었다. 생판 낯선 사람들이 자기들이 완전히 납득할 만한 포괄적 답변을 기대하면서 무뚝뚝하게 정보국의 최고 내부 기밀사항들을 내놓으라고 요구하는 일을 겪는 것은 정신적 외 상을 입을 만큼 충격적이었고, CIA 담당관으로서 내 자신의 가장 깊 숙한 본능을 거스르는 일이었다.

파이크위원회는 우리 정보국과 몇달에 걸쳐 실랑이를 한 뒤 보고 서를 만들었지만 너무나 편향되고 부정확했기 때문에 하원은 결국 그 보고서의 공개를 2대 1로 부결시켰다. 그 때문에 파이크 의장은 자기 위원회가 한 일을 "헛고생을 한 것"이라고 평가했다. 파이크 보 고서는 즉각 『빌리지 보이스』(Village Voice, 미국 대도시의 주간 생활정보 지)에 그 내용이 유출되었다. 그리고 나중에 영국에서는 책으로 출판 됐는데, 그 책의 서문은 변절한 전 CIA 간부요원 필립 에이지(Philip

Agee)가 썼다.

에이지가 해외에서 근무하는 수백명의 비밀 CIA 담당관들의 명단을 조직적으로 폭로하는 사건이 일어나자 1982년 정보원 신분보호법(Intelligence Identities Protections Act)이 통과되었다. 그 법에 따라 딕 체니(Dick Cheney)의 수석참모였던 루이스 '스쿠터' 리비(Lewis 'Scooter' Libby)는 신분을 철저히 감추고 활동하던 CIA 요원에 관해 공개증언을 한 것과 관련하여 2007년 위증죄로 유죄 판결을 받았다.

1979년 초 나는 파이크위원회와 함께한 경험을 진지하고 오래 생각해본 뒤에 『정보 연구』 잡지에 「의회와 정보부서 — 어울리지 않는 한쌍?」(Congress and Directorate of Operations — An Odd Couple?)이라는 제목으로 기밀이 아닌 일반 원고를 기고했다. 나는 1976년부터 1979년 사이에 내가 겪은 일들이 고통스럽고 힘든 임무이기는 해도 의회와 정보부서 사이의 안정된 관계를 만들 희망을 느끼게 해주었다고 생각했다. 나는 그런 관계가 가능하기만 하면 정보부서는 의회의 이해와 지원을 얻어서 중요한 정보기능을 더 잘 수행할 수 있게 될 것으로 여겼던 것이다.

정보부서와 의회 사이의 심한 '문화적' 차이는 긴밀한 감독관계의 발전을 가로막곤 했다. 정보업무에 종사하는 사람들은 전달하는 정보의 내용의 정확성, 그리고 '가장 최초로, 제대로 알아내는 것'에 최고의 프리미엄을 둔다. 만일 현장에 있는 정보담당관이 알면서도 같은 정보를 두번 보고하면 질책 사유가 된다는 것을 알고 있다.

그런 규율 때문에 정보부서 근무자는 어떤 정보를 한번 언급하거나 특히 의회의 위원회 증언에서 말했다면, 그후부터 그 정보는 일단 한번 다룬 것이기 때문에 두번 다시 언급할 필요가 없다는 잘못된 인식을 갖게 된다. 정보부서가 나중에 서서히 깨닫게 되는 것은 자기들의 활동을 감시하는 위원회 위원들이 위원회의 주의를 끌기 위해 경쟁하는 너무 많은 정보와 인원에게 포위되어 있다는 것, 또한 자기들이 출석하는 청문회에 대비해서 충분히 준비하지 못하거나, 자기들이 심의 중인 정보가 최우선순위의 정보라고 믿고 있을 수도 있다는 것 등이다.

또 한가지 문제는 의회에서 하는 CIA의 증언이 우리가 어떤 희생을 치르더라도 반드시 그 비밀을 지켜내야 할 '정보의 소스와 그 취득 방법'에 관한 비밀이 포함돼 있는 고도의 민감한 문제를 건드리게 된다는 점이다. CIA는 이 문제들을 되도록 적은 수의 사람들에게만 알리려고 세심히 노력한다. 그러나 말이 새어나가고, 위원회의 다른 구성원들이 시끌벅적하게 그 정보를 요구하는 과정이 계속 되풀이된다.

정보국은 의회의 정보부서 감시위원회 위원 자리가 대단히 바람직한 일을 하는 자리도 아니고 인기있는 자리도 아니라는 걸 잘 알고 있다. 정기적으로 파내서 만천하에 전시하는 정보국의 과거사의 해골을 가지고 의원이 정치적 이득을 얻거나, 감시위원회에 근무했다는 걸로 언론의 관심을 끌 수 있는 일도 거의 없다. 의회의 감시위원회 위원들도 정보국이 항상 그랬던 것과 거의 마찬가지로 사후 비판에 취약하게 된다.

만일 의회가 지금처럼 자기들이 CIA의 활동을 꼼꼼하게 감시해야 한다고 주장한다면, 의회는 미래의 '정보 실패'(intelligence failure)에 대한 비난과 부담도 정보국과 나눠가져야 한다. 역으로, 의회가 모르는 어떤 시도가 성공해서 잘 진행되고 있다면 의회는 그 일에 대해 아무 말도 해서는 안된다. 그런데 이 규칙은 선출직 고위 인사들의 본능에 역행하는 것이다. 선출직 인사들은 자기들의 선거구민들, 특히 자기 성가를 올려주는 사람들에게 자기들이 하는 일에 관한 소식을 계속 알려주고 싶어 하는 본능적 성향을 갖고 있다.

이 모든 문제에도 불구하고, 나는 만일 정보부서가 집단적으로 의회의 '알 필요가 있는 것'을 인정하고, 또 자기들이 할 수 있는 모든 전문가적인 능력을 발휘하여 어려운 일을 수행해간다면, 의회의 감시는 모든 관련자들에게 궁극적으로는 이득으로 작용할 수 있고 그런 효과를 낼 것이라고 믿는다.

빌 콜비는 1975년 말에 처치와 파이크, 두 위원회의 조사가 모두 진행되고 있던 바로 그 어려운 기간에 DCI(중앙정보국장)이었다. 콜비는 의회의 감시는 정보국에서 더 높은 수준의 협력과 투명성을 보여줄 때에만 효과가 있을 것이라고 믿었다. 그 이전의 리처드 헬름스 국장은 이런 견해에 반대했다. 그는 의회가 비밀을 지킬 수 없을 것이라고 믿었고, 그 때문에 더 많은 정보를 달라는 의회의 끝없는 요구와 정보 누출의 위험성 때문에 CIA의 은밀한 비밀작전 수행능력이 저하될 위기를 맞을 것이라고 생각했다.

나는 그 두 사람을 다 존경했고 각자의 우려가 모두 근거가 있다고 생각했다. 1975년 말 정보국의 사기는 최저 수준이었다. 처치 상원의원이 정보국을 묘사하면서 자주 사용한 "건달 코끼리"(무리를 떠나 떠돌아다니는 성질이 못된 코끼리라는 뜻)이라는 표현은 정보국 요원들에게 심한 분노를 느끼게 했다. 게다가 1972년 아테네에서 있었던 CIA 지국장 리처드 웰치의 암살사건은 당시의 침울한 상황을 더욱 악화시켰다. 변절한 요원 필립 에이지가 웰치의 이름을 거명하면서 CIA 요원이라고 폭로한 뒤 벌어진 암살사건이었기 때문이다.

2011년 9월 말 빌 콜비의 생애를 그린 기록영화가 개봉됐다. 콜비의 아들 칼이 만든 영화의 제목은 〈아무도 몰랐던 그 남자〉(The Man Nobody Knew)였다. 그것은 어떤 일에도 흔들리지 않는 콜비의 능력을 놀랄 만큼 잘 포착했다. 나는 그의 밑에서 2년 동안 일했지만 그가 화내는 모습을 한번도 본적이 없다. 단 한번, 베트남 시국에 대한 극단적인 항의 시위로 어떤 불교 승려가 분신하는 장면을 함께 텔레비전으로 보면서 속상해하는 것을 봤을 뿐이다.

함께 보낸 동안 대부분 빌 콜비는 속을 헤아리기가 어려웠다. 당면한 순간에 해야 할 임무를 제외하고는 그가 무슨 생각을 하고 있는지 알 수 없었다. 정보국에서의 그의 별명인 "전투병 신부"는 딱 어울리는 것이었다.

또한 그 영화는 어떤 CIA 국장에게도 현실적으로 불가능한 책무, 즉 CIA의 중요한 비밀을 보호하는 동시에 의회의 끊임없는 해명 요구를 처리해야 하는 임무를 내가 본 어떤 영화보다도 더 잘 그려냈다. CIA 국장들은 누구나 이 문제를 그것과 관련된 문제나 그때의 지배적인 정치적 분위기, 그리고 자기만의 직관에 따라서 각각 다르게 처리한다. 나는 콜비가 그 일을 잘 처리해나갔다고 생각하지만, 동시대 사람들 중에는 헨리 키신저(Henry Kissinger)처럼 그가 의회에 너무 많은 것을 넘겨줬다고 생각하는 이들도 있다.

(1970년대 중반, 키신저는 권력의 절정에 있었고 워싱턴에 강력한 영향을 미쳤다. 그는 당시에 '헐리우드 스테이지'에 빠져 있어서, 여러명의 섹시한 여배우들과 사귀었다. 멕은 "누가 얘기했는지, '정치권력은 가장 위대한 최음제'라는 건 정말 꼭 맞는 표현예요."라고 했다.)

1970년대 초반과 중반은 CIA의 역사에서 격동의 시기였다. 1973년 2월 2일 닉슨 대통령은 리처드 헬름스 중앙정보국장을 해임했다. 헬름스가 CIA에게 빠르게 확대되고 있는 워터게이트(Watergate) 스캔들에 개입하지 말라고 명령한데다가, 결국 닉슨의 사임을 불러온 그 사건의 수사를 어떻게든 저지하라는 닉슨의 지시를 거절했기 때문이다.

닉슨은 DCI 자리에 있던 헬름스를 제임스 슐레진저(James Schlesinger)로 대체했다. 그는 곧바로 정보국에 대해 경솔하기 짝이 없는 정보국 재조직 작업을 명령하고 가장 유능한 요원들 중 일부를 즉결로 해고했다. 슐레진저에 대한 정보국의 반대가 극심해지자, 1973년 7월 닉슨은 그를 국방장관으로 임명했다.

1973년 9월 CIA 고참 경력자인 빌 콜비가 다시 DCI에 임명되었다. 1974년 8월 닉슨은 대통령직을 사임했다.

1974년 12월 『뉴욕타임스』의 시모어 허시(Seymour Hersh) 기자는 민감하고 논란의 여지가 많은 CIA의 공작활동에 관한 기사를 신문에 게재했다. 그 활동은 슐레진저 국장이 편찬한 이른바 「패밀리 주얼」(family jewels) 보고서 속에 들어 있었다. 그 보고서의 반향으로 상, 하 양원의 처치와 파이크 두 위원회가 함께 CIA에 대한 대대적인 조사에 나서게 된 것이다.

1975년 말, 포드 대통령은 의회의 조사활동과 아무 관련도 없는 새로운 국장이 등장하면 정보국의 사기를 회복하는 데 도움이 될 것이라고 생각하고 빌 콜비에게 물러날 것을 요구했다. 의회의 조사가 여전히 진행되고 있던 1976년 1월, 포드는 빌 콜비를 해임하고 조지 H. W. 부시를 새 국장으로 지명했다. 부시는 1년이 채 안 되는 기간 동안 국장으로 근무했지만 그 일을 좋아했고 정보국의 프로정신을 존중했기 때문에 CIA를 임전 태세로 되돌려놓는 데 크게 기여했다.

나는 콜비를 존경하였으므로 그가 떠나는 것이 유감스러웠다. 이전에 한번밖에 만난 적이 없었던 나는 그때는 부시에 대해 별 특별한 느낌이 없었다. 1976년 부시의 짧은 국장 재임기간 동안 나는 한번도 그를 직접 만난 적이 없다. 그때 나는 랭글리의 본부에서 벗어나 활동을 하고 있었기 때문이다. 그러나 당시 포드의 그런 결정은 잘한 일이었다고 생각한다. 랭글리에 있는 CIA 본부 건물 이름이 현재 조지 H. W. 부시 빌딩으로 명명된 사실도 포드의 결정이 옳았다는 것을 증명한다. 나는 그때 부시의 정보국에 대한 긍정적 영향력을 이내 감지했다.

1976년 11월 대통령선거에서 포드가 지미 카터에게 패배한 뒤 부시는 대통령 당선자에게 자기의 국장 자리를 최소한 한두달 동안이라도 유지하게 해서 CIA 국장 자리가 정권과 직결된 자리가 아니라는 것을 보여주게 해달라고 요청했다. 그러나 카터 대통령은 과거의 모든 통치 패턴과의 단절을 염원하였기 때문에 사상 처음으로 CIA 국장이 대통령과 동시에 취임하는 일이 벌어졌다. 새 대통령이 국장으로 택한 스탠스필드 터너(Stansfield Turner) 제독은 로즈 장학생

(Rhodes Scholar, 미국·독일·영연방 공화국 유학생들에게 주어지는 영국 옥스퍼드 대학의 로즈 장학금을 받는 학생. 이 장학금은 1902년 세실 로즈Cecil Rhodes에 의해 시작되었다) 출신으로 카터 대통령과 아나폴리스 해군사관학교 동기였다. 그는 대규모의 해군 장교단을 거느리고 들어왔고, 모든 형태의 기술적 정보활동의 효율성에 대한 믿음과 그가 말하는 "전통적 스파이"이란 것에 대한 불신을 정보국 안에 끌어들였다. 터너는 더 나아가 그의 전임자 제임스 슐레진저 국장이 했던 그대로 가장 우수한 CIA 공작요원들 중에서 많은 사람들을 해고했다.

나는 터너 제독이 DCI 직책에 순조롭게 적용할 수 있게 조직된 소규모 그룹의 팀장이었다. 내 임무는 제대로 풀리지 않았다. 터너의 참모진들은 정보국 요원들에 대해 경멸감과 적대감이 혼합된 감정을 드러냈다. 터너의 참모로서 나는 그에게 비밀요원들이 터너의 사무실로부터 가해지는 '아군의 포격'(friendly fire)으로 인해 많은 사상자가 나는 것으로 느낀다는 메모를 써보냈다.

터너는 나의 메모를 무시했지만 분명하게 나를 기억해두었다. 1977년 8월, 그는 향후 2년에 걸쳐 8백명 이상의 공작요원들이 은퇴하게 될 것이며 약 1백 50명은 바로 떠나야 할 것이라고 발표했다. 공작부서에서 가장 경험이 풍부한 사람들 가운데 많은 수가 해고당했다.

나는 그 불행한 집단에 끼이지는 않았다. 그러나 터너는 2~3개의 고위직에 나를 지명하는 것을 거부했다. 나로서는 전혀 매력을 못 느끼는 일련의 보좌역 자리를 맡았다. 그래서 나는 그뒤 2년을 전혀 보람을 느끼지 못하는 일을 하면서 보냈다. 스탠스필드 터너에 대한 나의 최종적 평가는, 그가 조타수에게 방향을 지시하면서 잠수함을 조종할 수 있을 만큼 총명하긴 하지만 부하들을 격려해서 그를 따라 참호에서 뛰어나가 '돌격 앞으로!'를 하게 할 만한 능력은 전혀 없는 위인이라는 것이다.

1979년 6월 운명이 개입해서 내 편을 들어주었다. 그것은 마치 1951년 10월 워싱턴 D. C.의 합승택시 안에서 우연히 멕을 만나는 행운이 찾아온 것과 비슷했다. 백악관의 국가안보회의(NSC, National Security Council)에서 파견 근무를 하고 있던 한 CIA의 고위직 요원이 갑자기 사직하였다. 아마 카터 대통령의 외교정책이나 그가 CIA를 대하는 자세를 좋아하지 않아서였던 것 같다. 그것 때문에 백악관에는 즉각 채워야 할 자리가 하나 생겼다.

여러해가 지난 뒤에 나는 CIA의 중동 문제 전문가로 NSC 참모로 백악관에 파견되어 있었던 고(故) 폴 헨제(Paul Henze)가 내 이름을 국가안보보좌관 즈비그뉴 브레진스키(Zbigniew Brzezinski)에게 제시한 것을 알게 됐다. 나는 헨제를 잘 알지 못했지만 그의 사무실은 내 사무실에 바로 붙어 있었다. 그리고 내가 일단 백악관 참모로 일하면서부터는 우리는 서로 마음이 맞아 잘 지냈다. 나는 왜 헨제가 나를 추천했는지 아직까지 알지 못하지만, 그에게 무한히 감사하고 있다.

브레진스키는 나와 인터뷰를 하고 난 뒤에 바로 자리를 제의했고 나는 그 자리를 기쁘게 받아들였다. 그는 나를 데리고 카터 대통령을 만나러 갔는데, 대통령은 나를 매우 차갑게 대했다. 그는 CIA를 필요악 비슷한 것으로 여기는 것 같았다. 브레진스키와 나는 서로 잘 지냈고, 나는 지금까지도 그를 존경하고 있다. 우리는 거의 비슷한 나이지만, 나는 그가 국제외교정책 분야의 모든 어려운 문제의 도전들에 대해서 제대로 파악해두고 있는 데에 존경심을 느낀다. 그는 대중 앞에서 연설할 때마다 참으로 중요하고 일리가 있는 이야기만 하는 사람이다.

그렇게 해서 나는 차를 몰고 랭글리로 출근하는 것을 그만두고 백악관행 통근버스를 타게 됐다. 백악관에서 나는 NSC에서 중요 문제로 떠오르는 정보문제와 극동정책을 담당하게 되었다. 나는 행정부 청사(EOB, Executive Office Building)에 있는 남향의 근사한 사무실을 갖게 되었고 그곳을 차지하게 된 것이 정말 기뻤다.

카터 대통령의 조지아주 시절부터 참모였던 사람들 중 그때까지 남아 있던 일부 사람들에게는 지역주의 같은 것이 있었다. 그들은 자기들의 세계관이 워싱턴에서 초월적 힘이 될 수 있을 거라고 믿고 있는 것 같았다. 그러나 나는 그런 것보다는 지미와 로절린 카터 부부의 따뜻한 환대를 먼저 생각하려고 한다. 1979년 지미 카터는 멕과 나를 우리에게는 처음인 백악관 행사에 초청했는데, 그건 영화관람이었다. 영화 상영 중간에 영사기에 거는 필름의 릴을 교환하는 동안, 주최측은 우리 직원 부부들과 국방장관이던 로버트 게이츠 부부 등 모든 사람들을 앞으로 불러내 얼음이 채워진 커다란 펀치볼 주위에 둘러서게 했다. 그 펀치볼의 얼음 속에는 뚜껑을 딴 코카콜라 병들이 빽빽하게 세워져 있었다. 우리는 병째로 콜라를 마시고 나서 자리로 돌아왔다. 카터 대통령 부부도 거기 함께 참여했고 대단히 친근하게 행동했다. 우리는 거기서 '대평원(plains) 스타일'로 대접을 받은 셈이었다.

1979년 가을 NSC의 참모로 몇달 근무했을 때, 브레진스키가 우리 부부를 워싱턴 교외 자기 집에서 열리는 테니스 파티에 초대했다. 즈비그는 멕과 나, 자기와 NSC에 근무하는 어떤 젊은이로 조를 나눠 복식게임을 한두 세트 하자고 제의했다. 얼마 가지 않아서 멕과 내가 너무나 쉽게 이길 거라는 게 뻔해 보였다.

첫 세트 중간에 코트를 바꾸게 됐을 때, 멕이 나에게 작은 목소리로 "좀 슬슬 해주는 게 어때요?" 하면서 몇판 져주는 게 좋겠다고 했다.

나는 그 생각에 반대했다. 즈비그가 우리가 그러는 걸 눈치채면 모욕을 느낄 거라고 여겼기 때문이다. 그래서 우리는 오히려 빨리 이기는 쪽으로 승부를 내버렸다. 즈비그는 우리 플레이가 훌륭했다고 칭찬했지만, 우리는 브레진스키 저택에서 열리는 파티에 두번 다시 초대받지 못했다.

약 9개월 뒤인 1980년 7월 일본의 오오히라 수상이 사망했을 때 즈비그 브레진스키는 토오꾜오의 장례식에 참석하는 미국인 고위층 대표단의 한 사람으로 일본에 파견되었고, 나도 역시 대표단에 포함되었다. 기나긴 비행 중에 즈비그는 내 자리로 와서 체스를 하느냐고 물었다. 나는 할 줄 알기는 하지만 안 한 지가 몇년이나 된다고 말했다. 그는 나에게 한판 하자고 했다.

우리는 두 게임을 했다. 첫 판에서 나는 내 능력을 훨씬 뛰어넘는 실력을 발휘해서 즈비그를 패배 직전까지 몰고 갔지만, 마침내 정말 나쁜 악수(惡手)를 두는 바람에 그 전에 잘 둔 판을 다 무효화하고 말았다. 즈비그는 재빨리 그 기회를 최대한 이용해서 이겼다. 우리가 체스 판의 말을 다시 놓는 중에 즈비그는 "자네가 그 나이트 말을 바보같이 움직이기 전까지는 확실히 이기고 있었어." 하고 정확하게 집어 말했다. 즈비그는 두번째 판도 쉽사리 이겼다. 그리고 내가 좌석으로 돌아가려고 할 때, 그는 대단히 유쾌하게 "이걸로 그 테니스 시합은 설욕한 셈이지?"라고 말했다.

멕이 나에게 자주 상기시켜주는 이 일들을 책에 집어넣는 이유는 이것들이야말로 즈비그 브레진스키가 어떤 사람인지를 잘 보여주기 때문이다. 그는 지성적이고 단호하며 남에게 지기 싫어하고 무엇이든 쉽게 잊어버리지 않는 사람이었다. 그는 자리에서 물러날 때 자기 서명이 든 사진에다가 내가 테니스 코트에서 실력을 발휘한 것만큼 업무수행에서도 훌륭했다는 글을 써서 보내주었다. 백악관에서 일한 10년 동안 나는 7명의 안보담당 보좌관들이 어려운 역할을 수행하는 모습을 지켜보았다. 즈비그는 다른 누구보다도 훨씬 더 뛰어난, 최고의 인물이었다.

1979년 말 국무부는 고(故) 리처드 홀브룩(Richard Holbrooke)을 아시아 태평양 담당 차관보에 지명했다. 지명되고 난 직후인 1980년 2월 홀브룩은 아시아의 5~6개 국가에 대한 순방을 시작했다. 홀브룩 차관보의 담당 지역을 맡고 있는 국가안보회의 참모인 내가 그 여행에 동행하는 것은 당연했다.

홀브룩과 나는 배경도 전혀 달랐고, 그동안 한번도 만난 적이 없었다. 그는 내가 자기를 수행할 필요는 전혀 없다고 선언했다. 브레진스키는 이를 묵살하고 홀브룩에게 단호한 어조로 나와 동행해야 한다고 말했다.

그렇게 해서 나는 비행기가 앤드루스 공군기지를 이륙하고 난 뒤에 기내에서 홀브룩을 처음 만났다. 그는 나를 완벽하게 정중한 태도로 대했지만, 그렇다고 비행기 앞쪽의 자기 옆자리로 와서 이야기하자고 청하지도 않았다. 우리의 여정은 서울에서 시작됐는데, 그곳은 나에게 친숙한 지역이었기 때문에 나는 홀브룩에게 한국의 중요한 고위 관리 여럿을 소개해줄 수 있었다. 거기서 우리는 다시 고위급 사절단 회의에 참석하기 위해 싱가포르로 갔다.

비행기 착륙 시간이 가까워졌을 때 홀브룩 수행원 한명이 홀브룩이 회의가 없는 휴식기간 중 함께 테니스를 칠 상대를 구한다고 공지했다. 덧붙이길, 홀부룩은 브라운대 테니스 선수 출신이며 누구든 "제대로 상대해줄 수 있는 사람"이 필요하다고 했다. 나는 그 말에 아무런 반응도 보이지 않았다. 그러나 한참이 지나서 같은 얘기를 또 되풀이하는 것을 보니 응답한 사람이 아무도 없는 것 같아서 내가 하겠다고 신청을 했고, 즉시 받아들여졌다. 싱가포르에 착륙한 지 얼마 지나지 않아서, 우리는 대사관 테니스 코트에서 만났다.

홀브룩은 써브가 매우 강한 훌륭한 선수였지만 실력에 기복이 너무 심해서, 나는 쉽게 이길 수 있었다. 우리의 시합이 진행되면서 나에 대한 그의 태도는 놀라움에서 좌절감으로, 다시 친밀감과 투지로 변화해갔다. 우리는 그 출장기간 중에 시간이 날 때마다 함께 테니스를 쳤다. 방콕에 가 있는 동안에는 잔디밭 위에서 빠른 한판을 붙기도 했다. 홀브룩의 써브는 잔디 위에서는 '킬러'급이어서 우리가 시간을 낼 수 있는 단 한판 게임에서 나는 그에게 지고 말았다. 그는 나에게 이기는 순간 라켓을 공중 높이 던져올리고 네트 쪽으로 점프를 하면서 환호성을 올렸다. 그것이 홀브룩이 나를 이긴 유일한 시합이었고, 그는 평생 그걸 잊지 않았다.

우리는 아주 친해져서 그 이후로 어려운 대 아시아정책 문제를 함께 잘 풀어나갔다. 그중에는 베트남과 캄보디아의 난민 문제, 필리핀이 국내에 있는 클라크 미 공군기지와 수빅만의 다른 미군기지를 반환받기로 한 결정 등이 포함되었다. 홀브룩은 아마도 다루기 어려운 인물이었을지 모르지만, 대단한 능력을 가진 공복이었다. 2010년 그가 사망한 것은 국가적으로 큰 손실이었다고 생각한다.

1979년 11월 4일 이란의 급진주의자들이 테헤란의 우리 대사관을 점거하고 대사관 직원 66명을 인질로 삼은 충격적인 국제법 위반 사건이 일어났다. 시간이 흐르면서 그 문제는 점점 더 우리를 압박해왔다. 퇴역한 해군 장교 개리 시크(Gary Sick)와 이란사태의 전개에 책임 있는 NSC의 직원들은 어떻게 하면 인질들을 석방시킬 수 있을지를 놓고 끝없이 이어지는 토론 속으로 끌려들어갔다. 나는 이란사태에 관한 초기 토론에는 참가했지만, 시간이 지나면서 그리고 구출작전에 관한 민감한 선택이 이뤄지는 단계로 토론이 진전되면서 참가자들의 범위가 점점 축소되자 거기서 배제되었다.

1979년 11월 중순 이란인들은 여자들과 아프리카계 미국인 등 모두 13명의 인질을 석방했다. 1980년 1월 말 대사관 점거 당시에 그 안에 있지 않았고 나중에 캐나다 대사관에 숨어 있던 6명의 미국 외교관들이 캐나다 여권을 사용해서 이란을 탈출했다. 이 여권들은 오타와의 캐나다 의회가 특별법까지 통과시켜가면서 발급해준 것이었다.

화제의 영화 〈아르고〉(Argo)는 이 탈출을 그린 작품이지만, 영화가 끝으로 갈수록 좀 과장된 묘사가 많다. 그러나 중요한 핵심은 캐나다 정부가 우리를 지원하고 나섰고 돈을 썼으며, 위험을 무릅쓰고 나서 우리 외교관 6명을 탈출시키는 데 성공했다는 점이다. 캐나다도 호주나 뉴질랜드와 마찬가지로 우리 미국의 용감한 우방국이다. 우리가 그런 친구들을 갖게 된 건 운이 좋은 거다.

그러나 이란인들이 인질 13명을 석방하고 이란으로부터 6명이 더 탈출한 것은 카터 정부에는 이란의 인질 66명 중 여전히 남아 있는 52명을 구해내야 할 큰 압력으로 작용했다. 그래서 '이글 클로(매 발톱) 작전'(Operation Eagle Claw)이란 이름의 비밀 구출작전이 세워졌고, 이 작전은 1980년 4월 10일에 열린 NSC의 회의에서 승인되었다.

이 작전을 계속 반대하던 사이러스 밴스(Cyrus Vance) 국무장관은 그날 휴가 중이었는데 그 결정에 대해 격분했다. 그가 휴가에서 돌아와서 항의했지만 혼자만의 외로운 반대로 끝났다. 브레진스키와 밴스 장관은 처음부터 한번도 가까웠던 적이 없지만, 이 일로 심각한 긴장상태에 처하게 됐다. 브레진스키는 변함없이 밴스보다 더 강경한 매파였기 때문에, 두 사람은 인권과 관련된 문제에서 자주 충돌했다.

4월 21일, 그 작전 개시가 확실해졌을 때 사이러스 밴스는 사임했다. 3일 후 그 작전의 비극적 실패는 밴스의 사임의 정당성을 일면 입증해주는 것 같았고, 그 때문에 카터의 백악관을 뒤덮은 어둠의 장막은 점점 더 짙어져갔다.

테헤란까지 사막을 횡단하는 재난과도 같은 장거리 비행 작전에 동원된 헬리콥터의 종류와 적은 숫자 때문에 폭풍우 같은 비난이 쏟아졌다. 작전의 기획 단계에서 극단적으로 보안을 강조한 것도 더 나은 작전을 세우는 데 도움이 될 만한 사람들을 제외시키는 결과를 낳았다.

카터의 대통령 재임 기간의 마지막 6개월은 카터 행정부의 모든 사람들에게는 음울하고 실망스러운 기간이었다. 1980년 11월 카터가 재선에 도전했을 때, 나는 그에게 반대하는 쪽으로 입장을 바꿨다. 내가 공화당 후보를 지지한 것은 그때가 처음이었다. 내가 그렇게 결정한 것은 대체로 부통령 후보로 나온 조지 H. W. 부시에 대한 호감 때문이었다.

이미 말한 것처럼 나는 부시를 1967년 토오꾜오에서 한번 만났을 뿐이지만, 그때 받은 첫 인상에서 매우 호감을 갖게 되었다. 그리고 나중에 부시가 CIA의 국장으로서 한 일들에 대해서도 좋은 이야기를 많이 듣고 있었다.

**3**

# 백악관 시절

# 레이건, 부시와 함께한 백악관 시절

지미 카터에서 로널드 레이건으로 대통령 권력이 넘어가는 과정은 별로 매끄럽거나 우호적인 방식으로 진행되지 않았다. 카터의 참모진은 자기들의 집단적 지혜를 인수위원으로 오는 레이건 측근에게 인계하는 데는 관심이 없는 것 같았고, 레이건 쪽에서도 역시 귀를 기울일 생각이 없어 보였다.

나는 앞으로 내 운명이 어떻게 될 것인지 전혀 알 수 없었다. CIA는 내가 NSC의 그 자리에 계속 있는 게 자기들로서는 가장 좋겠다고 알려왔지만, 나는 신임 레이건 행정부에 아는 사람이 한명도 없어서 그들이 나를 그대로 두는 것을 어떻게 생각할지 전혀 알 수 없는 상황이었다.

인수인계가 잘된 하나의 특정 사안은 한국의 정치지도자 김대중을 살려놓는다는 것뿐이었다. 그는 악랄한 전두환 대통령에 의해 내란죄로 투옥된 상태였다. 전두환은 1979년 10월 박정희 대통령 암살에 뒤이어 자행한 쿠데타를 통해 권력을 장악한 전직 장군이었다. 전두환은 김대중에게 쿠데타에 대항해서 사회불안을 선동하고 비밀리에 북한을 지지했다는 날조된 혐의를 씌워서 그를 기소했다. 1980년 5월 김대중의 고향인 광주시에서 전두환의 잔인한 군사행동에 저항하는 시민봉기가 있었다. 전은 2백명 이상의 시민을 살해하는 등 지극히 잔인무도한 방식으로 항쟁을 진압했다. 김대중은 신속하게 재판에 회부되고, 유죄판결을 받고, 서울의 군사법정에서 사형선고까지 받았다.

카터 대통령은 한국의 상황을 잘 알고 있었다. 재임 초기에 한국에서 모든 미군부대들을 철수시킬 것을 진지하게 고려한 적도 있기 때문이다. 카터와 박정희는 그 문제로 인해 서로 어려운 관계에 놓여 있었다. 카터는 결코 서울의 군사정부의 팬이 아니었고, 오랜 세월에 걸쳐 민주주의적 신념과 인권에 대한 확고한 지지자인 김대중을 대단히 존경하고 있었다.

1980년 12월 초 카터는 해럴드 브라운(Harold Brown) 국방장관을 서울로 보내 전두환에게 김대중을 처형하지 말고 석방할 수 있는 길을 찾으라고 특별히 경고했다. 나는 그때 브라운 장관과 동행했는데, 이 출장을 통해서 그를 매우 존경하게 되었다. 그는 박식하지만 격의가 없는 사람이어서 여행의 동반자로는 아주 좋았다. 브라운은 그때 김대중의 감금 문제에 대해, 전두환이 그 문제의 토의를 꺼릴 경우 어떻게 가장 효과적으로 그것을 화제로 떠올릴지 고심하였다.

우리는 걱정할 필요가 없었다. 전은 매우 직선적이고 말하는 데 거침이 없는 사람이어서 통역만 자리한 우리의 비공식 회동에서 바로 그 문제를 제기했다. 그는 김대중이 미국에서 인기가 높고 그를 처형한다면 강한 비난을 받을 것이란 점을 잘 알고 있다고 말했다. 이어서 그는 거의 모든 한국 장성들이 그의 처형을 원한다고 말했다. 김대중은 끊임없는 정치적 불안의 원천이고 북한이 좋아하는 정책에 대한 강력한 지지자이기 때문이라는 것이었다.

브라운은 전의 설명에 대해 강력하게 맞서 1973년 미국이 개입해서 김대중의 목숨을 구했던 일을 거론했다. 그리고 민간인 정치지도자로서 김대중의 중요성이 점점 더 커지고 있다는 것, 그래서 그를 처형한다면 남한의 국제적 이미지는 형편없이 망가질 것이라고 설명했다.

그러나 전에게 그런 말은 아무 소용이 없었다. 그리고 나도 "우리는 첩보활동을 통해서 북한이 김대중의 처형을 예상하고 그의 죽음을 효과적인 선전 자료로 이용할 계획을 하고 있다는 걸 알고 있다"며 거들었지만 역시 설득에 실패하고 말았다. 전은 내가 말한 정보에 대해서는 관심을 보였지만, 그것은 주로 김대중이 북한과 가깝게 연결되어 있다는 점을 알려주는 이야기처럼 들렸기 때문이었다.

나는 그 자리를 떠나면서 우리가 실패했다는 것을 느꼈다. 그리고 곧 김대중이 처형될 것이라고 예상했다. 나는 돌아오는 긴 비행시간 동안 잠이 오지 않았다. 그리고 전두환이 우리를 백악관에서 곧 사라질 힘도 인기도 없는 미국 대통령의 대리인으로 여겼다는 사실을 깨달았다.

브라운의 임무는 전혀 공개되거나 보도되지 않았지만, 국무부는 어떤 일이 일어났는지 알게 되었다. 딕 홀브룩 차관보와 마이클 아머코스트(Michael Armacost) 부차관보는 카터와 레이건 행정부의 관계를 불편하게 만드는 관계자들간의 의혹과 불신을 잘 알고 있었기 때문에 신속하게 레이건 대통령의 국가안보보좌관으로 지명된 리처드 앨런(Richard Allen)과의 접촉을 시도했다. 1997년 12월 김대중이 남한의 대통령으로 선출된 때 발행된 브루킹스 비망록(Brookings memorandum)에는 홀브룩과 아머코스트가 앨런과 중요한 일로 처음으로 회동했었다는 사실이 처음 공개되어 있다.

정부 인수기간 동안 그들은 앨런과 만난 자리에서 "카터 행정부는 지난 몇개월 동안 노력해서 가까스로 김대중을 살려둘 수 있었다"고 말하고, 이제는 대통령 당선자 레이건의 이름으로 김대중을 처형하지 말라는 경고가 담긴 메시지를 전에게 보내는 것만이 그를 더 오래 살려둘 수 있는 방법이라고 말했다.

앨런은 한국을 잘 알고 있었기에 재빨리 행동에 나섰다. 한국 중앙정보부의 워싱턴 지국장이며 연줄이 든든한 전직 육군 소장 손장래(孫章來)를 통해서 앨런은 전에게 대통령 당선자 레이건이 김의 처형을 강력하게 반대하고 있다는 메시지를 보냈다.

손지국장과의 대화를 통해 앨런은 전이 레이건 대통령의 취임 후 가능한 한 빨리 초청을 받아 워싱턴을 방문하고 싶어 한다는 것을 알게 되었다. 그래서 결국 '만약에' 김대중을 석방해준다면 그런 방문도 가능한 것으로 일을 꾸미게 되었다. 김은 풀려나 하버드의 펠로십을 받게 되었고 전은 1981년 2월 워싱턴을 방문했다. (그 얘기는 나중에 더 하겠다.)

대통령직 인수기간 동안, 놀랍게도 스탠스필드 터너 CIA 국장이 나에게 찾아와 이야기를 좀 하자고 했다. (내가 NSC에서 18개월을 근무하는 동안 우리는 한번도 대화를 한 적이 없다.) 터너는 내가 NSC에서 수행한 업무를 보고 감명을 받았다고 말하고, 자기는 CIA 국장직에 유임되기를 바라며 만일 레이건 대통령이 자기를 유임시킨다면 나를 CIA의 높은 직위로 승진시킬 생각이 있다고 말했다. 터너는 나에게 레이건 행정부에 자기에 관해 좋은 얘기를 해달라고 요청했다.

나는 그가 해준 친절한 말에 감사를 표하고 그가 잘 되기를 빌었다. 그리고 누구에게도 우리가 나눈 대화에 대해 한마디도 하지 않았다. 그후 곧 CIA의 국장에 레이건의 선거 사무장이었던 윌리엄 케이시(William Casey)가 임명되어 터너를 교체할 거라는 발표가 나왔다. 케이시는 CIA의 전신인 OSS에서 한때 매우 중요한 인물이었다.

인수인계가 진행될수록 카터의 참모들은 꾸준히 백악관과 행정부 청사를 빠져나갔다. 어떤 사람들은 자기들 파일에 공화당 쪽 업무 인수자들에게 도움이 될 만한 건 아무것도 남겨놓지 않았다는 소문, 심지어 책상의 압지 위에다 보기 흉한 낙서를 해놓고 나간 사람도 있다는 소문까지 나돌았다.

1월 초의 어느날, 나중에 레이건 대통령 밑에서 아시아 태평양 담당 국방부 차관보가 된 리처드 아미티지(Richard Armitage)의 인솔하에 공화당측 인수위원들 세명이 갑자기 내 사무실을 찾아왔다. 아미티지와 그의 동료들은 과거에 CIA에서 내가 했던 업무와 나의 정치적 성향에 대해 질문했다. 나는 이미 예상했던 일이었기 때문에 특별히 언짢아하지는 않았다.

나는 CIA 내의 분위기는 기본적으로 정치에는 무관심하다는 것, 그리고 나는 1980년 선거 이전에는 계속해서 민주당 대통령 후보에게 투표했지만 이번 선거에는 레이건에게 투표했다고 말했다. 방문자들은 사무실을 떠나면서 내 미래에 대해 아무런 언질도 하지 않았다. 아미티지는 베트남에서 전투를 직접 목격했고 그곳에 있는 동안 CIA 소속으로 일했던 사람이다. 우리는 그런 공통점을 갖고 있었다. 다른 두 관리는 별 특징이 없는 사람들로 자신의 입장을 밝히려는 마음이 없어 보였다.

카터 임기가 '귀중한 며칠로 줄어들게' 되자, 나는 이란에 억류돼 있는 52명의 인질을 석방하기 위해 행정부가 미친 듯이 서두르고 있다는 사실을 브레진스키를 통해 알게 됐다. 이런 석방 노력은 아무 소용이 없었다. 이란인들은 앙심을 품고 기다리다가, 마침내 카터가 집무실을 떠나자 곧바로 레이건 대통령에게 메시지를 보내 인질들을 석방하겠다고 했다. 그것은 카터에게는 반갑고도 괴로운 순간이었지만, 레이건에게는 대통령 임기를 승리로 시작하는 길이 되었다.

이란인들은 그동안 인질을 구출하기 위해 애썼다는 이유로 카터를 미워했으나, 레이건에게는 은근히 비위를 맞추고 싶어 했다. 그들은 레이건을 예전 공화당 대통령인 드와이트 아이젠하워가 1953년 그랬던 것처럼 자기들 체제의 전복을 꾀할 수도 있는 공화당다운 활동가로 여겼다.

레이건 대통령이 백악관에 진입할 준비를 하는 과정에서, 그의 공화당쪽 인수위원들은 마치 로마를 약탈하는 서고트족처럼 행동했다. 아직 사무실 공간 배치가 되지 않아서 사무실 위치 선정을 둘러싸고 볼썽사나운 쟁탈전이 벌어졌다. 레이건이 집무실에 들어오고 나서 두세번이나 전혀 모르는 낯선 사람들이 내 사무실로 갑자기 난입해 들어온 일이 있었다. 그들은 이렇게 선택된 좋은 공간을 이미 차지하고 일을 하고 있는 것이 분명하자 실망한 빛을 보이면서, 나에게 누구고 무슨 일을 하고 있는지 물어왔다. 나는 내가 CIA로부터 차출되어 나와 있는 사람이며 조지아의 대평원에서 온 사람이 아니라는 점을 강조했다. 내 기억으로 맨 마지막에는 그 당시 육군 소장인 밥 키미트(Bob Kimmit), 개리 시크, 그리고 나만이 NSC의 사무실에 남았다.

국가안보보좌관 리처드 앨런은 취임하고 1주일쯤 지나서 나를 자기 사무실로 호출했다. 그리고 나를 유임시키기로 결정했다고 통고했다. 이전처럼 나는 아시아 지역과 정보 거점들을 담당하는 NSC의 참모 자리를 지키게 되었다.

내가 백악관에서 업무를 시작한 것이 1979년 6월이고 1989년 2월까지 일을 계속했으니 거의 10년 동안 있었던 셈이다.

새로 구성된 NSC는 외견상으로도 완전히 달랐다. 국무부에서 온 직원들은 일단 다 내보냈지만, 그 자리는 채 충원되지 않았다. 나는 실제로 "국무부는 의견과 보고서를 내는 일에 항상 늦어서 쓸모가 없다"라는 말까지 들었다. 그러나 리처드 앨런은 얼마 안 가서 NSC에 국무부의 파견 직원이 없으면 일이 안 된다는 사실을 알게 되었다. 그래서 레이건 대통령 취임 이후 4~5개월도 지나지 않아서 FSO(Foreign Service Officer, 해외근무요원) 잭 매틀록(Jack Matlock)이 NSC에 합류했다. 대단히 유능한 직원이었던 매틀록은 나중에 소련 주재 미국대사가 되었다. 다른 국무부 직원들도 그의 뒤를 이어 신속하게 NSC로 들어왔다.

며칠 지나지 않아 나는 조지 H. W. 부시 부통령과 백악관의 어느 좁은 복도에서 우연히 딱 마주쳤다. 그는 나를 보고 "우리가 전에 만난 건 알겠는데, 이름이 생각이 안 나는군." 하고 다정하게 말했다.

나는 내 소개를 하고 부시에게 1967년 토오꾜오에서 우리 두 사람의 친구인 톰 디바인(Tom Devine)과 함께 만났던 것을 상기시켰다. 그는 금방 그때 일을 기억해내고는 그후 여러해 동안 무슨 일을 하면서 지냈냐고 물었다. 이렇게 해서 이후 내 인생의 궤도를 바꾸어놓은 우리 두 사람의 관계가 다시 시작되었고, 오늘날까지 지속되고 있다.

그러고 나서 얼마되지 않아 조지 부시는 나에게 자기가 부통령이 되고서 처음 가는 CIA 본부 방문에 동행해달라고 부탁했다. 그는 돔 모양의 강당에서 큰 박수갈채를 받았고 자기를 그처럼 강력하게 열렬히 환영해주는 CIA 직원들의 마음에 감동해서 눈물을 흘렸다. 나는 그와 함께 그 자리에 참석한 것과 많은 친구들이 나를 알아보는 것에 무척 기분이 좋았다. 차를 타고 돌아오는 도중에 여전히 감동에 젖어 있던 부시는 CIA 국장으로 지낸 시절이 부통령이 되기 전에 맡았던 모든 직책들 중에서 가장 좋았다고 말했다. 나는 그날 함께한 것이 우리 두 사람의 우정의 기반이 되었다고 생각한다.

CIA 본부 건물에 부시의 이름이 들어 있다는 것은 정보국이 그의 리더십에 대해 얼마나 감사하게 여기고 있는지를 웅변으로 증명해준다. 팀 와이너(Tim Weiner)는 조지 H. W. 부시가 대통령이었을 때 출간되어 격론을 불러일으킨 그의 CIA의 역사에 관한 책 『잿더미로 남은 유산』(*Legacy of Ashes*)에서 부시에 대해 "그는 그들 중의 일원이었다. 그는 그들을 사랑했고, 이해했다. 사실이지, 그는 CIA가 어떻게 일하는지를 제대로 알았던, 처음이자 유일한 사령관이었다."라고 기술했다. 그리고 조지 부시는 훌륭한 정보요원이 되려는 사람들은 상대방의 입장에서 생각하는 능력을 가져야만 한다는 것을 이해했다. 그것은 오늘날에는 거의 잃어버린 기술인 듯하다.

나는 레이건 대통령에게 사람들이 기대하는 것이 무엇인지 알지 못했다. 그가 백악관으로 들어오기 전에는 한번도 만난 적이 없었다. 내가 처음 레이건의 얘기를 들은 것은 그가 캘리포니아 주지사로 있을 때였다. 그 당시 리아 그레그(Leah Gregg)라는 이름의 우리 고모 한분이 로스앤젤레스에서 살고 있었다. 리아 고모는 은퇴한 대학교수였는데 명품 하나 사기 힘든 연금생활자였다. 고모는 레이건이 저소득층 사람들에게 관심이 없다고 여기며 그를 싫어했다.

그런데도 나는 레이건 대통령을 좋아해보려고 하는 참이었다. 나는 그의 영화를 한두편 봤다. 대통령 후보로서 그의 연기는 매력적이었다. 그리고 그가 미국의 잠재력에 대해 긍정적으로 전망하는 것이 좋게 보였다. 특히 그의 전망은 지미 카터가 1979년의 우울한 연설에서 '미국병'(American malaise)에 대해 강조한 것과 대조적이었다.

내가 처음 레이건 대통령을 만난 것은 그가 어떤 외국인 고위인사와 함께한 회의를 마치고 집무실 바깥으로 나왔을 때였다. 그전에 내가 한 일은 그 인사가 리무진을 타고 백악관 경내를 벗어나기 직전 헤어지는 자리에서 대통령이 작별인사로 쓸 메모를 준비하는 것이었다. 내 메모는 3×5 인치 크기로, 그 전날 작성해서 이미 대통령에게 전달되었다.

대통령이 나타나서 손님과 함께 마이크 앞으로 걸어갔을 때 나는 바깥에서 일단의 기자들과 함께 기다리고 있었다. 그는 양손에 아무 것도 들지 않고 똑바로 마이크를 향해 걸어갔다. 그리고 내가 써준 메모를 첫줄부터 완벽하게 암송했다. 그의 연설은 메모 한장 이상의 훨씬 큰 공감과 반향을 일으켰다. 로널드 레이건 대통령은 역할극에 강한 배우였다.

그는 또한 대단히 뛰어난 유머감각의 소유자였다. 나도 참석했던 대통령의 초기 집무실 접견에서 있었던 일이다. 그날 대통령의 손님으로 온 사람들 가운데, 백악관 일정관리팀의 심사를 어떻게 통과했는지 몰라도 하여튼 교묘히 들어온 일본의 어떤 2급 정치인이 한명 있었다. 앞으로 그를 이세끼(Mr. Iseki)로 부르겠는데, 그 이세끼에게 우리는 접견 중 최단 시간인 15분을 배당했다. 그러나 이세끼는 마치 자기가 국가원수라도 되는 것처럼 대통령 집무실에 자리를 잡고는 대통령의 접견인사가 끝나자 그때부터 자기 발언을 한번도 멈추지 않았다. 어떤 말이든 빠짐없이 통역해야 하니, 정해진 시간이 금방 지나갔다.

그 자리에 참석한 일본대사는 나도 잘 아는 진짜 직업외교관이었는데, 진행이 잘못 되어가고 있다는 걸 금방 알아챘지만 이세끼씨의 횡설수설을 중단시킬 수가 없었다. 참다못한 대사는 일어서서 시간이 다 됐다고 선언했다. 이세끼는 마지못해 자리에서 일어났다.

그때 레이건 대통령이 그에게 이렇게 말했다. "이세끼씨, 당신을 보니 생각나는 이야기가 하나 있는데, 말 한마리를 팔려는 어떤 남자의 이야기입니다." 이 말을 통역해주자 이세끼는 상당히 불안한 표정을 지었다. 마치 자기가 예상치 못했던 어떤 일이 닥쳐오지나 않을까 하는 표정이었다.

대통령은 상냥하게 다음과 같은 이야기를 해주었다. 말을 살 만한 사람이 말에게 다가가서 이빨과 발굽들을 살핀 뒤 말 주인에게 한번 타봐도 되는지 물었다. 주인은 기꺼이 허락한 다음 마구간으로 가서 한 손에는 안장을, 다른 한쪽 손에는 단면이 2×4인치의 각목 하나를 들고 돌아왔다. 말 등에 안장을 얹어서 묶은 다음 말 주인은 막대기로 말의 머리를 때렸다. 놀란 손님이 왜 때리느냐고 물었다. 그러자 주인은 "이놈을 주의시키는 방법은 이것뿐"이라고 대답했다는 얘기였다.

그다음 대통령은 어리둥절한 이세끼에게 정중하게 작은 백악관 기념품을 건넨 다음 그를 집무실 바깥으로 안내해 나가게 했다. 대통령은 폭소를 터뜨리더니 고개를 가로저었다. 그리고 그 면담에서 딱 하나 좋은 것은 자기가 좋아하는 이야기를 할 기회를 얻은 거라고 했다.

나중에 나는 사무실로 걸려온 쿄오도오통신의 전화를 받았다. 이세끼의 방문에 관해 문의하는 전화였다. 나는 적당하게 얼버무리면서, 대통령이 그 면담을 즐겼다고만 말했다. 그러나 쿄오도오통신은 그 면담에서 대통령이 말에 대한 이야기를 했다고 들었다면서 계속 다그쳤다. 나는 대통령이 말 이야기를 한 것은 맞다며 그것에 관해 물을 게 있냐고 했다. 그들은 "누가 그 말이었습니까?" 하고 물었다.

"그게 누구였다고 생각합니까?" 하고 내가 되물었다.

상당히 거북한 침묵이 흐른 뒤에 그들은 누군지 확실히 모르겠다고 말했다. 나는 대통령이 누구에 대해 말한 것인지는 나도 모른다,

어쩌면 그건 언론인 일반을 말한 것일지도 모르고, 아니면 의회의 특정한 몇몇 의원을 말한 것일 수도 있다는 생각이 든다고 말하면서 대화를 마쳤다. 쿄오도오통신은 나에게 감사의 말을 아낌없이 하면서 전화를 끊었다.

나의 첫번째 주요 임무는 남한의 전두환 대통령이 백악관을 방문하는 계획을 지원하는 일이었다. 그 방문은 1981년 2월 1일에 이루어졌다. 한국정부는 전두환이 자기 나라에서 무게를 인정받게 하려고 레이건 대통령과 되도록 빠른 회담 개최를 압박해왔다. 레이건의 첫번째 주요 외국 빈객으로 환영받는 대가로 전두환은 김대중의 안전과 석방을 보증하였다.

그러나 백악관 쪽에서는 솔직히 잔혹한 독재자 전두환을 형편없이 낮게 평가하고 있었다. 그가 김대중의 생명을 손아귀에 쥐고 있지만 않았다면 백악관에 초대받지도 못했을 것이다. 그래서 나는 가능한 모든 방법을 동원해서, 그의 미국 방문을 대단치 않은 일로 깎아내리기 위해 노력했다. 전두환의 수행원들은 국빈만찬을 원했지만 우리는 오찬만 하기로 결정했다. 우리는 워싱턴에서 전이 체재하는 시간도 제한했다. 물론 그가 공식적으로 만날 수 있는 고위 공무원들의 수도 제한했다.

이런 노력에도 불구하고 한국인들은 전의 미국 방문으로 원하는 것은 다 얻었다. 레이건의 타고난 친근함이 공식방문 사진들을 더 빛나게 만들었고, 그로 인해 전은 훨씬 더 높아진 위상으로 서울로 돌아갈 수 있었기 때문이다.

로널드 레이건 대통령, 백악관 참모들과 함께 1981년 대통령 전용기 '에어포스 원'에서. 레이건이 국가안보보좌관 리처드 V. 앨런과 이야기하고 있다. (백악관 사진)

워싱턴에서 처음 만난 자리에서 자신의 납치사건을 이야기하고 있는 김대중씨. 1983년 12월. (쿄오도오통신 마쓰오 후미오 기자 사진)

1982년 4월 말 부시 부통령은 아시아 국가들을 순방하는 장기 순방여행을 시작했다. 나는 아시아를 담당하는 NSC 참모 자격으로 그를 수행해달라는 요청을 받았다. 그 긴 여행에서 나는 부통령의 연설문 작성자인 크리스토퍼 버클리(Christopher Buckley)를 처음 만났다. 크리스토퍼와 나는 금방 좋은 친구가 됐으며, 그는 나중에 내 딸 루시와 결혼했다. 오늘날까지도 크리스토퍼는 여전히 부시 대통령의 아주 가까운 측근으로 남아 있으며, 2013년에도 케네벙크포트(메인주 요크 카운티에 있는 소도시)로 부시를 방문했다. 우리는 둘 다 부시를 우리가 알고 있는 모든 고위 공직자들 가운데 가장 훌륭한 공직자라고 생각한다.

그 순방여행에는 '부시가 중국을 방문할 것인가?'라는 한가지 문제가 걸려 있었다. 중국은 타이완 관계법(Taiwan Relations Act, TRA)에 강한 반대의사를 표명하고 있었다. 그 법은 카터 대통령 임기 말에 통과된 것으로, 비행기를 포함하여 대타이완 무기판매를 허용하여 타이완 해협 양안(兩岸) 사이에 일종의 군사적 균형 관계를 유지하는 것을 목적으로 제정된 법이었다.

1979년 중국과 미국은 정식 외교관계를 수립했다. 이것은 우리가 이전에 중화민국(Republic of China)이라고 불렀던 타이완과의 외교관계를 단절하게 만들었다. 그러자 의회의 보수주의자들이 우리가 타이완과 직접 대화하고 경제관계를 유지하기 위해서는 TRA법을 제정해야 한다고 주장했던 것이다.

우리의 첫 방문국은 일본이었다. 우리는 스즈끼 칸따로오 수상을 만나고 히로히또 천황과도 오찬을 했다. 천황비는 몸이 너무 좋지 않아서 오찬에 참석하지 못했지만, 참석한 황태자와 황태자비는 내 이름을 부르면서 반겨주었고 우리가 함께했던 TLTC(토오꾜오 론 테니스 클럽)의 테니스 시합을 회상했다. 천황과의 만남은 나에게 생생한 경험이었다. 나는 일본에서 10년이나 살았고 일본사회의 각계각층의 사람들을 알아서, 천황의 이름으로 저질러진 2차 세계대전 중의 잔혹 행위를 잘 알고 있었기 때문이다.

천황에게 소개되자 나는 그에게 일본어로 그의 아들과 테니스를 함께 친 적이 있다고 말했다. 그는 웃음을 띠면서 잘 알고 있다는 듯이 고개를 끄덕였다. 오찬이 끝나고 악수를 나눌 때 천황은 천황만이 쓸 수 있을 듯한 동사의 명령형을 사용해서 나에게 안전하게 귀국하라고 말했다. 그러나 공식적인 인사말 '안젠니 카레'(安全に帰れ)에 깔린 어조는 다정하였다.

천황제를 존속시킨다는 더글러스 맥아더 장군의 전후 결정은 일본이 신속하게 사회를 재건하는 데 큰 도움이 되었다. 그러나 그것은 1937년의 '난징 학살'(Rape of Nanking)과 같이 일본인들이 저지른 전쟁범죄를 그들이 진지하게 반성하지 못하도록 만들었다. 그 점에서 보면 독일은 훨씬 훌륭하게 일을 처리했다. 전쟁 그 자체가 뉘른베르크 전범재판과 함께 나치의 최고 통치체제를 사실상 말살해버렸고, 덕분에 독일인들은 이웃나라와 완전히 새로운 관계를 맺을 수 있도록 해방되었기 때문이다.

일본의 군국주의적 과거사와 직접적으로 연결되는 천황제가 전후에도 여전히 존속하게 됨으로써 일본은 과거사를 반성할 수가 없었다. 제국주의적 사고의 씨앗들은 일본에 살아 있고, 야스꾸니 신사는 오늘날 일본의 과거 군사행동을 정당화하고 미화하는 모든 특성을 갖춘 주전론적 상징으로 떠올랐다. 일본 말에 일본의 국민성을 대변하는 '시마구니 콘조오' 즉 '섬나라 근성'이라는 어구가 있다. 그것은 베이징, 서울, 평양에 여전히 존재하는 일본정부에 대한 깊은 불신의 부분적인 원인이기도 하다.

우리의 다음 기착지는 서울이었다. 그곳에서 나는 한국 친구들로부터 전두환이 박정희가 평생 그랬던 것보다 더 강압적인 통치자가 되었다는 말을 들었다. 부시 부통령은 서울의 국회에서 연설했다. 그는 자기가 그 연설대에 선 것만으로도 국회가 제왕적 권력의 대통령을 견제하는 어떤 균형추가 되는 데 도움이 되고자 했다.

5년 뒤인 1987년, 한국에서는 전국적인 국민항쟁이 지속되었고, 마침내 전두환은 국민 직접선거를 통해서 자신의 후임을 뽑는 대통령 직선제에 동의할 수밖에 없게 되었다. 그것은 한국이 오늘날처럼 아시아의 가장 활기있는 민주주의 국가가 되는 노정의 중요한 한걸음이었다.

다음 방문지는 싱가포르였다. 그곳 순방의 하이라이트는 리콴유(Lee Kwan Yew) 총리와의 회담이었다. 그는 내가 일찍이 만났던 사람들 가운데 가장 인용할 만한 말을 한 정치가 중 한 사람이었다. 아시아에서의 미국의 역할에 대한 토론에서 리는 "당신들이 태평양 지역의 보안관이 되는 것은 괜찮지만, 당신들의 한패는 일본인들이지 중국인이 아니라오." 라고 말했다.

호주에서는 산호해 해전(the Battle of the Coral Sea, 1942년 5월 4일~8일) 40주년 기념행사가 있었다. 그 전투는 일본의 호주 침공 위협을 전체적으로 역전시킨 해전이었다. 부시 부통령은 또한 존 뉴컴(John Newcombe, 당시 세계 제1의 호주인 테니스 선수)과 그밖의 다른 호주 유명 인사들과 함께 테니스 시합도 했다.

나는 1960년대 말 로이 에머슨과 다른 호주 선수 몇명이 토오꾜오를 경유해 갈 때 그와 시합을 했던 것처럼, 이번에도 꼭 테니스 시합에 나가고 싶어 미칠 지경이었다. 그러나 부시 부통령은 내 테니스 수준을 알아주지 않았다. 그래서 그후로도 여러달 동안 나는 그가 "순회선수단"(the traveling squad)이라고 부르는 테니스 팀에 들어갈 수 없었다.

뉴질랜드의 오클랜드에서 짧게 머무는 동안, 부시는 베이징에 가기로 결심했다. 나는 그전부터 우리가 중국에 가는 데 찬성했다. 부통령은 이전에 미국 특사로 중국에 근무한 적이 있었는데, 두 나라 사이의 일종의 사실상 대사 자격이었다. 그런 베이징에서의 경험이 있었기 때문에, 내가 보기에 조지 부시는 1979년에 통과된 '타이완 관계법'이 이전에 우리가 중국과 합의한 내용, 특히 1972년 상하이 공동성명(Shanghai Communique)을 위반한 것이 아니라는 점을 중국인들에게 설명하는 데는 그 어떤 미국의 고위관리보다도 준비가 잘 된 인물이었다. 부시는 중국 방문을 그리 고대하고 있지는 않았고, 중국인들이 자기를 심하게 닦달할 것을 알고 있었다. 그의 중국측 상대역은 69세의 외교부장 황 화(黃華)였다. 그는 만만찮은 최고위 중국 관리로 영어가 유창했는데, 1971년 헨리 키신저의 중국 비밀방문 때 교섭 상대이기도 했다. 황은 미국의 타이완에 대한 지원, 그중에서도 특히 무기판매의 축소를 원했다. 그렇게 해야 베이징이 타이뻬이를 압박해서 중국 본토와의 완전한 통합을 더 쉽게 이룰 수 있기 때문이었다.

타이완에 대한 미국의 지원을 놓고 벌인 논쟁은 중간에 한차례의 휴식을 포함, 약 2시간 동안 지속되었다. 나에게는 그 짧은 휴식시간 동안에 찍은 사진 한장이 있는데, 부통령은 격렬하게 주먹싸움을 한 뒤 라운드 사이에 자기 코너에 앉아서 잠깐 쉬는 복서 같은 얼굴을 하고 있다. 황 화는 우리가 '2개의 중국' 정책을 갖고 있으며 상하이 공동성명을 엉망으로 훼손하고 있다고 비난했다.

부시측 주장의 핵심은, 우리가 타이완이 중국의 일부라는 사실을 명백히 인정하는 만큼 중국측 역시 그 섬에 중국 본토와의 군사적 대립을 염려하는 상당히 많은 우리의 옛 친구들이 있다는 것과 그런 대립은 양국 어느 쪽에도 이익이 되지 않는다고 생각한다는 점을 이해해줘야 한다는 것이었다. 즉, 우리의 타이완 지원은 오래된 친구에 대해 의리를 지키려는 우리 나름의 방식이다, 중국인들도 자기들과 국경을 공유하는 북한과 같은 나라와의 관계에서 '입술과 이' 같은 것이라며 그런 의리를 지키려 하지 않냐고 주장했다. 부시는 워싱턴 이나 베이징, 양측이 모두 타이완과 중국의 재통일에 전념해야 하며, 타이완 해협을 사이에 둔 양측이 군사적 균형을 유지하는 것이야말로 미래의 어느날 평화적인 방법으로 중국이 재통일될 가능성을 더 높일 것이라고 거듭 주장했다.

마지막에 황 화는 자리에서 일어나며 대화 내용을 전부 덩 샤오핑 (鄧小平)에게 보고 하겠다고 말했다. 부시는 그다음 날 아침, 1시간 예정으로 덩과 회담을 가졌다. 회담에는 부시와 주중 미국대사 아서 험멜(Arthur Hummel)만 참석했고, 우리들은 밖에서 초조하게 서성거렸다.

회담은 예상보다 훨씬 더 오래 지속되었고, 얼마 후에 부시와 덩은 만면에 웃음을 띠고 나타났다. 덩 샤오핑은 거기 있는 모든 미국인들과 악수를 했다. 나는 그가 너무 작은 데 놀랐고, 또한 너무 친절해서 놀랐다. 마치 중국인 코스모폴리탄의 표본을 보는 것 같은 아주 깊은 인상을 남겼다. 나는 1972년 닉슨-키신저가 외교적으로 선수를 친 이후에 있었던 중국의 개방 과정에서 그가 한 역할에 대해 알고 있었다. 또 그가 지미 카터와 함께 미국-중국의 공식 수교관계를 공개적으로 선언할 때, 커다란 카우보이모자를 쓰고 있었던 기억도 되살아났다. 그리고 나는 그가 브리지 게임의 최고 고수라는 것도 알고 있었다.

1952년 이후 내가 직접 만나본 아시아 지도자들 가운데 나는 덩을 제일의 인물로 꼽고 싶다. 리처드 닉슨이 중국의 개방에 대해 으뜸가는 역할을 해낸 사람이라면, 덩은 그 새로운 관계를 자본화하는 데 가장 크게 기여한 사람이다.

1982년 5월 부시 부통령의 베이징 방문의 결과로 중국과 미국의 공동성명이 발표되었는데, 이는 그후 20년에 걸친 두 나라의 건설적 관계의 견고한 새로운 길을 위한 기틀을 마련한 것이었다.

부통령이 황 화와 벌인 토론은 그가 외교관이자 협상가로서 활동하는 모습을 내가 처음으로 직접 본 것이었다. 나는 그의 지적 능력, 인내심, 유머감각에서 강한 인상을 받았다. 그는 또 자신을 자신과 교섭하고 있는 상대방의 입장에 놓고 생각할 수 있는 능력, 상대방의 위치에서 세상을 볼 때면 그것이 어떻게 보일 수밖에 없는가를 아는 보기 드문 능력을 가지고 있었다.

우리의 베이징 방문의 마지막 날 밤, 나는 황 화와 1대 1로 이야기할 기회가 있었는데 그는 긴장을 풀고 무척 친절하게 대해주었다. 나는 그에게 중국이 처음 일본의 존재를 알게 된 것이 언제쯤이냐고 물었다. 그는 나를 쳐다보고 미소를 짓고는, 마치 멀리 떨어진 흐릿하게 보이는 행성을 처음 발견한 천문학자 같은 말투로 "일본 난파선의 조각들이 우리 해안에 밀려든 것은 당신네 달력으로 대략 A. D. 3세기일 거라고 생각해요. 그뒤에 일본 해적들이 나타났습니다. 그러나 우리가 일본과 직접 접촉을 한 것은 그후로도 오랜 시간이 지나고 나서입니다."라고 말했다.

그리고 대화는 중단되었는데, 하지만 뛰어난 한 사람의 중국인으로서 그가 일본에 대해 선천적인 우월감을 느끼고 있는 것은 분명해 보였다. 나는 또한 1911년에 태어난 그가 20세기에 들어와서 일본이 중국에 가한 끝없는 파괴를 목격하는 것이 그에게는 얼마나 가혹한 일이었는지 실감할 수 있었다.

그 여행이 끝나자 바로 부시의 수석보좌관인 댄 머피 제독이 나에게 부통령의 국가안보보좌관이 될 생각이 없느냐고 물었다. 머피는 긴 아시아 여행에서 내가 한 일과 중국 방문을 지지한 것 등이 부통령을 대신하여 그런 제의를 하게 된 이유라고 말했다.

나는 기꺼이 그 제의를 수락하고 CIA에서 사임했다. 나는 CIA 경력의 끝을 화려하게 장식하면서 마칠 수 있게 된 것이 기뻤고, NSC 참모 자리를 떠나게 된 것도 행복했다. 확실한 신보수주의자(네오콘)인 레이건의 두번째 국가안보보좌관 윌리엄 P. 클라크가 이끄는 NSC

는 이미 그전 같지 않았기 때문이다.

　1982년 12월 8일, 나는 윌리엄 케이시 국장으로부터 CIA의 우수 정보원 메달을 받았다. 92세가 된 어머니가 그 수여식에 참석했다. 나는 어머니의 기나긴 평생 동안 만나본 사람들 중에서 그 허세 가득한 국장보다 어머니 자신과 더 다른 사람은 없었을 거라고 생각했다.

# 18

# 부시와 함께한 외교순방

부시 부통령의 안보보좌관으로 일하는 6년 반 동안 나는 65개국을 함께 여행했다. 해외여행이 20번이 넘고 그중에는 2주일이나 걸린 여행도 여러번이었다.

부통령 전용기인 에어포스 세컨드(Air Force Ⅱ)는 집 밖의 집이었고 놀랄 만한 여행 수단이었다. 비행기는 언제나 대기 상태에 있었고, 귀찮은 세관절차도 없었으며 맛있는 음식과 훌륭한 여행의 동반자들, 특히 부통령과 그의 부인까지 있는 곳이 아닌가. 그 전용기의 승무원들은 우리가 외국 방문을 마치고 탑승하면 우리에게 바로 딱 맞는 음식을 내놓을 정도로 훈련이 잘 되어 있었다. 그들은 탑승객이 언제 '편한 음식'으로 뭘 원할지, 그리고 잘 차린 정찬이 언제 필요한지 잘 알고 있었다.

외국여행에서 '1박'을 하는 곳에서는 일정이 정말 빡빡했다. 우리는 어떤 나라의 수도에 도착해서 그 나라의 지도자를 만난다. 호텔에서 짐을 푼 뒤에 정식 만찬을 위해 정장을 차려입는다. 검은 넥타이 차림일 때도 많다. 다시 호텔로 돌아간다. 그다음에는 짐을 다시 꾸려서, 이튿날 새벽 5시에 직원들이 가져갈 수 있도록 호텔 방문 밖에 내놓는다. 다음날 아침에 다시 여러명과 면담을 갖는다. 그런 다음 공항으로 달려가는 것이다. 2박 체류는 그보다 훨씬 쉬웠고, 드물게 있었던 3박 체류는 사치스러울 정도였다. 생각할 시간도 있고, 보고서를 작성할 수 있는 시간적 여유도 있고, 심지어 간단한 쇼핑까지할 수도 있다.

우리가 방문한 나라들은 대부분 내가 이전에 한번도 가본 적이 없는 나라들이었다. 그러나 나는 우리의 짧은 방문 동안 배운 것이 얼마나 많은지를 깨닫고 놀랐다. 이는 대부분 부통령 덕분이었다. 그는 언제나 회담에 앞서 스스로 회담의 의제를 설정해서 우리가 즉시 그때의 핵심 문제를 다룰 수 있도록 하였다. 나는 일상적으로 모든 회담에 참석해서 부통령이 능숙하게 수많은 외국 지도자들을 상대하는 모습을 지켜보았다. 그 지도자들은 터무니없이 고약한(짐바브웨의 무가베, 루마니아의 차우셰스쿠 같은) 사람들부터 진짜로 훌륭한(중국의 덩 샤오핑, 영국의 대처, 독일의 콜, 요르단의 후세인, 바티칸의 요한 바오로 2세 교황 같은) 사람들까지 매우 다양했다.

부시는 남의 말을 잘 들으면서도 탐구적인 대화를 하는 타입이었다. 그는 모든 회담에 질문을 들고 갔고, 언제나 그 자리에서 떠오르는 해법을 제시했는데, 어떤 것은 좋고 어떤 것은 나쁜 것도 있었다. 방문을 마치고 전용기에서 휴식을 취할 때마다 부시는 현지의 미국대사를 포함해서 자기가 만난 사람들에 대해 느낀 점을 톡톡 쏘는 유머를 섞어가며 묘사했다.

그는 정보국이 하는 업무를 존중하는 뜻에서 CIA 지국장과는 가능하면 언제나 조용히 따로 만났다. 그리고 만일 다른 사람들로부터 얼버무리는 답변을 들었다고 느끼면, 지국장에게 물어 확인하는 경우도 자주 있었다. 신분 위장 등의 사정으로 COS(Chief Of Station, 지국장)를 직접 만날 수 없을 때는 내가 부통령의 안부를 묻는 인사를 전달하고 그가 마음에 두었던 중요한 질문들을 대신 물어보는 일도 여러번 있었다.

부통령과 내가 여행한 거리는 엄청났다. 1985년 3월에는 단 한차례 출장으로 수단, 니제르, 말리, 스위스, 러시아(모스끄바), 그레나다, 브라질, 온두라스에 갔다. 모스끄바로 간 이유는 소련 수상 꼰스딴찐 체르넨꼬(Konstantin Chernenko)의 갑작스런 사망 때문이었다. 그가 1985년 3월10일 숨졌을 때 우리는 마침 아프리카의 사하라 남쪽에 있었다.

부시 부통령은 모스끄바의 장례식에 전부해서 세번 참석했다. 1982년 11월 우리가 나이지리아에 있었을 때에는 레오니드 브레즈네프(Leonid Brezhnev)가 사망했다. (우리는 가족들이 보내준 따뜻한 옷가지들을 받기 위해서 모스끄바로 가는 도중에 독일에 기착했다.) 1984년 2월에 사망한 유리 안드로쁘프(Yuri Andropov) 서기장만이 부통령이 워싱턴에 있는 동안 사망하는 예의를 갖추었다. 그래서 부시는 곧바로 하룻밤 사이 모스끄바로 날아갈 수 있었다.

부시가 즐겨 표현한 것처럼 "당신이 죽으면 우리는 날아간다"였다.

모스끄바의 장례식 세 건은 각각 다른 분위기였다. 브레즈네프의 장례식은 그렇게 크게 애도하는 분위기는 아니었다. 브레즈네프가 건강이 나빠져 한동안 병상에서 지낸데다가, 후임 유리 안드로뽀프가 크렘린의 지도체제에 어떤 새로운 변화를 일으킬지도 모른다는 현실적 기대가 있었기 때문이다. 장례식 자체는 지루하고 따분했다. 브레즈네프의 시신이 매장되는 순간까지도 종교적인 분위기는 조금도 없었다. 그의 부인이 매장 직전에 허리를 굽혀 남편에게 영원한 이별의 키스를 하고 재빨리 성호를 긋는 모습이 그 장례식에서 관찰할 수 있었던 유일한 종교적 행위였다.

장례식을 마치고 아프리카 여행을 계속하기 위해 잠비아로 회항하였는데 거기에서 부시가 이를 언급하였다. 지상에 내린 뒤 첫 식사 자리에서 잠비아의 성직자가 식사전 기도를 올리자 부시는 갑자기 자리에서 벌떡 일어나 그런 기도를 들으니 정말 큰 감동이라고 말했다. 브레즈네프의 시신이 탱크 수송차 뒤에 매달려 무덤까지 가는 것을 보고, 장례식 전 과정에서 그의 부인이 마지막에 성호를 긋는 대목을 빼놓고는 기독교적인 것이라고는 아무것도 보지 못한 끝이라서 그렇다고 했다.

유리 안드로뽀프는 서기장으로 취임한 지 15개월도 안 되어 사망했다. 모스끄바에서는 그의 사망에 대한 진정한 애도와 상실감이 가득했다. 후계자인 꼰스딴찐 체르넨꼬가 너무나도 늙은 정치꾼이어서, 서기장으로서 새롭거나 창조적인 것이라고는 아무것도 할 수 없는 위인이라는 사실이 그런 분위기를 더 짙게 만들었다.

체르넨꼬의 서기장 재임은 겨우 1년 남짓 지속되었을 뿐이다. 나는 그의 장례식에서 29개월 만에 최고 지도자 3명이 연달아 사망한 사실에 러시아인들이 참으로 당황하고 있다는 것을 느꼈다. 부시 부통령과 그의 고위 참모들은 핀란드인들로부터 들어서 알게 된 덕분에 미하일 고르바초프(Mikhail Gorbachev)가 대변하는 것이 무엇인지를 알고 흥분해 있었다.(자세한 것은 21장에 있다.) 미래에 전개될 일에 대한 우리의 희망이 어쩌면 러시아인들보다 더 앞선 것일 수도 있겠다고 느꼈다.

러시아의 이 장례식들은 그때마다 전세계에서 수많은 고위급 인사들을 끌어들였다. 그중에는 국가원수도 많았다. 장례식 때마다 저명한 참석자들과 고위 참모들은 거대한 대기실로 안내되었으며 서로 이야기를 나눌 기회가 있었다. 우리 중의 상당수는 소련인들이 그 방에 완벽하게 도청장비를 설치해두고 모든 대화를 세심하게 듣고 있으리라는 것을 금방 알아챘다. 싱가포르의 리콴유와 이집트의 호스니 무바라크(Hosni Mubarak)가 주도하여 대화내용을 감추기 위해 간단한 암호 말을 고안해냈다. 도청 가능성을 아직 눈치채지 못하고 있는 사람들에게 상황을 알리기 위해 쪽지가 돌았다. 세번째 장례식이 돌아왔을 때쯤에는 그 과정이 방문객들의 일상사가 되었고, 우리들 대부분은 벽 뒤에서 우리가 하는 말을 듣고 혼란에 빠졌을 사람들을 상상하면서 재미있어했다.

내 마음속에 뚜렷이 남아 있는 다른 출장여행과 사건들도 있었다. 내가 갔던 나라들 중에서 1982년 11월의 나이지리아 방문은 최악이었다. 부패의 분위기가 도처에 퍼져 사람들을 거의 압도하고 있었다. 나이지리아 사람들은 미국의 의회제도를 본뜬 양원제의 의회를 갖고 있었다. 그 하원의 의장은 그해의 연간 '특별 지출'로 무려 7백만 달러 이상을 썼다고 우리를 향해 공공연하게 떠벌렸다. 뇌물이었다.

우리 일행이 묵은 라고스의 홀리데이 인(Holiday Inn) 호텔은 나이지리아를 상징하는 것 같았다. 홀리데이 인 주식회사는 라고스에 있는 자기들의 시설물에 대한 어떤 연고권도 포기한 지 오래됐지만, 버젓이 여전히 그 이름을 사용하고 있었다. 그들은 나를 에어컨 작동이 안 되는 허름한 방으로 안내했다. 그날은 매우 더웠기 때문에 잠을 이루기가 어려웠다.

밤 1시쯤 됐을 때, 그때까지 조용하던 에어컨이 연달아 불똥을 내뿜다가 결국 화염에 휩싸였다. 소화기가 없어서 나는 베개로 두들겨서 불을 껐다. 옮겨갈 빈방도 없었기 때문에 나는 불에 탄 에어컨이 풍기는 고약한 냄새로 가득 찬 방에서 그날 밤을 보냈다.

당시 서아프리카에서 널리 사용되는 악명 높은 머리글자 말이 있었다. 그것은 'WAWA'였는데, 그 의미는 '승리는 이번에도 서아프리카의 것'(West Africa Wins Again)이라는 것이었다. 나는 내가 WAWA의 확실한 본보기를 견뎌냈다고 느꼈다. 그 다음날 아침, 우리는 나이지리아에서 하루 일찍 떠날 수 있는 명분이 생긴 것이 기뻤다. 브레즈네프의 장례식 참석을 위해 모스끄바로 향하는 긴 비행에 나서야 했기 때문이었다.

모스끄바에서 돌아온 뒤 한번은 한때 로디지아로 불리던 짐바브웨를 방문했다. 그때는 그 나라가 로버트 무가베(Robert Mugabe)의 통치 아래로 들어간 지 얼마 안 되는 시점이었다. 우리가 하라레(Harare)로 들어가는 여정은 낙관적이고 희망적이었다. 연도에는 흑인과 백인 학생들이 함께 줄지어 늘어서서 즐거운 표정으로 우리에게 손을 흔들었다. 그러나 우리의 방문에서 밝은 면은 단지 그것뿐이었다.

부통령은 가혹한 독재자 무가베가 떠오르는 골칫덩이라는 사실을 즉각 알아차렸다. 우리는 백인 사업가들과 목장주들을 만났다. 그들은 자기들을 외국으로 쫓아내려는 압력이 점점 커져서 이제는 테러로까지 발전하고 있다는 이야기를 했다. 우리 일행은 모두 불편한 심정으로 짐바브웨를 떠났다. 1982년 이후 그곳에서 일어난 일들은 우리가 상상해볼 수 있는 그 어떤 것보다도 더 나빴다. 경제는 모두 파괴되었고 인플레이션은 지탱하기 어려운 수준에 달했는데도, 무가베는 여전히 무자비한 탄압으로 권력 유지에만 힘쓰고 있다.

1983년 1월 부시는 자기의 가장 중요한 여행을 시작했다. 유럽에 가서 유럽의 동맹국들에게 퍼싱 미사일(Pershing missile)의 유럽 배치를 설득하는 것이었다. 그 미사일은 이른바 중거리 핵전력(INF, Intermediate Range Nuclear Force)이라는 것으로, 강력한 소련의 다탄두 미사일인 SS-20의 유럽 배치 의도를 무력화하기 위한 것이었다. 부시는 INF의 성공적 배치를 위해 유럽의 9개국을 방문했다. 부시는 도착하는 각각의 나라에서 모두 똑같은 내용의 강력하고 직설적인 연설을 반복했다. 그의 이른바 '순회 선수단'에 속한 우리는 연설을 듣기가 점점 지겨워졌지만, 그래도 그 연설은 효과가 있었다.

부시가 귀국하자 평소 칭찬에는 인색하던 『워싱턴포스트』가, 그것도 특별히 공화당원인 그를 칭찬하는 「조지가 해냈다!」는 제목의 칼럼을 1983년 2월 13일자 신문에 게재했다. 다음은 그 칼럼의 일부를 인용한 것이다.

그는 주의 깊게 듣고 나서 미사일 문제에 대한 워싱턴의 입장을 자세히 공을 들여 설명했다. 유럽인들이 허심탄회하게 그 문제를 다시 생각해볼 수 있도록 하는 접근 방식이었다. 그는 그 설명에서 미국정부가 미사일 배치를 즐기거나 그것을 가지고 군사적 대결을 지향하는 것이 아니라, 다만 미국의 리더십을 주장하고 동맹국들의 신뢰를 받을 만한 자격을 얻고자 한다는 점을 이해하도록 유도했다.

1983년 6월 우리는 오슬로를 방문했다. 그곳에서 우리는 2차 대전 중 나치의 노르웨이 점령에 관한 너무나 충격적인 전시회를 관람했다. 전시장에 들어가기 위해 사람들은 가파른 계단을 내려가서 수백 개의 독일제 모제르 소총의 총부리로 문틀을 만든 좁은 입구에 도달한다. 그 안으로 들어가면, 나치의 공포를 묘사한 것들이 전시되어 있다. 투옥, 심문, 고문, 끊임없는 정치선전과 관련된 것이다. 조국을 배신한 뒤에 나치에게 매수되어 나중에 그들의 잔인한 꼭두각시로 변한 노르웨이 정치인 비드쿤 큐슬링(Vidkun Quisling)이 생생하게 묘사되어 있는 것을 보고, 나는 노르웨이인들이 그에 대해서 가지고 있는 영원한 증오심을 느낄 수 있었다. 전시장에서 바깥으로 올라오자, 여러차례 심호흡을 해서 맑은 공기를 가슴에 채워넣어야 할 것만 같은 느낌이 들었다.

마지막에 우리는 독일로 날아갔다. 부통령은 헬무트 콜(Helmut Kohl) 총리를 만나 INF 미사일을 실제로 배치하는 데 따르는 기술적·정치적 문제들을 논의했다. 콜은 독일이 그것을 배치하는 데 대해 특히 네덜란드인들이 꺼리고 있다는 것을 알고 있었지만, 독일이 예정된 날짜에 배치하는 것이 매우 중요하다는 것도 잘 인식하고 있었다. 부시는 그 문제에 대해 소련의 안드로뽀프 서기장과 나누었던 매우 솔직한 대화를 설명했고, 그래도 그것을 해내겠다고 약속했다. 부시와 콜은 강력한 유대를 맺고 있어서, 독일 국민 일부가 아주 싫어하는 미사일 문제 같은 어려운 문제를 해결하는 데 아주 큰 도움이 되었다.

1983년 6월 25일 독일의 크레펠트(Krefelt)에서 보트로프(Bottrop)까지 육로로 가는 도중 부통령의 차량 행렬은 그 길을 따라 드러누워 기다리고 있던 일단의 시위대에 저지되었다. 차량 행렬이 잠시 멈췄다. 공격자들은 중세풍의 검은 옷을 입고 슬금슬금 다가왔다. 두건이 달린 옷을 입은 자가 내가 타고 있는 차로 뛰어와서 차창에 돌을 던지고 괴성을 질러댔다.

아무도 다친 사람은 없었다. 그러나 우리는 모두 INF 미사일의 배치에 반대하는 사람들의 얼굴을 직접 대면할 수 있었고, 그건 그렇게 보기 좋은 광경은 아니었다. 독일인들, 그중에서 특히 헬무트 콜은 그 사건에 크게 당황했다. 그러나 부시는 그 일을 가볍게 넘겼고, 그렇게 함으로써 수상과의 우정을 더욱 단단하게 했다.

부시의 순방 뒤에 내려진 유럽 국가들의 결단은 소련인들에게 유럽을 지배하겠다는 위협은 미국의 맞대응을 초래할 뿐이라는 것을 보여주었다. 그 결과 1987년 12월 8일 모든 중거리 핵전력의 유럽 배치를 금지하는 내용의 미국-소련 간 INF 협정이 체결되었다.

1983년 9월 부시는 동유럽 4개국을 방문하기 전에 먼저 모로코, 알제리, 튀니지를 방문했다. 지중해 남쪽 해안을 따라 세워진 기착지의 도시들은 대단히 환상적이었다. 튀니지인들은 활달하고 세련된 사람들이었다. 그들은 페니키아인들의 침략 이후 자기들이 겪어온 계속되는 무수한 침략, 전쟁, 점령에 대해 이야기했다. 나는 고고학자들이 땅속에서 발굴해낸 카르타고의 무너진 유적지들도 가보았다. 기원전 202년의 자마(Zama) 전투에서 한니발(Hannibal)의 군대가 스키피오 아프리카누스(Scipio Africanus)의 군대에 완전히 패배한 이후 튀니지는 여러 세기에 걸쳐서 로마의 지배 아래에 놓이게 되었다.

나는 어떤 교양이 넘치는 튀니지인에게 과거에 점령당한 역사에서 어떤 것이 가장 잔인했는지 물어보았다. 그는 주저 없이 스페인의 점령이라고 했다. 마지막 무어인들을 1492년 그라나다(Granada)로부터 몰아내고 북아프리카 해안의 대부분을 장악했던 시기의 스페인 사람들을 이르는 것이다. 스페인 점령자들은 각 가정마다 칼을 단 한 개씩만 부엌 벽에 묶어놓고 빵을 자를 때만 쓸 수 있도록 허용했다고 한다. 칼을 들고 다니면 누구든 그 자리에서 바로 죽음을 맞았다.

알제(Algiers)에서 나는 프랑스로부터 독립하기 위한 알제리의 독립 투쟁에 대해서 군 장교 여러명과 토론을 하였다. 그들 중 한명은 영어를 아주 잘했는데, 때로는 알제리 사람들의 좌절감이 "한니발의 절망보다 더 깊은 것"이었다고 말했다. 지금까지 나는 역사의 긴 회랑을 따라 메아리치는 그보다 더 깊은 표현을 다시 들어본 적이 없다.

1983년 12월 부시는 라울 알폰신(Raul Alponsin) 대통령의 취임식에 참석하고자 부에노스아이레스에 갔다. 그는 8년간의 군부통치 끝에 처음으로 민주적으로 선출된 아르헨티나 대통령이었다. 그 방문에서 가장 생생하게 기억나는 것은, 우리가 국회의사당 근처의 널따란 광장이 내려다보이는 넓은 발코니로 나갔을 때 부시 부통령의 사절단을 맞이한 이상한 소음이었다. 우리가 막 신임 대통령을 만나서 인사를 하고 있는 동안, 확성기에서 광장을 빽빽하게 채운 엄청난 군중들을 향해 우리가 미국 사절단이라고 소개했다. 그러자 부통령과의 이전 여행에서 들었던 어떤 소리와도 다른 기묘한 소리가 파도처럼 밀려와서 우리를 에워쌌다. 아래를 내려다보니 군중의 반은 우리에게 박수를 보내고 나머지 반은 한층 더 격렬하게 우리를 향해서 우우 하는 야유를 보내고 있었다.

이런 두 갈래로 나뉜 반응이 나타난 이유는 1982년에 발생했던 포클랜드 전쟁의 불씨가 그때까지도 사그러들지 않고 남아 있었기 때문이었다. 1982년 아르헨티나의 이전 군부정권은 그 섬을 영국으로부터 무력으로 탈환하려고 나섰지만, 오히려 아르헨티나의 참담한 패배로 끝났다. 알폰신이 선출된 것은 이 군사적 대실패의 결과였지만, 많은 아르헨티나 사람들은 마거릿 대처의 강력한 대응을 미국이 지원한 것에 대해 마음속 깊이 분개하고 있었다. 그래서 자기들의 감정을 그날 우리에게 격렬한 야유로 보여준 것이다.

1983년 12월 11일 우리는 미국으로 돌아오는 도중에 엘살바도르에 잠시 들렀다. 거기서 부시 부통령은 미국의 지도자로서 강력한 모습을 연출하였다. 명민한 외교관으로 지금도 현역으로 활동하고 있는 톰 피커링(Tom Pickering)이 현지 대사였는데, 그는 워싱턴으로 보내는 전문을 통해 엘살바도르 군부가 인접 니카라과에 근거지를 두고 있는 자국의 반군에 대해 야만적이고 완전히 역효과만 나는 군사작전을 수행 중이라고 보고하였다. 반군을 숨기고 있다고 조금만 의심이 되어도 촌락 전체의 모든 주민들이 학살당하는 판이었다. 피커링은 부통령에게, 엘살바도르 군부에게 이 문제를 제기하고 군부가 반군 토벌을 명분으로 무분별한 가혹행위를 자행하는 것이 오히려 자기 나라에서 통제력을 상실해가는 원인이라는 점을 알리고 설득해달라고 요청했다.

부시는 약 20명의 엘살바도르 최고위 군부 지도자들을 상대로 이야기를 나누면서, 조금도 사정을 봐주지 않았다. 부시는 베트남에서의 경험은 주민들의 마음을 얻기보다 '사살자 숫자 세기'를 강조할 경우 나타나는 비극적인 결과를 잘 가르쳐준다고 말하였다. 또한 정부군이 실제 대적해야 할 상대는 반군이지 무고한 민간인이어서는 안된다는 점을 분명히 알아야 한다고 강조하였다.

장교 한 사람이 손을 들고 발언하였다. 부통령이 그렇게 말하는 것은 쉽지만, 반군에게 아버지와 아들을 모두 잃은 자기로서는 다르다는 것이다. 죽느냐 죽이느냐 식의 접근만이 승리할 기회를 준다는 얘기였다.

부시는 그 사람에게 유감을 표했지만, 정부는 스스로 더 높은 기준을 지킬 수 있어야 한다는 점을 분명히 지적했다. 그리고 부통령은 "여러분이 그들이 쓰는 방법과 똑같은 식으로 맞서 싸운다면, 그들과 다를 게 무엇인가?"라고 질문했다.

그 질문 뒤에는 긴장된 침묵이 뒤따랐고, 그런 뒤에 회의는 끝났다.

피커링 대사는 나중에 보고를 통해서, 부통령의 발언을 충분히 마음으로 받아들였으며, 이번 방문이 미국과 엘살바도르의 관계에 하나의 전환점을 찍었다고 말했다.

그 회의에서 나는 대사관의 국방부 파견 미국인 무관 한명이 부통령의 발언을 열심히 듣고 있는 모습을 발견했다. 그의 군복 가슴에 달려 있는 눈에 익은 휘장들이 베트남 복무 경력을 말해주었다. 그 회의 뒤에 나는 그에게 대사관이 대응책을 강구하고 있는 반군의 전투 형태에 대해 물었다. 그는 1960년대 후반 싸이공에서 본 것과 아주 비슷하다고 대답했다.

이 대화 덕분에 나는 1년 남짓한 시간이 지난 뒤에 펠릭스 로드리게스를 엘살바도르에 보내게 되었다. 펠릭스는 게릴라 부대에 대한 정보에 기초해서 공격목표를 특정한 다음 헬기로 공격하는 작전이 매우 효과적이라는 점을 엘살바도르 군부에 자문하였다. 펠릭스는 자기의 임무를 성공적으로 수행했지만, 그가 엘살바도르에 간 것은 나에게 뜻밖의 결과를 초래했다. 이에 관한 이야기는 나중에 더 쓰겠다.

1984년 5월, 부시 부통령은 인도와 파키스탄을 방문해서 이슬라마바드와 뉴델리 사이의 만성적 긴장과 적대감을 누그러뜨리고 문제해결을 위해 자기가 할 수 있는 모든 노력을 했다. 전 세계 여러 곳에서 열린 국제회의에서 부시는 인도의 인디라 간디(Indira Gandhi) 수상과 파키스탄의 지아 울 하크(Zia Ul Hak) 대통령을 만나 돈독한 관계를 발전시켜왔다. 그러나 1979년 소련의 아프가니스탄 침공으로 시작된 파키스탄의 혼란과 1984년 10월 시크 극단주의자들에 의한 인디라 간디의 암살은 부통령의 노력을 물거품으로 만들어버렸다.

쏟아지는 비극적 사건의 흐름은 계속 이어져, 지아 대통령까지

1988년 8월 의문의 비행기 추락 사고로 사망했다. 이 추락 사고로 아놀드 라펠(Arnold Raphel) 주파키스탄 미국대사와 다른 파키스탄 고위관리 여러명도 목숨을 잃었다. 3년 뒤인 1991년 5월 스리랑카의 타밀 호랑이(스리랑카 북부, 동부 주를 통합한 타밀족 국가의 건설을 목표로 하는 반군 조직) 테러리스트들은 어머니 인디라 간디에 이어서 인도 수상이 된 아들 라지브 간디(Rajiv Gandhi)를 암살했다. 오늘날까지 파키스탄과 인도가 서로 상대방에게 느끼고 있는 공포와 증오는 아프카니스탄을 안정시키려는 미국의 노력을 계속 좌절시키고 있다.

1985년 10월 부시 부통령과 수행원들은 중국 방문을 대단히 성공적으로 마쳤다. 중국에 가는 도중에 우리는 잠깐 마리아나 제도(Mariana Islands)의 싸이판섬에 들렀다. 거기서 나는 내가 옛날에 자주 드나들던 몇군데 장소를 가볼 수 있었다. 내가 마지막 총각 시절을 보낸 곳이자 멕 커리 그레그의 남편이 되어 아주 행복한 신혼 첫해를 보낸 곳이었다.

중국에서 우리는 네개의 도시를 방문했다. 그리고 배를 타고 리강(漓江)을 따라 내려가는 하루 일정의 그림 같은 여행도 했다. 초록빛 논을 지나고 강가를 따라 자리잡은 어촌들도 지나고, 안개의 장막에 가려진 원뿔 모양의 나지막한 산들 사이를 구불구불한 코스를 그리며 흘러가는 그 강의 흐름은 수천년 동안 중국의 수묵화가들에게 영감을 제공해왔다. 그리고 내가 보기에 그 풍경은 중국의 영원한 정신이었다.

베이징에서는 널리 선전을 해둔 테니스 시합이 한차례 있었다. 그

부통령 안보보좌관 시절. 1985년. (조지 H. W. 부시 대통령 기념도서관 사진)

경기는 부시 부통령과 내가 한편이 되어 부시가 잘 아는 중국 고위관
료 두명과 대결하는 것이었다. 부시는 1974~75년 미국의 베이징 연
락사무소장으로 있을 때 이들과 시합을 한 적이 있었다. 우리는 그
경기에서 쉽게 이겼고, 둘 다 최고로 만족스러운 기분을 맛보았다.

나는 그 1년쯤 전에 처음으로 부시와 한 조가 되어 경기를 했었다.
그때 이후 우리는 거의 진 적이 없었다. 부시는 네트 게임에 능했다.
반사적 움직임이 좋고, 순간적인 판단 능력도 훌륭했다. 즉 볼이 네
트를 넘어올 때 어떤 것을 받아치고 내버려둘지 정확하게 판단했다.
그런 점에서 테니스는 외교와 크게 다르지 않았다. 베이징에서에서
의 경기는 우리의 모험적인 첫 해외원정 경기라서 언론에서도 상당
히 많이 다루어주었다.

부통령의 이전 베이징 방문이 맺은 결실은 1982년 미국-중국 공동 성명을 탄생시켰지만, 이번 방문에서도 그 효과가 우리 눈에 분명하게 드러나 보였다. 어디를 가든 중국인 고위관리들은 모두 우리를 여유롭게 대했고, 부시에게 커다란 존경과 애정을 표했다.

1986년 7월 요르단과 이집트를 가는 도중 부통령은 이스라엘에 들렀다. 나는 회의를 준비하기 위해 부시보다 앞서서 이스라엘에 갔다. 호텔 체크인을 마치고 방으로 올라가자마자 『뉴욕타임스』의 톰 프리드먼(Tom Friedman)에게서 전화가 왔다. 당시 그는 이스라엘 특파원이었다. 프리드먼은 오랫동안 예루살렘의 시장을 지낸 이스라엘의 정치적 거물들 가운데 한 사람인 시어도어 '테디' 콜렉(Theodor 'Teddy' Kollek)과 만나는 자리에 나를 초대해주었다. 우리 세 사람은 1시간 이상을 함께 보냈다. 그날의 만남은 이스라엘의 복잡성, 그 나라의 크기와 형상, 이웃 나라들, 그 내부적 긴장요인들을 알게 해준 매혹적인 자리였다.

콜렉이 이스라엘의 미래에 대해 제일 두려워하는 것은 예루살렘에서 초(超)정통파 유대인 인구가 급속히 증가하면서 내부적 광신주의가 팽창하는 것이었다. 콜렉은 또한 웨스트 뱅크(West Bank, 요르단 강 서안의 이스라엘 점령지역)의 이스라엘 이주민들에 대해서도 걱정했다. 그러나 초정통파들에 대해 말할 때 그가 드러내는 공포와 비통한 분노가 더 충격적이었다. 콜렉의 설명에 따르면 그들은 이스라엘 군대에 복무하지도 않고 세금도 내지 않지만, 자기들의 축일, 관습, 복장을 위협한다고 생각되면 가차없이 폭력을 휘두른다는 것이다.

1994년 2월 브루클린 출신의 어느 유대인 광신도가 헤브론(Hebron)

시의 한 모스크에서 예배를 보고 있는 회교도 29명에게 기관총을 난사했다는 소식을 들었을 때, 나는 콜렉 시장의 말이 머리에 떠올랐다. 1995년 11월 어떤 유대인 우익 극단주의자가 이스라엘의 수상이자 국방장관이며, 전쟁영웅인 이츠하크 라빈(Yitzhak Rabin)을 오슬로 협정에 찬성했다는 이유로 살해했다. 1993년의 오슬로 협정은 팔레스타인과 이스라엘 사이의 평화를 추구하기 위해 1967년의 '6일전쟁'(Six Day War)에서 이스라엘이 점령한 웨스트 뱅크의 일부를 팔레스타인에게 돌려주기로 합의한 것이었다.

이런 문제들은 여전히 우리들을 따라다니고, 지금도 우리를 갈라놓고 있다. 나는 이 어려운 주제들을 다룬 톰 프리드먼의 기사를 대단한 관심을 갖고 계속해서 읽었다. 그리고 그가 2007년에 숨진 콜렉 시장에게 나를 소개해주었던 것에 대해 마음속 깊이 감사하고 있다.

1986년 8월 부시 부통령의 이집트 방문은 그동안 우리가 동행한 모든 여행 중에서 가장 강렬한 시각적 인상을 남긴 여행이었다. 우리는 요르단에서 이집트로 날아갔고, 카이로 1~2백 마일 남쪽에서 처음으로 나일강을 보았다. 그것은 거대한 녹색 뱀이 꿈틀거리면서 사막의 모래를 통과하는 것 같았다.

그 다음날 아침 부시 여사는 동굴 모양의 카이로 박물관을 관광하는 1시간짜리 안내 서비스를 받았다. 가이드는 당당하고 아름다운 이집트 여자로, 모든 설명을 확실히 해줄 수 있는 고고학자였다. 그녀는 미리 골라둔 회랑들 안으로 거의 종종걸음을 치면서 우리를 안내했다. 대단히 흥미로운 관람이었지만 시간이 너무 조금밖에 허용되지 않아서 안타까웠다.

나는 기원전 14세기의 눈부시게 아름다운 여왕 네페르티티 (Nefertiti)의 미완성 흉상을 거의 코가 맞닿을 정도로 가까이 다가서서 볼 수 있었다. 그녀의 아름다움은 수천년의 세월을 뛰어넘어 내 마음을 강하게 때렸다. 나는 그 자리에서 넋을 잃고 서 있었다. 우리 가이드가 나를 보고 빨리 오라는 손짓을 하며 웃으면서 고개를 가로 젓는 것이 보였다. 그녀는 예정 시간에 맞춰서 우리를 박물관 입구까지 다시 안내해갔지만, 부시 여사가 탈 차가 교통 혼잡으로 막혀서 빨리 오지 못해서 기다리는 동안 몇분 여유가 생겼다.

사람들은 모두 부시 여사 주위에 몰려 있고, 가이드는 혼자 따로 떨어져 서 있었다. 그래서 나는 그녀에게 다가가서 그녀의 전문적인 안내에 대해 감사를 표하고, 우리가 방금 본 조각상들이 이집트의 고대 왕과 왕비의 모습을 이상적으로 형상화한 게 아닌지 물었다.

가이드는 자기 동료들 사이에서도 자주 토론하는 주제라고 대답했다. 개인적으로 그녀는 우리가 본 조상(彫像)들과 조각 작품이 실물을 있는 그대로 정직하게 묘사한 것이라고 믿고 있었다. 그녀는 그 증거로 긴 턱, 두꺼운 입술, 주름 진 얼굴의 못생긴 아크헤나텐(Akhenaten) 왕의 흉상을 예로 들었다.

나는 네페르티티에 대해서 물었다. 그러자 그녀는 내가 그 여왕을 넋을 잃고 보고 있는 걸 봤다고 말했다. 그리고 깔깔대며 "걱정 마세요. 그건 진짜 모습 그대로이니까요." 하고 말했다.

나는 가이드에게 이렇게 큰 박물관 안에서 특별히 좋아하는 것이 있는지 물었다. "물론 있어요." 하고 그녀가 대답했다.

우리에게 그것을 보여주었느냐고 물었더니, 아니라고 했다. 나는 왜 그랬는지, 그 유물이 무엇인지 물었다. 그녀는 자기가 좋아하는 것은 정교한 나무 조각품인데, 자기는 그 아름다움 때문만이 아니라 그렇게 수천년의 세월을 견디면서 살아남았다는 사실 때문에 높이 평가한다고 했다.

그런 다음 "왜 그런 것을 물어보시나요?" 하고 물었다.

나는 우리 부부가 피렌체의 우피치 미술관을 서둘러 관람한 적이 있는데, 그렇게 빨리 통과하는 중에 어느 전시품 앞에서 내가 발길을 멈췄다가 사람들에게 억지로 끌려간 일이 생각나서라고 대답했다. 그녀가 어떤 작품이었는데 그랬냐고 물어서 미켈란젤로의 브루투스 흉상이라고 대답했다. 그녀는 크게 웃으면서 자기도 그 작품을 좋아한다고 말했다. 우리는 좋은 친구가 되어 헤어졌다.

나일강의 상류로 한참 올라간 지역의 룩소르(Luxor) 맞은편에 있는 '왕가의 계곡'(Valley of the Kings)에서 우리는 특별히 아름다운 벽화들이 있는 최근 발견된 무덤 안에 들어갈 수 있었다. 그 무덤은 일반인들에게는 거의 입장이 허용되지 않았다. 무덤 안으로 내려가는 길은 내리막 터널 굽이굽이마다 사람들이 거울을 들고 서서 햇빛을 연달아 반사하여 내부를 밝혀주었다.

그 빛은 생생하고 밝았지만 몇미터씩이나 간격이 떨어져 있는 5~6명의 사람들 손을 거쳐 오기 때문에 좀 흔들렸다. 그래서 그들은 반사광의 위치를 목표지점에 정확히 맞춰서 유지하기 위해서 서로 큰 소리로 외쳐가며 말을 주고받았다. 우리는 이 연기 없는 불빛이 고대에도 사용되었던 방법이며, 무덤 안의 손상되기 쉬운 벽화를 보존하는 데에는 결정적으로 중요하다는 설명을 들었다.

이집트에서 우리는 나일강의 어떤 섬에서 마지막 날 밤을 보냈다. 워싱턴 주재 이집트 대사는 내 친구였는데, 그날 밤 나에게 옛 이집트 배 펠루카(felucca)를 타자고 초대했다. 큰 삼각돛을 장착한 전통 양식의 배가 빠른 속도로 강의 본류를 향해 우리를 실어다주었다. 대사는 나에게 바닥에 등을 대고 누워서 하늘의 별을 봐보라고 했다.

그다음 몇분 동안, 나는 배의 갑판 위에 누워서 배가 가면서 생기는 진동과 돛의 흔들림을 느끼면서, 이 행성의 영원한 운항과 직접 교감하는 것 같은 기분이었다. 이집트는 내가 부시 부통령과 함께 가본 65개국 중에 멕과 꼭 함께 다시 가보고 싶은 나라였다.

그런 바람은 2006년에 우리 부부가 카이로와 나일강을 다시 찾게 되어 이뤄졌다. 그때 간 그룹에 전에 스페인 두번, 그리고 터키 여행도 같이 갔던 유쾌한 친구들 스펜서와 미아 김 부부가 함께하여 기쁨이 더했다.


부시 부통령은 교황 요한 바오로 2세와 1984년 2월에 워싱턴에서, 1985년 6월과 1987년 9월에는 바티칸에서, 그렇게 세번 만났다. 폴란드에서 태어난 즈비그뉴 브레진스키는 나에게 자주 '폴란드인 교황'을 존경한다고 말하곤 했다. 그는 교황을 유럽에서 가장 강력한 전략적 사고를 하는 인물이라고 불렀다. 교황은 육체적으로 엄청난 건강체였다. 1981년 5월 암살 기도 사건에서 중상을 입은 뒤에도 믿을 수 없을 정도로 대단한 건강을 보여주었다.

바티칸의 국무장관 아고스띠노 카사롤리(Agostino Casaroli) 추기

경은 소련인들이 불가리아인들에게 교황을 암살하도록 사주했다고 믿고 있었지만 그것은 전혀 입증되지 않았고, 교황도 부시 부통령과의 대화 중에 그런 의심을 한번도 입 밖에 낸 적이 없었다. 1983년 그는 자기를 죽이려 한 터키인이 갇혀 있는 감옥을 방문해서 그를 용서했다. 그 사건에 대한 교황의 관용은 참으로 비범한 것이었고 진정한 인간성의 본보기였다. 소련인들이 교황의 영향력을 두려워할 만한 이유가 있었다. 나는 교황이 동유럽에서, 특히 폴란드에서 소련의 지배를 끝내는 데 중요한 역할을 했다고 믿고 있다.

1987년 9월 말에 부통령은 폴란드를 방문했다. 바르샤바에서는 지금까지 함께 다닌 많은 여행 중 어떤 때보다 많은 최대의 군중이 모였다. 존 데이비스(John Davis) 대사는 부통령을 만찬에 초대했다. 그 만찬 회동에는 야당 노조지도자 레흐 바웬사(Lech Wałęsa)도 초대되었다. 그는 당시 폴란드 자유노조(Solidarity)의 의장이었으며 1983년 노벨평화상 수상자였다.

만찬장에서 부시와 바웬사는 그다음 날 바르샤바의 한 교회에서 '우연히' 만나기로 약속했다. 그곳에서는 경찰에게 살해당한 어떤 가톨릭 사제의 추도식이 열릴 예정이었다. 많은 군중들이 거리에 모여 있었고, 부시와 바웬사가 함께 나타나자 아주 열광적인 환호성이 터져나왔다.

그 무렵에는 부시 부통령이 1988년 대통령 선거에 출마한다는 것이 이미 알려져 있었다. 그래서 바웬사는 만일 미국에서 투표를 할 기회가 주어진다면 자기는 강력하게 부시를 지지할 것이라고 외쳤다. 더 많은 박수가 터져나왔다. 그날 늦게 폴란드 공산당 제1서기 보이체흐 야루젤스끼(Wojciech Jaruzelski) 장군에게도 누구에게 투표할 것인가를 물었다. 그의 대답은 자기도 역시 부시에게 투표한다는 것이었다. 사람들은 폴란드가 전체주의적 통치체제를 막 포기하려는 순간에 와 있다는 걸 실감할 수 있었다. 2년 뒤에 야루젤스끼는 자유 노조를 합법화해서 레흐 바웬사가 1990년 폴란드 대통령이 되는 길을 열어주었다.

폴란드의 옛 수도 크라쿠프(Krakow)를 잠깐 방문한 뒤, 우리는 본 (Bonn)으로 날아갔다. 독일의 최고 지도자들은 폴란드의 발전적인 분위기에 대해서 우리가 느낀 것을 전해 듣고 기뻐했다. 독일 대통령 리하르트 폰 바이츠제커(Richard von Weizsacker)는 특별히 폴란드인들에 대해서 진심어린 애정을 가지고 이야기했다. 1939년 폴란드에 대한 나치의 야만적 침공을 뚜렷이 기억하고 있는 나는 독일의 태도가 그렇게 완전히 달라진 것을 보고 감회가 깊었다.

2010년 봄 이 책을 쓰기 위해 준비하고 있을 때, 나는 문서들 중에서 1989년 1월 6일 레이건 대통령이 한장 가득 써보낸 편지 한통을 발견했다. 그것은 부통령 부시의 훌륭한 점에 대해 쓴 것인데, 이런 내용도 있었다.

오는 1월 20일 조지 부시가 미국의 제41대 대통령으로 취임선서를 하게 되면, 새로운 이정표 하나가 세워질 것이다. 우리 역사에서 겨우 두번째, 그리고 최근 150년 역사에서는 처음으로 현직 부통령이 미국인들의 선택을 받아 대통령으로 선출되어 국민들을 새로운 시대로 이끌어가게 되는 것이다. 이는 조지 부시의 뛰어난 인품과 능력에 대한 경의의 표시이다……

레이건-부시 팀은 지난 1980년 디트로이트에서 우리가 함께 시작한 여정의 바로 첫날부터 어깨를 나란히 하고 일했다. 우리는 출발부터 두 사람의 철학과 실천을 통해 특별한 동반자 관계의 혜택을 누리면서, 국민이 우리에게 요구하는 과제를 수행해나갈 수 있었다. 그것은 불안정한 경제를 다시 세우고, 약화된 국방력을 복구하며, 가정의 가치를 보호하고, 다시 한번 우리 국민들의 기업가 정신을 불러일으키는 일이었다. 부시 부통령은 그중에서도 규제 개혁과 테러와의 전쟁, 마약 퇴치 운동 같은 가장 어려운 임무들을 기꺼이 맡아서 해냈다. 나는 조지 부시가 미국의 역대 부통령들 중 최고라고 말할 수 있다…….

나는 레이건 편지의 복사본을 조지 H. W. 부시에게 보냈고, 이어서 빠른 답장을 받았다. 2010년 6월 26일 메인주에서 써보낸 친필 편지였다.

친애하는 돈(Don),
좋은 편지를 보내줘서 고맙네. 레이건 대통령이 자네한테 보낸 1월 6일자 편지는 내가 본 기억이 없는 게 당연하지. 그분이 나에 대해 해준 말은 물론 자네와 우리 보좌관 팀에 대해 해준 말에 무척 기뻤다네. 정말 그분은 얼마나 친절하고 좋은 사람인가.
멕에게 나의 포옹을 전해주게. 나도 여기서 자네가 중심 역할을 했던 우리들의 그 화려한 시절을 자주 생각하며 지내고 있네.

　대서양 바닷가에서 사랑하는 마음으로.

　조지 B.


　나는 지금까지 대통령들로부터 짤막한 서신들을 많이 받았지만, 특별히 이 편지 두통은 레이건-부시의 관계를 말해주고 있다는 점에서 아주 소중하게 생각하고 있다. 나는 레이건 대통령 재임 기간 8년을 내내 백악관에서 보냈다. 나는 대통령을 둘러싸고 소용돌이치는 수많은 이슈들, 대통령이 상대하지 않을 수 없는 극심한 갈등 관계에 있는 사람들을 가장 가까운 거리에서 직접 보았다. 그의 재임기간은 격동의 시기였다. 특히 국가안보보좌관이 6명이나 거쳐간 외교정책의 무대에서는 더욱 심했다.

　그 모든 것들에 관여하면서 부시 부통령은 경주용 보트의 키잡이처럼, 빠르게 움직이는 대통령직의 업무수행에서 눈에 띄지는 않지만 중요한 역할을 하였다. 레이건 대통령은 외교 정책에서 많은 성과를 올렸는데, 그 분야에서 부시가 수행한 역할은 탁월했다. 나는 아직까지도 대체로 무시되고 있는 레이건 시대의 이 분야의 성과에 대해서, 궁극적으로는 더 많은 역사가들의 관심이 모아질 것이라고 생각하고 있다.

　대통령과 부통령은 사이좋게 잘 지냈지만, 부인들 사이는 전혀 달랐다. 기질부터가 전혀 서로 맞지 않았다. 나는 낸시 레이건을 제대로 알지 못했지만, 그녀의 분노를 사는 것은 매우 현명치 못한 일이라는 건 알고 있었다. 낸시는 대통령과 가까운 사람이면 누구에게든 감정적으로 예민했고 어쩐지 부시 부통령이나 부시 부인과 편하게 잘 지내지 못했다. 나는 그것이 유감스러웠지만, 거기에 대해 무엇을 어떻게 해본다는 건 나의 능력을 훨씬 뛰어넘는 일이었다.

과거 1960년에 아이젠하워 대통령이 부통령 리처드 닉슨을 깔아 뭉개는 대단히 파괴적인 발언을 한 것이 1988년에도 여전히 부통령이란 직책에 어두운 그림자를 던지고 있었다. 아이젠하워에게 대통령의 의사결정 과정에서 닉슨이 보여준 핵심적 역할은 어떤 것이었는지 묻자 아이크는 "일주일 정도 시간을 준다면, 하나쯤 찾아낼 수 있을지 모르겠다"라고 대답했다.

부통령직의 위상은 지미 카터가 자기의 부통령 월터 먼데일(Walter Mondale)에게 어떤 전임 대통령이 했던 것보다도 더 많은 권한을 부여하면서부터 변하기 시작했다. 조지 H. W. 부시와 더 나중의 앨 고어(Al Gore)는 부통령직을 중요성 면에서 새로운 차원까지 끌어올렸다. 그러나 딕 체니에게는 좀 과도한 수준까지 허용되었다고 생각한다.

이 장을 끝내면서 나는 조지 H. W. 부시와 함께했던 내 최악의 테니스 시합을 언급하는 것이 그래도 공평할 거라는 느낌이 든다. 그 시합은 1988년 여름, 메인주 케네벙크포트에서 있었다. 멕과 나는 부시 가족들이 그처럼 모두 소중하게 생각하는 여름 별장에 초대를 받아 무척 설렜다. '만일을 위해' 나는 테니스 라켓도 가지고 갔다.

나는 부시의 고속정 '시가렛 보트'(cigarette boat)를 타고 바다 위를 달렸다. 또 그것을 몰아볼 기회도 얻었다. 부시의 연안에 대한 지식과 바다 사랑이 강렬하게 느껴졌다. 친척들이 번갈아 끊임없이 방문하던 점심시간에, 두 아들 조지와 네일이 나타났다. 부통령은 나에게 갑자기 "돈, 나는 저 녀석 둘을 우리가 이길 수 있을 것 같은데 어때?"라고 말해 매우 놀랐다.

우리 둘은 점심 뒤에 낮잠을 자고 오후 3시쯤 나갔다. 매우 바람이 센 날씨였다. 당시 80대 후반이던 부통령의 어머니 도로시 부시(Dorothy Bush)가 혼자서 조그마한 관중석에 앉아 있었다. 그분은 나에게 의심스런 눈초리를 보내며 나를 재보는 것 같았다. 그 시선은 나를 좀 불안하게 했지만, 손자들이 아니라 아들이 이기기를 원하고 있다는 것만은 분명히 알 수 있었다.

부통령과 나는 아들들과 두 세트를 겨루었지만 두 게임 모두 졌다. 내 플레이는 형편없었고, 스스로 생각해도 정말 창피스러울 정도였다. 아버지 조시 부시는, 언제나 그렇듯이 내 플레이에 대해 너그러웠지만, 아들 조지 W.는 경기가 끝나고 악수하러 네트로 다가와서는 비웃듯 웃으며 "당신들 시원찮은 노친네들이 무엇에 홀려서 우릴 이길 거라고 생각한 거요?"라고 비꼬았다.

코트를 슬그머니 빠져나오면서 나는 감히 도로시 부시를 똑바로 쳐다볼 엄두가 나지 않았다.

나중에 여러차례 부통령과 함께하는 게임이 있어서 나는 상심을 조금은 만회할 수 있었다. 그러나 케네벙크포트에서의 그날 오후의 일은 나의 형편없는 플레이 때문만이 아니라 부시 부자 사이의 불화를 노출시켰다는 점에서 지금까지도 마음에 걸린다.

# 19

# 데니스 대처와 사라진 브래지어

앞에서 말한 대로 1983년 1월과 2월 부시 부통령은 가장 중요한 순방 여행을 성공적으로 마쳤다. 그는 유럽 9개 국가들을 방문하여 소련의 미사일 배치 위협에 대처하기 위해서는 미국의 중거리 핵미사일이 유럽에 배치되어야 한다는 메시지를 전했다. 그 임무가 성공했던 것은 조지 부시가 테니스 코트에서처럼 외교에서도 항상 임기응변의 수완을 잘 발휘했기 때문이다.

그때 우리의 마지막 여행지는 런던이었다. 2월 9일, 마거릿 대처(Margaret Thatcher)는 미 부통령 일행을 다우닝가 10번지의 영국 수상 관저에서 열리는 만찬에 초대했다.

부통령과의 여행 중에 수많은 연회와 만찬에 가봤지만, '10번지'에서의 만찬에 필적할 만한 경우는 한번도 없었다. 이야기를 나누며 만찬장인 위층으로 올라가는데 거기서 살았던 적이 있는 깜짝 놀랄 만한 인물들의 초상화 행렬 앞을 지나가게 되었다. 워털루에서 나뽈레옹에게 패배를 안긴 웰링턴 공작 아서 웰즐리(Arthur Wellesley), 벤저민 디즈레일리(Benjamin Disraeli), 아서 제임스 밸푸어(Arthur James Balfore), 데이빗 로이드 조지(David Lloyd George), 네빌 체임벌린(Neville Chamberlain), 윈스턴 처칠(Winston Churchill) 등이 있었다. 대영제국의 메아리는 아직도 강력했다.

대처 수상은 인상적인 아름다움을 지닌 여자였다. 아름답게 손질한 곱슬머리 금발에 주름 없는 팽팽한 얼굴, 또렷한 얼굴 윤곽이었다. 언젠가 나는 워싱턴의 케네디센터에서 윈스턴 처칠의 전 며느리인 패밀라 해리먼의 옆자리에 앉은 적이 있다. 그녀의 얼굴은 안색이나 골격에서 마거릿 대처를 떠올리게 했다.

그러나 해리먼은 다정하고 애교가 있었던 데 반해, 대처는 철저히 사무적이었다. 해리먼의 옆에 앉았을 때에는 그녀의 염문이 생각났다. 대처와 함께 식탁에 앉았을 때에는 그녀가 노조들과 벌인 전쟁이 생각났다.

만찬회에 참석한 사람은 12명쯤 되었다. 나는 특히 대처의 신임 국방장관 마이클 헤슬틴(Michael Heseltine)에게 마음이 끌렸다. 그는 체격이 크고, 상당히 눈길을 끄는 인물이었다.(체중이 50파운드 적고, 머리 손질을 잘한 도널드 트럼프Donald Trump를 생각하면 된다.) 나는 만찬 중에 그에게서 듣고 싶은 이야기가 많았지만, 그는 거의 한마디도 하지 않아서 마치 주눅이 든 것처럼 보였다.

수상은 모든 방면에서 좌중을 지배했다. 대처는 우리 부통령이 그동안 이룩한 성과에 대해 상당히 만족스럽다고 했다. 대처는 보좌관들 가운데 누구에게도 자기 발언을 보완하도록 요청하지 않을 만큼 자신감에 차 있었다. 그리고 워싱턴과 런던이 미사일 배치 문제에 대해 그처럼 완벽하게 한목소리를 낸 데 대해 감사하고 있다는 것을 분명히 했다. 대부분 수상이 이야기하긴 했지만 우리는 서로 해야 할 이야기는 다 했다고 느끼면서 만찬장을 나왔다. 나는 1924년산 포도주를 한잔 해서 특별히 고양된 기분으로 그 자리를 떠났다.

거의 꼭 1년쯤 지나서 부통령은 다시 런던에 가게 되었다. 이때는 레바논에서 터진 문제들을 논의하기 위해서였다. 1983년 10월, 레바논에서는 단 한 사람의 테러 공격으로 241명의 미국 해병대원들이 죽은 사건(이슬람 공화국 건국을 목적으로 그해에 탄생한 시아파 무장세력 헤즈볼라의 첫 범행으로 베트남전 이래 가장 많은 미군이 사망했다)이 있었다.

1984년 2월 12일은 일요일이어서, 대처 수상은 부시와 그의 방문단을 체커스(Chequers)로 초대해서 만났다. 그곳은 1921년 이래 영국 수상의 공식 별장인 아름다운 시골 저택이었다.

곧 중동사태에 대한 진지한 논의가 시작되었다. 그 토론은 에드윈 브레이몰(Edwin Bramall) 육군 원수가 이끌었고 헤슬틴 국방장관이 전문적인 논의를 함께 했다. 대처 수상은 테러가 중요한 위협으로 등장한 데 대해 상당히 충격받은 표정으로 그 토론을 주의깊게 경청했다. 하지만 자기의 국방 관련 책임자들이 현재 진행 중인 군사 동향과 사건들에 대해서 토론을 이끌어가게 한 다음에, 그 내용에 대해서는 대체로 만족감을 표시했다.

토론 중에 핵무기 문제가 주제로 등장하자 대처는 자기는 핵무기의 전면적 폐기에는 강력히 반대한다는 것을 분명하게 밝혔다. 1925년생인 대처는 2차대전 중에는 아직 학교에 다니던 여학생이었다. 그래서 히틀러가 누구보다도 먼저 핵무기를 개발해서 그걸 이미 런던 폭격에 사용 중인 V-1과 V-2 로켓에 실을 것이라는 예상 때문에 영국인들이 점점 더 공포에 휩싸였던 일을 똑똑히 기억하고 있었다.

대처는 연합군이 핵무기를 보유해야만 소련의 핵무기 사용을 막을 수 있다고 말했다. 그리고 중동이 점점 더 불안해짐에 따라, 영국과 그 동맹국들이 핵 억지력을 지속적으로 보유하는 것이 절대적으로 필요한 일이 되었다고 말했다.

약 30명의 사람들을 위한 즐거운 오찬이 이어졌다. 부시 여사는 이번 여행에 부통령과 동행했는데 자신을 "영국 역사상 최초의 수상 남편"이라고 웃으면서 소개한 데니스 대처의 옆에 앉았다. 그와 부시 여사는 특별히 잘 통했다. 두 사람 다 뛰어난 유머감각을 갖고 있어서 둘의 웃음소리가 여러차례 식당을 울렸다.

나는 헤슬틴 장관의 테이블에 앉아 있었는데, 우리는 둘 다 1년 전 다우닝가 10번지에서 만났을 때 서로 이야기를 거의 하지 못했다는 것을 기억하고 있었다. 헤슬틴은 초기에 대처에게 다소 기가 죽었고, 그래서 대처에게 적응하는 게 상당히 까다롭고 어려운 과정이었다는 것을 솔직히 시인했다.

2년 뒤인 1986년, 헤슬틴은 마거릿 대처와 결별했다. 그리고 보수당의 당대표 자리를 놓고 그녀에게 도전했다. 그는 나중에, 1990년 수상으로 선출된 존 메이저 밑에서 부수상으로 일했다.

점심 뒤에 나는 데니스 대처에게 가 내 소개를 했다. 그는 붙임성이 좋은 사교적인 사람이었고 대단한 이야기꾼이란 사실을 알 수 있었다. 그는 재미난 골프 이야기들을 줄줄이 외고 있었고, 자기가 잘

하고 자주 하는 골프 게임에 대해 이야기하기를 좋아했다. 대처 부부는 서로에게 지극히 헌신적이라는 것이 확연히 드러나 보였다. 그리고 나중에 대처가 남편을 자기의 '황금의 실(絲)'이라고 부른다는 것도 알게 되었다. 아마도 데니스 대처가 매우 성공한 사업가로서 아내의 가장 강력한 후원자 역할을 자연스럽고 편하게 할 수 있었기 때문일 것이다.

1985년 7월 4일 주영 미국대사 찰스 H. 프라이스 2세는 런던의 첫 미국대사 부임 200주년을 기념하는 화려한 만찬을 열었다. 부통령과 부시 부인이 유럽 7개국 순방의 마지막 일정으로 영국에 와 있어서 그 경축행사에 참석할 수 있었다. 그 행사는 하루 전날 64명이 참석한 다우닝가 10번지 수상관저 오찬회로 시작되었다.

모든 사람들이 축제 분위기에 들떠 있었다. 부시 여사는 이번에도 데니스 대처의 옆자리에 앉았는데, 두 사람이 얼마나 많이 함께 이야기하고 웃으며 즐거워하는지 볼 수 있었다.

다음날 저녁 대사관저에서 열린 리셉션과 만찬에서는 일찍이 내가 참가한 모든 행사들에서 어울렸던 어떤 인사들보다 더 화려하고 흥미로운 수많은 손님들을 볼 수 있었다. 영국, 미국, 유럽 주요국에서 온 참석자가 적어도 200명은 되었다.

모든 손님들이 영접 대열을 통과해서 입장하고 나자, 부시 여사가 장난기가 섞인 눈빛을 반짝이며 나에게 다가왔다. 그녀는 아름다우면서 도발적이기도 한 여자 손님이(작가 플로베르에겐 미안하지만, 여기서는 그녀를 엠마 보바리라 부르겠다) 목이 깊게 파이고, 헐렁한 드레스를 입고 있다는 걸 의식한 것이다. 부시 여사가 "돈, 엠마 보바리가 말예요, 브래지어 하는 걸 잊었나봐요. 당신이 가서 그 여자에게 좀 알려주실래요?" 하고 말했다.

나는 "미세스 부시, 부인을 지키기 위해서라면 기관총 진지라도 돌진하겠지만, 지금 부탁하신 건 해낼 용기가 없습니다." 하고 대답했다.

그녀는 활짝 웃으면서, "당신에게 정말 실망인데요."라고 말하고, 다른 장난을 하러 돌아섰다. 최대한 빨리 엠마 보바리를 확인해본 결과 나는 부시 여사의 말이 맞다는 것을 알았다.

만찬장에서 나는 캐리 그랜트의 다섯번째이자 마지막 아내인 바버라 해리스라는 아름다운 흑갈색 머리의 백인 여성 옆에 앉았다. 그녀는 나만큼이나 그날 파티를 재미있어 했다. 만찬이 끝나고 나서 그랜트는 나에게로 건너와 자기 부인과 다정하게 대화를 해준 데 대해 감사를 표했다. 그는 그때 팔순 가까이 되었는데도 멋져 보였다. 그를 만나고 난 뒤부터 나는 그의 옛날 영화들, 그중에서도 특히 〈북북서로 진로를 돌려라〉라는 영화를 한층 더 좋아하게 되었다.

나는 찰턴 헤스턴과도 이야기를 나눴는데, 화제는 테니스였다. 그가 무릎이 좋지 않아 괴롭다고 해서, 나는 뒤로 달리기를 하는 것이 효과가 있을 거라고 권했다. 그는 "분명 사람들이 미쳤다고 할 거요."라고 했다. 나는 그런 조롱을 받아도 좋을 만큼 운동효과가 클 거고 말해주었고, 그는 그렇다면 한번 해보겠다고 했다.

그 정도로 그날 만찬은 전례가 드문 저녁시간이었다.

다음날 아침, 나는 부통령에게 전날 만찬이 재미있었느냐고 물어보았다. 그는 큰 소리로 웃더니 말했다. "데니스 대처가 나한테 와서 '엠마 보바리 곁에 앉아 있었는데, 그녀의 오른쪽 젖꼭지에서 눈을

뗄 수가 없어서 혼났다'고 하더군."

나는 부시 부부와 함께 찍은 사진을 한장 가지고 있는데, 우리가 워싱턴으로 막 돌아와서 찍은 사진이다. 사진 속에서 부시 여사가 나를 보고 싱긋 웃고 있다. 그녀는 그 사진에 "런던에서의 만찬을 생각하고 있어요."라고 쓰고 글씨 아래에 웃는 얼굴을 하나 그려넣었다.

부인보다 열살이 더 많았던 데니스 대처는 2003년에 사망했다. 그는 명민하고 무서운 철의 여인의 배우자로 마음 편하게 살 수 있는 완벽한 남편이었다. 나는 두 사람 모두를 애정과 존경의 마음으로 기억하고 있다.

나는 주로 황혼기의 대처를 그린 최신 영화 〈철의 여인〉을 그다지 즐거운 마음으로 보지 못했다. 그러나 영화는 그녀의 외로움과 데니스에 대한 사랑의 강렬함을 잘 포착하여 그렸다. 그 사랑이 활짝 피어난 모습을 나는 대처 수상의 체커스 별장과 다우닝가 10번지 수상 관저에서 보았다.

# 리처드 닉슨, 그 난해한 인물

나는 리처드 닉슨을 한번도 좋아한 적이 없었다. 1940년대 후반 대학생이던 내가 처음으로 그가 하원 반미(反美)활동 조사위원회(House Un-American Activities Committee)에서 한 일을 신문에서 읽었을 때, 그의 냉혹한 책략을 보고 그에게 완전히 질려버렸다. 나의 반감은 1950년 닉슨이 캘리포니아에서 자기의 민주당 쪽 경쟁자인 헬렌 개허건 더글라스(Helen Gahagan Douglas)를 공산주의적 성향을 가진 인물이라고 당국에 고소하고 상원의원에 당선됐을 때 더욱 커졌다.

내 양친은 두분 다 진보주의자 편이었다. 아버지는 1928년 자신이 허버트 후버(Herbert Hoover)도 아니고, 앨 스미스(Al Smith)도 아닌 사회당 후보 노먼 토머스(Norman Thomas)에게 투표했다는 사실을 무척 자랑스러워했다. 1951년 말에서 1952년 초 내가 워싱턴에 있을 때, 나는 조지타운에 있는 샬럿 핀니 이모 집에서 살았다. 이모는 애들레이 스티븐슨(Adlai Stevenson)의 열렬한 지지자였고 나에게도 그에 대해 많은 이야기를 들려주었다.

나는 아이젠하워 ... ...매우 존경했지만 그가 1952년 닉슨을 러닝메이트로 선택했을 때는 고개를 돌렸다. 그래서 스티븐슨이 선거에서 패배하고 아이크와 '교활한 딕'이 함께 가는 8년간의 동행이 시작되었을 때에는 정말 실망스러웠다.

1950년대 중반, 나는 토오꾜오에서 살았지만 나가노현에 있는 일본 알프스에 가서 등산을 하거나 스키를 탈 기회가 아주 많았다. 어느 여름날, 영국 외교관 리처드 버지스 왓슨(Richard Burges Watson)과 나는 일본 전국에서 가장 아름다운 하이킹 장소 가운데 하나인 카미꼬오찌(上高地) 계곡에서 하이킹 중이었다. 눈 덮인 산봉우리들이 신록의 계곡을 둘러싸고 있었고, 그 사이로 강이 하나 관통해 흐르고 있었다. 카미꼬오찌 계곡에는 또 토오꾜오 제국호텔의 화려한 지점도 성업 중이었는데, 그 호텔은 여전히 프랭크 로이드 라이트가 의도한 기능이 발휘하도록 잘 관리되고 있었다.

우리는 가파른 경사로를 종일 걸으면서 몹시 힘든 하루를 보냈다. 하이킹보다는 힘들고 클라이밍보다는 덜 힘들었으니, 스크램블링이라 하겠다. 버지스 왓슨과 함께 저녁을 먹으러 산을 내려와서 보니 어떤 외국인이 혼자서 호텔 로비의 난롯가에 앉아 있었다. 서로 자기소개를 하였고, 그가 더글러스 B. 맥스(Douglas B. Maggs) 듀크대 법학대학 학장인 것을 알게 되었다.

우리 셋은 함께 저녁을 먹었는데 맥스는 매우 호감이 가는 사람이었다. 일본여행이 처음인 그는 질문을 많이 했고, 우리는 아는 것은 모두 대답해주었다.

뛰어난 미국 변호사로서 맥스는 일본이 오랜 세월 동안 천황의 말이 법이었던 나라였고, 그 결과는 혼돈과 전쟁이었다는 사실을 잘 알고 있었다. 그는 일본사회가 군부독재에서 민주주의로 이행하는 데 필요한 법률적 기본 틀을 구축하는 일을 돕는 데 관심이 있었다. 우리는 잘 되기를 빌었지만, 우리 모두 일본이 갈 길이 멀다는 사실을 잘 알고 있었다.

나는 닉슨 부통령이 1937년 듀크대 법학대학을 졸업했다는 것을 알고 있었기에, 저녁식사가 끝날 무렵 용기를 내서 더글러스 맥스에게 우리 부통령에 대해 어떻게 생각하느냐고 물었다.

맥스는 의자에 등을 기대고 잠깐 생각에 잠기더니, 머리를 가로저으면서 "그는 듀크대 법대 졸업생들 중에서 누구보다도 똑똑한 사람이었다"라고 말했다. 침묵이 식탁 위에 내려앉았다.

"지금은 그를 어떻게 생각하십니까?" 하고 나는 다시 모험을 시도했다.

맥스는 천장을 올려다보더니, "나는 정말 그 친구를 어떻게 생각해야 할지 도저히 알 수가 없어요. 무엇이 그를 지금처럼 변하게 했는지"라고 말하고는, 잠시 말을 끊었다. 이윽고 그는 "최근에 그를 만났지요. 그래서 '딕, 자네는 헬렌 개해건 더글라스가 공산주의자가 아닌 걸 알지 않나. 그런데 왜 그녀를 그렇게 고소했나?' 하고 추궁했지요"라고 말했다. 그리고 다시 잠시 말을 끊었다.

맥스는 "닉슨은 뭐랄까, 부끄러운 듯 고개를 숙이고는 '어쨌든 앞으로는 그런 짓은 안 할 겁니다'라고 말하더군요."라고 덧붙였다.

맥스는 마치 우리가 자기 말에 대해 어떤 시원한 해답이라도 제시

해주지 않을까 하는 표정으로 우리를 쳐다봤다. 우리는 둘 다 아무 말도 하지 않았다. 그리고 우리는 작별인사를 하고 헤어졌다.

1960년 나는 케네디가 닉슨을 이겼을 때 기뻤다. 1962년 닉슨이 캘리포니아 주지사 경선에서 패배했을 때도 기뻤다. 그런데 1968년 리처드 닉슨이 휴버트 험프리(Hubert Humphrey)를 누르고 대통령에 선출되었을 때는 깊이 실망했다. 나는 1970년 9월, 전쟁 때문에, 그리고 그 전쟁을 계속하게 하는 데 개입한 닉슨의 역할 때문에 몹시 침울한 기분에 젖어서 베트남을 향해 떠났다.

1972년 2월 닉슨과 헨리 키신저가 중국을 방문했다는 소식을 듣고 나는 크게 놀랐다. '그 작자가 도대체 지금 와서 무슨 짓을 하는 거지?' 하고 자문해보았다. 나는 여전히 비엔 호아에 있었고, '베트남화'는 순조로이 진행 중이었다. 그러나 그 군사적인 현실은 변함이 없었다. 우리는 중국이 추진하고 있는 정책, 즉 동남아 국가들을 자기네 영향력 아래로 차례로 복속시키는 정책의 '도미노' 효과를 막기 위해 베트남에서 싸우고 있는 게 현실이었다.

1972년 6월, 내가 비엔 호아를 막 떠나려고 할 무렵 처음으로 워터게이트 빌딩 침입 사건에 대한 뉴스를 들었다. 나는 그 무분별한 행동이 닉슨을 곤란하게 만들어서, 1972년 11월 선거에서는 절대 재선되지 않을 것이라는 생각부터 했다.

나는 크게 오판했다. 유망하게 보였던 민주당의 대통령후보 경선에 나섰던 에드 머스키(Ed Muskie)가 뉴헴프셔의 눈 속에서 울고 있는 것처럼 보이는 사진이 신문에 나오는 바람에 그의 선거운동이 중단됐다. 그리고 그 대신 조지 맥거번(George McGovern)이 민주당 대통령후보로 지명됐다. 닉슨은 매사추세츠주를 제외한 모든 주에서 맥거번을 이기고 당선되었다.

워터게이트의 진실은 대체로 『워싱턴포스트』의 용감하고 지칠 줄 모르는 보도 덕분에 밝혀졌다. 그리고 1974년 8월 닉슨은 불명예를 안고 사임했다.

제럴드 포드 부통령이 새 대통령에 취임했다. 그리고 1974년 9월 8 일 포드는 국민이 '치유'를 원한다면서, 대통령직에 있으면서 저지른 모든 행위에 대해 닉슨의 죄를 사면했다.

포드의 닉슨 사면은 극단적인 논쟁을 불러일으켰는데, 그것이 그 가 1976년 선거에서 지미 카터에게 패배하는 데에 기여한 것만은 분 명해 보였다.

닉슨에 대한 나의 관점은 시간이 흐르면서 다소 개선됐다. 그의 중 국개방이 가져온 전략적 이익이 나타나기 시작하여, 때때로 타이완 과 중국 사이에서 불가피한 것처럼 보이는 충돌을 미국이 저지할 수 있게 해주었다. 우리는 중국과 소련 사이에 엄청난 긴장 상태가 존재 한다는 것을 알게 되면서 모스끄바와 전략무기 제한협정을 맺을 때 그랬듯이 소련에 대해 좀더 자신있는 입장을 취할 수 있었다.

나는 닉슨의 중국개방이 2차대전 이후 미국의 단 하나, 가장 위대 한 외교적 성과인 것이 이제 분명해졌다고 생각한다. 지난 30년에 걸 쳐서 나는 헨리 키신저와 상당히 잘 알게 되었다. 나는 그의 총명함 과 유머감각을 존경한다. 뉴욕에서 열린 큰 만찬회에서 내가 그를 소 개할 기회가 두번이나 있었는데, 우리 둘이 미 육군 하사관 출신이라 는 공통점이 있다는 사실을 군이 소개에 집어넣었다. 그것 외에도 중국에까지 적극적으로 손을 내민 그의 역할에 대한 나의 존경심은 시간이 가면서 점점 더 커졌다. 그것은 신성 새세를 뒤바꿀 만한 외교적 업적이었다.

부시 부통령의 안보보좌관으로 함께 여행을 하는 동안(1982~88), 나는 닉슨이 해외에서는 얼마나 존경을 받고 있는지를 확실히 알았다. 이 나라 저 나라 사이를 건너다니면서, 우리는 닉슨에 대한 칭찬과 그가 얼마나 투명하고 균형감 있게 미국의 이해관계를 대변했는지에 대해 긍정적으로 평가하는 말들을 많이 들었다.

1988년 8월 부시 부통령이 나를 집무실로 불러, 닉슨이 나를 만나고 싶어 한다고 말했다. 내가 그 말에 몹시 당황하는 기색을 보이자 부통령은 상당히 재미있어 하는 표정이었다. 내가 그럴 이유는 없었다. 그때쯤엔 이미 부시가 차기 공화당 대통령 후보 지명자가 될 것이 분명했고, 닉슨은 내가 어떤 사람인지 그리고 어떤 조언을 부시에게 줄 수 있는지를 알고 싶었을 뿐이었다.

부시는 닉슨이 소련과의 지속적인 관계에 특별한 관심을 가지고 있으니 내가 부통령에게 보고했던 문서 중 고르바초프의 소련이 전환기에 들어설 경우 어떤 입장을 취할지 제안한 것을 닉슨에게 주라고 지시했다. 그래서 며칠 뒤에 나는 뉴욕으로 가서 수십년 동안 몹시 싫어했던 사람을 만났다.

닉슨은 맨해튼 중심지의 연방광장(Federal Plaza)에 편안하면서도 크게 눈에 띄지 않는 사무실을 갖고 있었다. 그리고 사무실 안에는 다른 사람은 두세명밖에 없었다. 나는 닉슨이 매우 건강해 보이고, 대단히 편안하고 행복한 모습인 것에 놀랐다. 그는 14년 전 떠들썩하게 백악관을 떠난 이후 거의 나이가 더 들지 않은 것처럼 보였다. 그의 내공이 그처럼 특별한 경력을 거치면서 우여곡절을 헤쳐나올 수 있을 만큼 대단하다는 것이 분명해 보였다.

나는 리처드 닉슨과 완전히 단독으로 만나, 90분 동안 대단히 흥미로운 대담을 했다. 닉슨은 낙천적이고 다정한 사람이었고, 특이한 자기비하의 유머감각으로 나를 경탄하게 했다. 자기의 대통령 재임 시에 있었던 문제와 관련된 것들은 그 어떤 것이든 아무것도 언급하지 않아서, 마치 그런 일들이 아예 없었던 것처럼 느껴질 정도였다. 나는 부시 대통령과 함께 이야기했던 문서를 그에게 전했지만 그는 그것을 바로 읽어보지 않았는데, 그건 나에 대한 예의상 그랬다는 생각이 든다. 그는 부시 부통령에 대해서 크나큰 존경심을 갖고 있었고, 레이건 대통령의 외교정책을 안정시키는 조언자로서 부시가 얼마나 중요한 역할을 해냈는지도 잘 알고 있는 것 같았다.

우리의 회동이 끝나자 닉슨은 나를 출입문까지 안내해주었다. 악수를 하면서 나는 의외의 새 친구를 한 사람 갖게 된 것처럼 느꼈다. 닉슨은 내가 와준 것과 공직자로서 헌신해온 것에 대해 감사의 말을 했다. 그는 또한 부시 부통령에 대한 강한 존경심도 나타냈다.

닉슨은 1988년 8월 16일에 나에게 써보낸 정중한 편지에 "부시는 앞으로 모스끄바 방문 후 당신이 그에게 써보낸 비망록의 결론에서 제시한 세가지 원칙을 지키기만 하면 될 것 같습니다. 그러면 고르바초프와 한편이라면 무엇이든 다 찬성할 수퍼 비둘기파와 아무것도 찬성하지 않을 수퍼 매파 사이에서 계속 똑바로 직선 코스로 나아갈 수 있을 것입니다."라고 말했다. 닉슨은 또 나에게 자기의 저서

『1999』도 한권 보내주었다.

10년 뒤에 잡지 『오르비스』(*Orbis*)에 실릴 글을 쓰면서 나는 21세기 미국의 역할에 대한 미래지향적인 인용구 한 구절이 필요했다. 나는 닉슨의 책 속에서 아주 적절한 좋은 구절이라 싶은 것을 발견해서 그것으로 글을 시작했다.

『오르비스』의 편집자는 그것을 딱 잘라 거부하면서 "당신 글을 닉슨의 책에서 인용하는 것으로 시작하면 아무도 그 나머지를 읽으려 하지 않을 것이다"라고 말했다. 그것은 내가 늘 들었던 것과 다르지 않은 리처드 닉슨에 대한 가혹한 평가였다. 그렇다면 이 모든 일이 지난 지금 나는 닉슨을 어떻게 생각하는가? 반세기도 지난 예전에 내가 듀크 대학의 더글러스 맥스에게 그런 질문을 했을 때 그가 한 대답에 공감한다. 따라서 나의 대답도 그의 대답과 매우 비슷하다. 닉슨에 대한 느낌은, 내키지는 않지만 존경하지 않을 수 없는 심정과 깊은 혼란, 두가지 혼합물이라고 말할 수 있을 것이다.

# 핀란드 커넥션

1997년 4월 17~19일, 호프스트라 대학은 조지 H. W. 부시 대통령의 업적과 그의 시대를 주제로 토론하는 학술회의를 개최했다. 나는 거기에 참석해서 부통령 시절의 부시에 대해 강연했고, 1984년 제네바 군축회의에 소련대사로 참석했던 빅또르 L. 이스라엘얀(Victor L. Israelyan)도 연사로 나와서 강연을 했다.

발언 중에 이스라엘얀은 전 러시아 대통령 미하일 고르바초프가 그 회의에서 연설할 기회를 갖게 될 것이라고 전했다. 그러고 나서 이스라엘얀은 1984년 4월 제네바에서 있었던 부시 부통령와의 회동에 대해 상세히 설명했다. 그 자리에서 부시는 고르바초프가 차기 소련의 지도자가 될 것을 확신한다면서 이스라엘얀에게 비밀회동을 주선해달라고 요청하였다.

이스라엘얀은 그 말을 듣고 놀라서 부시에게 "우리의 다음 지도자 이름을 어떻게 아시오?" 하고 질문했다고 회상했다.

부시는 그 질문에 대해 웃기만 했다는 것이다. 이스라엘얀은 강연을 끝내면서, "그 제네바의 회의 이후 몇년이 지났지만 여전히 많은 의문이 남아 있다. 부시 대통령만이 그것에 답할 수 있을 것이다. … 나는 부시의 놀라운 정치적 직관에서 거기에 대한 설명이 나올 거라고 믿는다"라고 말했다.

이스라엘얀의 질문에 대한 대답은 간단하다. 1983년 7월 이후 부시 부통령은 핀란드 대통령의 집무실과 긴밀하고 직접적인 접촉을 해오고 있었다. 그리고 핀란드인들을 통해 고르바초프가 집권자의 위치로 부상하고 있다는 점과 그의 통치 철학, 그가 원하는 개혁들에 대해 잘 알고 있었다.

어떻게 그 모든 일들이 시작됐는가는 지금부터 설명하겠다. 1970년대 말과 1980년대 초에 걸친 여러해 동안, 나는 일주일에 두세번 워싱턴의 핀란드 대사관 직원 타파니 카스케알라(Tapani Kaskeala)를 상대로 출근 전 아침 테니스 시합을 했다. 그 전에 나는 핀란드인들과 한번도 인연이 없었는데, 타파니가 놀랄 만큼 훌륭한 친구이자 테니스의 강력한 적수란 것을 알게 되었다. 우리는 버지니아에 있는 매클레인 래킷 클럽에서 경기를 했다.

타파니는 나보다 스무살이나 아래였지만 그때 나는 내 생애에서 최고의 테니스 경기력을 보여줄 수 있었기에, 매클레인 클럽 챔피언십 싱글과 더블 게임에서 전부 우승했다. 나는 우리가 한 시합의 약 60%에서 이겼다. 타파니는 놀랄 정도로 경쟁심이 강했고 자기가 잘못 쳤을 때나 내가 특별히 잘 쳤을 때는 미친 듯이 화를 내면서 핀란드 말로 욕을 했다.

핀란드 말은 세계에서 가장 어려운 말 가운데 하나이다. 하지만 타파니는 그 욕이 영어로 무슨 뜻인지 말해주려 하지 않았다. 그것은 매우 이상한 음색이었는데, 물개의 짖는 소리와 코요테의 왈왈거리는 소리 중간쯤 되었다. 타파니는 자기의 근사한 핀란드식 어법으로 다음과 같이 말했다. "내가 무슨 말을 지껄이는지 말해드리고 나면 민망해서 다시는 그 욕을 못하게 될 거 아닙니까?" 그렇게 해서 그는 계속 욕을 해댔고, 나는 그 모든 욕을 무척 재미있게 들었다.

우리는 서로 집에도 드나들었기 때문에 나중에 나는 핀란드 대사관의 다른 사람들도 알게 되었다. 그들은 나를 정기적으로 열리는 자기들 대사관의 '살롱 모임'에도 초대했다. 그곳에 모인 사람들은 최근의 이벤트에 대해서 토론을 했다. 그 모임들 중 하나에서 나는 막스 야콥슨(Max Jakobson)을 만났다. 그는 핀란드의 고위 외교관의 일원으로 전 핀란드 UN 대사였다. 1971년, 야콥슨은 노르딕 5개국의 UN 사무총장 후보였지만, 소련의 거부권 행사로 낙마했다.

나는 야콥슨의 소련에 대한 견해가 흥미롭다는 것을 알았다. 그는 유창하고 자세하게 1940~41년의 겨울전쟁에서(제2차 세계대전 중 소련이 핀란드를 침공하여 발발한 겨울전쟁은 1939~40년간 진행되었다. 저자의 착오인 듯하다), 소련의 공격에 대한 핀란드의 격렬한 저항이 이오시프 스딸린의 생각에 어떤 영향을 미쳤는가에 대해서 이야기했다. 아래는 그가 자기의 저서 『핀란드: 신화와 현실』에서 그것에 대해 표현한 것이다.

1940년 여름에 3개의 작은 나라들(라트비아·리투아니아·에스토니아)이 소련에 합병됐다. 그러나 핀란드는 싸웠다. 그리고 이것이 스딸린에게 깊은 충격을 주었던 것 같다. 아마도 군사적 용맹이 야말로 그가 가장 높이 평가하는 한 나라의 사실이었을 것이다. 그는 군사력 이외는 어떤 것도 존중하지 않았다. 그것은 그의 유명한 '교황의 사단'에 대한 반문에서 잘 드러난다.(2차대전시 처칠이 교황도 우리 편으로 끌어들이자고 하자, 스딸린이 "교황이 거느린 사단은 몇개요?"라고 반문했다는 일화) …찰스 볼렌(Charles Bohlen)이 기록한 바에 따르면, 1943년 12월 테헤란 회의에서 있었던 핀란드 문제에 대한 토론 중 스딸린은 "이런 용기를 가지고 자기 나라의 독립을 위해 싸우는 나라라면 어떤 나라이든 그 독립을 고려할 만한 가치가 있다"고 루스벨트와 처칠에게 말했다. 그의 시각에서 볼 때 핀란드가 군사적 용맹성에 대한 결정적 테스트를 통과한 것이다.

야콥슨은 '핀란드화'(Finlandization)라는 모욕적인 말을 몹시 거북해 했다. 그것은 소련에 바짝 붙어서 사는 나라들에 대해 무차별적으로 적용되었는데, 그 나라들이 결코 모스끄바의 이익에 도전하지 않는다는 것을 뜻했다. 야콥슨은 핀란드는 강력하고 독립적인 중립성을 갖고 있으며, 동방이든 서방이든 내정 간섭을 용납하지 않을 것이라고 역설했다.

핀란드인들에 대해 더 많이 알게 되면서 나는 그 사람들이 모두 그런 식으로 생각한다는 사실을 알게 되었다. 그들은 자기들이 혐오스럽고 까다로우며 잔혹한 이웃의 바로 옆집에 살고 있다는 것을 알고 있었다. 그리고 겨울전쟁에서 스딸린의 인정을 받게 된 덕분에, 다른 소련 인접국들보다 '운신의 여지'가 좀더 생겼다는 것을 인식하고 있었다.

핀란드인들은 또한 소련이 막스 야콥슨의 UN 사무총장 선출을 거부하는 것을 보면서 엄격한 중립의 형태를 유지하는 것이 최선의 선택이라고 깨달았다. 그렇게 해서 그들은 공공연하게 핀란드화라는 모욕적 말로 불리는 아픔을 참고, 실제로는 자기들이 동유럽 나라 중 '핀란드화'가 최소로 진행된 나라라는 것을 인식하면서 잘 견디어왔다.

1982년 중반, 나는 국가안보회의의 아시아 담당 참모 자리를 기꺼이 사임하고 부시 부통령의 안보보좌관 자리로 옮겨갔다. 그 직무는 세계적인 안목을 가질 필요가 있었으므로, 나는 내 핀란드 친구들에게 소련 안에서 그들이 관찰한 것을 더 자세히 물어보기 시작했다.

미하일 고르바초프라는 이름이 즉시 표면으로 떠올랐다. 그는 새로 부상하는 스타였으며 핀란드인들은 그를 깊은 관심과 긍정적인 시선으로 주시하고 있었다. 고르바초프는 그때 소련에서 농업개발을 담당하고 있었다. 소련의 권력서열로 볼 때 그의 주 경쟁자는 강경파인 그리고리 로마노프(Grigory Romanov)였다. 이러한 모든 정보가 부시에게 넘어갔다. 그는 그것에 큰 관심을 나타냈다.

1983년 6월 말, 부시는 북유럽 여행을 계획했다. 그래서 나는 덴마크, 노르웨이, 스웨덴으로 짜여진 정상적 여행일정표에 핀란드를 추가하라고 제안했다. 부시는 쉽게 동의했고 이어서 헬싱키 방문이 이루어졌는데 매우 성공적이었다.

당시 핀란드 대통령은 마우노 코이비스토(Mauno Koivisto)였다. 그리고 그의 부관이 워싱턴에 있는 내 테니스 적수의 남동생인 주하니 카스케알라(Juhani Kaskeala)였다. 주하니는 나중에 핀란드 전군의 총사령관이 됐다. 우리들의 분위기는 격식에 얽매이지 않고 대단히 우호적이었다. 그리고 부시와 코이비스토는 의기투합해서 서로 손발이 잘 맞았다.

방문 동안 코이비스토는 부시를 초대해서 사우나를 같이 했다. 나는 두 사람이 옷을 홀딱 벗고, 한증실에서 건물 복도를 달려 내려가 나란히 발트해로 뛰어들던 장면이 기억난다. 이런 일들로부터 친근한 관계는 발전한다.

헬싱키 방문의 마지막 날 우리는 내 사무실과 마우노 코이비스토 대통령의 비서실장 자코 칼렐라(Jaakko Kaela)의 사무실 사이에 특별 채널을 개설했다. 그것을 통해 군비통제나 소련 문제에 관해 충분한 의견 교환을 조심스럽게 지속할 수 있었다. 나는 이 핀란드 채널을 통해 받은 정보가 국내외를 막론하고 다른 어떤 정보원의 것보다 훨씬 우수하다는 사실을 알 수 있었다. 이에 대한 답례로 우리가 헬싱키로 정보와 군축 전문가들을 보내준 데 대해서 코이비스토는 감사했다.

이 거래의 풍요로운 성과는 1985년 3월, 부시가 3년이 채 안 되는 동안에 3번째 모스끄바 장례식에 갔던 때 곧 나타났다. 부시는 이미 고르바초프를 만날 준비가 충분히 되어 있었고, 고르바초프는 꼰스딴찐 체르넨꼬가 죽은 다음날 소련 공산당 총서기장에 지명됐다.

나는 고르바초프와 부시의 회담장에는 없었지만, 부시는 나에게 자기가 즉석에서 레이건 대통령 앞으로 쓴 편지를 보여주었다. 그것은 고르바초프가 미소 관계에 중대한 변화를 가져오기 위해 협력해야 할 인물임을 분명하게 제시하는 내용이었고, 레이건은 이 조언에 따라 재빨리 행동에 나섰다. 레이건은 1985년에서 88년까지의 기간 동안, 고르바초프와 4차례 회담을 가졌다. 이 회담들은 1989년의 냉전 종식에 이르는 길에 초석이 되었다.

나는 한발의 총성 없이 이뤄진 냉전의 종식이 미국 역사상 가장 위대한 외교적 성과 중의 하나라고 믿고 있다. 우리는 고르바초프가 소련을 새 방향으로 이끌어가려는 분명한 의지를 가지고 막 무대에 등장했을 때 운좋게도 그를 만났던 것이다.

우리가 또 한가지 운이 좋았던 것은, 고르바초프가 추구하려는 목표를 알게 됐을 때 소련에 대한 자신의 생각을 적대에서 우호로 바꾸고 그래서 임기 동안 고르바초프를 네번이나 만날 수 있었던 로널드 레이건이란 사람이 우리 대통령이었다는 사실이다.

1988년 12월 뉴욕 회담에서는 고르바초프를 레이건 대통령과 부시 대통령 당선자 두 사람이 함께 만났다. 그것은 레이건과 부시 두 사람의 대통령 재임 사이의 강한 연속성을 상징하는, 일종의 '안수(按手) 의식'이나 같았다. 그 후에는 부시 대통령 정부 내의 매파와 비둘기파 사이의 논쟁 때문에 부시와 고르바초프는 1년이나 지체된 후에 몰타에서 만났다.

1997년 호프스트라 연설에서 고르바초프는, 1989년 12월 몰타에서 있었던 부시 대통령과의 회담을 언급하면서 다음과 같이 말했다. "몰타는 분수령이 되었다. 그것은 20세기 후반, 한 시대의 획을 긋는 사건이 되었다. 몰타는 냉전의 종식이었다."

1990년 12월 부시와 고르바초프는 또 한번 정상회담을 원했는데, 만나는 장소를 헬싱키로 정했다. 코이비스토 대통령은 비망록『역사의 증언자』에서 거기까지 도달한 외교적 전개 과정에 대한 소감을 다음과 같이 표현했다.

　물론 헬싱키를 선택한 것은 우리로서는 높이 평가해야 할 보상
이었다. 그래서 나는 텔레비전 인터뷰에서 기쁨을 감출 수 없었다
… 이는 (부시와) 이야기를 나눌 수 있는 좋은 기회였다 … 그는 부
통령 임기 내내 정기적인 접촉을 갖고 소련 사태의 진전 및 다른
문제에 대해 의견교환을 해온 것을 상기하였다. 나는 그런 소통에
크게 감사를 표했다.

나는 부시가 핀란드인들에게서 알게 된 정보들을 얼마나 높이 평
가했는가를 잘 알고 있다. 그는 나에게 자주 코이비스토와 핀란드를
존경한다고 말했고 헬싱키 방문의 즐거운 추억들, 특히 사우나를 즐
긴 것을 얘기했다. 부시가 내 사무실과 자코 칼렐라 사무실 사이에 채
널을 설치하도록 한 것은 그런 평가의 증거였다. 부통령 사무실에서
내가 보낸 6년 이상의 기간 동안 그런 종류의 특별한 배려는 그때가
유일했다. 1993년 초 부시가 코이비스토에게 보낸 편지에서 "우리 사
이의 대화"를 중요하게 생각한다고 했을 때, 그건 그의 진심이었다.
　2011년 3월 21일 멕과 나는 워싱턴의 케네디센터에서 열린 부시대
통령의 '포인트 오브 라이트'(Point of Light, 부시 대통령이 주창하여 만들
어진 자원봉사단체) 갈라 파티에 참석했다. 전임 미국 대통령 4명이 모
두 참석했다. 우리는 페카 린투(Pekka Lintu) 핀란드 대사 옆자리에
앉았다. 나는 그에게 부시-코이비스토의 관계와 그로 인해 알게 된
것들을 우리가 얼마나 높이 평가하는지를 말해주었다.

헬싱키에서 두 대통령이 존경과 칭송의 대상으로 기억되고 있다는 사실은 린투 대사가 그 갈라 파티에 참석한 것을 보거나, 그가 나에게 말해준 것에서도 분명히 알 수 있었다.

핀란드는 러시아의 가장 가까운 이웃나라의 하나로 대단한 용기와 깊은 이해를 바탕으로 정말 어려운 역할을 수행했다. 처음에 그들은 소련과 싸웠다. 그때 라트비아, 리투아니아, 에스토니아는 그러지 못했다. 핀란드의 그런 노력에는 지리적 여건도 큰 도움이 되긴 했지만 그런 투쟁은 지리적 여건만으로 충분한 것은 아니다.

핀란드는 그때 중립국의 지위를 충분히 이용해서 바르샤바조약 (1955년 NATA/NATO에 대항해서 소련과 동유럽 국가들이 조직한 군사동맹조약)에 가입하지 않았고, 그 대신에 자신들만의 사회적 경제적 정책들의 기초를 수립했다. 핀란드의 기술 경쟁력, 높은 교육수준, 사회적 평온은 오늘날 그들을 세계에서 가장 존경받는 나라이자 선진국의 대열에 올려놓았다.

**4**

외교관 시절

**22**

# 주한 미국대사로 서울에

조지 부시 대통령은 1988년 대통령 당선 직후 나를 한국 대사로 지명했다. 나는 상원 청문회까지 7개월이라는 긴 기간을 기다려야 했다. 일부 민주당 의원들이 내가 이란 콘트라 사건에 관련이 있다고 주장하면서 지명 거부를 다짐하고 있었기 때문이다.

한국에서도 나에 대한 반대가 있었다. 특히 미국인 선교사들과 한국 기독교 지도자들이 반대했다. 서울 주재 미국대사로 나의 전임자인 고(故) 짐 릴리 역시 전직 CIA 요원이었는데, 일부 한국인들은 그런 사람 둘이 연달아 오는 것을 원치 않은 것이다.

그러나 다른 한편, 내가 CIA 지국장으로 서울에 근무했을 때를 긍정적으로 평가하면서 환영하는 한국인들도 많았다. 나는 특히 1989년 3월 30일 김대중 당시 평화민주당 당수가 보내준 편지를 가치있는 것으로 생각했다. 그는 편지에 "나는 선생과 함께 대한민국에 민주주의를 실현하려는 우리의 공동 목표를 위해 일하게 되기를 고대하고 있습니다. … 1973년과 1980년에 나의 목숨을 구해준 은혜를 깊이 마음에 새기고 있습니다."라고 썼다.

1989년 9월 나는 마침내 상원 외교위원회의 청문회에 나가게 되었다. 청문회는 시작부터 불길하기 짝이 없었다. 지금은 고인이 된 캘리포니아 출신의 민주당 의원 앨런 크랜스턴 상원의원은 45분 동안이나 나를 물어뜯었다. 그의 끝도 없는 장광설 비난에 논리적 주제가 있다면 내가 청문회를 요청한 것이 상원에서 그런 모욕을 당하는 신세로 만들었다는 것뿐이다. 크랜스턴 상원의원이 나를 향해 계속해서 융단 폭격을 가하는 동안, 나는 마치 나이아가라 폭포 아래서 얼굴을 들고 누워 있는 사람이 된 기분이 들었다.

민주당 의원들의 길고 혹독한 공격이 지나가고 나자, 이번에는 하필이면 공화당의 고(故) 제시 헬름스 의원이 나를 변호하고 나섰다. 이것 역시 나를 몹시 거북하게 했다. 나는 헬름스 의원이나 그의 정책을 한번도 좋아해본 적이 없었기 때문이다.

상원은 마침내 나의 대사 지명을 66대 33의 투표로 통과시켰다. 이는 상당 부분 상원 외교위원회 의장인 로드아일랜드 출신 민주당 의원 고(故) 클레이본 펠 의원과 위원회의 젊은 멤버인 버지니아 민주당 의원인 찰스 롭 의원의 지지 덕분이었다. 나는 앞으로도 그 두 훌륭한 의원에 대해서는 언제나 감사한 마음을 가질 것이다. 그들의 지지가 한반도를 중심으로 한 내 인생에 새로운 장을 열어주었고, 바로 오늘날까지도 이어지고 있기 때문이다.

나는 투표가 끝난 다음에야 내 친구 몇이 자기들이 알고 있는 상원의원들에게 손을 써서 나의 지명을 지지해주도록 강력히 요청했다는 사실을 알았다. 뉴욕의 톰 디바인과 리치먼드의 월터 크레이기가 펠 의원과 롭 의원에게 연락을 한 것이 주효했다. 거기에 대해 한없이 감사하는 마음이다.

나보다 앞서 그리고 나의 후임자로 한국 대사직을 맡았던 사람들의 임기를 돌이켜보면 내가 서울에서 근무했던 시기는 한국전쟁 이후로 가장 파란만장한 격동기였다고 평가할 수 있다.

나는 1989년 9월 서울에 대사로 부임해서 1993년 2월까지 근무했다. 그때 한국에는 대단히 유능한데도 상대적으로 낮은 평가를 받은 노태우 대통령이 있었는데, 그의 남북한 화해정책은 워싱턴으로부터 전폭적인 지지를 받았다. 나는 조지 H. W. 부시 대통령과 굳건한 관계를 유지하고 있었고, 한국은 제임스 베이커 국무장관이 말하는 필리핀 같은 '아시아의 골칫거리'가 아니었기 때문에 우리가 주도권을 유지해나갈 여지가 있었다. 게다가 나는 노대통령의 빈틈없는 국가안보보좌관 김종휘와 업무상 협력관계를 잘 유지해나갔다. 김종휘는 노대통령 임기 5년 동안 계속해서 그 직책을 맡았기 때문에 업무의 연속성과 그로 인한 통찰력이 나에게 매우 큰 도움이 되었다.

무엇보다도 중요한 사실은 짐 릴리가 아직 미국대사로 있던 1987년 여름에 대한민국이 민주주의를 향한 중대한 방향전환을 이룩하여 국민의 직접투표에 의한 대통령 직선제가 허용되었다는 점이었다. 이것은 진정 의미심장한 변화였으며, 한국 국민이 간절히 염원해왔던 일이었다. 짐 릴리 대사는 이런 위대한 변화가 일어나는 데 도움을 준 자신의 역할을 설명할 때면 좀 지나치게 겸손한 것 같았다.

나는 아내 멕에게도 큰 도움을 받았다. 멕은 서울에서의 임기 동안 언제나 훌륭한 파트너가 되어주었다. 특히 가장 크게 도움이 되었던 것은 우리가 처음 김포공항에 도착해서 입국장에 몰려든 취재진의 엄청난 카메라 세례에 내가 놀라서 움츠렸을 때였다. 장기간 질질 끄는 대사직 인준 과정에서 여러차례 기자단과의 괴로운 만남이 있었기 때문에 나는 취재진에게 겁을 먹었다. 멕이 내 옆구리를 찔렀다. "웃어요, 우리는 여기 온 게 기쁜 거예요." 같은 말을 해주었고, 나는 즐거운 얼굴을 할 수가 있었다. 그렇게 해서 우리의 대사직 무대 등장은 성공적인 것이 되었다.

내가 상대해야 할 최초의 공식 방문자 중에는 미국의 유능한 무역 대표부 수장인 칼라 힐스가 있었다. 칼라는 한국인들에게 민감한 무역관련 이슈를 많이 제기하였는데 그중에는 그녀 표현을 빌리면 "단단하게 닫혀 있는 한국의 쇠고기 시장에 좀더 다가가려는 미국의 강력한 욕망"도 포함되어 있었다. 그녀는 한국정부가 결국은 우리의 쇠고기 쿼터를 늘려줄 것이라고 확신하고 있는 것 같았다.

칼라의 대표단이 떠나고 며칠 지난 어느날 새벽 6시쯤 멕과 나는 우리 대사관저 바로 바깥에서 '쾅!' 하는 큰 소리에 잠을 깼다. 대사관저의 경비병들이 즉시 우리에게 전화를 걸어 "학생들입니다, 학생들!" 하고 외쳤다.

맨 처음 든 생각은 '오, 이런! 무기를 갖고 있지 않아야 할 텐데…'였다.

한국 대학생 여섯명이 남쪽 끝의 항구도시 부산에서 승용차로 서울까지 올라온 뒤 차를 뗌틀처럼 이용해서 대사관 경내를 둘러싸고 있는 낮은 울타리를 뛰어넘었다. 그들은 무장하지 않은 대사관저 경비원들을 향해 커다란 폭죽 같은 것을 몇개 던진 다음에, 재빨리 유리창을 부수고 우리 집 안으로 들어왔다. (1989. 10. 13 정청래 등 6명의 전대협결사대가 미국대사관저를 50여분 점거한 사건을 이른다.)

나는 경비장교에게 전화를 해서 한국 경찰에 연락해 현장으로 오게 하라고 명령했다. 거의 즉시 대사관의 해병대 경비대장에게서 재확인 전화가 왔다. 그는 내가 원한다면 부하들을 데리고 당장 출동해서 "사태를 해결하겠다"고 말했다. 나는 그들에게 그냥 대기해달라고 했다. 그것은 내가 '차밍스쿨'(대사직 훈련과정)에서 맨 처음 배운 대로 현지의 민간인이 일탈 행동을 할 경우 진짜 생명의 위협을 당하지 않는 한 해병대 경비병을 그들에게 풀어놓지 말라는 수칙을 실천한 것이었다.

침실 밖에서 나는 소리로 미루어보건대 우리 집에 쳐들어온 것은 훈련받은 암살자 집단이 아니라 너무 쉽게 집 안으로 침입할 수 있어 놀라고 당황해서 다음에 어떻게 해야 할지 모르는 젊은이들이라는 걸 확실히 알 수 있었다. 그들은 우리 침실의 무겁고 튼튼한 문짝을 살짝 밀어보더니 잠겨 있는 걸 알고는 다시 복도 아래쪽으로 물러갔다. 나는 집 안의 앞쪽에서 램프와 그릇류가 부서지는 소리를 들을 수 있었다. 그래서 우리는 뒤쪽의 창문으로 빠져나와서 대사관 단지 안의 다른 건물로 피신했다.

마침내 한국 경찰이 도착해서 학생들은 모두 유치장으로 끌려갔다. 그들의 주목적은 쇠고기 쿼터에 관한 미국의 압력에 항의하기 위한 것이었다. 나는 청와대의 외교담당 의전실에 전화를 해서 그 학생들을 너무 가혹하게 처벌하지 말아달라고 부탁했다. 내 기억으로 학생들은 2년 정도 복역했던 것 같다.

나는 즉시 1마일쯤 떨어진 미국대사관 집무실에 가서 한국 언론과 해외 언론으로부터 쏟아지는 질문에 어떻게 대응할 것인가를 논의했다. 긴급 기자회견이 대사관에서 열렸고 멕과 나는 함께 텔레비전에 나와 한국 경찰이 구해준 데 대해 감사하며 우리는 쇠고기 문제의 민감성을 잘 인식하고 있다고 말했다. 멕은 우아하고 상냥하게 우리가 서울에 오게 되어서 얼마나 기쁜지를 강조했다. 나중에 여러 소식통으로부터 멕이 TV에 직접 출연한 것에 대해 방송을 본 많은 한국인들이 무척 감동했다고 들었다.

나는 나중에 1989년 10월 새벽에 우리를 '방문한' 여섯명의 학생들 중 네명을 만나보았다. 그중 두명은 현재 대한민국 국회에서 떠오르는 스타로 활동하고 있다. 나머지 중 한명은 이딸리아 레스토랑의 주인이며 또 한명은 어느 프랑스 무역회사 직원으로 일하고 있다. 내가 2006년 서울을 방문했을 때, 그들 중 세명이 우리가 묵은 호텔로 찾아와서 모두들 진심으로 사과했다. 그들은 수많은 취재진과 함께 찾아왔기 때문에 결과적으로 엄청나게 많은 기사가 언론에 나갔고, 내가 보기에는 모든 기사가 무척 긍정적인 내용이었다.

그렇게 2부로 구성된 에피소드는 전체적으로 나에게는 전형적인 한국인의 행동이라는 강한 인상을 남겼다. 처음에는 격렬한 항의, 나중에는 극진한 사과가 그것이다. 내가 토오꾜오에서 근무할 때에도 극도로 위험한 일본인 테러단체가 도검으로 무장한 채 미국대사관에 난입한 적이 있었다. 그중 몇명은 감옥에 갔지만, 여전히 위험하고 회개할 줄 모르는 인간들로 남아 있다. 이 두개의 사건은 두 나라의 완전히 다른 극명한 차이로, 한국인이 좀더 낫다는 것을 보여준다.

대사 임기 초기에 나는 USS 미주리함이 한국의 두번째 대도시인 부산항을 예방할 예정이라는 것을 알았다. 나는 펜타곤에 연락해서 한국의 VIP들을 초청해 그 전함의 갑판에서 리셉션을 베풀어도 되는지 문의했다. 나는 미 해군으로부터 열렬한 긍정적 답을 받아서 곧 초청자 명단을 뽑아보았다. 국회의원과 외무부 관리, 한국군 장성들을 포함하여 20명 가량 되었다. 초대받은 한국인들은 파티가 '미주리'함 위에서 열린다는 것을 알고 모두 적극 참석하고 싶어 했다. 미주리함은 1945년 9월 토오꾜오만에 정박하여 그 위에서 일본의 당시 외무장관 시게미쯔 마모루가 일본의 무조건 항복 문서에 서명함으로써 마침내 제2차 세계대전을 종결시킨 바로 그 배였기 때문이다.

나는 그전에 한번도 미주리함에 타본 적이 없어서인지, 그 물리적인 영향력이 대단하게 느껴졌다. 특히 함정 전면과 후면에 튀어나와 있는 16인치 함포들의 위용은 대단했다. 이런 무시무시한 무기가 그동안 미사일과 공군력에 밀려서 거의 완전히 고물 취급을 받았다는 것이 상상하기 힘들었다. 하지만 그것이 현실이어서, 미주리함은 그로부터 몇달 뒤에 퇴역하였다. 그 군함은 지금은 진주만에, 또 한척의 유명한 전함 USS 애리조나함이 침몰해 있는 곳 바로 곁에 영구정박해 있다.

그날 밤 그 배의 2차 세계대전 당시의 위대한 전공을 축하하는 자리에서, 한국 손님들은 일본의 마지막 항복이 새겨진 갑판 위 명판(名板, 사람·사건 등을 기려 이름과 날짜를 적어 벽 등에 붙여놓은 판)을 기분 좋게 살펴보았다. 그날 행사는 나의 대사 임기 중 가장 빛나는 추억으로 남아 있다. 한국의 고위급 인료들은 초청한 첫 행사였는데 모든 게 잘 진행되어서 정말 기뻤다. 한국 사람들은 천성이 남과 어울리는 것을 좋아해서, 어떤 종류든 특별한 행사에 초대받는 것을 고마워했다. 그들은 유머감각이 대단히 뛰어나며, 술이 재빨리 윤활유 역할을 하고, 남자들만 모이는 술자리는 불가피하게 어느정도 소란스러운 자리로 변하는데 나는 그런 것을 충분히 즐긴다. 나는 파티가 끝나고 마지막 손님이 불안한 걸음걸이로 미주리함의 트랩을 내려가고 나자 진정으로 아쉬웠다.

서울에서 미국대사로 지내려면 시내를 아주 많이 돌아다녀야 했다. 내 전용차는 아주 오래된 방탄 캐딜락이었다. 내 차의 기사 홍씨는 귀신같이 차량 흐름을 잘 파악하고 교통 정체 지역을 피해 다녔다. 우리는 눈에 덜 띄는 개인 자가용차도 한대 가지고 왔는데, 멕이 종종 몰고 서울 시내를 돌아다니고 대사관저에서 몇마일 떨어진 용산의 미군기지에서 쇼핑을 하기도 했다. 멕은 대사관에서 끊임없이 이어지는 행사를 훌륭하게 준비하고 치러냈다. 어떤 때에는 수십명의 손님들이 오는 경우도 있었다.

우리 부부는 잃어버린 사생활의 움직임을 갈망해와서 가끔, 특히 기사가 쉬는 일요일이면 우리끼리 놀러 나갔다. 가장 좋아하는 장소는 서울에서 서쪽으로 20마일쯤 떨어진 한강 하구(河口) 부근의 섬, 강화도였다. 그 섬은 한국 역사의 매력적인 축소판 같은 곳이었다. 1231년 한국을 침공한 몽골족은 위대한 기마병들이었지만 바다를 상대하는 데는 무능하기 짝이 없었다. 간만의 차가 매우 큰 물살이 빠른 좁은 수로의 바닷물이 강화도를 보호하고 있어서, 몽골 군대는 한 번도 그 물길을 건널 수가 없었다. 그래서 강화도는 왕족이나 여타 귀족들의 피난처가 되었다.

이 섬은 또한 한강의 입구를 지키고 있어서 한반도가 '은자(隱者)의 왕국'이던 시절에는 요새(要塞) 역할을 하기도 했다. 1866년에는 한국이 세계에 문을 열도록 강압하기 위해서 프랑스가 한강에 진입을 시도했지만 격퇴되고 말았다. 그러나 한국인들은 1871년에는 그렇게 운이 좋지 못했다. 그해에 미국이 최신식 전함들에 해병대를 싣고 한강을 뚫고 들어온 것이다. 해안선을 따라 이어진 두군데 진흙 요새에서 한국인 수백명이 살해되었다.

어느 일요일 우리 두 사람은 아무에게도 알리지 않고 몰래 빠져나와 우리 개인 차를 타고 강화로 놀러갔다. 섬으로 들어가는 다리 입구에 이르렀을 때 어떤 작은 승합차 한대가 우리를 따라오고 있는 것이 분명해 보였다. 나는 어느 주차장으로 들어가 차를 세우고 기다렸다. 승합차가 따라와 섰다. '터미널 꽃가게'라는 글씨가 차의 옆면에 씌어 있었다. 검은 가죽 재킷을 입은 남자 세명이 차에서 나와 태연한 척 연기하느라 무진 애를 쓰고 있었다. 내가 그쪽으로 걸어가서 말을 걸고 인사를 하자, 마침내 순순히 자기들이 경찰이라는 걸 시인했다. 우리는 그들을 받아들였고, 함께 여기저기 드라이브를 다니면서 아주 재미있게 지냈다. 하지만 그들이 우리의 '비밀' 여행을 어떻게 알았는지는 끝내 알아내지 못했다.

우리의 마지막 강화 여행은 대사관 공용차를 타고 수많은 한국인들이 살해당한 두군데 요새를 가보는 것이었다. 두군데 터는 모두 수 많은 한국인 가족들로 소반원이었는데, 우리를 보자 이리저리 서성 거리는 것을 딱 멈추고 조용히 서서 지켜보았다. 우리는 여전히 침묵 에 둘러싸인 채 언덕을 걸어 올라가 한 요새에 다다랐다. 포장된 작은 길에서 아래쪽으로 좀 떨어진 곳에 있는 커다란 무덤을 발견했다. 그 무덤을 향해 다가가자 사람들의 시선이 전부 우리를 따라왔다. 나는 걸음을 멈추고 무덤의 봉분 앞에 조용히 서 있다가 다음엔 허리 굽혀 절을 하면서 죽은 사람들에게 조의를 표했다. 그 순간 사람들의 생기 가 되살아나면서 웅성거리는 소리가 들렸다. 우리가 다시 차가 있는 곳으로 걸어 나오자, 사람들이 우리 쪽으로 웃는 얼굴로 다가왔다. 어 떤 사람들은 손을 내밀어 악수를 청하기도 했다. 한국인들의 역사의 식은 워낙 강력하고 끈질겨서 우리는 곧장 그 속에 빠져들었다.

서울에 있는 미국대사관의 직원들은 대단히 우수했다. 한국인 통 역들과 각 분야의 전문가들이 잘 배치되어 있었다. 미국대사관 내의 한국인 직원들도 역시 막강했다. 그리고 예전에 내가 한국에 근무할 때부터 알고 있었던 사람들이 아직도 많이 남아 있었다. 나는 재빨리 실력이 좋은 테니스 선수들을 찾아냈는데 대개는 하급 장교들이었 다. 나는 그들과 매일 정오에 점심 대신 테니스를 치고자 했다.

대사관의 한국인 직원들과 젊은 미국인 FSO(해외근무요원)들을 접 하면서, 내가 1975년 서울을 떠나던 당시와 대사가 되어 돌아온 사 이 14년 동안 한미관계가 놀랄 만큼 무르익었다는 것을 한눈에 알 수 있었다. 한국 사람들은 전에 비해서 훨씬 자신감이 넘쳤다. 그들은 1988년 올림픽도 멋지게 치러냈다. 대한민국 사람들은 자기 나라가 북한보다 정치적으로나 경제적으로 훨씬 더 강해졌다는 것을 알고 있었고, 이제 외교적으로도 날개를 활짝 펼칠 준비가 되어 있었다.

단 하나 고도의 긴장이 남아 있는 영역은 대학생들과 대부분의 대학 캠퍼스들이었는데, 그곳에는 북한의 영향력이 아직도 강하게 남아 있었다. 나는 대학 캠퍼스에 미리 예고하고 갈 수 없었다. 내가 대학에서 초청 강연을 하기로 한 것을 과격한 학생들이 알게 되면, 그들은 대규모 항의 시위를 하겠다고 위협하여 애석하게도 초청이 취소되기도 했다.

한번은 내가 친하게 지내던 고려대학교 교수가 맡은 야간 강의 시간에 아무런 예고 없이 나갔다. 한국 경찰은 우리 대사관저에 대학생들이 침입했을 때 대응이 늦었던 것에 대해 아직도 얼굴을 붉히고 있던 터여서, 만일의 사태에 대비해서 무려 500명의 시위진압대가 고려대 정문 밖에 몰려왔다.

또 한번은 내가 부산대에서 열리는 한일관계에 관한 학술회의를 후원한 일이 있었다. 그래서 대회 개막 선언을 하기 위해 부산에 갔는데, 신변이 위험하니까 하지 않는 게 좋겠다는 말을 들었다. 그때 그 학회에 참가하기 위해 미국에서 건너온 한 미국인 교수는 캠퍼스 밖에서 학생들에게 제지당해서 여권을 내보이고 내가 아니라는 걸 증명한 다음에야 들어갈 수가 있었다. 내가 인근 호텔방에 시무룩하게 앉아 있는 동안, 그 학술대회는 개막을 했고 성공적으로 잘 진행되었다는 평을 받았다.

임기가 끝나갈 무렵, 가톨릭계 대학인 서강대학교가 나에게 명예박사학위를 수여했다. 학생들의 시위사태를 피하기 위해서 나는 학생들이 캠퍼스 안에 전혀 없는 크리스마스 휴가 기간 중 어느날 밤에 학위를 받았다. 서상대학교 총장 박홍 신부는 한국 대학교에 미치는 북한의 영향에 대해서 전문적인 연구를 한 사람이었다. 그의 말로는 1980년 광주 민중항쟁에 대한 무자비한 진압에 미국이 관여했을 거라는 추측(나중의 설명을 볼 것, 345~50면 참조)과 나의 CIA 경력 때문에 내가 과격 학생운동가들에게는 특별히 먹음직한 목표물이 되어 있다고 했다. 내 후임인 에모리대학 총장 출신의 짐 레이니는 한국 대학 캠퍼스에 나가는 데 전혀 문제가 없었다.

전 독일 수상 빌리 브란트(Willy Brandt)는 한국에서는 특별히 존경받는 인물이었다. 동독에 대한 그의 '동방정책'(Ostpolitik)이 동서독간 외교관계를 수립하는 발판을 마련했다는 이유 때문이었다. 브란트의 처음이자 마지막인 한국 방문이 1989년 10월 『동아일보』의 초청으로 이루어졌다. 나는 운좋게도 브란트가 DMZ를 방문하고 돌아온 직후에 열린 만찬에 초대받았다. 브란트는 DMZ를 '타임 워프'(time warp, 공상과학소설 등에 나오는 과거나 미래가 현재와 뒤섞여서 보이는 왜곡 현상)라고 부르면서, 그것은 동서독의 베를린 장벽보다도 훨씬 더 강력하게 두개의 한국을 갈라놓고 있는 압력으로 느껴진다고 말했다.

브란트를 초청한 쪽의 한 사람이 그에게 베를린 장벽이 언제 무너질 거라고 생각하느냐고 물었을 때, 그는 주저없이 대답했다. "내 생전에는 안될 겁니다." 그러나 실제로 베를린 장벽은 그로부터 60일이 안 되어 무너졌고, 한국인들이 독일 통일 과정에 대해 느끼는 강력한 매력은 오늘날까지도 지속되고 있다.

노태우 대통령은 취임 직후 집권 초기부터 북한과의 관계를 개선하기 위한 적극적인 외교정책에 착수하였다. 그는 그것을 브란트 전 총리의 '동방정책'을 따서 '북방정책'이라고 불렀는데, 결과적으로는 대단히 효과적인 정책으로 판명되었다. 노태우 대통령이 1988년 취임했을 당시에 서울에 동유럽 국가 대사관은 단 한곳밖에 없었다. 그러나 그가 퇴임하던 1993년에는 러시아, 중국, 그리고 거의 모든 동유럽 국가들이 한국정부를 인정하였다.

부시 대통령은 북방정책의 강력한 지지자였다. 부시는 노대통령과 미하일 고르바초프 대통령의 1990년 샌프란시스코 회담을 주선했으며, 이는 1991년 러시아 정부가 한국을 인정하는 발판이 되었다. 1992년 부시는 다시 한번 그의 강력한 영향력으로 중국에 압력을 넣어 한국을 인정하게 하고, 오랫동안 남과 북의 동시 유엔가입을 반대해온 종전의 정책을 포기하게 했다. 그후 남북한 유엔 동시 가입이 신속하게 이루어졌다.

노대통령과 부시 대통령은 1987년부터 긴밀한 개인적 친분을 유지해왔다. 그해는 노태우 대통령 후보자가 로널드 레이건 대통령을 만나러 워싱턴에 왔을 때였다. 노태우가 당시 부통령이던 부시를 만났을 때, 둘은 테니스를 무척 좋아한다는 공통점을 발견했다. 1991년 7월 노대통령이 워싱턴을 방문했을 때에는 백악관 테니스 코트에서 테니스 시합을 하는 스케줄도 잡혀 있었다.

당시 워싱턴 주재 한국대사는 현홍주였는데, 미국에서 훈련받은 두뇌가 명석한 변호사 출신이었다. 나는 신직수 부장이 그를 한국중앙정보부에 영입한 1974년에 처음 만났다. 그때는 신직수가 중앙정보부를 가혹하고 악랄한 조직이라는 격렬한 비판 대상에서 한국의 민주화 초기에 걸맞은 가치를 가진 정보기관으로 변화시키려는 노력을 기울이고 있을 때였다.

현 대사와 나는 다가오는 테니스 시합에 관해 의논한 결과 두 대통령을 적보다는 한 팀으로 만드는 것이 현명한 일이라고 결론을 내렸다. 그래서 대통령 둘과 그들의 대사 둘의 대항전으로 시합이 마련되었다. 이 게임은 대단히 재미있었는데, 그날 저녁 한국 대사관저에서 열린 만찬회에서 댄 퀘일 부통령은 이렇게 말했다. "시합 결과를 보니 두분 대사는 승진을 하기로 작정을 한 것 같더군요."

우리가 그런 식으로 게임을 한 것은 아주 현명한 결정이었다. 부시 대통령과 나는 수없이 많은 테니스 시합을 했기 때문에 아주 강력한 한 팀이었다. 이번에는 대통령조가 승리를 거두었고, 모든 사람들이 그 결과를 기분좋게 생각했다. 그 경기의 모양새가 미국인 대 한국인의 시합이 되었더라면 그렇지 못했을 것이다. 나는 중요한 타구를 성공시키거나 실수하거나 하면서 스코어를 아주 근소한 차로 유지했다. 부시는 내가 하는 짓을 다 알고 있어서, 게임이 끝난 뒤 서로 악수를 할 때 나를 향해 한쪽 눈을 찡긋 해보였다.

이 패턴은 부시 대통령이 1992년 1월에 서울을 방문했을 때에도 되풀이되었다. 똑같이 편을 짰고, 그 결과에 모두 기분 좋아한 것도 똑같았다. 다음날 아침 DCM 레이 버그하트와 내가 토오꾜오를 향해 떠나는 부시 대통령 내외를 배웅하러 나갔을 때, 우리는 대통령의 안색이 아주 좋지 않은 것을 알아챘다. 부시는 자기가 아끼히또 천황과 황태자와 테니스를 치기로 예정되어 있다고 말했는데, 그들이 대단히 뛰어난 테니스 선수라는 걸 우리는 잘 알고 있었다. 우리는 부시가 서울에 머무는 동안에 일종의 장(腸) 인플루엔자에 감염되었다는 것을 나중에야 알았다.

며칠이 지나서, 나는 부시 대통령이 즐겨 쓰기로 유명한 친필 메모를 받았다. 그는 서울에 있을 때 우리 부부가 대사관저에서 베풀어준 환대에 대해서 풍성한 감사의 말을 쓴 뒤에, 토오꾜오에서 있었던 일을 설명했다. 테니스 시합은 부시 대통령과 일본 주재 우리 대사인 마이크 아머코스트가 한편이 되고 아끼히또 천황과 황태자가 한팀이 되어 팀(미국 팀 대 일본 팀이 되어) 격전을 치른 끝에 미국 팀이 졌지만, 그것만 제외하면 일본 방문은 성공적이었다고 했다. "수백만 명이 지켜보는 앞에서 일본 수상의 무릎 위에다 내가 토한 것만 빼고는" 이란 말도 덧붙였다. 내가 부시 대통령에 대해서 감탄하는 수많은 것들 중의 하나는 그의 대단한 유머감각이다.

서울로 돌아왔을 때 한국인들은 노대통령과 테니스 시합을 하고 싶다고 주문한 보리스 옐찐 러시아 대통령의 한국 방문에 대한 준비를 하고 있었다. 한국인들이 충고를 해달라고 해서, 나는 대통령 두 분이 한 조가 되어 시합을 하게 하라고 제안을 했다. 이 제안은 옐찐이 거절했다. 자기 파트너는 수행원 중 한 사람으로 하고 싶으며, 그는 러시아에서는 꽤 잘 치는 편이라는 얘기였다.

한국인 친구 한 사람이 그 시합에 대해서 얘기했는데, 조금도 과장 없이 얘기해서, '요란한' 게임이었다고 했다. 덩치가 크고 발놀림이 굼뜬 옐찐은 아주 형편없는 선수여서 그의 거친 써브는 제대로 들어간 적이 없었다. 옐찐은 분명 보드카를 너무 마셔댔는지, 비공식 심판 대행을 하고 있는 한국인의 라인 콜(볼이 선 안에 떨어졌는지 밖에 떨어졌는지 판정하는 판정의 판정)에 대해 호전적으로 시비를 걸기 일쑤였다. 내 친구가 전하는 말로는 한국 사람들은 테니스 코트에서 옐찐이 하는 행동에 당황하였지만, 러시아 사람들은 그런 일에는 익숙한 듯했다고 했다.

한국 팀은 첫 세트에서 러시아인들을 눌렀지만, 현명하게도 그 다음에는 2세트와 3세트를 연거푸 내주었다. 옐찐은 이겼다는 사실에 만족해서, 만약 졌더라면 자기 팀이 한판 이길 때까지 경기를 계속하자고 우길 생각이었다고 거듭 강조해서 말했다.

그날 저녁 나는 옐찐의 방한을 환영하는 공식 만찬에 초대되었다. 붉은 얼굴에 백발인 옐찐은 손님을 맞으려 줄지어 선 사람들 한명 한명에게 목청껏 큰 소리로 인사를 하며 악수를 청했고 줄은 아주 천천히 움직였다. 악수를 하는 옐찐의 손은 크고, 뜨겁고, 축축하고, 그의 몸가짐과 꼭 어울렸다. 나는 만찬 동안에도 그가 끊임없이 술을 들이켜는 것을 볼 수 있었다. 만찬이 끝난 뒤 한국 대통령 측에서는 화려하고 리듬이 강한 춤 공연을 보여주었는데, 옐찐은 무용단의 공연이 마음에 들었는지 스푼으로 와인 잔을 두들기면서 신나게 박자를 맞추었다.

그 시기는 한-미 동맹관계에 있어서도 진정 건설적인 시대였다. 한국정부는 부시 대통령의 강력한 외교적 지원에 감사하였고, 나로서는 남북한간, 그리고 한국과 이웃 공산국가들 간의 외교적 기상 변화로 그전의 어느 때보다도 훨씬 더 큰 폭의 상호교류와 대화가 가능해지는 과정을 흥미있게 관찰할 수 있었다.

1991년 초대 주한 러시아대사가 부임해온 지 얼마 안 되어, 나는 그에게 미국에 대한 이미지가 대단히 나쁜 한국 남서쪽의 대도시 광주에 함께 가자고 했다. 아주 영리한 사람인데다 영어를 엄청나게 잘하는 그 러시아대사는 아마도 1904년 한반도에서 발발한 러일전쟁 이후로 광주를 방문한 최초의 러시아 사람이었을 것이다. 그는 충분히 환영을 받았고 좋은 인상을 남겼다. 내가 느끼기에는 미국의 이미지도 상당히 제고된 것 같았다. 광주의 지도자들이 내가 옛 냉전시대의 적국 대표를 데리고 와서 친절하게 대하는 것을 직접 목격했기 때문일 것이다.

1992년, 중국의 첫 한국 주재 대사가 서울에 도착하자마자 나를 찾아왔다. 그는 한국어도 유창하고, 전에 북한에 사절로 파견되어 일한 적이 있어 남북한문제에 아주 조예가 깊었다. 이렇게 나에게 찾아온 것은 그 대사로서는 우호적인 제스처였을 뿐 아니라, 한국 문제에 있어서 미국의 강력한 역할을 충분히 인식하고 있다는 증거였다. 나는 대사관 집무실에서 그를 따뜻하게 영접했다. 그는 영어를 잘했기 때문에 통역도 필요 없었다. 그래서 그는 나와 솔직하게 1대 1로 대화를 할 수가 있었다.

그는 김일성의 마지막 중국 방문 때 그를 수행했다. 루마니아의 니콜라에 차우셰스쿠 정권이 전복된 지 얼마 안 되었을 때였다. 내가 알기로 김일성과 차우셰스쿠는 개인적으로 친밀한 관계를 줄곧 유지해왔으며, 차우셰스쿠는 평양을 두번이나 방문했다. 두 독재자는 서로 상대방의 독재자다운 지배력에 감탄하고 있었던 것 같다. 또한 신변 안전의 위협 없이 친절하게 맞아줄 외국의 수도가 한두 곳 필요하기도 했을 것이다.

중국대사가 나에게 해준 이야기에 따르면, 김일성은 1989년 12월 차우셰스쿠가 그처럼 빠르게 권좌에서 축출되고, 또 군사재판에서 단 두시간 재판 끝에 아내와 함께 대량 학살과 부패 혐의로 신속하게 처형되었다는 사실에 몹시 충격을 받은 것처럼 보였다고 한다. 그런 맥락에서 김일성은 베이징의 초대자에게 자기도 북한에서 어떤 경제적 변화가 필요하다는 것을 알고 있다고 말했다. 그리고 어떻게 진행해야 되는지 중국의 충고를 구했다고 한다. 중국 측은 자기네 '경제특별구역'이란 구상을 뒷받침하는 개념을 설명하면서, 김일성에게 강력한 중앙집권적 정치를 유지하되 국경지대에는 경제 규제를 약간 늦추고 외국과의 무역도 발전시킬 수 있는 그런 특수한 집단 거주지들을 허용하라고 조언했다.

중국대사는 나에게 자기는 북한이 그 패턴을 따르려고 노력할 거라고 본다면서, 그러니 미국도 그것을 좀 부추겨주라고 강력히 권했다. (두어차례 시행착오를 거친 다음 북한에는 DMZ 바로 이북 개성에 성공적으로 경제특구가 만들어졌다.)

한국과 미국에 대한 러시아의 외교관계도 내가 서울에 재임하는 동안에 급속도로 개선되었다. 1992년 말, 러시아의 유명한 첼로 연주가 므스찌슬라프 로스뜨로뽀비치가 서울에 와서 연주회를 가질 때, 우리는 그를 우리 대사관저의 연회에 초대했다. 우리는 그때 차기 러시아 대사인 알렉산드르 파노프도 초청했는데, 나는 그와 함께 업무상 좋은 관계를 계속 유지해나갔다. 파노프는 내가 자기 전임자를 데리고 광주를 방문한 일을 무척 고마워하였다.

　로스뜨로뽀비치와 파노프가 우리 연회에서 만났을 때, 두 사람은 글자 그대로 서로의 품 안으로 뛰어들었다. 로스뜨로뽀비치는 나에게 자기가 1974년 소련에서 추방당한 후로 현직 러시아 외교관과 그렇게 친근하게 만난 것은 그때가 처음이라고 말했다. 기념으로 즐겁게 셋이 함께 사진을 찍어두었다. 나중에 내 외교관 친구들에게 듣기로는 파노프는 그 사진 한장을 자기 사무실에 진열해놓았으며, 나중에 승진해서 러시아 외무차관이 된 후에도 여전히 그렇게 하였다고 한다.


　한미관계에서 부정적인 분위기를 지속시켜온 문제가 하나 있었다. 1980년 광주항쟁의 참혹한 비극에 미국이 개입되었다는 혐의였다. 전두환 대통령은 내란음모 혐의로 김대중을 체포한 뒤에 광주의 항의 시위를 참혹하게 짓밟았다. 전은 잔인하기로 이름난 특수부대들을 광주에 투입해서, 길거리에서만 최소 200여명을 살해했다. 전은 미국이 이 작전을 전적으로 지원했다고 주장했다.

　이것은 사실이 아니었지만 많은 한국 국민이 이를 사실이라고 믿었고, 미국을 향한 적대감은 그 도시에 계속 강하게 남아 있었다. 우리는 광주에 문화원을 한곳 두고 있었는데 우리를 광주에서 몰아내려는 시위대의 화염병 공격을 자주 받고 있었다. 그래서 나는 김대중에게 광주를 가보는 문제를 의논했다. 그는 운동권 학생들이 흩어지는 겨울방학 때 가는 게 좋을 거라고 충고해주었다.

　그래서 1990년 1월에 나는 광주에 갔고, 도착 즉시 내가 광주의 참극에서 미국이 한 역할에 대해 사과하러 온 것이 아니냐는 질문을 받았다. 나는 우리는 사과할 일이 없으며, 내가 온 것은 우리가 광주에 발을 붙이고 있는 것에 대해 끈질기게 남아 있는 심한 분노의 이유가 무엇인지를 좀더 분명하게 알아보고 싶어서라고 답했다.

나는 거기서 되도록 많은 한국인들과 대화를 했지만 그중 누구도 자기가 반미 시위에 활발하게 가담했노라고 시인하는 사람은 없었다. 분명한 것은 그 비극적인 광주항쟁의 후유증이 아직도 도시 전체를 뒤덮고 있고 미국은 전두환 대통령의 잔인무도한 시위 진압에 연루된 적이 없다는 것을 한국민에게 설득하는 데 실패했다는 것이다. 그 사건이 일어난 지 10년 뒤에야 미 국무부가 작성해서 발표한 보고서 한통은 너무 늦었고 너무 약소했던 것이다.

내가 광주에 간 지 사흘째 되는 마지막 날 아침에, 나는 또 다시 우리가 광주에서 저지른 짓에 대해 사과하러 온 게 아니냐는 질문을 받았다. 광주에 아직도 남아 있는 슬픔과 분노를 보았기 때문에, 나는 답변 내용을 바꾸었다.

"그렇습니다" 하고 나는 말했다. "나는 여러분에게 분명 사과할 일이 있습니다. 그건 우리가 너무 오래 침묵을 지켰다는 것입니다."

그러고 나서 거의 바로 광주의 반미 단체를 이끄는 몇명이 나를 만나고 싶어 한다는 전갈을 받았다. 그들은 처음에는 완전히 비밀리에 만날 것을 제의했고, 나는 거기에 동의했다. 그러자 그들은 다시 우리가 취재진들 앞에서 만날 것을 요구했고, 결국은 그렇게 되었다.

나는 한국인 여섯명과 미국 문화원에서 만났다. 그중 세 사람은 광주항쟁에 가담해서 감옥에 갔다 왔으며, 둘은 당시 전투에서 부상을 입은 사람들이었다. 그들은 나를 만나는 것을 굉장히 불안해했지만, 예상한 만큼 과격하거나 공격적이지는 않았다. 나의 뛰어난 통역관은 내가 그들이 제시한 조건대로 기꺼이 만나준 것 때문에 어느정도 무장해제가 된 것이라고 내 귀에 속삭였다.

그들은 자기들끼리 대변인을 한명 선정했지만, 전원이 내가 하는 말에 열심히 귀를 기울였다. 그리고 방금 들은 내용을 어떻게 생각하는지를 몸과 얼굴 표정으로 분명하게 보여주었다. 두번인가 세번은 내가 한 말에 대한 공동의 반응을 결정하기 위해서 다른 방에 가서 의논을 하기도 했다.

현지 언론의 취재진들과 TV 카메라들 앞에 자리를 잡고 앉자, 나는 그들에게 나를 기꺼이 만나줘서 고맙다고 말하고 그들이 묻는 어떤 질문에도 전부 대답하도록 하겠다고 말했다.

그들의 첫 질문은 "광주 시내에서 시위대를 향해 발포하도록 군대에게 명령을 한 사람이 누구인가"였다.

내 답변은 나는 모른다, 그건 한국인들만이 대답할 수 있는 문제다였다.

그쪽 대변인은 즉각 반격을 가해왔다. "거짓말 말아요! 우리는 당신네가 하늘 위에서 지상의 신문까지도 읽을 수 있는 인공위성을 가지고 있다는 걸 알고 있어요. 당신들이 그때 다 보고 있었다는 것도 알아요. 그러니 누가 발포 명령을 내렸는지 틀림없이 알고 있을 거요."

나는 우리가 강력한 인공위성들을 가지고 있는 것은 맞다, 하지만 그것이 사람들의 마음까지 들여다볼 수 있게 해주진 않는다. 사람들이 해놓은 짓의 일부만을 보여주었을 뿐이다고 대답했다.

이 대답에는 아무도 만족하지 못한 게 분명했다. 그들은 우리가 가지본 적도 없는 우리의 전지전능한 과학기술에 관해서 계속 나를 몰아붙였다.

질문은 계속되었다. 우리를 향한 그들의 분노에는 일종의 배신감 같은 것이 깊이 배어 있다는 것을 느낄 수 있었다. 그것은 1956년 헝가리혁명 후 미국이 도움을 기대하게끔 유도해놓고 지켜주러 오지 않은 데 대한 헝가리인들의 반감과 비슷한 점이 있었다.

한국인 쪽 대변인이 나에게 말했다. "우리는 당신들이 공군 수송기를 부산으로 보냈을 때 우리를 구해주러 오는 것으로 생각했습니다." 나는 그것은 북한에게 이 일에 끼어들지 말라고 보낸 경고의 신호였다고 대답했다. 또한 우리가 전반적으로 전두환 정부를 얼마나 싫어했는가를 분명히 밝히려고 노력했다.

이런 질문도 있었다. "당신은 정말 우리가 들쥐(field rat) 같은 민족이라고 생각합니까?" 그것은 1980년 당시 어느 미군 장군이 한 유감스러운 발언을 말하는 것인데, 그는 한국인들은 가끔 "레밍 같은 (lemming-like) 특성"을 보여준다고 말했다. (레밍 또는 나그네쥐는 집단으로 이동해 다니다가 많은 수가 한꺼번에 죽기도 해서, 집단으로 벼랑에서 뛰어내려 죽는다는 속설이 있다) 그 모욕적인 말은 발언한 지 10여년이 지난 그때까지도 한국 사회에서 깊은 반향을 일으키고 있었다. 그 말을 한 장군은 나도 아는 사람이었다. 그는 상당히 좋은 사람이었는데, 입심만 믿고 떠들다가 나중에 자기도 후회하게 될 그런 말을 하고 만 것이다.

나는 한국 국민에 대해 깊은 감탄과 존경심을 가지고 있으며 그래서 광주사람들이 미국에 대해 가지고 있는 듯한 적대감을 줄이기 위해 이렇게 찾아온 것이라고 거듭 그들을 설득했다. 이 말을 통역이 전달하는 동안 그들이 웃음을 짓거나 고개를 끄덕이는 것을 보고 나는 너무나 기분이 좋았다. 마침내 그들에게 다가가는 데 성공한 것이다.

그 만남은 세시간이 넘게 계속되었다. 면담이 끝날 무렵에 대변인이 이런 말을 했다. "우리가 알기로 당신네 미국인들이 전두환과 대단히 친한 것은 그가 레이건 대통령 취임 후 제일 먼저 찾아온 외국 손님이라서 그런 거 아닙니까?"

나는 대답했다. "네, 처음 찾아온 손님 중에 드는 건 맞아요. 하지만 그의 방문의 대가는 김대중씨의 목숨이었습니다." (앞에서 쓴 것처럼, 레이건 행정부는 전두환의 미국 방문을 앞두고 한국 관리들과 상당히 긴 흥정을 한 끝에 조건부로 백악관 방문을 허락했다. 전두환이 김대중에 대한 사형 선고를 철회하고 석방한다는 게 조건이었다.)

내가 광주의 질문자들에게 대답한 것은 서울이나 워싱턴에서는 이미 다 알려진 내용이었지만, 광주에서는 한번도 나온 적이 없는 얘기였다. 그래서 그 답변은 나를 심문한 사람들에게 엄청난 충격을 주었고 다음날에는 광주 시내의 모든 신문의 헤드라인을 장식했다. 나는 그런 일이 일어난 것을 보고 무척 기뻤다.

회견이 끝난 뒤에 그들은 나에게 와줘서 고맙다고 했다. 그러면서 내가 한 답변을 다 받아들일 수는 없지만, 최소한 내가 그들의 말에 귀를 기울이고 그들의 질문에 제대로 대답을 하려고 노력한 것은 인정한다고 말했다. 그때 나의 통역관이 귓속말로 나에게 저 여섯명은 여기서 나가면 모두 경찰에 연행될 것이라고 말했다. 나에 대한 심각한 납치 위협이 있어서 내가 광주에 와 있는 동안 경호를 전담한 경찰들이 밖에서 대기하고 있다는 얘기였다.

나는 부슬부슬 내리는 빗속으로 그 여섯명과 함께 걸어나가면서 그중 두명을 두 팔로 감싸안았다. 그리고 책임을 맡은 건장한 경찰관을 향해서 이렇게 말했다. "이 사람들은 내 친구요. 그러니까 체포하면 안돼요." 그 경찰관은 얼굴을 찌푸리고 나를 노려보았지만 여섯명에게 손을 대지 않고 어둠속으로 사라지도록 내버려두었다. 그중 한명은 고개를 돌려 나에게 손을 흔들어 보이고는 모습을 감추었다.

그후 미국문화원에 대한 화염병 공격은 사라졌고 우리는 광주 시내에서 지속적인 활동을 이어나가기 위해 문화원을 더 좋은 장소로 옮겼다. 내 임기 동안에 나는 세번이나 더 광주를 찾았다. 한번은 새문화원의 개관식 때문이었고, 그뒤에는 주한 독일 대사와 러시아 대사를 대동하고 독일 통일과 동북아시아에서의 러시아의 역할에 대한 잘 준비된 공개토론회에 참석하기 위해서였다.

나의 첫번째 광주 방문은 나에게 한국 사람들이 어떤 식으로 '한'(마음속 깊이 자리잡은 분노)을 품을 수 있는가를 잘 보여주었다는 점에서 정말 의미 깊고 소중한 경험이었다. 한(恨)이란 남들에 의한 어떤 사건들을 겪으면서 그것이 정의롭지 못하고 부도덕하며 부당하다고 느낄 때 갖게 되는 억울한 감정이다. 나는 2002년 처음으로 평양에 갔을 때, 12년 전 내가 광주에서 접한 것과 정확히 똑같은 '한'의 감정을 그곳에서도 접할 수 있었다. 광주에서 얻은 교훈이 평양의 초대자들과 대화의 통로를 마련하고 서로 어느정도의 신뢰를 쌓아가는 데 특히 큰 도움이 되었다.

내가 광주 지도자들과 진정으로 만날 수 있었던 열쇠는 너무 오래 침묵을 지킨 데 대한 나의 사과였다. 그들은 내가 자기들의 원한을 정당한 것으로 인정한다는 것, 그래서 기꺼이 자기들과 대화를 하고 이야기를 들어주려 한다는 것을 알아주었다. 그래서 그들의 적대감이 어느정도 완화되었던 것이다.

내가 북한 사람들과 대화를 할 수 있었던 열쇠는 김정일에게 보낸 나의 편지에 있었다. 나는 편지에서 단절된 대화를 다시 복구할 필요가 있다는 말을 했을 뿐, 대화 단절의 책임을 그들에게 돌리지 않았다. 평양의 첫 만남에서 나는 그들이 조지 W. 부시 대통령에 의해 '악의 축'에 포함된 것 때문에 분개하고 있는 것을 느꼈다.

나는 그들의 질문에 대답을 했고, 심지어 웃기기까지 했다. 웃음을 통해서 인간적인 유대가 맺어지는 그 경험은, 내가 광주사람들을 감싸안은 채 경찰을 향해 그들을 보내주라고 말했을 때와 비슷했다. 광주와 평양에서 내가 바로 깨닫게 된 것은 내가 상대하는 사람들이 어떤 광적인 집단이 아니라 진정한 한국인들이라는 것, 그리고 일단 내가 자기들의 인간성을 존중한다는 걸 알고 나면 그들도 나를 인간적으로 대해준다는 사실이었다.

한국과 미국의 무역 관계로 인해 미국대사관은 골치 아픈 문제를 자주 겪어야 했다. 한번은 세련되지 못한 한국의 통상부 장관이 오래 끌어온 보잉사와 맥도널 더글러스사 양쪽에 주문했던 상업용 여객기 주문을 예고도 없이 취소해버렸다. 그 주문 취소는 문제의 관리가 정치적으로 민감한 무역적자가 커지는 것을 피해보려는 시도였다.

나는 곧 미국의 두 회사로부터 그 취소에 대한 격렬한 항의전화를 받게 되었다. 중역 한 사람의 표현을 빌리면 "그 비행기들은 이제 거의 완성된 거나 다름없고 이제 막 꼬리날개에다 소속사 휘장을 그려 넣으려는 참이었다"고 했다. 나는 재빨리 미국 비행기를 발주한 대한항공과 아시아나항공에 전화를 걸어서 한국 사람들은 그 항공기 취소에 대해 어떻게 생각하고 있는지 알아보았다. 두 항공사는 모두 보잉사나 맥도널 더글러스사와 똑같이 화를 내고 있었다. 이미 공항 착륙권에 대한 지불을 끝내놓았고 새 제트기들이 들어올 것에 대비한 시설도 해놓았기 때문에, 항공기가 제 날짜에 도착하지 않으면 엄청난 재정적 손실을 입게 되어 있었던 것이다.

나는 상당히 자신만만한 기분으로 문제의 장관에게 전화를 한통 걸었다. 그리고 대한항공과 아시아나항공 사람들의 최악의 감정에 대해서 말해주었다. 일은 그것으로 끝났다. 그 장관은 조용히 항공기 구매 계획을 제자리로 돌려놓았다.

또 한번은 미국의 한 기업이 한국에 대잠항공기(ASW)를 팔기 위해 유럽 회사와 치열한 경쟁을 벌이고 있었다. 그 계약은 미국 회사에 결정적으로 중요했다. 계약을 따내기 위한 유럽 쪽 경쟁사의 비행기는 신제품에다 사실상 테스트조차 거치지 않았지만 매력적인 가격이 장점이었다.

그 미국 회사는 제작비 절감을 위해 엄청난 노력을 기울인 나머지 외국 경쟁사의 가격에 가까스로 맞출 수가 있었다. 우리는 미국 회사 쪽과 계약이 성사되리라고 생각했다. 그 미국 비행기는 한국에는 잘 알려졌고 몇년 동안이나 한국인들이 타본 기종이었기 때문이다. 하지만 일은 그렇게 되지 않았다. 미국이 가격을 깎았다는 정보는 한국

쪽 국방장관에게 전달되지 않았고, 그 회사는 계약을 따지 못하게 될 판이었다. 소식통인 무관이 나에게 이 상황을 알려주던 날, 나는 당장에 나도 잘 아는 그 국방장관을 만날 약속을 잡았다.

나는 한국인 통역을 통해서 되도록 가장 외교관다운 태도로 국방장관에게 말했다. 이제는 미국 회사가 가격을 상당히 내렸으니까 외국의 그 경쟁사 비행기에 못지않게 매입이 수월해질 것이다, 그러니 미국제 비행기를 사는 것을 진지하게 검토해달라고 강력히 권했다.

그런데 그날 한국어를 아주 잘하는 미 외무부 직원 한명이 나를 수행하였는데, 그가 나에게 쪽지를 하나 건넸다. 통역이 내가 하는 말을 그대로 전부 전달하지 않았고, 미국 회사가 가격을 내렸다는 얘기를 일부러 뺐다는 것이었다.

나는 그 사실은 당장에 문제 삼지 않는 쪽으로 결단을 내렸다. 그리고 장관에게 내 이야기에 관심을 가져줘서 고맙다고 공손하게 인사하고 면담을 끝냈다. 내가 만약 즉석에서 그 통역의 잘못에 문제를 제기한다면, 장관실에서 볼썽사나운 장면이 연출될 뿐이라고 판단한 것이다. 그렇게 되면 통역이 필사적으로 자기변명을 하게 되어, 내가 말한 내용을 두고 논쟁이 벌어졌을 것이다. 그렇게 되면 그날의 이슈는 항공기 판매가 아니라 통역의 문제가 되어버렸을 것이다.

하지만 나는 다음날 꼭 전해야 할 긴급 뉴스가 있다고 말하면서 다시 면담을 요청했다. 그리고 이번에는 미국인 통역을 쓰게 해달라고 요청했다. 장관은 거기에 대해 전부 동의해주었고, 미국 회사가 가격을 내렸다는 이야기를 듣자마자 그 수입건을 재고하도록 지시를 내렸다. 그리고 그는 결국 미국 비행기를 주문했다.

서울에 배치되어 업무가 진행됨에 따라, 나는 통상국(Foreign Commercial Service)과 협력해서 미국의 온갖 종류의 생산품을 한국에 파는 일에 점점 더 관여하게 되었다. 나는 그 일을 즐겁게 했으며, 임기가 끝날 무렵에는 로런스 이글버거(Lawrence Eagleburger) 국무장관으로부터 나의 노력에 대한 감사의 인사를 받기도 했다. 서울에서의 근무를 끝낸 지 얼마 안 되어, 나는 ASW 항공기를 제조하는 미국의 공장에 초대를 받았다. 그래서 조지아주 매리에타에 있는 항공기 조립라인의 노동자들에게서 따뜻한 환영의 잔치를 받았다.

1991년 12월 7일은 일본군의 진주만 공습 50주년이 되는 날이었다. 부시 대통령은 우리 부부를 그 비극의 날을 추모하는 기념식에 초청했다. 펄하버(Pearl Harbor)에 있는 미 해군기지에는 아주 많은 고위직 관리들이 모였는데, 거기에는 일본정부의 대표로 참석한 고관들도 있었다.

그날 아침은 50년 전 그날과 똑같이 고요하고 햇살이 밝은 날씨였다. 우리는 떠오르는 해를 등 뒤로 하며 서쪽을 향해 서 있었다. 기념식은 극적으로 이른 아침 7시 48분에 시작되었고, 반세기 전 공습이 시작되었던 바로 그 시간에 맞춰서 비행기들이 항구 위로 저공비행을 하였다. 그 뒤편에는 현대식 일본 구축함 몇대가 정박해 있었고 배마다 일장기가 선명하게 건너다보였다. 그 함정들이야말로 전쟁의 잿더미와 공포 속에서 새롭게 태어난 미일 우호관계의 강력한 상징물이었다.

부시 대통령은 전쟁은 이미 역사의 일부가 되었으며 자신은 일본에 대해서 아무런 원한이나 유감이 없다고 웅변을 토했다. 부시 대통령이 그 말을 할 때 나는, 그 자리에 있던 많은 사람들도 그랬겠지만, 부시 대통령의 전쟁 경험에 대해서 생각하지 않을 수 없었다. 부시는 겨우 열여덟살의 해군 비행사로 치찌시마섬 상공에서 일본군에게 격추당했다. 그는 거기서 가까스로 탈출해 포로 신세도 죽음도 면했다. 그런 사실 때문에 그가 평화와 화해에 대해서 이야기하는 것은 더욱 감동적으로 다가왔다. 그날 기념식에 참석한 사람들 중에서 미국을 대표할 만한 인물로 그보다 더 완벽한 사람이 없었을 것이다.

한국에서 미국대사로 사는 큰 즐거움 중 하나는 서울에 있는 대사관의 한국식 저택에서 사는 일이었다. 그 집의 건축은 필립 하비브 대사가 주선하였다. 서울에 있던 옛 대사관저의 한국식 건물이 너무 낡아서 위험해지자 새 집을 짓기로 하였다. 하비브는 새 집도 역시 한국식으로 (국무부의 반대에도 불구하고) 한옥 건축업자를 시켜서 지어야 한다고 강력하게 주장했다. 결국 그렇게 되었다.

어떤 한국인이든, 연령과 정치적 성향과 무관하게 한국인들은 그 대사관저에서 열리는 행사에 참석하는 것을 대단히 좋아하는 것 같았다. 그 대사관저가 얼마나 훌륭하게 미국의 한국 대사관을 대표하는 도구 역할을 하는지 익히 보았기 때문에, 나는 임기 말에 국무부로 전문을 보내 그 대사관저의 이름을 하비브로 하자고 강력히 주장했다. 거기에 대해서는 침묵이 따랐다.

정말 애석하게도 필립 하비브는 그로부터 몇달 지나지 않아서 심장마비로 사망했다. 그래서 나는 두번째로 전문을 보내서, 하비브의 장례식에서 그 대사관저를 그의 이름을 따서 명명하기로 발표해달라고 요구했다. 이번에도 다시 반응은 침묵뿐이었다. 세번째로 격앙되어 보낸 전문은 가까스로 관료적인 답변을 이끌어냈다. 건물의 이름을 공식적으로 하비브라고 지으려면 의회의 입법 절차가 필요하다는 대답이었다.

그래서 나는 비공식적으로 행동하기로 작정하고, 건물 밖 게이트와 집 현관에다 멋진 놋쇠로 된 명판을 붙였다. 그 저택은 지금은 전 세계에 하비브 하우스로 알려져 있다.

남한정부는 '북방정책'이 결실을 맺으면서 북한과 접촉하려는 발걸음의 속도와 강도를 더욱 높이기 시작했다. 미 대사관은 이 과정에서 전폭적인 지원을 하고 있었지만, 한국군과 미군의 기관들은 호오가 엇갈리는 반응을 보였다.

매년 봄 실시되는 팀스피릿 훈련은 수천명의 미군을 한반도로 수송해서 한국을 침공한 가상의 북한군을 퇴치하도록 설계된 훈련 과정을 되풀이했다. 북한은 이 훈련을 극도로 싫어했다. 해리 S. 트루먼 미국 대통령이 미군을 대거 투입해서 그들의 남침을 격퇴한 1950년의 충격적인 굴욕을 해마다 상기시키기 때문이었을 것이다. 북한은 팀스피릿 훈련에 대항해서 늘 최고 수준의 전군 경계령을 내리고 선전 공세를 펴면서 "미 제국주의 전쟁광들과 그들의 괴뢰 남조선"에 대해 맹렬한 비방을 퍼부었다.

엄청나게 밀고 당기기를 계속한 끝에 로버트 리스카시 장군과 나는 펜타곤과 한국 국방부를 설득해서 1992년 팀스피릿 훈련 취소에

1991년 5월 남한 지역에 뿌려진 북한의 전단지 앞뒷면. 내가 노대통령과 짜고 한국의 다른 정치인들, 특히 나중에 대통령이 된 김영삼에 대한 음모를 꾸몄다는 내용이다. 나는 이 전단지를 서울 근처의 한 골프장에서 주웠다.

동의를 얻어냈다. 그들은 1991년 말에 이를 발표했다. 그러고 나서 얼마 후에 남북한은 일련의 중요한 합의문에 서명했다. 1991년 12월 13일 서명한 '남북기본합의서'는 남북 양측이 '남북화해·상호불가침·교류협력'을 향해 나아가기로 선언했다.

그해 12월 18일 노태우 대통령은 한국 내에는 핵무기가 없다고 선언했다. 12월 31일에는 남북한이 한반도 비핵화 요구와 국제원자력기구(IAEA)의 핵사찰을 허용한다는 선언을 담은 '합의문'을 발표했다.

이런 협정안들의 조인을 통해 남북한 사이에는 일정 기간 우호적 관계가 예고되었다. 8차례의 총리회담이 연이어 열렸고 중대한 화해가 이뤄질 전망이 그전의 어느 때보다도 높아지고 있었다.

그러나 불행하게도 이 행복한 기간은 얼마 오래가지 못했다. 1992년 가을에 펜나곤에서 열린 연례 안보참모 회의에서 팀스피릿 훈련을 1993년 3월에 다시 실시하도록 한 것이다. 양국의 군사기관들은 이 훈련작전이 제공해주는 더할 나위 없이 귀중한 훈련 기회에 대해 떠들어댔고 딕 체니 국방장관은 국무부나 나하고는 의논조차 없이 훈련을 부활시키고 말았다.

나는 완전히 기습을 당한 꼴이었다. 미국은 대통령 선거전이 혹독한 막바지에 이르렀고, 부시 대통령이 직권을 이용해서 자기 국방장관의 결정을 뒤엎는 어떤 행동이라도 하는 경우에는 민주당 쪽의 정치 공세를 허용할 수 있었다. 나는 국무부로부터 "완전 합의된 기정사실"이니 항의해도 소용없다는 말을 들었다.

나는 그것이야말로 내가 대사로 봉직하던 기간 중에 미합중국이 결정한 유일한 최악의 실수였다고 지금도 생각한다. 그것은 딕 체니가 나중에 부통령이 된 다음에 남북한 화해를 향한 어떤 움직임도 철저히 무력화시키려고 취한 몇가지 파괴적인 조치 중 첫번째에 불과했다.

그 결정의 쓰디쓴 열매는 이내 나타났다. 팀스피릿의 재개는 즉각 평양 측의 맹렬한 비난의 대상이 되었고, 남북 접촉의 행보는 느려졌다. 김정일은 북한 인민군 총사령관 자격으로 팀스피릿 기간 중 북한에 '준전시체제'를 선언했다. 그리고 1993년 3월 13일 북한은 핵확산방지조약(NPT)을 탈퇴한다고 선언했다.

1993년 2월 말 서울을 떠나기 직전에 나는 노태우 대통령의 국가안보보좌관 김종휘와 마지막 회의를 했다. 우리는 둘 다 정부를 떠나려 하고 있었는데, 둘 다 좀더 한 팀이 되어 일했더라면 하는 생각을 했다. 김은 그것을 이렇게 표현했다. "우리가 1년만 함께 더 일했더라면 좋았을 것입니다. 우리가 지금 이 사람들을 워싱턴과 서울에 두고 1년만 더 북한문제를 다룰 수 있었다면 대북 문제를 완전히 해결할 수 있었을지도 모릅니다."

그의 말은 내가 대사로 더 머물게 된다면 팀스피릿에 관한 손해나는 결정을 다시 뒤집어서 서울과 평양 사이의 좋은 화해의 시대를 훨씬 더 길게 유지되도록 할 수 있을 거라는 뜻이었던 게 틀림없다. 그는 또한 새로 한국 대통령으로 취임하는 김영삼은 노태우가 그랬던 것만큼 실용주의적인 사람이 아니라는 것도 인식하고 있는 듯했다.

나는 김종휘가 그런 말을 해준 것을 좋게 생각했고, 지금도 향수를 느끼며 다시 생각해본다. 하지만 워싱턴과 서울에서 이미 선수 교체가 끝났다. 이미 무대는 1994년 중반의 핵 위기를 준비하는 장치가 다 끝나 있었고, 그 위기는 나의 후임자인 짐 레이니가 훌륭하게 잘 처리해나갔다.

나는 서울에서의 임기를 행복감과 만족을 느끼며 되돌아본다. 그때는 양국의 유능한 대통령들 덕분에 한미관계가 한창 잘되고 있을 때였다. 그리고 잠깐 동안이지만 남북관계도 꽃이 피었다. 앞으로 어떻게 되어가든지, 나는 서울의 미국대사 자리는 미국정부 내의 전체 직책들 중에서 가장 책임이 크고 성취감도 큰 훌륭한 자리라고 자신 있게 말할 수 있다.

# 이란 콘트라—지하실의 뱀과 7년

1994년 1월 중순 『뉴욕타임스』의 팀 와이너 기자가 전화를 걸어왔다. 며칠 뒤면 신문에 나갈 이란 콘트라 기사에 마지막으로 한마디 덧붙일 말이 없는지 물어보려는 전화였다. 나는 그동안 "지하실에 뱀을 두고 7년간 함께 사는" 것 같았다고 말했다.

와이너는 내가 한 말을 자기 기사에 인용하겠다고 말했다. 나는 고맙다고 하면서 이란 콘트라 기사를 얼마나 오랫동안 추적해왔는지 물어보았다.

"신문에 기사가 나오기 시작한 바로 그날부터요." 하고 그는 대답했다.

"나는 거기 어디쯤 끼워넣을 거요?" 하고 내가 물었다.

"그레그씨는 멋지게 속아 넘어간 거지요" 하고 그는 잘라 말했다.

그 말은 와이너 기자가 해줄 수 있는 어떤 말보다도 내 기분을 낫게 해주었다. 나는 내가 '속아 넘어간' 것은 알고 있었지만 '그'가 그 사실을 알고 있다는 것은 내가 장차 무엇을 하든지 결정적으로 중요했다. 만약 언론이 이란 콘트라에 관한 나의 결백에 조금이라도 의심을 품는다면 그 기사는 나에게 평생 끝도 없이 따라다니는 짐이 될 것이었다. 와이너 기자가 그렇게 판단한 것은 내가 앞으로 자유롭게, 아무 문제 없이 살아갈 수 있다는 걸 의미했고, 실제로 나는 그렇게 되었다.

팀 와이너와 나는 친한 사이가 되었다. 나는 그의 히트작 저서 『CIA, 잿더미로 남은 유산』(*CIA, Legacy of Ashes*)을 윌리엄스 대학에서 정보활동에 대해 강의를 할 때 교재로 사용하기도 했다. 내가 이란 콘트라 사건에 관여했다는 혐의에 대한 와이너의 반대 판정을 나는 최고의 보물로 여긴다.

이란 콘트라 스캔들은 '옥토버 써프라이즈'(October Surprise, 10월의 이변. 미국에서 11월 대선이나 중간선거 직전 정부가 선거 판도를 뒤바꿀 목적으로 기획해내는 깜짝 이벤트나 폭로기사 같은 것들)와 겹쳐 생각나기도 하는데, 어쨌든 내 평생에서 그때가 가장 어려운 시기였다. 나의 시련은 1984년에 펠릭스 로드리게스가 엘살바도르에서 대게릴라전을 지원하도록 한 나의 결정에서 비롯되었다.

그 전해인 1983년 12월 내가 부시 부통령과 그곳에 갔을 때, 나는 베트남의 반란과 엘살바도르의 반정부 투쟁은 가혹하고 부적절한 대접을 받고 있었던 점에서 아주 유사하다는 것을 알았다. 그래서 나는 수도 산살바도르에 있는 톰 피커링 대사와 군 장교 몇명을 접촉했고, 그들의 지원을 받아 펠릭스는 1985년 3월에 남쪽으로 이동했다. 그건 펠릭스가 한동안 계속해서 하고 싶어 했던 일이기도 했다.

그는 엘살바도르 공군과의 관계에서 빠르게 신뢰를 얻었고, 얼마 안 가서 산살바도르의 일로팡고 비행장의 활주로를 확보하게 되었다. 그는 다시 한번 소형 헬리콥터를 타고 저공비행을 하면서 특정한 반정부군 목표물들에 대한 공격작전을 지휘했다. 그것은 무지와 편견으로 마구 해댄 것이 아니라 정보에 기초를 두고 한 일이었다.

내가 모르는 사이에 펠릭스는 곧 국가안전보장회의(NSA) 간부인 올리버 노스 중령의 주목을 끌게 되었다. 노스는 니카라과 반군 즉 콘트라 반군에게 무기를 공급하는 일에 깊숙이 관여하고 있었는데, 수백만 달러에 달하는 그 무기 구입자금은 레이건 행정부가 비밀리에 이란에 무기를 팔아서 마련한 돈이었다.

워싱턴이 보기에 콘트라 반군은 중앙아메리카의 안정을 위협하는 존재인 니카라과 좌파 정권에 대항해서 싸우고 있는 집단이었다. 산살바도르에 있는 일로팡고 비행장은 니카라과에 무기와 보급품을 공중 낙하하는 비행기들이 비밀리에 착륙해서 정비를 받고 이륙하는 중심 거점이 되어 있었다.

엘살바도르 공군의 존경을 받고 있는 펠릭스가 그 비밀 작전을 순조롭게 지속시키는 데는 적임자라고 본 노스의 판단은 옳았다. 하지만 그 작전은 1982년에서 1984년 세 회기 동안 의회가 통과시킨 볼랜드 수정법을 정면으로 위반하는 행위였다. 이 법들은 모두 니카라과 정부에 맞서고 있는 콘트라 반군에게 미국이 군사적 지원을 할 수 없도록 막는 것이었다.

1985년 9월 20일 노스가 펠릭스를 영입하기 위해서 보낸 편지는 다음과 같이 시작된다.

친애하는 펠릭스,

이 편지는 읽은 후 파기할 것.(앞으로 보내줄 비행기의) 사진은
보관 가능함. 이는 반군이 수행하는 완전히 별개의 작전이며, 당신
이 이 항공기 작전을 수행할 수 있는 그 지역의 유일한 인물임…
CIA에는 알리지 말 것.

펠릭스가 나중에 나에게 말한 바로는, 노스는 특히 나에게는 자기
가 시킨 일에 대해서 절대로 말하지 말라고 지시했다고 한다. 펠릭스
는 오랫동안 정보국 요원 생활을 해왔기 때문에 차단된 별개의 비밀
작전이 필요하다는 것과 '기밀 보호' 원칙을 인식하고 있었다. 그래서
그런 조건에 모두 동의했다. 펠릭스는 노스의 작전에 대해서 1986년
8월 8일 이전에는 나에게 한마디도 하지 않았다. 그제서야 그는 워싱
턴에 와서 노스가 고용한 어떤 사람들은 부패한 인간들 같았으며 그
들이 조달한 비행기들은 형편없는 몰골이었다는 얘기를 했다.

나는 곧바로 노스에게 전화를 했지만, 그는 나와 통화하지 않으려
고 피했다. 노스와 연락이 되지 않기 때문에, 1986년 8월 12일에 나는
국무부, CIA, NSC 간부 6명을 불러 회의를 열었다. 미국의 중앙아메
리카 총책임자인 엘살바도르 신임 대사 에드 코어(Ed Corr)도 거기
포함시켰다. 나는 펠릭스가 걱정하던 내용을 그들에게 전했다. 특히
콘트라 반군에게 보급품을 투하하는 데 쓰이는 비행기들의 형편없
는 수준에 대해서 펠릭스가 한 말을 그대로 얘기해주었다.

그 회의에는 노스의 부관인 로버트 얼(Robert Earl) 중령도 참석했다. 나중에 그가 의회 청문회에서 증언할 때, 자기가 보기에는 내가 그 당시 거기에 대한 관할권이나 책임이 전혀 없는데도 엘살바도르의 의문스럽고 위험한 작전에 대해서 정부의 공식적인 관심을 이끌어내려고 애쓰는 것 같았다고 말했다.

1986년 10월 5일 공중 보급 비밀작전에 투입된 비행기 한대가 니카라과에서 추락했다. 이어서 작전 전체의 비밀이 순식간에 드러났다. 레이건은 노스를 11월에 파면하였다. 그리고 레이건의 국가안보보좌관 존 포인덱스터에게는 사임이 허용되었다. 이들은 나중에 이란 콘트라 대실패로 인해 엄청나게 다양한 죄목으로 유죄판결을 받았다가 부시 대통령에게 6명의 장교가 사면받을 때 거기에 포함되었다.

이 스캔들이 커지면서 언론사의 사건 탐사보도 전문기자들은, 노스가 펠릭스를 스카우트해서 투입한 그 비밀 작전을 내가 얼마나 알고 있었는지 문제를 제기하였다. 나는 펠릭스와의 우정을 자랑스럽게 생각했고, 펠릭스가 베트남에서 했던 활약에 대해서도 깊은 존경심을 가지고 있었다. 펠릭스는 엘살바도르에 가서도 자주 나에게 전화를 해서 엘살바도르 반군에 대한 공중 작전이 어떻게 진척되고 있는지 보고를 했다. 그래서 기자들은 펠릭스가 콘트라 반군에 대한 보급 작전을 포함해서 자기가 하고 있는 일을 전부 다 나에게 이야기했을 것이라고 믿는 분위기였다.

나는 여전히 펠릭스를 존중했고, 또 부시가 공개적으로 비난한 1983년 엘살바도르의 군 비리를 바로잡는 일에 펠릭스가 자원했기 때문에, 나는 1985년 1월에 펠릭스를 부시 부통령에게 소개했고, 짧지만 친근한 만남이 이루어졌다. 이어서 1986년 잠깐 동안의 면담에서 펠릭스는 부시에게 엘살바도르에서 했던 대대적인 반군 지원작전 도중에 찍은 사진들을 보여주었다. 그 자리에는 엘살바도르 주재 우리 대사인 에드 코어도 참석해서 부시 대통령에게 펠릭스의 노력에 대한 엄청난 찬사를 늘어놓았다.

이런 접촉들은 펠릭스가 엘살바도르에서 무슨 일을 하고 있었는지, 그리고 부통령은 펠릭스가 노스의 불법적인 비밀 콘트라 작전과 연루되었던 것을 알고 있었는지에 대해 언론의 관심을 더욱 증폭시켰다. 의회의 민주당 의원들도 부시 부통령의 1988년 대선 출마 의지를 망치는 데 열을 올린 나머지 그 경쟁에 뛰어들었고, 부시 부통령이 이란 콘트라 사건의 전모를 애초부터 알고 있었던 걸로 몰아갔다.

1986년 가을에는 여러차례에 걸쳐서, 열성적인 TV 기자들이 우리 집 문간에 새벽 6시부터 몰려들어 진을 치고는 나에게서 어떻게든 한마디라도 얻어내려고 애를 썼다. 그렇게 감시 근무를 하는 것을 알았을 때 내 기분은, 미국 초기의 남서부 개척자들이 자기네 오두막을 아파치 인디언들이 둘러싸고 있는 것을 보았을 때의 느낌과 매우 비슷했을 것이다. 나는 그런 때에는 기자들에게 어떤 말이든 하는 것 자체가 큰 실수라는 것을 뼈저린 고통 속에서 배웠다.

멕은 맨 처음 우리 집에 와서 밤샘 감시를 시작한 CBS 방송팀에게 커피를 내다주면서 나보다 더 빨리 그러한 교훈을 배웠다. 그래서 나에게 '굿모닝!' 이상의 어떤 말도 절대로 하지 말라고 강력히 말렸지만 나는 그 말을 제대로 듣지 않았다. 나는 감춰야 할 일이 하나도 없으니 차라리 내 경우에 대해 공개적으로 이야기하는 것이 도움이 되리라 싶어서였다.

잠복팀의 기술은 이런 식이었다. 내가 백악관의 사무실로 출근하려고 현관을 나서면 바로 친근하게 질문을 한다. 나는 그해 9월에 한쪽 다리에 큰 수술을 해서 눈에 띄게 다리를 절고 있었다. "오늘은 다리가 좀 어떠세요?" 하고 그들은 큰 소리로 묻는다.

내가 대답을 하면 그들은 즉시 "부인을 두들겨 패는 걸 그만둔 게 언제지요?" 같은 엉뚱한 질문을 해서 금방 간단히 답변하기 어렵게 만든다. 그런 경우 내가 황급하게 뭐라고 대답을 하면 그걸 녹화한다. 그런 다음 답변을 거두절미해서 방송용 요약분을 따내면 내가 말한 뜻이 심하게 왜곡되어버리지만, 그대로 CBS 저녁뉴스에 방송이 되는 것이다.

그런 식으로 두어번 창피를 당한 뒤 나는 입을 굳게 다무는 법을 배웠다. 또한 그때쯤 나는 노스가 니카라과의 콘트라 반군을 지원하는 자기 사업에 펠릭스를 상당히 깊이 끌어들였을 가능성을 내가 너무 늦게 깨달은 건 아닌가 하는 생각도 들었다. 그걸 더 일찍 규명했어야 하는데 그러지 못한 것이다.

1986년 12월 초 나는 부시 부통령에게 가서 국가안보보좌관직을 사임하겠다고 말했다. 나와 펠릭스의 관계를 묻는 기자들의 질문 공세와 내가 이란 콘트라 작전을 알고 있었던 걸로 의심받는 것이 그의 장래 정치활동에 잠재적 위험이 될 것 같아서였다. 부시는 나의 사의를 단호히 거절했다.

1986년 12월 19일 로런스 월시가 혼탁한 이란 콘트라 사건의 조사를 전담하는 특별검사로 임명되었다. (그의 조사는 1994년 1월까지 계속되었다.) 그가 임명됨으로써 이 사건과 연관된 위험과 긴장은 그만큼 더 커졌다.

1987년 1월에 나는 두번째로 사의를 표했다. 부통령이 다이앤 소여가 진행하는 '60분'이라는 프로그램에 출연해서 논쟁적인 인터뷰를 하고 난 뒤였다. 방송에서는 나와 이란 콘트라 얘기가 또 다시 거론되었다. 나는 그 인터뷰에서 다이앤 소여가 나의 정직성에 대해 의문을 제기한다고 느꼈다.

소여는 내가 증언을 하는 가운데 한번은 펠릭스 로드리게스와의 중요한 만남을 빼놓은 적이 있다고 지적했다. 그러고 나서 이번에는 부통령을 향해 이렇게 질문했다. "그레그씨가 잊어버리고 말 안 하는 것과 거짓말을 하는 것이 뭐가 다르죠?" 부시는 그 인터뷰를 잘 처리했지만, 그래도 무척이나 거북스러워했다. 부시는 또 다시 내가 사직하겠다는 제안을 거절했다.

1987년 4월 부시의 가까운 친구이자 투자은행가로 부시 부통령이 대통령이 될 경우 내각의 한 장관으로 지명될 것이 분명한 니콜라스 브래디(Nicholas Brady)에게까지 압박이 가해졌다. 브래디는 나에게 헤이 애덤스 호텔에서 커피를 한잔 하자고 불러서는 내가 사임해야 한다고 말했다. 이란 콘트라 사건을 질질 끌면 끌수록 내가 언론의 먹잇감이 되어 정치적인 부담이 되기 때문이라고 했다.

나는 브래디에게 내가 벌써 두번이나 사임하겠다고 했지만 부시가 거절했다고 말했다. 그는 자기도 알고 있으며 그건 부시가 "너무 의리가 있어서" 나를 그냥 데리고 가려는 거라고 했다. 나는 사태가 어느정도 진정되었는데 지금 내가 사임한다면, 그건 내가 뭔가 잘못한 일이 있었거나 아니면 내가 이란 콘트라 사건에 대해 알고 있었는지 여부에 대해 거짓말을 한 걸로 여겨질 거라고 대꾸했다.

브래디는 그 말은 내 편에서 자기중심적으로 생각한 논리에 불과하다며 일축했다. 나는 그에게 외쳤다. "닉! 이건 내가 도저히 받아들일 수 없는 얘기예요!" 그리고 우리는 그렇게 헤어졌다. 그날 커피맛은 정말 별로였다.

그런 일이 있은 뒤에 나는 내 거취에 관한 문제를 당시 부통령의 선거 사무장이었던 고(故) 리 애트워터와 의논하기로 결심했다. 나는 애트워터를 특별히 좋아하지 않았고 그도 나에 대해서 똑같은 감정이 아니었나 생각한다. 내가 그에 대해서 말한 몇가지 비판적인 이야기들이 그의 귀에 죄다 들어간 적이 있기 때문이다. 그래도 나는 애트워터가 철저하게 감상을 배제할 줄 알며 부시의 선거운동에 철저하게 헌신적인 인물이라고 생각했다.

나는 애트워터에게 그동안 일어난 일을 전부 이야기하고 브래디와 만난 부분까지 말한 다음 충고를 구했다. 그는 나에게는 세가지 길이 있다고 했다. 계속 남아서 정당성이 입증되어 누명을 벗는 것, 계속 남아서 거짓말한 게 들통 나 유죄가 되는 것, 그리고 "뱃전에서 바다로 투신하는 것"이었다. 그는 내가 말한 게 전부 참말이냐고 물었고, 나는 그렇다고 대답했다.

그랬더니 그는 내가 사임하면 왜 그만두는지, 잘못한 게 무엇인지를 밝혀내려고 언론이 더 심하게 달려들게 할 뿐이라고 말했다. 그의 결론은 내가 잘 참고 견디어낼 자신만 있다면 그냥 그 자리에 남아 있으라는 얘기였다. 나는 그에게 감사하면서 악수했다. 그리고 나는 두번 다시 애트워터를 만나지 못했다. 그는 1991년 40세의 나이로 사망했다. 하지만 그가 남긴 전통은 칼 로브(Karl Rove, 전 백악관 비서실 부실장)를 통해서 아직도 이어지고 있다.

(닉 브래디는 부시 대통령 정부에서 재무장관으로 일했다. 내가 한국 대사로 있는 동안 서울에 온 적이 있지만, 우리는 둘 다 헤이 애덤스 호텔에서 만난 일은 입 밖에 내지 않았다.)

그다음 토요일 아침에 부시 부통령의 '일일 브리핑'(고급 요약 정보)을 점검하기 위해 부시의 저택에서 단둘이 만났을 때 나는 브래디와 애트워터를 만난 이야기를 했다. 부시는 브래디가 나에게 사임하라고 말했다는 얘기에 웃으면서 고개를 가로저었다. 그는 두 손으로 '꼼짝 말고 있으라'는 제스처로 말로 하는 그 어떤 얘기보다도 확실하게 내가 남아 있으라는 뜻을 보여주었다. 나는 부시의 결정에 감사하면서 안심할 수 있었다.

이란 콘트라 사건과 부시 부통령의 유명한, 아니 악명 높은 연장전은 1988년 1월 25일의 방송 인터뷰였다. 그것은 『워싱턴포스트』지가 표현한 대로 "텔레비전 방송사상 뉴스앵커와 정부 고위공직자 간의 가장 폭발적인 대결"이었고, 부시의 적수는 CBS 앵커 댄 래더였다.

인터뷰는 생방송이었다. 래더는 CBS 방송국 스튜디오에서, 부통령은 백악관의 집무실 책상 앞에 앉아서 진행할 예정이었다. CBS는 1988년 대선 후보들의 면모를 소개하는 시리즈 중의 하나라고 광고를 했지만, 부통령 집무실의 우리들은 다른 의도를 의심했다.

조지 부시는 자기가 한 말이 언론의 '자르고 이어붙이는 편집'을 통해서 잘못된 인상을 주도록 조작되는 일을 자주 당했다. 그래서 우리는 부시가 하는 말이 명확하게 제대로 전달될 수 있게 인터뷰를 생방송으로 하자고 주장했다.

나는 댄 래더가 물어볼 것 같은 질문 여덟개를 부시를 위해 준비했다. 그중 첫번째는 '대통령은 올리버 노스를 파면하고 존 포인덱스터를 사임하게 했는데, 부통령인 당신은 왜 그레그에게 그런 조치를 취하지 않았나요?'였다.

그 '인터뷰' 프로는 5분짜리 개막 화면으로 시작되었는데, 거기에는 CBS가 우리 집 앞에서 잠복근무하며 찍은 장면도 들어 있었다. 기자들이 마구 외치는 질문들에 대한 나의 대답을 교묘하게 골라서 왜곡된 방향으로 편집한 화면들도 포함되었다.

그리고 드디어 생방송 인터뷰가 시작되었을 때, 래더는 첫 질문부터 나를 짓밟는 발언을 장황하게 늘어놓았다. 레이건 대통령이 노스를 파면한 이야기를 하면서 내가 "콘트라 반군에 무기를 대주는 일에 '깊숙이' 관여했다"고 말하고, "그런데 왜 그레그씨는 아직도 백악관 안에 앉아 있고, 신뢰받는 보좌관으로 남아 있는 거죠?"라고 질문을 맺었다.

부시는 즉각 공세적 답변에 나섰다. CBS가 백악관에 이 인터뷰의 요지를 말하면서 꼼수를 썼다고 반박했다. "지금 이게 선거를 앞둔 대선 후보의 정치적 면모를 소개하는 인터뷰입니까? 그런 인터뷰라면 전혀 달라야 한다고 생각하는데요."

거기서부터 양쪽의 적대감은 폭발했고, 9분 동안이나 설전이 계속되었다. 조지 부시는 평소에는 대부분 점잖고 논리적인 태도를 취했지만 꼭 필요할 경우에는 험악한 말도 할 줄 알았다. 이번이 바로 그런 경우였다. 나는 『워싱턴포스트』지가 내린 다음과 같은 판정이 꼭 맞는다고 생각했다. "혐오스러운 저널리즘이더라도 TV에 열광하게 되는 이유가 바로 이런 것이다.… 즉석에서 분석한 결과, 그 인터뷰는 부시의 대승리였고 댄 래더의 참패였다."

부통령은 댄 래더에게 '승리'했는지 몰라도, 이란 콘트라 사건의 누적된 악영향은 다른 사람들이나 나에게 적잖은 대가를 치르게 했다. 언론의 추적보도, 의회의 추궁, 고위직들의 사임과 기소, 특별검사 월시의 포괄적인 수사, 이 모든 것들은 레이건 정부에 대해 상당히 음울한 결론을 예고하고 있었다.

1988년 가을 어느 때쯤엔가, 부시의 대통령 당선이 거의 확실시되고 있던 시점에 그는 나를 사무실로 불러서 이야기했다. 그의 참모들의 의견에 따라 앞으로 선거가 끝나면 부시는 국가안보보좌관으로 브렌트 스코크로프트(Brent Scowcroft)를 임명해야 한다는 이야기였다. 고통스럽긴 하지만 나로서 예상하지 못한 순간은 아니었다. 아마 부시에게도 그랬을 것이다. 나는 스코크로프트는 제럴드 포드 대통령의 국가안보보좌관으로 널리 칭찬을 많이 받았던 인물이기 때문에 그를 기용하는 것은 올바른 결정이라고 말했다. 그 순간은 그렇게 지나갔다. 대선에서 이기자마자 부시 대통령 당선자는 나를 그의 한국 주재 대사로 지명했다.

나를 한국 대사로 선택한 것은 부시 대통령으로서는 위험한 모험이었다. 부시는 상원의 인준이 필요한 것을 알고 있었고, 내가 거부당할 경우엔 정부 출범부터 꼬리에 깡통을 달고 달리는 꼴이 될 수 있다는 것도 알았다. 시초부터 민주당이 나의 지명을 거부하기 위해 모든 힘을 다 쏟을 것이라는 것도 분명했다. 고(故) 앨런 크랜스턴(캘리포니아 민주당) 상원의원이 주력 공격수였고, 그의 보좌관 제럴드 워버그와 함께 내 평판을 깎아내리는 작업을 선도하고 있었다.

그들의 첫번째 전술은 지연작전이었다. 나는 대통령으로부터 지명을 받은 지 무려 5개월이 지난 1989년 6월 16일에야 상원 외교위원회의 청문회장에 나갈 수 있었다. 나는 그때까지 민주당이 10대 9로 지배하고 있는 그 위원회 소속 의원들과 접촉해서 대화를 가져보려고 노력했다. 여러차례 되풀이해서 연기되었던 크랜스턴 상원의원과의 만남은 차갑기 그지없었다. 그런 다음 나는 워버그도 처음으로 만났는데, 보는 즉시 그를 싫어하게 되었다. 그런 감정은 틀림없이 쌍방이 똑같았을 것이다.

상원에서의 나의 청문회가 끝난 지 닷새가 지나서, 외교위원회는 내 대사 지명을 12대 7의 투표로 가결했다. 위원회의 클레이본 펠(로드아일랜드, 민주당) 의원은 나의 지명에 찬성표를 던졌고 찰스 롭(버지니아, 민주당) 의원도 찬성했다. 두 사람의 찬성표는 결정적인 도움이 되었다. 그래서 1989년 6월 21일자 『뉴욕타임스』 기사는 외교위원회의 투표결과는 그동안 나에 대한 상원의 조사를 그처럼 활발하게 주도한 크랜스턴과 워버그에게는 "하나의 좌절"이라고 평가했다.

1989년 9월 12일 마침내 상원 본회의에서 내 임명안을 승인했을 때, 나는 이란 콘트라 사건이 이제는 나의 과거사가 되었다고 생각했다. 부시 대통령은 다정하게 전화를 걸어서 그 "뜨거운 열을 몸으로 다 받아줘서" 고맙다고 말했다. 그렇게 해서 멕과 나는 행복한 해방된 부부가 되어 바로 한국으로 날아갔다.

1990년 7월 우리는 로드아일랜드의 뉴포트로 날아가 딸 앨리슨과 네드 코코란의 결혼식에 참석했다. 우리 집안의 이 경사 기간 동안에 크레이그 길런이라는 전혀 모르는 사람이 나에게 끈질기게 전화를 걸어왔다. 나중에야 그 사람이 로런스 월시의 새 조수라는 것을 알았다. 특별검사 월시가 아직도 이란 콘트라 사건을 수사 중이었던 것이다.

길런에게 전화를 하자, 그는 이 사건의 수사를 처음부터 완전히 다시 하라는 지시를 받았다고 했다. 그러는 과정에서 그는 1986년인가 1987년 초에 내가 월시 휘하에서 일하던 연방수사국(FBI) 요원을 처음으로 만났을 때, 그로부터 이란 콘트라에 대해서 아는 것이 있었는지 거짓말 테스트를 받아보겠는가란 제의에 그러겠다고 대답한 것을 알았다는 것이다. 그러면서 그는 나에게 아직도 그렇게 할 의사가 있는지 물었다. 나는 기꺼이 테스트를 받겠다고 대답했고, FBI의 테스트는 워싱턴 D. C.에서 받도록 빠른 속도로 준비되었다.

내 기억에 테스트를 받기로 한 날 아침 나는 자리에서 활기차게 일어났고, 빨강 파랑 흰색 줄의 넥타이를 맨 다음, 멕에게 마침내 이 테스트로 그 비참한 사건 전체가 완전히 종결될 거라고 말했다. 나는 CIA 요원 시절에 세번이나 전문적인 기술자들의 거짓말 탐지기 테스트를 거친 적이 있었다. 그래서 FBI에서도 똑같은 전문기술을 발휘해줄 것이며 아무 문제없이 테스트를 잘 통과할 수 있을 것이라고 생각해서 상당히 자신만만했다.

나는 택시를 타고 워싱턴 남서부에 있는 버자드 포인트의 FBI 사무실까지 갔다. FBI 여성 요원이 나를 맞아주었는데, 그녀가 먼저 나를 면담한 뒤 정말 거짓말 탐지기 테스트를 받을 것인지를 물었다.

그녀는 내가 기꺼이 테스트를 받겠다고 해서 대단히 기뻐하면서, 이란 콘트라 사건과 관련된 사람들 중에서 테스트를 받는 데 동의한 사람은 내가 유일하다고 덧붙였다.

거짓말 탐지기 담당관은 덩치가 큰 친절한 남자였다. 그는 나에게 장치를 달면서 말하기를 그 사건은 대단히 복잡한데다 자기는 그걸 자세히 연구할 시간이 없었다고 했다. 그런 다음에 나한테 상당히 복잡한 내용의 질문들을 줄줄이 했고, 상당히 긴 시간이 걸렸다. 나는 그의 결정적인 질문 하나를 기억하는데 "1986년 이후 언제이든 혹시 올리버 노스, 펠릭스 로드리게스, 또는 이란 콘트라 문제에 관해서 부통령을 오도(誤導)한 적이 있습니까?"였다.

나의 대답은 당연히 "노(NO)"였다. 그런데 질문이 모두 끝날 무렵 거짓말 탐지기 담당관은 자기 테이프를 검토해보더니, 내가 지금까지 모든 질문에 대해 속임 반응을 나타냈으며 그중에는 테스트 도중 완전히 깜짝 기습을 당한 '옥토버 써프라이즈' 관련 질문도 포함되어 있다고 했다.

나는 내 귀를 의심했다. 그래서 질문을 다시 해달라고 부탁했다. 그 담당관은 조금 수정을 한 질문을 다시 했다. 그런 다음에, 내가 두 번째로 대답한 답변들도 첫번째와 똑같은 거짓말 반응을 보였다고 말했다.

나는 불신과 낙담으로 눈앞이 아득해진 채 조사실을 걸어나왔다. 밖으로 나온 후 오지 않는 택시를 기다리며 서 있었다. 나를 마중했던 여성 요원이 자기 차를 몰고 와 내 앞에 세우더니 국무부까지 태워다주었다. 그녀도 나만큼이나 마음이 아픈 것 같았다. 나중에 나는 그녀가 FBI를 사직했다는 이야기를 들었다. 어디서든 잘되길 빈다.

그날 나는 최대한 빨리 길런에게 전화를 걸어서 곧장 이렇게 털어놓았다. "내가 먼저 내 입으로 말하는 게 나을 것 같아서요. 나 오늘 FBI 테스트에서 완전히 낙제했소." 그는 침묵으로 응답했다. 그래서 나는 앞으로도 길런 당신이나 월시로부터 또 연락이 올 것을 알고 있으니, 나도 이제는 생전 처음으로 변호사를 고용해서 대응하겠다고 말했다. 그는 "네, 연락이 갈겁니다."라고 말했다. 나는 그 순간 전화를 끊었다.

멕은 끔찍하고 기막힌 소식을 침착하게 다 들은 다음, 우리가 아직 미국에 있는 동안 즉시 변호사를 고용하는 것에 찬성했다. 나는 윌리엄스대 동창인 밥 제니스에게 전화를 걸어 사정을 모두 설명했다. 유명 변호사인 밥은 드비보이스 앤 플림턴 법률회사 소속으로 워싱턴의 지사에 있었다.

그는 즉시 행동에 나서서 나를 자기 파트너 중 한명인 '주드'란 별명의 주다 베스트 변호사에게 소개했고, 그는 내 사건을 맡는 데 동의했다. 밥의 회사는 고맙게도 수임료는 일체 받지 않고, 변론을 준비하면서 실제로 들어간 비용만 받기로 했다.

나는 주드 베스트를 만나고 좋아하게 되었다. 그는 내 문제에 대해 완벽하게 '허튼 수작 말라' 식의 현실적 접근방식을 택했고, 내가 그 거짓말탐지기 테스트를 받는 데 동의한 것은 '천치 같은' 짓이었다고 단언했다. 그는 또 앞으로 길런과 월시는 내가 FBI 거짓말 테스트를 통과하지 못한 것은 내게 죄가 있다는 증거라고 널리 선전하고 나올 터이니, 우리가 할 수 있는 일은 단 하나, 내가 그 분야에서 가장 권위가 있는 다른 거짓말 탐지기 전문가에게 가서 다시 테스트를 받는 길밖에 없다고 설명했다. 그렇게 해서 나는 뉴욕에 있는 '과학적 거짓말 탐지 주식회사'(Scientific Lie Detection Inc)의 대표 리처드 A. 아서를 소개받았다.

아서와 나는 장시간 상담을 했다. 그런 다음 그는 자기 거짓말탐지기 장치를 나에게 부착했다. 그는 나에게 FBI에서 어떤 질문들을 받았는지, 그리고 대답을 하면서 느낌이 어땠는지를 물었다. 나는 그 질문들이 하나같이 무척 길고, 그걸 들으면서 내 마음속에 수많은 생각이 떠올랐다고 대답했다.

아서의 질문들은 짤막했다. 내가 기억나는 건 이런 식이었다.

"펠릭스에 관해서 한번이라도 거짓말을 한 적 있나요?"

"올리버 노스에 관해서 한번이라도 거짓말을 한 적 있나요?"

"부통령에게 거짓말을 한 적 있나요?"

"1980년에 미국인 인질들의 석방을 지연시킨 게 당신인가요?"

나는 그 모든 질문에 힘차게 "노!"라고 대답했다. 아서는 나에게 뉴욕에서 호텔방을 하나 빌려서 자고, 다음날 아침 일찍 자기 사무실로 다시 오라고 했다. 그러면 자기가 똑같은 질문을 다시 할 테니 대답하라는 거였다. 나는 그렇게 했다.

그다음 날 아침 질문은 전날의 정확한 반복이었다. 질문을 다 마친 다음에 아서는 이제 두 세트의 답변을 비교 분석해봐야 한다면서 잠깐 방을 나갔다. 그리고 몇분 뒤에 돌아오더니 나를 향해 활짝 웃으면서 이렇게 말했다.

"이제 말끔하게 깨끗합니다!"

나는 그 순간 살았다는 기분에 너무나 목이 메어 한마디도 할 수가 없었다. 그는 나를 자리에 앉히고 진정시킨 다음 내가 원래 거짓말 탐지기에 극도로 민감한 체질이라고 말했다. (CIA 근무 시절 여러 차례 거짓말탐지기 테스트를 통과하면서, 나도 그렇지 않나 생각했었다.)

아서는 또 내가 FBI에서 받은 질문들은 악의적으로 구성되었고 너무 길었다고 말했다.

"그러니까 그 테스트를 통과하지 못한 것은 대사님 잘못이 전혀 아닙니다." 그 말은 내 영혼 깊숙이 향기롭게 스며들었다.

멕과 나는 다음날로 다시 한국으로 돌아갔다. 그리고 그런 상황에서 그럴 수 있으리라고 생각도 못했을 만큼 무척 기분이 좋아졌다.

그다음 2년 반 동안 내가 서울에서 임기를 마칠 때까지, 주드 베스트는 워싱턴의 자기 회사 사무실에서 월시의 수사에 관한 이런저런 변동사항에 대해 계속해서 알려왔다. 믿어지지 않는 일이지만, 월시는 조지 슐츠 국무장관까지 잡으려 들었다. 슐츠는 이란에 무기판매를 하는 것을 반대한 사람인데도 그랬다.

그 수사에서 나온 결과는 아무것도 없었다. 캐스파 와인버거 국방장관은 기소되었지만 월시가 한 것은 아니었다. 그리고 부시 대통령은 임기 말에 대통령으로서의 마지막 권한 행사의 하나로 그를 사면하였다. 베스트가 예언한 대로 월시와 길런은 그에게 내가 FBI의 거짓말탐지기 테스트에 실패한 사실을 공개하겠다고 연락을 해왔다. 베스트는 즉시 내가 리처드 아서의 테스트를 성공적으로 통과했다고 말해주었고, 그 문제는 그걸로 완전히 김이 새는 것으로 끝났다.

이란 콘트라 사건 최종보고서에는 이런 말이 들어갔다. "콘트라 반군에 대한 군사원조를 금지하는 볼랜드법이 상존하고 있는데도 콘트라 반군에게 무기를 지속적으로 공급한 이 사건에서, 부통령이나 그 보좌역들 중 누군가가 이를 지시하거나 활동에 가담했다는 믿을 만한 증거는 확보되지 않았다. 오히려 부통령 집무실은 올리버 노스 일당이 콘트라 문제를 의논하는 수차례 회의에서 대체로 배제되었다."

그러나 직접 나를 수사하는 과정의 막판에, 길런과 월시는 내가 좀더 적극적인 저지를 하지 않았다는 걸 꼬투리 잡을 정도로 치사하게 나왔다. 1986년 10월 무기 공급 수송기가 추락했을 때, 내가 1986년 8월 8일 펠릭스를 통해서 알고 있던 올리버 노스의 반군 무기 공급 작전에 대한 정보를 모두에게 알리고 경고해야 했다는 얘기였다. 그래서 그들은 나를 '은폐행위'로 고발했는데 그것은 내가 1986년 8월 12일에 회의를 소집한 것을 완전히 무시한 것이었다. 나는 그때 국무부, CIA, NSC에서 불러온 참석자들에게 노스의 위태롭기 짝이 없는 허술한 작전의 위험에 대해서 일일이 경고를 했던 것이다.

주드 베스트는 이 피날레에 대해 경멸해마지 않았고, 분노했다. 나는 어쨌든 이란 콘트라 사건에 종지부를 찍은 것이 기뻤고, 베스트와 리처드 아서의 열성적 도움, 아내 멕의 크나큰 용기와 사랑에 진심으로 감사했다. 내 평생의 가장 어두웠던 한 장(章)은 마침내 그렇게 끝났다.

나는 이 회고록의 다음 장인 '옥토버 써프라이즈'를 쓰는 동안 진정한 카타르시스를 느꼈다. 의회 청문회에서 문제될 만한 것이 아무것도 없었다는 명백한 결론에 이르렀기 때문이다. 하지만 최근 이란 콘트라 사건에 관한 보고서를 샅샅이 다시 뒤적이면서 회고록의 지금 이 장을 쓰는 동안에는 거의 카타르시스 같은 것은 느낄 수가 없었다. 오히려 고통스러운 기억과, 내 어려움을 가중시키는 데 한몫 거들었던 사람들에 대한 분노가 새롭게 불붙었을 뿐이다.

이란 콘트라 보고서는 모두 공개되었고, 구글 검색을 통해서 누구나 쉽게 접근할 수 있다. 그 보고서와 거기 등장하는 좋은 사람, 나쁜 사람, 무능한 사람들에 대해서 나는 훨씬 더 많은 이야기를 쓸 수도 있었지만, 그렇게 하지 않는 쪽을 택했다. 그건 정말이지 벌레가 가득 찬 통과 같아서였다. 그 어두움 사이로 빛난 것은 멕의 지극한 사랑과 지원, 그리고 흔들림 없이 끝까지 나를 지켜준 부시 부통령의 결의였다.

이란 콘트라 사건이 없었다면 내가 부시 대통령 정부에서 무슨 역할을 했을지는 알 수 없는 일이다. 그러나 나를 서울로 보내기로 한 부통령의 결정이 오늘날까지도 계속되고 있는 한국과의 강력한 유대를 만들어주었다는 것, 그리고 그 유대는 지금은 남북한을 아우르는 유대가 되었다는 것만은 분명히 알고 있다.

아주 오래 전에, 어느 해질녘에 나는 기차를 타고 플로리다주 북부의 음산하고 황량한 풍경을 지나치고 있었다. 천천히 앞으로 나아가는 기차 차창 너머를 바라보는데 저물어가는 햇살에 반사되어 유리창에 얼굴이 비쳤다. 그때 그 자리에서 나는 생애 첫 시 한편을 썼다. 지금 이 괴로운 한 장을 마감하며 그 한편의 시가 마음속에 떠오른다.

차창에 비친 내 얼굴이
먼 과거의 사건들을 향해

희미한 등불을 비춰준다.
눈물은 말라버렸고
열정도 다 가라앉았다
피도 다 빠져나갔다.
이제 남은 건
모래 속에 꽂혀 있는
마분지 인형들뿐.

# 24

# 옥토버 써프라이즈

내가 백악관에서 일한 10년 세월을 설명하는 각주(footnote)의 하나로, 아무래도 나는 이른바 '옥토버 써프라이즈'(10월의 이변)에 대해서 설명을 좀 해야 할 것 같다. 지난 수십년 동안 그 어구는 일반적으로 11월의 대통령선거를 앞두고 선거 판세를 바꾸기 위해 준비한 마지막 깜짝 정치 이벤트 같은 뜻으로 쓰였다.

그러나 이제 '옥토버 써프라이즈'란 어구는 훨씬 더 악명 높은 어떤 사건, 이란에서의 아슬아슬한 어떤 사건에서 유래된, 말도 안 되는 혐의와 주장으로 이어진 완전 허구의 어떤 시리즈를 의미하는 데 쓰인다. 그 혐의란 어떤 정치적 목적 때문에 조지 H. W. 부시와 윌리엄 케이시, 나 세 사람이 1980년 가을에 이란인들과 유럽에서 비밀리에 만나서 테헤란에 붙잡혀 있는 52명의 미국인 인질들의 석방을 1980년 11월 대선 이후로 연기시켰다는 내용이었다. 개리 시크가 쓴 글들은 이 악의적인 등장인물들의 입에다 마이크를 달아준 꼴이 되었다.

내가 그 인신의 닐소런 허구의 혐의를 처음 들은 것은 1988년 부
시의 대통령 선거전 때였다. 똑같이 허구인 이란 콘트라 연루 혐의에
다 그처럼 오랜 기간에 걸친 그런 악랄한 허구의 혐의까지 겹쳐 우리
가족은 감당하기가 너무도 힘들었다. 그런 헛소문의 근원지는 한때
CIA 계약직 요원이었다고 주장하는 오리건주 출신의 사업가 리처드
브레네크(Richard Brenneke)라는 자로 귀결되었다.

1988년 9월 콜로라도에서 일어난 전혀 무관한 다른 범죄 사건에서
브레네크는 증인으로 선서를 하고 자기가 1980년 빠리 회합에 함께 있
었다고 증언했다. 그리고 그 자리에서 케이시와 나와 다른 몇 사람이
테헤란에 잡혀 있는 미국인 인질들의 석방을 늦추자고 의논했다는 것
이다. 그렇게 해서 대선 이전에 인질 석방이 이뤄져 카터 대통령이 재
선 캠페인에서 정치적 이득을 보는 일이 없도록 하자고 모의했다는 것
이다. 브레네크는 또 빠리 회합에는 부시도 한번 또는 여러번 참석한
걸로 들었다고 증언했다. 이런 증언 때문에 브레네크에게는 위증 혐의
가 제기되었고, 1990년 4월에 오리건 주 포틀랜드 법정에 서게 되었다.

나는 그때 한국 대사로 있었는데 갑자기 법무부의 소환 명령이 떨
어져 브레네크 재판의 상대방측 증인으로 출두하게 되었다. 그런 일
로 업무에 지장을 받는 것은 참으로 짜증나고 정상적인 삶을 흔드는
일이었다. 하지만 서울에서 포틀랜드까지의 긴 여정 동안 곰곰이 생
각해본 결과, 나는 브레네크에게 불리한 증언을 해서 그를 감옥에 보
낼 기회가 생긴 것은 기쁜 일이라는 것을 깨달았다. 그는 나와 우리
가족에 대해서 거짓말과 중상을 늘어놓았고 나를 이 세상에서 최악

의 배신자, 친구들을 배신한 놈으로 만든 작자였기 때문이다.

그때 이란인들에게 인질로 잡힌 사람들 중에는 내가 잘 아는 사람들도 많았다. 일본에서 가까이 지내며 함께 근무했던 이가 당시 테헤란의 CIA 지국장이어서, 나는 그가 이란인들에게 어떤 취급을 당하고 있는지 무척 걱정이 되었다. 나는 그 친구도 우리 베이루트 지국장이 당한 것처럼 고문을 당하고 있을까봐 두려웠다.

그리고 실제로 2010년 1월, 내가 윌리엄스 대학에서 'CIA 이해하기'라는 4주짜리 강의를 맡았을 때 나는 그 친구를 초대해서 강의를 하게 했다. 아나나 다를까, 그때 그는 자신이 이란인들에게 장기간 당했던 온갖 고문에 대해서 이야기했다. 고무호스로 매질하기, 압박 자세, 먹방, 독방, 처형 위협, 그 모든 걸 촬영해서 가족에게 보내기 등등이었다. 그러니 그런 친구의 포로 생활을 조금이라도 연장하려는 모의를 한다는 것은 나로서는 최고로 더러운 행위가 아니었겠는가.

브레네크의 재판에서 나는 내가 빠리에 있었다고 그가 주장하는 날짜에 백악관의 내 사무실에 있었다는 것을 보여주는 국가안전보장회의(NSC)의 날짜가 찍힌 서류를 가지고 있었다. 그리고 그가 주장하는 빠리 회합 날짜에 내가 멕과 딸 루시와 함께 메릴랜드 해변에서 찍은 가족사진도 있었다. 사진에는 날짜가 찍혀 있었다.

법무부측 젊은 변호사들은 브레네크 재판을 자기들의 슬램 덩크로 다 이긴 것처럼 생각해서 내가 가지고 온 증거물들을 자세히 설명할 기회를 주지 않았다. 그들은 나를 한국 주재 대사라고 소개하고, 내가 브레네크의 주장처럼 그날 비밀리에 빠리에 갔었는지만 물었다. 나는 그 주장을 기꺼이 부정했고, 그런 다음 서울로 돌아왔다.

나중에 들은 바로 법무부가 서툴게 진행한 그 개편에서 배심원들을 설득하는 데 실패했고, 결국 브레네크는 석방되었다. 그 소식을 듣고 몹시 화가 났지만, 내가 거기에 대해서 할 수 있는 일은 아무것도 없었다.

나중에 프랭크 스넵(Frank Snepp)이 쓴 사건 추적기사에서 브레네크가 빠리에 있었다고 주장한 시기에 사실은 오리건주 포틀랜드에 있었음이 그가 서명한 어떤 서류들의 날짜를 통해 입증되었다. 브레네크는 지금은 완전히 신용이 끝장난 인물이 되었다.

카터 행정부에서 NSC의 이란 담당 책임자였던 개리 시크는 그만이 알 수 있을 이유로 1991년 4월 15일자 『뉴욕타임스』 오피니언 페이지에 「10년의 대선 스토리」란 글을 기고했다. 이 글은 브레네크의 터무니없는 허위 주장과 시크가 철석같이 믿는 어느 정체불명의 이란인들이 말했다는 허구의 혐의 사실들을 믿을 만한 얘기로 만들기 위한 것이었다. 같은 해에 그는 '옥토버 써프라이즈'라는 제목으로 아예 책을 한권 내기까지 했다.

나는 지금도 이란 콘트라 사건을 '지하실에 뱀을 두고 7년간 산 일'이라고 생각하고 있다. 시크의 그 책이 출간되었다는 소식을 들었을 때 나는 멕에게 "마치 길을 걸어가고 있는데 길가 하수도 뚜껑 아래에서 더러운 손이 올라와 발목을 움켜잡는 것 같은" 기분이라고 말했다. 공직자로서 살기 위해 겪는 희생과 위험은 때로는 너무도 크다.

시크의 기고문과 책 출간의 결과이겠지만, 1992년 상하원은 '옥토버 써프라이즈'에 대한 조사를 시작했다. 상하원 조사위원회는 양쪽 모두 레이건-부시의 선거운동에서 이란에 억류된 미국 인질들의 석방을 지연시키려는 시도는 없었다는 결론을 내렸다. 좀더 실질적인 조사를 한 하원의 조사 비용만 해도 국민의 세금 135만 달러를 낭비한 결과가 되었다. 그쪽의 결론도 "레이건의 대통령 선거운동 본부나 선거운동에 관여하거나 이를 대변한 인물들, 그 어디에서도 이란에 있는 미국인 인질들의 석방 지연을 시도 또는 제안했다는 것을 뒷받침할 만한 증거는 없다"는 것이었다.

2009년 8월 제임스 리치 전 공화당 의원(아이오와주)과 나는 한국의 김대중 대통령 장례식의 미국 조문단 멤버로 한국에 갔다. 리치 의원은 리 해밀턴 의원, 헨리 하이드 의원과 함께 하원 조사위원회의 공동의장으로 '옥토버 써프라이즈'를 묵살하기로 판정을 내렸던 인물이다. 서울로 가는 비행기 안에서 나는 그에게 당시의 하원 청문회에 대해 물어보았다.

리치는 조사해본 결과 개리 시크는 자기의 이란인 정보원들 말에 완전히 빠져서 조사도 제대로 해보지 않았다는 게 금방 드러났다고 했다. 그는 시크가 그런 터무니없는 허위의 혐의로 스캔들을 만든 것에 나의 분노가 얼마나 깊을지 충분히 이해한다고 말했다.

『월스트리트저널』은 하원의 보고서가 발표된 날, 시크에 대해서 이렇게 썼다.

어제는 미국의 최근 역사에서 음모론을 팔고 언론을 속여 넘긴 사상 최악의 끔찍한 에피소드들을 종결지은 기록적인 날이었다… 개리 시크를 비롯한 옥토버 써프라이즈 신봉자들이 인용했던 결정적인 제보자들은 '최악의 이야기 날조자들'이었음이 판명

되었다. … 시크와 몇 사람은 이 날조자들이 유포한 많은 자기들끼리 내부석으로 확인하고 돌리고 퍼뜨리는 일을 너무나 자주 반복했던 것이다. 하원 특위에서 시크 자신의 입으로 시인한 바에 따르면 그가 자기의 1차 정보원 14명 중 실제로 면담한 것은 다섯명뿐이었다. 나머지는 옥토버 써프라이즈 지지자들의 말에만 전적으로 의지했다. … 시크로 말하자면, 음모론을 덥석 받아들여 결국 의회가 양원의 두 조사위원회까지 만들게 한 장본인이다.

나는 시크에 대한 복잡하고 적대적인 감정을 누그러뜨리기가 상당히 어려웠고 지금도 그렇다. 시크는 나와 함께 NSC에서 일했던 동료인데도 나를 배신자로 고발하는 짓을 하고 있으면서, 그걸 나에게 알려줄 만한 용기도 기본적 예의도 없었다.

10여년 전 나는 어떤 대규모 학술대회에서 그와 우연히 마주쳤다. 그래서 그에게 "너무 많은 물이 댐을 넘어 흘렀다"면서 우리가 얘기를 좀 해야 할지 모르겠다고 말했다. 그는 내 말에 동의하는 듯했지만, 내 말의 뜻은 따라잡지 못하는 것 같았다. 그리고 그처럼 사실무근의 혐의들을 떠들어대고 출판까지 해서 우리 가족에게 입힌 상처는 안중에도 없는 것 같았다.

개리 시크는 여전히 컬럼비아 대학에서 가르치고 있다. 그가 '옥토버 써프라이즈' 잡동사니들을 어떤 식으로 부풀려 정당화하고 있는지 모르며, 때늦은 이제 와서 새삼 알아보고 싶을 만큼 관심도 없다.

나는 그 문제는 그렇게 놔두는 것으로 족하다고 생각한다.

**5**

# 민간인으로
# 돌아와서

# 코리아소사이어티 시절

1992년 빌 클린턴이 대통령에 당선되면서 나의 공직생활은 끝이 났다. 만약 부시 대통령이 재선에 성공했더라면 나는 서울의 대사직에서 본국 정부의 어떤 자리로 옮겨갔을 것이다. 어쩌면 토오꾜오에 대사로 파견되었을지도 모르고, 그 직책이라면 내가 정말 즐기면서 할 수 있었을 것이다.

빌 클린턴은 월터 '프리츠' 먼데일 전 부통령을 토오꾜오 주재 미국대사로 보냈다. 나는 먼데일이 부통령일 때 알게 되었고, 그를 좋아했다. 1995년에 나는 사업차 토오꾜오에 갔다가 어느 모임에서 먼데일과 우연히 만났다. 나와 악수를 하며 그는 머리를 가로저으며 말했다. "돈, 이 자리는 정말이지 짐이 너무 무겁군요."

일본은 경제적으로나 정치적으로나 침체 상태에 빠져 있었고, 모든 이슈에 대해 끊임없이 합의를 구하고 있었다. 일본 황궁의 궁내부는 여전히 숨막히는 압력을 행사했다. 일본에서의 미국대사 일은 내가 서울에 있었을 때에 비하면 별로 재미있는 자리가 아닐 수도 있었다.

나는 서울을 떠나기 전에 운좋게도 코리아소사이어티(TKS)의 회장직 제안을 받았다. 그것은 한국과 미국의 상호 이해를 더 키워가기 위해 봉사하는 조그마한 비영리 단체였다. 1993년 초 이 단체의 본부는 뉴욕에 있었는데, 아시아소사이어티가 차지한 커다란 사무실의 한쪽 모퉁이에 자리잡고 있었다. 직원은 서너명쯤 되었다. 그 단체의 사실상 유일한 활동은 1년에 한번 연례 만찬회를 여는 것이고 그것을 통해 이 조직이 순항할 수 있을 정도의 기금을 모금하려 했지만, 그것도 빠듯했다. 나는 뉴욕 시내 월도프-아스토리아 호텔에서 열린 그런 만찬에 연사로 참석한 적이 있었다. 멕과 내가 서울에서 뉴욕까지 타고 오는 비행기 요금과 월도프 호텔의 스위트룸 숙박료를 내고 나면 남는 비용이 없었다.

나에게 회장직을 제안한 것은 한국과 미국의 사업가들이 섞인 집행부였는데, 내가 살고 있는 워싱턴 D.C.에 본부를 두든지 뉴욕에 본부를 두든지 내 마음대로 하라며 선택권을 주었다. 나는 뉴욕을 택했다. 대사로 일할 때부터 나의 목표는 한미관계를 군사 동맹관계에서 정치적 경제적 동반자 관계로 변화시키는 일이었다. 내 생각에는 그런 목표를 더욱 증진하려면 워싱턴보다는 뉴욕에서 일하는 편이 더 나을 것 같았다.

생각해보면 1993년에만 해당되는 게 아니라, 오늘날에도 옳은 결정이었던 것 같다. 참석자를 끌어모으는 건 워싱턴이 뉴욕보다 더 쉽겠지만, 나는 뉴욕의 참석자들이 경제력이나 전반적인 영향력이 더 큰 사람들이라고 생각했다.

그 단체에서 나에게 제안한 봉급은 대단히 후한 액수여서 깜짝 놀랐다. 나는 코리아소사이어티가 자체의 독립적인 사무실을 가진다는 조건으로 그 제안을 받아들였다. 조건이 받아들여져 맨해튼의 3번가와 57번가의 모서리에 있는 커다란 빌딩 8층에 있는 방 네개짜리 작은 사무실이 바로 마련되었다. 2009년에 내가 TKS의 모든 현역 활동에서 물러날 때에는 이 단체는 8층 전체를 차지할 정도로 성장했고 상시 근무하는 직원 수도 20명에 이르렀다.

멕과 나는 1993년 2월 말 서울에서 짐을 싸가지고 워싱턴으로 돌아왔다. 그리고 베데스다의 키오쿡 거리에 있는 우리 집으로 다시 들어갔다. 멕은 거기 머물게 하고 그동안 나는 뉴욕의 사정을 정찰하러 나섰다. 약 열다섯명의 한국인과 미국인 사업가들로 이뤄진 코리아소사이어티의 이사회는 나를 반갑게 맞이해주었다. 그리고 그들은 자기 클럽에서 나를 위해 아주 정성을 많이 들인 값비싼 오찬회를 열어주었다. 이 점심과 1년쯤 전에 월도프 호텔에서 있었던 만찬회의 기억 때문에 나는 코리아소사이어티가 재정적으로 아주 튼튼한 상태라는 잘못된 인상을 갖게 되었다.

그날 점심을 마친 뒤에, 나는 그 조그만 TKS 조직의 직원들을 만나서 그 단체의 재정 상태를 처음으로 들여다보았다. 순자산은 20만 달러 정도였는데, 그날 자키 클럽의 점심값으로 그 액수에서 상당한 부분이 빠졌다. 단 하나 희망적인 소식은 코리아파운데이션(한국정부가 운영하는 한국국제교류재단)이 이 단체를 한단계 더 높은 수준으로 만들어주기 위해서, 연간 제공하는 지원금 액수를 대폭 늘려주기로 약속했다는 사실이었다. 나에게 회장직을 제안한 것은 오직 그 증액이 제대로 이뤄진다는 것을 전제로 한 일이었다.

그때쯤에야 내 머리에 떠오른 생각은, 내가 받는 그 높은 봉급이 그 단체의 현금 흐름 중에서 과도하게 많은 비중을 차지하고 있다는 사실이었다. 그 액수는 코리아소사이어티의 시재보다도 더 많았다. 그래서 나는 첫 봉급을 받기 전에 내가 받을 액수의 40%를 스스로 깎아버렸다.

그때까지 내가 그려온 비영리 세계란 기부할 기회를 열심히 찾고 있는 자선가들과 은행 잔고가 빵빵한 부유하고 인심 좋은 미망인들로 가득한 그런 곳이었다. 그러나 내가 발견한 것은 각박한 세상이었고, 아시아 관련 국제기구를 위한 자선사업의 황금기를 놓쳤다는 것을 이내 알 수 있었다. 사실 1950년대와 1960년대만 해도 아시아 소사이어티를 비롯하여 받을 만한 자격이 되는 단체들에게로 엄청난 거액의 기부금이 흘러들어갔었다.

나는 포드재단에서 (3년 간격으로) 두번이나 창피스럽게 거절을 당했고 이름난 명문가 출신의 자선가에게 평생 최대로 언성을 높였다가 '완전 제로'의 모금 결과를 낳기도 했다. 한국은 뉴욕의 돈 많은 전통적 기부자들을 흥분시켜 지갑을 열게 만들 만한 곳도, 주제도 아니었다. 나는 몹시 낙심하여 뉴욕의 보도를 걸으면서 TKS나 내가 이 거대하고 무관심하기 짝이 없는 뉴욕에서 무슨 영향력을 발휘할 수 있을지 의심한 적이 한두번이 아니었다.

내가 거기서 가장 잘한 경영상의 결단은 프레드 캐리어(Fred Carriere)를 부회장 직함을 주고 조수로 영입한 일이었다. 한국어를 유창하게 잘하는 프레드는 한국에서 20년 넘게 지냈고 마지막 10년은 풀브라이트 커미션(한미 교육위원회)의 전무로 일했다. 남북한을 막론하고 한국인들을 이해하고 인연을 맺는 프레드의 능력은 누구도 필적할 수 없을 만큼 뛰어났다. 능력 있는 한국인 여직원 최용진과 강소피아도 내가 도착했을 때부터 코리아소사이어티에서 계속 일하는 동안 교환학생 교육사업 창안과 프로그램 개발을 많이 도와주었다.

1993년 중반쯤, 멕과 나는 뉴욕 시내 61번가 렉싱턴 애비뉴에 아담한 아파트 하나를 구했다. 우리는 거기서 2년 동안 살면서, 뉴욕의 진면목을 발견할 수 있었다. 1995년에 멕의 부모님이 돌아가신 후 우리는 멕이 어린 시절 살았던 뉴욕의 아몽크(Armonk)의 집으로 이사했다. 그리고 그 집에서 지금까지 계속해서 아주 행복하게 살고 있다.

프레드가 TKS의 운영을 도맡게 된 후 나의 생활은 주로 기금모금, 글쓰기, 강연, 회의 참석, 외국 출장 같은 일에 집중되었다. 나는 1993년에서 2010년까지 한국 출장을 51번이나 다녀왔는데, 그중에는 중국, 일본, 북한에 들르는 일정도 포함되었다.

일정이 꽉 찬 바쁜 생활이었고 특히 1997~2002년의 김대중 대통령, 2002~2007년의 노무현 대통령 시대에는 더욱 그랬다. 두 대통령은 모두 북한에 대해서 '햇볕정책'을 추구했다. 그 결과 평양과의 관계개선이 이루어져 마침내 2000년과 2007년에는 남북정상회담까지 개최할 수 있었다. 2000년 12월 김대중 대통령에게 노벨평화상이 수여된 것은 나에게도 크나큰 기쁨을 주었다.

가장 슬픈 한국여행은 2009년 김대통령의 장례식에 미국정부조문단의 일원으로 간 것이다. 우리 일행의 대표는 매들린 올브라이트(Madeleine Albright)였다. 장례 행렬이 사열대 쪽으로 가까이 가는 동안 고인이 된 대통령의 관 바로 가까이서 눈에 띄게 다리를 절며 걸어가고 있는 한 남자가 눈에 띄어서, 그 사람이 누구인지 물어보았다. 김대중씨의 아들이며, 한국 중앙정보부의 고문으로 저렇게 되었다는 대답을 들었다. 나는 그때 그래도 김대통령은 그런 끔찍한 곤욕을 면한 게 얼마나 다행인가 하는 생각을 했던 것이 기억난다.

2013년에 나는 김대통령의 미망인 이희호 여사에게 인사를 하기 위해 다시 방문했다. 그녀는 남편의 임종 직전에 내가 병원으로 문병 온 일을 기억하였다. "그때 그레그씨가 오신 걸 그이가 알았다면, 아마 침대에서 벌떡 일어나 반갑게 인사를 했을 거예요." 앞으로 세월이 흐르면서 김대중 대통령이 남북 화해를 위해 기울였던 노력이 더욱 널리 인정을 받고 한국 국민들에게도 칭송을 받기를 바랄 뿐이다.

코리아소사이어티의 직원들은 결국 약 20명의 전문가들이 풀타임으로 근무하는 규모로 늘어났다. 많은 수의 뛰어난 젊은이들이 거기서 2~3년씩 근무한 뒤 졸업 후 연구 과정이나 다른 돈 잘 벌리는 직책을 찾아갔다. 우리 단체는 기금모금을 위해서나 일반적인 홍보를 위해서나 뉴욕에서 최고의 연례 만찬회와 그밖의 행사들을 주관했다.

1995년경 제럴드 포드 전 대통령이 우리 연례 만찬회에서 영광스럽게도 연설을 해주었다. 그의 측근 직원들은 연설 중의 어떤 제안들은 상당히 열렬한 환영을 받을 거라고 나에게 말해주었다. 그래서 나는 포드에 대해서 약간 조사를 해보았다.

조사해본 결과 제럴드 포드는 부인 베티를 만나기 전에 어떤 미모의 모델과 아주 열렬한 관계를 가졌고 그 관계는 여러해 동안 지속되어온 것이 분명했다. 포드는 연설을 하러 뉴욕에 왔을 때, 나에게 시내의 다른 한두군데 약속에 함께 가자고 했다. 함께 차를 타고 돌아다니면서 보니까, 포드는 완전히 개방적인 성격에다 아주 즐겁게 대화를 잘하는 사람이었다.

나는 포드에게 그 모델에 대해 물어보면서, 그녀가 요즘은 어떻게 되었는지 알고 있는지 물어보았다. 그는 웃으면서 그녀가 원한 건 '그랜드 래피즈(Grand Rapids, 미국 미시건주 서부에 있는 도시로, 포드 대통령이 자라고 활동한 사실상의 고향)에서의 생활'이 아니었다고 말했다. 그리고 그녀는 가끔씩 자기에게 편지를 써보냈으며 몇차례 이혼을 했다고 덧붙였다.

포드는 부인 베티에 대해서 아주 깊은 신뢰와 애정을 가지고 이야기했다. 이런 대화를 하고 나니 좀 대담해져서, 나는 그가 리처드 닉슨을 사면할 때 좀 다른 생각이 들지는 않았었는지 물었다. 그의 대답은 직설적이고 단호했다. "나는 그 사면에 대해 후회한 적은 한번도 없어요. 만약에 닉슨을 재판정에 세웠더라면 나라 전체가 둘로 찢어졌을 겁니다. 나도 그 사면이 내가 1976년 선거에서 지는 데 작용했다는 건 알지만, 그래도 나는 사면을 해야 한다고 생각했었으니까요." 포드 대통령은 지금도 내 마음속에 아주 강인하고 도덕적인 인물로 남아 있으며 그런 이를 그 시기에 대통령으로 가졌던 우리는 운이 좋았다고 생각한다.

코리아소사이어티가 중요한 행사를 치르면서 거의 재난을 맞이할 뻔했던 일이 딱 한번 있었다. 그것은 1995년 11월에 있었던 일로, 내가 한국 쪽 이사 중 한명의 압력에 굴복해서 마련한 행사였는데, 그는 링컨센터의 애버리 피셔(Avery Fisher) 홀에서 콘서트를 열어 자기가 아는 친구들의 음악적 재능을 선보이고 싶어 했다. 그가 생각한 인물은 한국의 어느 지휘자와 그 지휘자의 어린 딸인 재능있는 바이올리니스트였다.

애버리 피셔 홀은 객석이 2,700석이나 되는 연주 홀로 아주 저명한 음악 연주자가 아니면 좌석을 채우기가 어려운 곳이다. 우리가 한국인들이 출연하는 콘서트를 계획하고 있다는 얘기가 언론에 나가자마자 우리 사무실에는 자기 애들을 내세우면서 우리 이사회가 선정한 사람들보다는 그애들이 훨씬 재능이 있다고 큰 소리로 주장하는 오만한 학부모들의 전화가 쇄도했다.

우리는 부모들의 아귀다툼을 해결할 길이 없었다. 하지만 연주 실력이 널리 알려진 저명한 연주자를 고용함으로써 그들을 멀찍이 격리시킬 수는 있었다. 연주자는 얼 와일드(Earl Wild)로 당시 80세쯤 나이에 라흐마니노프 피아노 협주곡의 전문 피아니스트였다. 음악회 전체를 맡을 악단은 아메리칸 심포니 오케스트라였다. 우리는 활발하게 티켓 예매를 시작했고, 반응이 좋아서 크게 고무되었다.

그러나 우리가 연주회 사흘 전 음악회 출연자들을 소집해서 드레스 리허설을 했을 때 결과는 완전 파국이었다. 얼 와일드는 한국인 지휘자가 지휘대 위에 서서 열심히 연주를 지휘하는 것을 불과 몇분도 들어보지 않고 갑자기 피아노 앞에서 일어서버렸다. 그러고는 더 나은 지휘자를 쓰지 않는다면 자기는 출연을 거절하겠다고 말했다. 어찌할 것인가?

얼 와일드는 우리에게 지금은 고인이 된 케네스 셔머혼을 천거했다. 그는 내슈빌 심포니의 지휘를 맡고 있는 대단히 재능있는 지휘자였는데, 다행히도 기꺼이 응해주었다. 그다음에 이어진 것은 한국인 지휘자의 떠들썩한 소동이었다. 그는 그 콘서트의 오프닝 곡이라도 꼭 지휘를 해야겠다는 주장을 굽히지 않았다. 우리는 그 타협안으로 결정을 내렸고 와일드도 동의했다. 믿을 수 없는 지휘자하고는 절대로 함께한 적이 없는 사람이었는데도 말이다.

셔머혼은 아주 유쾌한 사람이었다. 나는 그에게 지금까지 일어난 일을 솔직히 전부 이야기했고, 우리 두 사람은 그 일로 아주 실컷 웃었다. 그는 얼 와일드를 아주 잘 알고 있어서, 와일드가 연주곡으로 선택한 무척 길고 까다로운 라흐마니노프의 협주곡도 편안하게 잘 지휘할 수 있는 사람이었다.

음악회가 열리는 당일 밤 애버리 피셔 홀은 빈자리 하나 없이 완전히 꽉 찼다. 한국인 지휘자는 맨 첫 곡을 별 어려움 없이 무난히 마쳤다. 모든 사람이 만족한 것 같았다. 그런 다음 와일드와 셔머혼이 무대에 나와 엄청난 박수를 받았고, 이어서 라흐마니노프를 연주하기 시작했다.

연주가 한참 무르익어갈 무렵, 와일드는 갑자기 자기가 연주하고 있는 부분이 악보 어디쯤인지 잊어버려서 피아노 치는 걸 멈췄다. 셔머혼이 즉시 옆으로 다가가서 어딘지를 신호로 알려주었다. 와일드는 즉시 그 부분의 악보를 다시 생각해냈고 그다음에는 한번도 오케스트라와 어긋나지 않고 연주를 마쳤다. 그 사고가 일어난 건 다 해봤자 몇초밖에 되지 않아서, 나중에 관객으로 온 여럿과 이야기를 해봤지만 뭔가 잘못되고 있다고 눈치챈 사람은 없었다.

그런데 그날 객석에는 내 가까운 친구 샘 쿠(Sam Koo)가 유명한 첼리스트인 부인 성병와와 함께 와 있었다. 그들은 물론 아무것도 놓치지 않고 다 보았다. 명화는 나중에 나에게 셔머혼이 거기서 얼른 사태를 바로잡지 않았다면 어떤 일이 벌어졌을까 생각했을 때는 "앉았던 의자 밑으로 들어갈 뻔했다"고 말했다.

와일드가 그 한국인 지휘자가 지휘한다면 자기는 연주하지 않겠다고 말했을 때는 다 그만한 이유가 있었던 것이다. 우리는 그때 하도 아슬아슬하게 위기를 모면해서, 그다음에는 다시는 클래식 음악회를 할 생각도 하지 않다가 2008년에야 뉴욕 필하모닉을 부추겨서 평양에 가서 연주회를 열게 되었다. 그 연주회는 완전한 성공이었다.

코리아소사이어티는 해마다 밴플리트상을 수여했다. 그 상은 한미 양국 관계를 발전시키는 데 많은 일을 한 뛰어난 한국인이나 미국인에게 주는 상이었다. 이 상을 수상하고 우리들의 주요 행사에서 기조연설을 한 저명인사 중에는 미국 대통령 세 사람(제럴드 포드, 지미 카터, 조지 H. W. 부시)과 한국 대통령 세 사람(김영삼, 김대중, 노무현), 반기문 유엔사무총장, 헨리 키신저, 브렌트 스코크로프트, 콜린 파월이 있다.

내가 또 한가지 운이 좋았던 것은 여러해 전에 일본에서 알고 지냈던—별로 잘 알지는 못했지만—버크 프리먼과 도린 프리먼 부부가 그때 막 은퇴해서 그들의 경이로운 프리먼 재단을 막 출범시킨 사실이었다. 놀랍게도 버크는 내가 코리아소사이어티 일을 맡고 있다는 것을 알고 1993년에 나를 찾아와서 풍성한 재정적 지원을 해주었고, 나는 그것을 기쁘게 받았다.

버크와 도린은 지금은 이미 타계했지만 그들의 업적은 프리먼 재단을 통해서 오늘날까지도 이어지고 있다. 그 재단은 우리 코리아소사이어티의 가장 충실하고 후한 미국 쪽 지원단체이며, 놀랄 만큼 다방면에 걸친 여러 그룹으로 구성된 조직이다. 명성이 영원하기를 빈다.

록히드는 내가 한국과의 P-3 대잠초계기 계약을 살려준 것을 고마워하고 있었다. 이 회사는 TKS에 3년간 거액의 보조금을 제공해줬는데 그건 정말 큰 축복이었다.

하지만 무엇보다도 코리아소사이어티를 성공적으로 만들어준 것은 바로 한국 자체에 일어난 변화였다. 한국의 경제력의 증대, 아시아에서 점점 늘어나는 정치적 영향력, 미국의 진정한 동맹국으로서의 활약이 그 이름을 붙인 코리아소사이어티가 모든 방면으로 발전해 나가는 원동력이 되었다.

# '키즈 투 코리아' 사업

1992년 로스앤젤레스에서 LA 경찰관 네 명이 로드니 킹이라는 흑인을 장시간 심하게 두들겨 패는 장면이 비디오카메라에 찍혔다. 그기괴한 비디오테이프는 전국적인 소요의 원인이 되었고 결국 그 경관 네 명은 재판에 회부되었다. 하지만 백인들이 사는 교외지역의 배심원단이 그 경찰관들을 아무 혐의가 없다며 석방하자 대부분 아프리카계 흑인들로 구성된 군중은 화가 나서 폭동을 일으켰다. 그 과정에서 흑인 거주 지역에 있는 한국계 미국인들의 상점 수백군데가 파괴당했다.

나는 여기에 대해서 코리아소사이어티가 어떻게든 대응을 해야 한다고 느꼈고, 그래서 내가 시작한 프로젝트가 '키즈 투 코리아'(Kids to Korea, 아이들을 한국으로)라는 이름의 사업이었다.

도심지역 슬럼가에 사는 흑인 어린이들을 한국에 보내서 한국이 실제로 어떤 나라인지 보여주자는 아이디어는 사실 내가 서울을 떠나기 전에 생각한 것이었다. 나는 귀국하기 전에 주한미군 사령관을 만나서, 그해 여름에 미국 고교생 20명쯤을 미군 숙소에 머물게 할 수 있겠는지 물었다. 대답은 '예스'였다. 그래서 나는 빨리 계획을 진행시켰다.

운좋게도 나는 로스앤젤레스 롱비치 지역에서 도심지역 빈민선교를 담당하고 있는 퀘이커교의 프레드 뉴커크(Fred Newkirk) 목사를 소개받아 서로 연락을 취하게 되었다. 그는 도심지역 갱들을 집중적으로 선도하고 있었다. 그는 지칠 줄 모르게 일하면서 우선 흑인 청소년들을 감옥에서 빼내는 일을 했고, 다음에는 이미 감옥에서 형을 마치고 나온 청소년들의 재범을 줄이는 데 주력했다.

한때 갱 단원이었던 이의 안내로 롱비치의 대단히 험악한 지역을 걸어서 한바퀴 돌아본 결과, 도심의 모든 구역마다 여러가지 다양한 폭력의 위협이 상존하고 있는 것을 알게 되었다. 1992년 흑인폭동의 후유증으로 자주 강도를 당해본 가게주인들은 자연히 흑인 손님들을 극도로 의심하게 되어 있었다. 흑인들 입장에서는 한국인들의 불친절하고 의심스러워하는 태도를 느끼고 그것 때문에 한국인들을 싫어했다. 한국인들이 누리고 있는 상대적인 사업의 번창에 대해서도 공개적으로 시기심을 드러내는 흑인들도 많았다. 그건 한국인들이 남보다 장시간 노동하고 근검절약한 결과였지만, 흑인들에게는 지독한 상술 때문으로만 보였다.

뉴커크 목사는 '키즈 투 코리아' 사업의 배후에 들어 있는 내 생각에 강력히 찬성을 표했고 즉시 도심지역의 위기 가정의 고교생들 중에서 자기가 잘 알고 신원을 보증해줄 수 있는 학생들로 10명의 그룹을 만드는 데 중요한 역할을 해냈다. 뉴욕에서 고등학교 교사들의 도움을 받아 나도 역시 비슷한 그룹을 만드는 데 힘을 모을 수 있었다.

두 그룹의 고교생들은 로스앤젤레스에서 만나서 1993년 8월에 한국으로 날아갔다. 그중에는 비행기를 처음 타보는 아이들도 많았고, 전원이 미국 밖 외국에는 처음 가보는 여행이었다.

이 사업 자금은 한국과 미국 양쪽에서 나왔고, 이 프로젝트는 대단한 성공을 거두었다. 학생들은 서울에 있는 학교와 박물관들을 방문했고, DMZ와 옛 신라의 수도였던 경주에도 가보았으며, 한국 가정에 가서 하룻밤씩 홈스테이도 체험했다. 이 모든 일들은 그들의 마음을 열게 해주었다.

그 사업은 오늘날까지도 계속되고 있으며, 지금은 이름이 '프로젝트 브리지'(교량사업)로 불리고 있다. 뉴욕의 코리아소사이어티가 여전히 지원을 계속하고는 있지만 현재는 태평양세기연구소(PCI, Pacific Century Institute)가 이 사업의 로스앤젤레스 지부를 맡아서 훨씬 더 세련된 방식으로 운영해나가고 있다.

프로젝트 브리지는 지금은 아프리카계 미국인뿐 아니라 히스패닉계와 아시아계 미국인들도 한국에 보낸다. 지금까지 총 400명 이상의 학생들이 참가했으며, 그중 몇명은 팀 리더가 되어 돌아왔다. 내가 윌리엄스 대학에서 가르치는 학생 가운데 하나도 3년 전 그 프로그램으로 한국에 다녀왔다. 그에게 그 여행은 인생을 뒤바꿔놓을 만한 경험이었다. 다른 학생들도 그렇게 생각하고 코리아소사이어티나 PCI에 그런 내용을 담은 감사의 편지를 보내오고 있다.

나는 나이가 들수록 고교생들과 이야기하는 것을 더 즐기게 된다.

그들의 호기심은 여전히 무한하지만, 문자메시지나 트위터만으로는 그애들이 꼭 알아야 할 것과 알고 싶은 것들을 적절히 다 아우를 수 없다. 2013년 6월에 나는 1945년에 졸업한 모교에 가서 강연을 한 적이 있다. 그때 내가 받은 질문들 가운데 맨 마지막으로 9학년(중3)짜리가 한 질문이 가장 기억에 남는다. 그 학생은 "그레그 선생님, 선생님이 고등학교를 졸업할 때에는 지금보다 훨씬 역사가 짧았을 텐데, 그때는 무엇에 관해 이야기를 하셨나요?" 하고 물었다.

그 질문은 지금도 내 마음을 떠나지 않는다. 우리는 너무나 많은 아이들을 제약하고 있는 '속도전의 거품'으로부터 그들을 해방시키기 위해서 좀더 제대로 일해야만 한다. '프로젝트 브리지'는 그 방향으로 나아가는 첫걸음이었다.

## 27
# 롱비치에서의 깨달음

로스앤젤레스 지역에서 '키즈 투 코리아' 사업으로 학생 한국방문단을 모아 보낸 결과, 아주 멋지고 요란스러운 일도 일어났다. 프레드 뉴커크 목사가 로스앤젤레스 지역에서도 가장 악랄한 깡패조직인 '인쎄인 크립스'(Insane Crips, 미친 불구자)의 멤버였던 네이트를 데려다가 LA 학생들을 인솔하게 한 것이다. 프레드와 나로서는 네이트를 한국에 보낸다는 건 일대 모험이었지만, 네이트는 그룹의 리더 노릇을 아주 잘 해냈다. 그리고 지금은 갱단 생활을 청산하고 착하게 잘살고 있다.

1994년 내가 LA에 갔을 때 프레드 뉴커크 목사가 연락을 해왔다. 롱비치에 와서 '인쎄인 크립스'의 리더 출신 여덟명에게 이야기를 좀 해달라는 것이었다. 그때 그들은 모두 교도소에서 막 나온 상태였다. 프레드는 당시 그 친구들을 '바르고 좁은 길'로 가게 하려고 필사적으로 노력하는 중이었다.

나는 프레드에게 왜 하필 나를 원하느냐고 물었다. 프레드는 그 친구들이 이제껏 만나본 '정부의 공무원'이라고는 그들에게 총을 겨누는 경찰밖에 없었기 때문에, 전혀 다른 종류의 정부 일을 한 사람과 대화를 해보면 큰 도움이 될 것 같아서라고 했다. 나는 프레드에게 신세진 일이 너무도 많았기 때문에, 기꺼이 롱비치에 가겠다고 약속했다.

저녁식사를 하기 전 오후에 나는 아직도 갱단의 일원인 한명의 안내로 롱비치의 갱단이 장악하고 있는 지역을 걸어서 한바퀴 돌아보기로 했다. 우리가 걸어서 거리를 도는 동안 창문을 짙게 가린 승용차들이 천천히 우리 곁을 지나갔다. "지금 당신을 살피고 있는 겁니다." 하고 나의 가이드가 말했다.

안내하는 친구는 '키즈 투 코리아' 첫 방문단의 인솔자로 한국에 다녀온 네이트를 알고 있었다. 그래서 폭력 조직에서 발을 씻고 나와 산다는 게 얼마나 힘든 일인가를 알고 있었다. 그는 "자기들이 실패한 일에 남들은 성공하는 걸 좋아하는 사람은 없지요." 하고 씁쓸한 어조로 말했다.

그는 어디서 총격전이 벌어졌는지, 어디서 자기 친구들이 살해되었는지 모든 장소를 일일이 가르쳐주었다. 그리고 갱단 하나하나의 영역으로 뚜렷하게 구분된 블록들과 라이벌 갱단이 그 경계를 침범했을 때 어떤 위험에 처하게 되는지도 설명했다. 이 우울한 산책은 곧 이어질 만찬에서 내가 해야 할 말을 준비하는 데 큰 도움이 되었다. 그리고 내가 이제부터 만날 사람들과 나를 어떤 식으로든 연결시킬 방법을 찾을 필요가 있다는 것을 상기시켜주었다.

그날 저녁 우리는 수수한 이층 레스토랑에서 만났다. 네이드가 거기 와 있었고 웃는 얼굴로 우리를 맞았다. 하지만 다른 사람들은 모두 나이가 더 많고 덩치도 더 큰데다가 어색한 태도로 안절부절하지 못하였다. 프레드는 우리에게 축도를 하는 동안 모두 서로 손을 잡으라고 했다. 그런 다음 우리는 자리에 앉았다. 무거운 침묵이 방 안에 내려앉았다.

무슨 말이든 꺼내야 할 임무가 나에게 있다고 느껴져서, 나는 일단 서두를 내 친구 하나가 20년이나 감옥에 있었는데, 지금은 형을 마치고 나와서 잘살고 있다는 얘기로 시작했다. (그건 나의 CIA 동료 잭 다우니의 이야기를 살짝 감추고 한 것이다.)

잠시 침묵이 흐른 뒤 마침내 한 사람이 조심스럽게 입을 열었다. "그 사람은 무슨 짓을 했는데요?" 그러니까 무슨 범죄를 저질렀느냐는 뜻이었다. 나는 그 친구가 한국전쟁 당시에 중국 상공을 날다가 격추당해서 베이징의 감옥에 계속 갇혀 있었다고 말했다.

이번에는 좀더 긴 침묵이 흘렀다. 그리고 "중국에는 무슨 일로 갔는데요?" 하고 누가 물었다.

"아, 그건 CIA 정찰 임무를 띠고 간 거였어요." 하고 내가 대답했다.

더 빠른 반문. "그런 사람을 어떻게 알았어요?"

이제 자루 속에서 고양이가 나올 찰나였다. "나도 CIA에 있었으니까."

즉시 "어떤 총을 가지고 다녔습니까?"라는 질문이 나왔다.

"베트남에 있을 때 말곤 총은 안 가지고 다녔어요."

"거기선 무슨 총이었어요?"

"우지(Uzi) 기관총."

갑자기 모든 사람의 긴장이 풀렸다. 나는 총을 가지고 다니던 사람이고, 그걸로 나는 믿을 만한 사람이 되었다. 나는 무리에 끼는 게 허용되었다.

"그 총을 몇번이나 쏘았는데요?" 하고 한 사람이 물었다.

자랑스럽게 "한번도 쏜 적 없어요."

실망스러운 침묵. "그럼 그 총을 몇번이나 꺼내 들었나요?"

"꺼내야 할 경우는 딱 한번밖에 없었어요."

"그래서 어떻게 됐어요?"

"아주 조용해졌지요."

"대개 그렇지요." 자기도 우지 기관총을 가지고 다니며 몇번 써봤다는 한 남자가 웃으면서 말했다.

그때부터는 이야기가 계속해서 잘 풀려갔다. 총격전에서 살아남은 이야기, 가족들 이야기, 심지어 장래 희망에 대한 이야기들까지 나왔다. 그들의 왕초는 '틱-톡'(Tick-Tock, 똑딱똑딱)이란 별명만으로 알려진 사람인데 '취업 면접'을 하러 가느라고 그날 저녁에 오지 못했다. 거기 참석한 사람들은 모두 내가 다음날 정오에 뉴욕행 비행기를 타기 전 오전에 그를 만나고 가기를 원했다. 프레드도 굳이 권해서, 나도 그러기로 했다.

저녁식사가 끝나고 우리는 모두 악수를 나누었다. 그들은 내 눈을 똑바로 쳐다보면서 와줘서 고맙다는 말을 했다. 나는 나 역시 그들을 만나서 반가웠다고 말했고, 내 생각엔 그들도 내가 진심이라는 것을 알았으리라 싶다.

다음날 아침 프레드는 나를 태우고 틱톡의 아침나고 지저분한 이층 아파트로 데려다주었다. 그는 엄청나게 큰 덩치에 오클랜드 레이더스 선수복 비슷한 것을 걸치고 있었다. 그는 집의 상태가 그런 것에 대해 사과했고, 와줘서 고맙다고 했다. 그리고 친구들에게서 전날 저녁 아주 즐거운 시간을 보낸 얘기를 들었다고 했다.

그런 다음 그는 그동안 건물 청소부 자리를 얻기 위해 수없이 구직을 하러 다닌 이야기를 하면서 점점 말이 거칠어졌다. "그자들은 나에게 빌어먹을 경력사항을 내놓으라는 거요. 내 경력이라곤 하나같이 그자들을 기겁을 해서 도망치게 만들 건데 말이오."

내가 거기 대해 동정을 표하자 틱톡은 이렇게 말했다. "나는 기관총 하나면 15분 만에 열 놈은 길에 쓰러뜨릴 수 있는 사람인데 빌어먹을 청소부 자리 하나 구하지 못하고 있는 판이오."

나는 그래도 새로운 일자리를 계속 찾아보라고 격려했다. 그는 와줘서 고맙다고 말했고 나는 행운을 빌었다. 그리고 우리는 헤어졌다. 2년이 지나서 프레드는 틱톡이 "체포에 저항하다가" 길거리에서 총에 맞아 죽었다고 전해주었다.

나는 가끔 그날 저녁의 손님들을 생각하는데, 그들 중 몇명이나 아직 살아 있을까 궁금하다.

# 여섯번의 평양 여행

북한──내가 그처럼 자주 "미국 첩보활동의 역사상 가장 오래 지속되었던 실패"로 불렀던 그 나라에 대한 논의는 어디서부터 시작해야 할까?

2008년 11월 버락 오바마가 대통령으로 당선된 이래 미국과 북한 사이에는 이렇다 할 중요한 직접 대화가 거의 없었다. 그동안 남북한 사이의 긴장은 위험할 만큼 높았고, 한국정부는 북한에 대한 제재, 식량부족, 경제적 어려움 등이 북한 내부의 붕괴를 통한 체제 변화를 초래하기만 바라고 있는 것처럼 보인다.

중국은 그동안 북한 최대의 동맹국이었지만 이제 중국 정부는 평양의 핵무기 보유 능력이 증가하는 것보다는 북한 정권의 내부 붕괴나 외부적 파열을 더 걱정하고 있는 것 같다. 이것은 현재 최대 교역 상대국인 한국과 중국이 북한에 관한 한 필연적으로 서로 상반된 목적의식을 가지고 대할 수밖에 없다는 것을 의미한다.

2000년 6월 15일 김대중 한국 대통령과 북한의 김정일 위강의 정상회남이 평양에서 열려서, 남북관계의 새 시대가 열리는 것처럼 보였다. 나는 그때 『미주 중앙일보』로부터 정상회담에 대해 논평해달라는 청탁을 받고 글을 기고한 적이 있는데 거기에는 다음과 같은 논평이 포함되었다.

평양 정상회담을 2차 세계대전 후 아시아에서 일어났던 다른 중요한 사건들과 견주어본다면 어떻게 될까? 평양회담은 아마도 1972년 리처드 닉슨이 마오 쩌둥과 만나 돌파구를 열었던 회담에 필적할 수 있을 것이다. 미국에 대한 새로운 도전을 낳았다는 점에서 좀 달리 판단해본다면 평양회담은 1954년 프랑스의 디엔 비엔 푸 패전과 유사한 점을 가지고 있다.

어떻게 프랑스가 반세기 전에 베트남의 정글 속에서 겪었던 참담한 군사적 패배와 김대중 대통령이 지난 6월 평양에서 거둔 외교적 성공을 나란히 놓고 평하느냐고?

중요한 것은 두 사건이 모두 그들 지역에서 새 시대의 개막을 알리는 이정표를 세웠다는 점이다. 거기에 이어지는 질문은 미합중국이 평양정상회담이 낳을 동북아시아의 상황변화를 판단함에 있어서 과거 프랑스의 베트남전 패전과 철수 이후의 동남아시아 전개상황에 대응했을 때보다 더 잘할 수 있는가 여부일 것이다.

…우리가 베트남전쟁에서 싸우고도 성공하지 못한 것은 디엔 비엔 푸에서 프랑스가 패배하고 난 뒤 미군의 첫 부대가 다낭 부근에 주둔한 시기까지 10년 동안 그 나라를 식민지 이후의 지극히 미

묘한 국제관계 속에서 다루는 대신 냉혹하고 경직된 냉전시대의 관계 속에서만 굳이 다루었기 때문이다.

평양의 남북정상회담은 실패가 아니라 성공이며, 동북아시아에서 하나의 패러다임 변동의 시작인 것이다. 한국정부의 외교적인 능동주의와 평양과의 새로운 대화는 이 지역의 장래를 결정하는 데 있어서 점점 더 중심적인 역할을 하게 될 것이다. 이러한 새로운 요인들은 그 지역국가들이 미국을 바라보는 방식을 점차 변화시킬 것이다. 이러한 변화에 따라 그 지역에서의 우리 미국의 목표, 그 목표를 성취할 최선의 방법도 우리 스스로 재점검하는 게 필요할 것이다. 그것은 우리 미국인들이 이행하기에는 쉬운 일이 아니다. …

다음번 미국 대통령이 누가 되든지, 그는 김대중 대통령의 남은 임기 2년을 미국이 동북아시아에 대한 새로운 태도를 창출하는 시간으로 이용할 수 있어야 한다. 그가 그 일을 얼마나 잘 하느냐가 앞으로 미국이 한국과 그 이웃 나라들과 미래에 어떤 관계를 맺게 될 것인가 하는 패턴을 주로 결정하게 될 것이다. 그러한 새로운 시대는 지금 막 시작되고 있는 중이다.

2000년 11월 조지 W. 부시가 미국의 새 대통령으로 당선되었다. 북한에 대한 그의 이념적이고 오도(誤導)된 접근 방식은 그동안 한국과 미국정부가 합작해서 북한과의 새로운 관계를 위해 마련했던 평양 남북정상회담이라는 뜻깊은 발전을 비극적으로, 그리고 전적으로 부당하게 중단시켜버렸다.

1999년과 2000년 초기에 당시 국방장관이었던 윌리엄 페리(William Perry)는 북한의 이른바 '미사일 위기'를 해결하기 위해 노력했다. 그가 기울인 노력의 결과로, 2000년 10월 초에는 북한의 조명록 차수(次帥, 원수와 대장 사이 계급)의 미국 방문이 성사되었다. 미국에 온 조명록 차수는 군복 정장을 차려입고 백악관을 방문해서 클린턴 대통령의 따뜻한 환영을 받았으며, 그 자리에서 클린턴 대통령에게 평양을 방문해달라고 초청했다. 앨 고어 부통령은 조 차수를 위해 부통령이 베풀 수 있는 가장 강력한 환영행사인 성대한 국무부 오찬회를 열어주었다. 그 오찬회에서 미국과 북한 대표 양측은 워싱턴과 평양의 우호적이고 안정적인 관계를 확립할 것과 평화조약에 서명해서 한국전쟁을 공식적으로 완전히 종결시킬 것에 대한 희망을 피력했다.

나도 그 오찬회에 참석했다. 그리고 바로 오늘까지도 나는 그 역사적인 행사에서 양쪽이 표현했던 그 희망의 결실을 가져오기 위해서라면 스스로 나서서 어떤 일이라도 하겠다는 강력한 의지를 버리지 않고 있다.

클린턴 대통령은 북한의 초대를 받아들이고 싶어 했다. 그래서 매들린 올브라이트 국무장관을 평양에 파견하여 평양 방문의 잠재적 가치를 평가해보도록 했다. 올브라이트는 돌아오자마자 2000년 11월 2일 여야를 초월하여 나를 포함해 약 30명 가량의 '한국통'들을 초청하여 국무부에서 만찬회를 열었다. 나는 그때 대통령의 평양 방문의 잠재적 가치를 두고 첨예하게 의견대립이 벌어지던 광경을 뚜렷이 기억한다. 거기 참석한 30명 중에서 단 두명만이 대통령이 '무조건' 꼭 가야 한다는 데에 찬성했다. 서너명 정도는 그 여행에 강력하게 반대했고, 나머지 사람들은 그 중간 어디쯤에 흩어져 있었다.

올브라이트는 자기가 김정일과 10시간이 넘게 토론을 했는데, 김정일은 친절하고 붙임성 있게 대했다고 설명했다. 그리고 김정일의 지적 능력도 상당히 인상 깊었다고 말했다. "그는 상대의 말을 잘 듣고, 미치광이 같은 사람이 아니다"고 평했다. 클린턴 대통령은 그 여행을 가려고 했지만, 대통령 임기가 끝나는 바람에 결국 가지 못했다.

새 부시 행정부에서 북한에 대해 처음 나온 이야기는 그래도 희망적으로 들렸다. 콜린 파월 국무장관은 새 정부가 북한 정권을 다루는 데 핵심적인 것은 클린턴 정부가 못다 한 것을 승계할 것이라고 밝혔기 때문이다.

그러나 2001년 부시 취임 초기에 미국을 방문했을 때 김대중 대통령은 사태가 그렇지 않음을 알게 되었다. 자신의 '햇볕정책'을 부시 대통령이 지지해주도록 설득하려는 그의 노력은 백악관의 대통령 집무실 회견에서 여지없이 퇴짜를 맞았다.

나는 그날 저녁 김대통령과 워싱턴에서 저녁식사를 함께 했다. 나는 그의 '압력에도 굴하지 않는 품위'를 늘 존경했는데, 그날은 아들 부시에게서 들은 이야기 때문에 얼마나 놀라고 깊이 실망했는지 그대로 드러나 보였다.

부시 행정부의 대북정책 재검토는 2001년 5월에 끝났지만, 결국은 북한에 대해 조심스러운, 기본적으로는 적대적인 정책 쪽으로 결말이 났다. 클린턴 행정부와 부시 행정부 사이의 정책 연결성을 말한 그의 첫 발언은 어떻게 된 거냐는 질문이 쏟아지자 파월 장관은 가련하게도 "내가 탄 스키가 좀 지나치게 앞질러나간 것"이라고 말했다.

부시가 2002년 1월의 대통령 연두교서에서 북한을 이란, 이라크와 함께 '악의 축'으로 부르면서 클린턴의 대북정책을 단두대에 올려버린 것은 악명 높은 사건이었다. 나는 그때 그의 말을 들으면서 마치 1962년의 베트남으로 다시 끌려가서 하킨스 장군이 "우리는 6개월이면 군사적인 대승리를 거두고 여기서 철수할 것이다"라고 오판한 것을 다시 듣는 것만 같았다.

내가 북한과 직접 연관을 맺기 시작해서 그 관계가 서서히 발전한 것은 코리아소사이어티 초기 시절인 1993년부터였다. 당시 나는 그 단체의 회장 겸 이사회 의장을 맡고 있었다. 1995년 나는 버클리 대학에서 아시아 문제 전문가로 유명한 고(故) 로버트 스칼라피노 교수가 주최한 어느 회의에 참석했다가 북한에서 온 공직자들 몇명을 알게 되었다. 리근(그후 북한 외무성 미국국장이 되었다)이라는 남자와 나는 우연히 한두차례 만나서 우정의 불씨를 살리게 되었고, 특히 한두차례 한국 소주를 같이 마신 뒤에는 좀더 친해졌다.

또한 코리아소사이어티는 자기네 정책에 대해서 설명하고 싶어하는 북한의 공직자 두명을 뉴욕까지 오게 하는 데 스폰서가 되어준 적도 있었다. 그 두 사람은 상당히 서툴고 빈약한 정책 브리핑을 한 데다 그 후속 질문들에 대해서 전혀 준비가 되어 있지 않았다. 그들은 뉴욕에서 자기편을 한명도 만들지 못했다. 그래도 나는 그들이 이 짜증나는 실패작 여행에서 뭐라도 조금 배워가지고 가기를 바랄 뿐이었다. 코리아소사이어티는 김영삼 정부의 강경파 한국인들로부터 대대적인 비난을 받았다. 그들은 미국과 북한의 어떤 직접 대화에도 결사적으로 반대하고 있는 것 같았다.

서울의 그런 태도는 1997년 말 김대중 대통령의 당선 이후로는 완전히 바뀌었다. 나는 김대통령의 취임식에 초대를 받았는데, 나중에 개인적인 면담을 하는 자리에서 김대통령은 "코리아소사이어티의 깃발을 북한에 꽂으라"고 나에게 친히 당부까지 했다. 그리고 코리아소사이어티가 제대로 이름값을 하려면 북한과 남한의 문제들을 모두 아우르지 않으면 안 된다는 말도 덧붙였다.

나는 기꺼이 그 말에 따랐다. 그래서 유엔에 파견된 북한 사절단과 접촉하는 일에 즉시 박차를 가하기 시작했다. 결국 비공식적이긴 하지만 친밀한 우호관계가 상당히 빠르게 발전했다. 그 결과 나는 북한 외무상이 1999년 9월 뉴욕시 외교협회(Council on Foreign Relations)에 왔을 때 그를 소개하는 역할을 해달라는 요청을 받았다.

이런 접촉이 있었기 때문에 부시가 대통령이 되고 난 다음 북한 사람들은 나에게 평양과 직접적으로 비공식 대화를 할 수 있는 통로를 재건하기 위해서 무슨 일이든 좀 시도해줄 것을 부탁했다. 우리의 첫번째 아이디어는 스칼라피노 교수가 전직 서울 주재 미국대사들을 인솔해서 평양을 방문하는 것이었다. 그러나 부시의 '악의 축' 연설 이후로 북한 내부에 떠오른 강한 부정적 분위기 때문에 이 계획은 무산되고 말았다.

계획이 교착상태에 빠지자, 김정일에게 직접 편지를 써보내면 어떨까 하는 생각이 마음속에 생겨났다. 처음에는 떨쳐버렸지만, 그 생각은 계속해서 자꾸만 떠올랐다. 그래서 나는 편지를 쓰는 게 어떤 가치가 있을지 친한 친구이자 코리아소사이어티의 믿을 만한 부회장인 프레드 캐리어와 의논해보았다. 프레드는 북한 사람들은 내가 누군지를 잘 알고 있으며, 그래서 최근에 미국과 어떤 종류든 대화 재개를 위해서 나에게 접근해오고 있는 거라는 점을 지적했다.

그 문제로 몇주일 동안이나 뜸을 들인 다음에, 나는 편지 초안을 하나 써서 프레드에게 보여주었다. 그리고 2002년 3월 26일, 그것을 뉴욕에 있는 북한 대표부로 가지고 갔다. 그 편지에는 내가 평양을 방문하는 데 관심이 있으며, 그 목적은 우리 두 나라의 상호 관심사, 특히 9. 11 테러 이후에 계속 생겨나고 있는 여러가지 문제에 대해서 의논하는 것이라고 씌어 있었다.

그곳 북한 대표부의 책임자는 리근이었다. 나는 그에게 김정일 위원장에게 쓴 편지를 가져왔다고 말했다. 그는 얼굴을 찌푸리더니 편지를 달라고 손을 내밀었다. 그는 급하게 나의 메시지를 읽었다. 그런 다음 신랄한 어조로 "어떻게 감히 우리 위원장 동지에게 이런 편지를 쓸 수가 있소? 도대체 당신이 뭔데?" 하고 따졌다.

나는 김정일 위원장에게 이득이 되고 그가 관심이 있는 게 뭔지 알고 있다고 생각한다, 그래서 내 편지에서 그런 문제를 몇가지 거론한 것이다, 라고 말해주었다.

"당신이 우리 위원장 동지에게 이득이 되는 게 뭔지 어떻게 안다는 거요?" 리가 반박했다.

나는 내가 그동안 김정일 위원장을 만나서 대화한 적이 있는 중국인, 러시아인, 미국인, 한국인들과 이야기를 해봤다고 말했다. 그리고 그들은 김정일 위원장의 지적 능력, 부강한 경제 개발에 대한 관심, 미국과의 관계 개선을 원하는 심정에 깊은 감명을 받은 사람들이라고 말했다. 그리고 내가 만나서 이야기해본 사람들의 이름까지 일일이 밝혔다.

리는 잠깐 생각을 해보더니 "그건 괜찮은 대답이오. 내가 그 편지를 전해드리리다." 하고 말했다. 2주일도 안되어, 나는 평양에 와달라는 초청을 받았다.

그런 다음에 나는 국무부에 내가 편지를 쓴 사실과 북한 방문 초청을 받은 것을 알렸다. 그전 같으면 그런 식으로 하지 않았겠지만, 틀림없이 북한 사람들이 나에게 누가 시켜서 그 편지를 썼느냐고 물을 것이 예상되었기 때문에 이번에는 먼저 편지를 쓰고 나중에 정부에 신고한 것이다. 나는 편지를 쓴 것은 순전히 내 아이디어였다는 것, 그리고 내 편지는 어떤 종류의 공식적인 지위도 가지고 있지 않다는 것을 사실대로 북한인들에게 말할 수 있어야 했다.

다행히 그런 질문은 나오지 않았다. 대사를 지낸 경험상 만약 내가 김정일에게 편지를 쓰는 아이디어를 국무부에 말하고 의논했더라면, 틀림없이 그러지 말라는 답변을 들었을 것 같은 느낌도 있었다. 관료가 개인이 주도하는 행동을 좌절시키는 건 너무나 흔한 일이다.

놀랍고도 안심이 되었던 것은 국무부가 그동안의 일을 오히려 기분좋게 여기고 외교담당 직원들 중 젊고 한국어를 잘하는 공무원을 함께 파견해주겠다고 제의한 일이었다. 나는 그 제안을 기쁘게 받아들였다. FSO 줄리 정은 베이징에서 만나 평양까지 나를 수행했다. 그녀는 나에게 큰 도움이 되었고 거기서 일어난 모든 일의 예리한 관찰자가 되어주었다.

우리는 베이징에서 평양까지 아주 낡고 오래된 러시아제 일류신

62를 타고 날아갔다. 비행기에는 사람들과 어마어마하게 많은 짐들이 산득 실려 있었다. 우리는 자동차로 시골 깊숙이 자리잡고 있는 커다란 초대소로 실려갔다. 나는 엄청나게 크고 천장이 높은 방으로 안내되었다. 안내인은 자랑스럽게 내가 전에 북한을 방문한 적이 있는 짐바브웨의 무가베 대통령 이름을 딴 '로버트 무가베실'의 영광스러운 손님이 되었다고 말했다. 2002년까지 무가베는 아프리카의 가장 괴물 같은 독재자로 떠오른 인물이어서, 나는 특별히 좋은 기분은 아니었다.

그다음 날 오후 평양 부근에 관광을 좀 다닌 다음 나를 초청해준 북한쪽 인사인 김계관을 처음으로 만났다. 그는 평양에 갔던 미국인들이 대부분 만났던 북한 관리로 외무성 부상(副相) 겸 군축평화연구소 고문을 맡고 있었다.

나는 그에게 김정일 위원장에게 선물로 가져온 세편의 액션 영화를 전했다. (미국 독립을 다룬 〈패트리어트〉와 터프한 경찰 멜로드라마 〈트레이닝 데이〉, 나의 대학 동창인 존 프랑켄하이머 감독의 전통적 스파이물 〈로닌〉 등이었다. 나중에 나는 김위원장이 그 영화들을 모두 좋아했다고 전해들었다.)

김계관은 나에게 세가지 질문을 하면서 우리의 장시간의 첫 대화를 시작했다. 첫째 질문은 "왜 조지 부시는 자기 아버지하고 그렇게 다른가?"였다. 내 대답은 아버지 부시같이 미국에 태어났더라도 뉴잉글랜드에서 태어난 사람은 그의 아들처럼 텍사스에서 자라난 사람하고는 무척 다른 경우가 많다는 거였다. 그 대답에 대해서는 더이상 후속 질문이 없었다.

김은 이어서 자기의 주요 질문을 계속해나갔다. 미국이란 나라가 어떤 대통령을 뽑았다 하면 그 전임자하고 거의 또는 하나도 공통점이 없는데, 그렇게 해서 어떻게 그 나라가 하나의 국가로 기능을 할 수가 있겠느냐였다. 그것은 빌 클린턴의 후임으로 취임한 조지 W. 부시의 대 북한정책이 거의 완전하게 변해버린 것을 말하는 게 분명했다.

나는 김계관과 그 방에 있던 다른 몇명에게 최선을 다해서 민주주의의 절차에 대해서 설명을 했다. 대통령의 정책들에 대한 국민의 반응은 전혀 다른 신조를 가진 인물을 대통령직에 올려놓기도 한다고 강조했다. 여기에 대한 그들의 일치된 반응은 우리같이 정책들이 자주 변하는 나라하고는 북한 같은 나라는 안정된 관계를 맺기가 힘들겠다는 것이었다.

김계관의 마지막 질문은 단도직입적이었다. "왜 당신들은 우리를 좀더 이해하지 못하느냐?"였다.

나는 거기에 대해서 상당히 장황한 답변을 내놓았다. 내가 늘어놓은 대사는 북한은 미국 첩보 역사상 가장 오랫동안 철저히 실패한 지역으로 남아 있기 때문이라는 것, 그 이유는 우리가 중국이나 소련에서 그랬던 것처럼 북한 사람들을 회유해서 우리쪽 정보원으로 만드는 것이 절대로 불가능했기 때문이라는 것이었다.

김은 내 대답에 상당히 만족스러운 눈치였다. 잠깐 말을 멈추더니 나를 향해 웃으면서 물었다. "방금 그 대답은 『작전 본부』(Op-Center)에 나오는 당신의 지위로 한 건가요?"(『작전 본부』는 톰 클랜시의 한반도 핵 위기를 소재로 한 가상 소설로 1995년 미국의 베스트셀러였다)

난 완전히 놀라고 기가 막혔다. 그 책은 내가 알기로는 톰 클랜시

(Tom Clancy)와 스티브 피체닉(Steve Pieczenik)이 공동으로 쓴 1995년판 페이퍼백 소설이었다. 나는 클랜시는 직접 모르지만 피체닉은 내가 백악관에 근무할 때 국무부에서 위기관리 및 인질협상가로 일하던 심리학자였다. 그『작전본부』란 소설의 주인공은 그레고리 도널드란 이름으로, CIA 요원으로 오래 일하다가 한국 대사로 파견된다. 그 책이 나왔을 때 나는 친구들로부터 무척이나 놀림을 많이 받았었지만, 북한 사람들까지 그 책을 알고 있는 데는 놀라지 않을 수 없었다.

나는 "당신들까지 그런 형편없는 책을 읽었을 줄은 몰랐습니다." 라고 말했다.

"아, 물론 읽었지요." 김이 말했다. 우리가 자기들에 대해 무지한 것만큼 자기들도 우리들에 대해 아무것도 모르는 것으로 생각하지는 말라는 의미였다.

나는 반박했다. "나는 읽지 않았지만 아내는 읽었지요. 그런데 읽은 소감이 어땠는지 알고 싶지 않으시오?" 그들은 궁금하다고 했다.

"아내 말이 아주 오랫동안 지겨운 비행기 여행을 할 때나 읽을 책이라더군요. 그리고 내가 책 끝부분에 영웅적으로 죽는 건 아무렇지 않지만, 아주 젊고 예쁜 한국인 정부(情婦)를 두었다는 것 때문에 격분하더군요!"

이 말에 모두들 한참 웃었고, 그런 다음에 우리의 좀더 공식적인 회담이 진행되었다. 전체적으로 볼 때 북한 사람들은 나를 진지하면서도 예의를 갖춰 대했다. 나는 우리의 대화에서 단 하나의 가이드라인을 확실히 세워두었다. 북한 사람들은 내가 그들에게 그들 정부를 비방하기를 바라지 않는 것처럼, 나에게도 내 나라와 정부를 비방하기를 기대하지 말라는 것이었다.

　김계관 부상 외에도 나는 리찬복 중장이라는 70대의 신경질적인 장성도 찾아가서 만났다. 그는 미군과 북한군의 장교회담이 열리는 판문점이 속한 비무장지대(DMZ) 중앙지역의 책임을 맡고 있는 장군이었다. 그는 내가 자기 사무실로 들어서는 순간부터 상당히 적대감을 표시하면서 "여기는 뭐 하러 왔소? 당신이 먼저 할 말이 있거든 하시오!" 하고 쏘아붙였다.

　나는 그에게 그 전날 북한의 자랑인 주체사상탑에 안내되어 가보았다는 얘기를 꺼냈다. 그리고 만약에 북한의 어떤 민간항공기가 일부러 그 탑에 부딪쳐서 탑이 완전히 무너져내리는 걸 보면 어떤 기분이 들겠느냐고 말했다. 그런데 미국 국민들은 뉴욕에서 9. 11 때 그런 일이 두번이나 일어나는 걸 보았고, 그건 평생 잊지 못할 끔찍한 공포의 순간이었다고 말했다.

　그리고 내가 북한에 온 것은 북한이나 북한제 무기가 미국을 공격하는 그런 사건에 연루되는 일이 없도록 하고 싶어서라고 설명했다. 이 이야기는 장군의 관심을 끌었고, 우리는 이후 활발하고 기탄없이 대화를 이어나갔다. 그리고 헤어질 때 그 장군은 내 손을 잡고 악수를 하면서 와줘서 고맙다고 말했다. 그리고 평양에 다시 찾아와달라고 초청하기까지 했다.

　김계관 부상과 리 장군 두 사람을 만난 자리에서 나는 2000년 6월의 남북정상회담의 긍정적인 경험에 대한 화답으로 김정일 위원장의 서울 방문이 이뤄지길 희망한다고 말했다. 북한 사람들은 그 말에 대해서는 즉답을 피했고, 미국과의 고위급 회담이 성사되기를 바란다는 자기들의 희망만 되풀이해서 강조했다.

북한에서 내가 얘기한 대화 상대자들은 전에 내가 구 소련이나 루마니아의 차우셰스쿠 치하의 관리들과 만나서 대화할 때 느낀 냉소적이고 호전적인 태도와는 뚜렷이 대조되는 사람들이었다. 무엇보다 다른 것은 그들이 자기 나라 안에서 당면하고 있는 여러가지 문제들에 대해서 깊이 걱정하고 있다는 점이다. 두 고위관리 모두 북한 경제를 불구로 만들고, 비료의 증산이나 영양실조에 빠진 국민을 위해 식량 생산을 늘리려는 그들의 노력을 완전히 무위로 만들어버리는 것이 전력(電力) 부족이라는 것을 여러차례 강조했다.

그리고 그들은 클린턴 정부 말기 몇달에 상당한 향수를 드러내면서 미국-북한 정상회담이 불발로 끝난 데 대해 아주 깊은 유감을 표하였다. 또한 왜 부시 행정부는 클린턴 정부에 비해서 그처럼 자기들을 혹독하게 대하는지, 특히 자기네 정부나 지도자를 표현하는 말에 왜 그렇게 심한 용어를 쓰고 있는지 도저히 이해할 수가 없다며 황당해했다.

거기에 대한 대답으로, 나는 9. 11 이후 미국은 테러와의 전쟁을 하는 나라로 돌변했다고 말했다. 그 때문에, 북한이 대량살상무기를 생산할 가능성이 있다거나 장거리요격 미사일 시스템을 갖출 수 있다는 사실이 그전의 어느 때에 비해서도 훨씬 더 큰 걱정거리가 되었다는 것도 설명했다. 리 장군은 미합중국이 아프가니스탄에서 과시하고 있는 고도의 기술적인 군사역량에 대해 특별히 근심이 많았다. 그런 무기들이 늘어날수록 미국이 자기 나라를 공격할 가능성도 점점 늘어날 거 아니냐는 얘기였다.

나는 장군에게 2002년 2월 부시 대통령이 서울을 방문했을 때 미국은 북한을 공격할 의사가 전혀 없다고 말한 것을 상기시켰다. 하지만 그 이야기로는 그의 걱정을 잠재울 수 없을 것 같았다.

리 장군은 북한은 미국과 그동안 맺고 있던 정전(停戰)협정을 대체할 평화협정을 맺기를 원하는데, 워싱턴에서 그 방향으로 나가기를 거부하는 것은 미국이 한반도에서 또 한번의 전쟁 가능성을 열어놓고 있는 것이라고 말했다.

나는 리 장군에게 미국은 이미 남한 전역에서 모든 핵무기를 제거했다는 사실을 다시 한번 상기시켰다. 하지만 그는 "그건 우리를 안심시키려는 속임수에 불과하다"고 잘라 말했다.

하지만 결국에 가서는 리 장군이나 나도 또 한차례의 한국전쟁에서 양쪽이 얻을 것은 아무것도 없다는 것, 그리고 진정한 대화를 시작하기 위해서는 워싱턴이 평양에 대한 적대적인 정책을 접어야만 한다는 것에 동의했다. 리 장군은 미국이 지난번 남북 정상회담 이후로 나타나기 시작한 좋은 국제관계를 방해하지 말기를 희망한다고 말했다. 그는 나의 방문에 감사를 표했고, 앞으로 평양에 다시 와주기를 바란다고 말했다.

김계관은 나를 위해 마지막 날 작별의 만찬회를 열어주었다. 그 자리에서 나는 김에게 1968년 북한이 납치한 미국 함정 푸에블로호 이야기를 꺼냈다. 그리고 그걸 미국에 돌려주는 게 어떨까 하고 가능성을 떠보았다. 김계관은 내 말에 깜짝 놀란 게 분명했다. 그는 미국에서 지금쯤은 그 배에 대해 모든 관심이 다 사라진 걸로 생각했기 때문이다.

나는 그에게 그 군함은 아직도 작전 중인 해군 함정으로 미 해군 명단에 올라 있으며, 내가 그 배의 함장 로이드 부처를 만나서 들은 이야기로는 함장과 그 배의 승무원들, 그리고 콜로라도주 푸에블로 시의 주민들은 그 배가 돌아오기를 아직도 간절히 바라고 있다고 전해주었다. 김계관은 우리가 만나서 이야기를 시작한 이후로 처음으로, 내가 말한 것을 종이에 메모했다. 김은 푸에블로호 반환이 미국과 어떤 종류든 대화를 재개할 수 있게 해줄 방법의 하나라고 생각하는 게 분명했다.

우리의 만남은 우호적인 기조로 끝을 맺었다. 김계관은 우리가 만난 것 같은 '실무자 차원의 회담'으로는 결코 두 나라의 가장 큰 문제를 해결할 수 없다는 것을 명백히 밝혔다. 그렇지만 그는 내가 말한 것 중의 어떤 것들에 대해서는 분명히 관심을 보였다.

나는 귀국길에 서울에 들러서 임동원 전 국정원장을 만나 상당히 긴 얘기를 나누었다. 그는 그때 김대중 대통령의 외교안보통일특보를 맡고 있었다. 임동원과 나는 여전히 개인적으로도 친한 친구였다. 그는 내가 방문하기 직전에 평양에 가서 김정일과 장시간 면담을 했는데, 그 자리에서 김정일은 내가 곧 평양에 온다고 말했다고 했다. 그래서 임동원은 김위원장에게 나의 배경을 대충 소개했고, 특히 서울에서 미국대사로 있을 때 내가 한 일들을 얘기해주었다는 것이다.

또한 임동원은 김정일에게 부시 행정부의 강경 노선 때문에 중단된 미국과 북한의 대화를 재개하는 데 도움을 얻으려면 외교적으로는 '트랙 2'(별도의 비공식적 경로) 접근방식이 가치가 있다는 것을 강조했다고 말했다. 김 위원장은 그와 관련해서 코리아소사이어티의 성과를 특별히 언급했으며 그런 방식의 접근을 위해서는 다른 어떤 미국인들이 필요한지를 물었고, 임동원이 언급한 사람들을 일일이 받아 적었다고 했다.

임은 나에게 김위원장의 최우선 관심사는 미국과의 외교관계 정상화라고 말했다. 이와 관련해서 그는 클린턴 정부와 부시 정부 사이의 '대(大) 단절'에 무척 놀라고 실망하고 있다고 했다. 그리고 그는 만약 미국이 "더이상의 중상과 비방"을 평양에 대해 하지 않기로 한다면, 북한도 워싱턴과의 직접 대화를 재개하기 위해서 매우 열성적으로 나올 것이라는 말로 이 문제에 대한 임동원과의 대화를 끝맺었다는 것이다.

나는 귀국하자마자 평양과 서울을 방문한 전 과정의 보고서를 부시 대통령에게 보내는 편지 형식으로 작성했다. 그리고 그것을 나와 오랜 친구 사이인 국무부 리치 아미티지 부장관에게 보냈다. 하지만 나는 누구로부터도 단 한마디의 회신도 받지 못했다.

10월 초에 나는 김계관으로부터 다음과 같은 내용의 편지를 받았다. 2002년 10월 3일자 편지였다.

그레그씨,

나는 지금 지난 4월 평양에서 우리가 만났을 때의 나의 그래픽(원문 그대로임)을 지닌 채 이 편지를 쓰고 있습니다. 그 모임은 생산적이었고 우리가 서로를 잘 알게 된 만남이었습니다.

그와 동시에 나는, 귀국과 우리 편 양쪽 모두의 문제들을 해결하기 위한 당신의 선의의 노력에 크게 고무되었습니다. 그래서 우리도 제안받은 문제를 긍정적인 방식으로 신중하게 재검토해왔습니다.

이번 기회를 맞아 나는 당신에게 다시 초청장을 전달하는 바입니다. 되도록 빨리 평양을 다시 방문해서 우리의 논의를 더 진행할 수 있도록 합시다.

김계관 드림

나는 뉴욕에 있는 리근에게 이게 무슨 뜻인지를 물었다. 그는 "이건 이미 푸에블로호를 반환하느냐 마느냐 하는 문제가 아니라, 언제 반환하느냐 하는 문제란 뜻이오." 하고 대답했다.

나는 즉시 해군사관학교 출신인 국무부 아미티지 부장관에게 전화를 걸어서 이 소식을 전했다. 그런데 그의 시들한 반응에 나는 놀라고 실망스러웠다. 나는 나중에야 다른 해군 장교들과 푸에블로호 승무원들과의 대화를 통해서 그 이유를 알게 되었다. 미국 해군은 푸에블로호 사건을 계속 따라다니는 수치로 여겨 빨리 사라지기만 바라고 있었던 것이다. 뉴포트의 '해군대학'(Navy War College)에서 만난 은퇴한 해군 4성 장군 한명은 이런 식으로 표현했다. "그 빌어먹을 놈의 배는 절대 항복해서는 안되는 거였어. 차라리 그 자리에서 배에 구멍을 뚫고 스스로 침몰해버렸어야지!"

그것과 현저한 대조를 이룬 것은 푸에블로호 승무원들과 콜로라도주 푸에블로 시민들의 열띤 반응이었다. 그들은 그 배가 반환될지도 모른다는 사실에 엄청난 흥분과 기쁨을 감추지 않았다.

북한 사람들은 나에게 다시 평양에 올 때 다른 잘 아는 친구들을 데리고 와도 좋다고 연락해왔다. 그래서 나는 경제학자 조지프 스티글리츠(Joseph Stiglitz), 언론학자 돈 오버도퍼(Don Oberdorfer), 코리아소사이어티의 프레드 캐리어를 초대했다. 그들이 다 이를 수락하자 북한은 우리를 비무장지대(DMZ)를 통과해서 평양에 오도록 했다. 그렇게 하면 베이징까지 가서 일주일에 두번 있는 평양행 비행기를 타는 것보다 훨씬 더 빠르고 쉽게 갈 수 있었다.

김계관의 편지를 받은 지 하루쯤 지난 뒤에 나는 국무부 제임스 켈리(James Kelly) 차관보가 평양에 간 것을 알았다. 켈리는 거기서 북한이 고농축 우라늄을 사용하는 제2차 핵무기 개발 계획을 비밀리에 추진하고 있는 데 대해 비난을 했다. 북한의 기존의 핵반응 방식은 플루토늄을 쓰는 것이었다. 그 회담은 점점 더 감정적으로 격앙되고 수위가 높아졌는데, 북한은 미국의 군사적 위협이 상존하는 한 자기네는 어떤 무기든지 필요하다고 생각하면 개발할 권리가 있는 거라며 맞섰다.

그것을 알고 나는 우리 초청이 취소될 줄 알았는데, 그렇지 않았다. 우리의 계획은 계속되었다. 그런데 우리가 떠나기 바로 직전에 미국정부는 우리 일행이 DMZ를 통과해서 평양에 가는 것은 허락하지 않겠다고 통지해왔다. 이것 때문에 조 스티글리츠는 일행에서 빠져야 했다. 베이징을 거쳐서 평양에 가고 오는 데 추가로 걸리는 시일 때문이었다. 돈 오버도퍼, 프레드 캐리어, 나 세 사람은 정부가 하라는 대로 여행일정을 변경하여 베이징에서 고려항공을 타고 북한으로 건너갔다.

우리는 김계관의 따뜻한 환영을 받았고, 리찬복 장군도 나중의 면담에서 우리를 친절하게 맞아주었다. 제임스 켈리의 시끄러운 방북 소식을 너무나 많이 들었는데, 북한 사람들은 우리에게 조금도 화난 기색을 보이지 않았다. 북한 사람들은 분명히 우리를 비공식적인 '트랙 2' 방문객들로 여겼고, 그래서 우리와 정책적인 문제들에 대해 냉철한 태도로 논의할 수 있다고 생각하는 것 같았다.

우리의 주목적은 북한 사람들을 움직여서 김정일로 하여금 부시에게 메시지를 전달하게 하는 것, 그렇게 해서 고위급 대화의 개시를 제안하게 하는 것이었다. 우리는 2002년 부시 대통령이 서울 방문 때 발표한 성명에서 북한을 공격할 의사가 없으며 한반도 비핵화를 통해서 북한과의 관계 개선도 이뤄질 수 있다고 말한 것을 계속 되풀이해서 인용했다.

우리 방문 일정의 맨 마지막 날, 김계관은 나에게 둘만 조용히 만나자고 했다. 그가 나에게 한 얘기는 내가 평양을 다시 찾아와줘서 감사하다는 것, 그렇지만 켈리의 방문이 모든 것을 "거꾸로 뒤집어 놓았기 때문에" 푸에블로호를 반환하는 일이 불가능하게 되어버렸다는 거였다. 김계관은 김위원장에게서 우리가 미국에 돌아갈 때 가지고 갈 메시지를 받기를 바라지만, 우리가 대화를 하는 동안 강석주 북한 외무성 제1부상과 김정일 위원장이 의논해서 결정할 것이라고 전했다.

몇번의 연기 끝에 우리는 강석주를 만났다. 강석주는 자기가 김정일 위원장으로부터 메시지를 받아서 우리가 비밀리에 백악관으로 전달하도록 하는 권한을 위임받았다고 말했다. 그는 그 메시지 내용을 인용해서 말해주었고 한글로 프린트된 문서본도 하나 주었다. 그리고 우리가 백악관에 제대로 전달할 때까지는 다른 미국인 누구에게도 그 메시지에 대해 발설하지 말라고 당부했다. 나는 그 말에 동의했다. 그리고 강에게 워싱턴에 돌아가는 길에 서울에 들러서 임동원을 만날 거라는 이야기를 했다. 강은 우리의 평양 방문에 대해 임동원에게 얘기하는 것은 전적으로 "당신 소관"이라고 말했다.

나는 강석주와 김계관에게 감사의 말을 했다. 그리고 그 메시지가 우리 두 나라의 관계에 새로운 장을 열게 되기를 희망한다고 말했다. 우리는 화려한 성과를 거두고 평양을 떠났다.

서울에 들러 나는 임동원에게 우리가 백악관에 전할 메시지를 받았다고 이야기했지만, 그 전문을 보여주거나 그 내용에 대해서 자세한 얘기는 일절 하지 않았다. 임은 우리를 축하해주었고 우리가 메시지를 받아온 것은 "대단한 일"을 해낸 거라고 했다.

우리가 백악관에 들어가는 데에는 돈 오버도퍼가 큰 도움을 주었다. 그는 국가안보회의 제2보좌관 스티븐 해들리(Steven Hadley)와 잘 아는 사이였다. 해들리는 오버도프의 전화를 받자마자 우리를 만나주었다. 우리는 내가 백악관 시절부터 잘 아는 한 사무실로 안내되었다. 해들리는 메시지의 번역문을 재빨리 읽어보더니, 아무에게도 의논조차 하지 않은 채 "우리는 이것에 대해 응답하지 않을 겁니다. 그랬다간 나쁜 버릇만 키워주는 게 될 테니까요." 하고 말했다. 우리가 백악관에 들어갔다가 나온 시간은 20분도 채 되지 않았다.

며칠이 지난 뒤, 백악관은 1994년 이래 미·북한 핵동결 협약(Agreed Framework, 1994년 북한과 미국이 각각 핵사찰 허용과 경수로 제공을 약속한 기본 합의문. 일명 제네바 합의) 내용의 일부였던 북한에 대한 중유(重油) 공급

◀ 북한에서 리찬복 중장과 함께. 2004
년. (개인 사진)

▼ 2008년 뉴욕필하모닉 평양 공연 장
면. (연합뉴스 사진)

을 중단한다고 발표했다. 오버도프와 내가 전달한 메시지에 대해서 백악관은 어떤 언급도 하지 않았다.

나는 2004년, 2005년, 2008년, 세번 더 평양에 갔다. 세번 모두 미국과 북한 간의 정책 현안에 대해 몇시간씩 토론을 하는 게 일이었고, 나는 그 모든 내용을 부시 행정부에 자세히 보고했다. 그러나 거기에 대한 백악관의 반응은 제로였다.

그래도 2005년과 2008년의 평양행은 테드 터너(Robert Edward Turner III, CNN 설립자)와 뉴욕필하모닉 덕분에 특별한 묘미가 있었다. 2005년에는 테드 터너가 비무장지대(DMZ) 안에 '평화공원'이란 것을 만드는 일을 북한과 의논하고 싶어 했다. 그래서 코리아소사이어티가 평양에 갈 것을 제안했고, 이는 금방 받아들여졌다. 프레드 캐리어와 나는 평양에서 터너를 만나 그의 모든 회담에 배석했다. 모두 터너를 공손하게 맞아주었고 그의 말을 경청했다. 그런 다음 우리는 터너의 자가용 제트기를 타고 서울로 곧장 날아왔다.

거의 잠들어 있는 듯한, 실제로 외딴 곳인 평양의 공항과 많은 비행기들이 뜨고 내리는 혼잡한 서울 인근의 인천국제공항의 모습은 놀랄 만큼 대조적이었다. 한국에 한번도 와본 적이 없는 터너는 기민한 관찰자였고 남북한의 엄청난 차이에 아연해 했다. 우리 여행 도중에 만난 CNN 직원들이 터너를 거의 신(神)처럼 숭배하는 모습도 무척 흥미로웠다.

2008년에는 뉴욕필하모닉 오케스트라가 2월 25일부터 27일까지 평양을 방문했다. 코리아소사이어티가 그 연주여행을 후원했다. 나는 그때 한국의 이명박 대통령 취임식에 초대를 받아서 서울에 가 있었다. 취임식은 평양 연주회의 바로 전날이었다. 코리아소사이어티의 한 파견단이 콘서트 당일 휴전선을 건너서 곧장 평양으로 가는 통행 허가를 얻었고, 그렇게 해서 우리는 양쪽의 중요 행사에 모두 참석할 수 있었다.

전 국방장관 빌 페리도 이 그룹의 일원이었다. 나는 페리와 함께 구형 메르세데스 벤츠 승용차에 탔다. 이 차는 판문점에서 우리를 태우고 때마침 내리는 눈 속을 내달려 우리를 평양까지 데려다주었다. 거기까지 가는 도로변 마을은 눈 때문에 길이 끊기지 않게 유지해야 할 책임이 있었기 때문에, 우리는 적어도 1,000명 이상의 주민들이 도로를 따라서 눈을 쓸고 삽으로 치우는 광경을 볼 수 있었다. 그날 아침 날씨는 화창했고, 쌓인 눈은 3인치가 채 못 되었다. 길가에 있던 사람들은 기분이 상당히 좋은 듯 우리를 향해 손을 흔들어 보이기도 하고 서로 눈뭉치를 던지며 눈싸움을 하기도 했다.

우리 차는 곧장 김계관이 주최하는 오찬회장으로 달려갔다. 거기서 민주당원인 페리는 북한인들에게 이제 임기의 마지막 몇달밖에 남지 않은 부시 행정부와 화해를 향한 몇걸음을 내딛도록 강력하게 종용했다. 유감스럽게도 여러가지 이유 때문에 그것은 이뤄지지 못했다. 거기에 대해서는 관련된 당사자들 모두가 책임이 있다고 생각한다.

콘서트는 대성공이었다. 위대한 지휘자이며 사랑받는 흥행사이기도 한 로린 마젤(Lorin Mazzel)은 한국어 몇 구절을 미리 배워서 자기와 악단을 한국어로 소개했다. 그리고 연주회의 맨 마지막은 한국인들이 사랑하는 비공식 국가인 〈아리랑〉을 연주해서 북한 관객들을 기쁘게 해주었다. 공연이 다 끝나고 나서도 박수갈채가 너무나 길게 이어져서 오케스트라의 모든 단원들이 하나하나 다 무대로 돌아와 손을 흔들고 관객을 향해 인사를 해야 했다.

다음날 오전에는 오케스트라 단원 중에서 뽑힌 몇명이 엄선된 북한의 젊은 학생들에게 특별 지도를 하게 되었다. 나는 그런 수업이 진행되는 데에도 몇 군데 가보았다. 미국인들은 자기들이 가르치는 학생들의 높은 음악 수준에 깜짝 놀랐고, 북한의 젊은이들은 세계적인 음악가들의 가르침을 받는 데 흥분해 있었다. 그날 아침은 정말이지 양쪽 모두에게 참으로 행복한 시간이었다.

뉴욕필하모닉은 그곳에서 다시 서울로 날아와 또 한번의 연주회를 열었다. 코리아소사이어티 대표단은 아시아나항공의 대형 제트여객기 좌석을 얻어 타게 되어서, 나는 두번째로 평양에서 서울까지 한 시간도 안 걸리는 직항로 비행을 즐기며 돌아올 수 있었다.

2011년 8월 1일 나는 새로 외무성 제1부상으로 승진한 김계관과 전에 평양에서 만난 적이 있는 다른 북한 관리들 몇명을 뉴욕에서 만났다. 그동안 내가 북한 관리들과 미국인들을 함께 만난 중에 이때 처음으로 양쪽이 모두 상호간의 대화가 필요하다는 인식을 절실히 한 듯했다. 그건 미국-북한의 대화가 공연히 '나쁜 버릇만 키워주는' 쓸데없는 짓이 아니라 어렵고 위험한 양국 관계를 더 악화되지 않도록 지켜내는 데 필수적이라는 공통된 인식이었다.

미국의 너무 많은 전문가들이 북한 정권의 붕괴가 임박했다는 예측을 내놓고 있다. 그런 다음에 이 전문가들은 자존심 때문에라도 나중에 일어나는 모든 일들을 자기들이 앞서 내놓았던 극단적인 예측을 정당화하는 방향으로 해석할 수밖에 없다. 그 결과 전문가란 자들이 북한에 대해 토론할 때면 판에 박힌 허튼 소리가 엄청나게 쏟아져 나오는 것이다.

그래서 나는 이같은 양국 관계에 내가 개입하게 된 것을 반갑게 생각하며, 이것이 좀더 긍정적이고 힘이 있는 관계로 진화해가리라는 희망을 계속 버리지 않고 있다.

북한은 앞으로도 서울, 그리고 워싱턴에서 어떤 정책이 나오든 잘 대응해나갈 것이다. 그러나 미국과 북한 사이에는 양국 관계를 크게 개선해나갈 여지와 기회가 분명히 있다. 우리에게 그것을 알아보고 그런 기회를 잡을 만한 지적 능력이 있다면 말이다.

내가 미국의 현대음악을 처음 접한 것은 1930년대 말이었다. 그 것은 뉴욕의 WNEW방송의 '가상의 무도회장'(The Make Believe Ballroom)이라는 라디오 프로그램을 통해서였는데, 디스크자키 마틴 블록(Martin Bloc)이 진행하는 프로였다. 그 무도회장은 하루에 두세 시간씩 방송되었고, 마틴 블록은 15분 단위로 나누어 가수 한 사람의 노래 4곡씩 틀어주었다. 그리고 사이사이에는 "7번와 17번 거리 사이 의 바니스(Barney's)! 뉴욕에 이런 가게는 단 하나밖에 없습니다!" 같 은 광고를 끼워넣었다. 블록이 하도 많이 되풀이한 구절이어서 나는 지금까지도 그것을 외우고 있을 정도이다.

그 시절 음악은 대개 '스윙'이란 것이었는데, 베니 굿맨, 해리 제임 스, 글렌 밀러, 토미 도시, 아티 쇼 같은 사람들이 이끄는 빅 밴드들 이 연주를 맡았다. 이 음악을 매일 듣다보니 레코드를 살 마음이 생겼 다. 내가 산 첫 음반은 베니 굿맨의 〈사보이에서 춤을〉(Stompin' at the

Savoy)이었다. 나는 그것을 우리 집의 태엽식 빅토리아 축음기로 끝없이 되풀이해 들었다. 그 축음기는 북권 소리를 내게 하는 구식의 바늘이 달려 있어서 레코드판이 빨리 닳았다.

뉴욕의 파라마운트 극장에서는 수준 높은 영화들의 상영과 함께 정기적으로 빅 밴드들과 가수들의 무대를 마련하였다. 나는 언제나 착실하게 극장 앞 사람들의 긴 줄에 끼여 서서 빅 밴드들과 프랭크 시나트라 같은 거물 가수들의 연주를 기다렸다. 그 공연들은 정말 재미있었다. 해리 제임스가 파라마운트 극장 무대에 올라 내가 가장 좋아하는 곡인 〈두더지〉(The Mole)를 연주할 때 얼마나 흥분되고 기뻤는지 지금도 생생하게 기억한다. 곡을 듣고 제목을 알아맞히는 나의 능력은 함께 시내까지 나들이를 다녔던 헤이스팅스 학교의 급우들 사이에서 나의 입지를 강화하였다.

1944년 여름 아버지가 돌아가신 직후 우리 가족은 콜로라도스프링스로 여름을 지내러 가서 테혼(Tejon)가에 있는 할아버지댁에서 지냈다. 나는 그 집에 아주 오래된 골동품 그래머폰 전축(축음기)이 있는 것을 알고 윌 브래들리 오케스트라가 편곡한 아름다운 〈한밤중의 셀러리 줄기〉(Celery Stalks at Midnight)를 사지 않을 수 없었고, 그 음반 역시 끝없이 되풀이해서 들었다. 당시 92세였던 할아버지 해리 레닉 그레그는 내가 그 곡을 틀고 있으면 웃으면서 고개를 저었지만, 한번도 싫은 소리는 하지 않았다.

그 시절에 내가 들은 음악은 전부 공을 들여 꼼꼼하게 편곡된 것들이었다. 그래서 어떤 곡이든지 매번 틀 때마다 같은 곡처럼 들렸다. 그래서 나는 좀더 즉흥적인 멋이 들어있는 재즈를 듣기 시작했지만,

그 당시 내가 듣던 라디오 프로그램에서 재즈가 연주되는 일은 극히 드물었다. 예외가 있다면 빌리 홀리데이와 엘라 피츠제럴드 같은 가수의 노래에 반주로 쓰이는 배경음악 정도뿐이었다. 나는 빠른 노래든 천천히 부르는 노래든 재즈의 강렬한 리듬감에 홀딱 반했다. 재즈곡은 진정한 '스윙'의 완결판이었다.

내가 재즈와 처음으로 직접 만난 것은 1946년 군에 복무하고 있던 워싱턴 D. C.의 클럽 벵가지에서였다. 그곳의 주연 스타는 색소폰 연주자 벤 웹스터였는데, 그는 피아노 연주도 맡았다. 클럽은 자그마했고 사람들로 북적였으며 나만 빼고 모든 사람들이 담배를 피웠다. 그 시절 담배 냄새는 상당히 좋게 느껴졌다. 연기 자욱한 분위기가 자유롭고 편안한 분위기를 만들어주어, 거기서는 어떤 일이라도 일어날 수 있을 것 같이 느껴졌다. 청중들은 모든 인종이 뒤섞여 있었고, 모든 사람들이 다 친근하게 지냈다.

저녁 8시경이 되면 웹스터와 그의 4중주단(피아노, 베이스, 드럼, 그리고 웹스터)이 어슬렁거리며 한가롭게 등장했다. 악보 같은 건 단 한장도 보이지 않았다. 웹스터는 서른명쯤 되는 객석을 향해서 깊숙이 울리는 목소리로 인사말을 하고는 곧장 연주를 시작했다. 웹스터의 색소폰은 거친 숨소리를 냈는데, 그는 의도적으로 그렇게 연주했다. 일단 기본적인 멜로디를 연주하고 나서는 내가 지금까지 들어본 것과 전혀 다른 즉흥적인 변주를 자유자재로 들려주었다. 그 연주는 너무도 완벽하게 아름다워서, 나는 새벽 2시경 문을 닫을 때까지 홀에 머물러 있었다.

나는 재즈에 완전히 중독되었다. 그 클럽을 나서면서 거기 있는 손님 중 누군가에게 워싱턴에서 어디 가면 재즈를 더 들을 수 있는지 물었다. 님자는 남동부 기리의 9번가와 V거리가 만나는 곳에 있다고 가르쳐주었다. 거기는 거의 24시간 계속해서 재즈를 한다는 거였다. 그가 웃으며 덧붙였다. "거기 가면 거의 전부 흑인들만 있을걸세."

그의 말이 맞았다. 9번가와 V거리의 장소(그곳은 몇가지 이름이 있었다)는 재즈의 중심 센터였고, 나는 자주 그곳에 갔다. 실제로 백인이라고는 나밖에 없는 경우도 자주 있었다. 그곳은 원래 사면이 회색 벽으로 된 강당으로 커다란 무대와 줄지어 고정된 좌석이 있는 수백 명이 들어가는 공연장이었다. 안에는 사방의 벽면과 뒤쪽을 따라서 길게 이어진 발코니도 하나 있었다. 어느 특별한 날 밤에, 나는 그 발코니에 앉아서 루이 암스트롱과 엘라 피츠제럴드가 함께 어우러져 잊을 수 없는 재즈의 밤을 선사하며 연주장 전체를 흔들어놓는 것을 지켜보기도 했다. 두 사람이 좌석 사이의 통로에서 추는 즉흥 댄스는 멋진 광경이었고 엄청나게 터져 나오는 박수갈채 사례를 받았다.

1947년 초 어느 일요일 나는 어느 USO의 '티(Tea) 댄스 파티'에 갔다. 거기서 나는 버지니아주 프레데릭스버그의 메리 워싱턴 칼리지에 다니는 아름다운 금발 미녀를 만났다. 우리는 아주 재미있게 잘 지냈고 결국 그녀는 프레데릭스버그에 가는 밤 9시 버스를 놓쳤다. 그 버스를 타야만 대학교 정문과 기숙사 문이 잠기기 전에 들어갈 수가 있었다.

나는 그 여학생과 함께 그레이하운드 버스 정류장까지 함께 갔는데, 다음 버스는 새벽 3시에나 있다는 말을 듣고 그녀는 몹시 낙담했다. 그래서 나는 그녀에게 차라리 라이오넬 햄프턴이 연주를 하고 있는 9번가 V거리의 재즈 연주장에 같이 가자고 권했다. 나는 햄프턴이 거의 새벽 2시까지 연주를 한다는 것을 알고 있었다. 그녀는 내 제안을 받아들였다. 그 친구는 테네시주 킹스포트 출신이었다. 그래서 나는 가는 중에 어쩌면 백인은 우리뿐일 거라고 말해주었다. 그녀는 깜짝 놀란 것 같았지만, 그래도 가는 쪽에 찬성했다.

9번가 V거리의 재즈 연주장은 사람들로 빈틈이 없어서 우리는 맨 뒤에 서 있어야 했다. 햄프턴은 그날 밤 빅 밴드를 끌고 나와서 거침없이 폭발적인 연주를 해냈다. 흔히 말하듯 무대 위에서 뛰고 나는 공연이었다. 그 여자친구는 처음에는 너무 겁을 먹고 벽에 기대어 서 있는 동안 내 팔을 압착기처럼 꽉 움켜잡았다. 하지만 모든 사람들이 얼마나 친절한지 알고서는 조금씩 긴장을 풀었다. 내가 전에 왔을 때 만났던 어떤 남자가 우리를 보고 알은체를 해서 우리는 그의 테이블에 끼여 앉았다. 그때부터는 모든 일이 다 잘 풀렸다.

우리는 새벽 3시 버스시간에 늦지 않게 도착했고, 내가 버스에 태워줄 때 그녀는 이렇게 말했다. "평생 오늘 밤처럼 무서웠던 적이 없지만, 그래도 거기 데려다줘서 고마워요. 오늘 참 많은 걸 배웠고, 음악도 정말 굉장히 좋았어요." 그녀와는 대학시절 동안 무척 자주 만나는 사이가 되었다. 그녀는 나중에 노포크 출신의 남자와 결혼했는데, 이후 행복하게 잘살았기를 바란다. 그녀는 정말 사랑스러운 여자였다.

내가 윌리엄스에 재학 중이던 1947~1951년 동안 뉴욕은 재즈의 중심지가 되어 있었다. 52번가에 즐비한 작은 클럽들은 재즈계의 태두라 할 만한 사람들이 연주를 하는 곳이었지만, 밥 시티와 버드랜드는 재즈 공연계에서는 왕관의 보석과도 같은 최고 정점을 이루는 곳이었다. 나는 1949년에 설립된 버드랜드에 자주 드나들었다. 그 이름은 색소폰계의 역사에 길이 남을 위대한 연주자 '야드버드'(Yardbird, 별명) 찰리 파커(Charlie Parker)의 이름에서 따온 것이었다.

버드랜드는 계단을 내려가 지하실에 있었다. 그곳은 천장이 낮았고 언제나 담배연기가 자욱하고 사람들로 붐볐다. 하지만 청중들은 그곳에 이야기하러 가는 게 아니고 음악을 들으러 몰려들었기에 음악소리는 언제나 뚜렷하게 제대로 들을 수 있었다. 연주할 사람을 알리는 것은 벨보이 유니폼을 입은 높고 끽끽대는 목청의 작달막한 남자였다. 그의 목소리는 작은 방을 가득 채웠고, 누가 연주를 하든지 무대를 제대로 준비하는 드라마틱한 효과를 발휘했다.

그리고 그들의 연주는 어떠했던가! 나는 피아니스트 에롤 가너, 스탠 게츠, 그리고 '버드' 찰리 파커의 연주를 들으면서 보낸 특별한 밤들을 지금도 잊지 못한다. 피아노 연주자들은 종종 모자를 비스듬한 각도로 쓰고 담배를 피우며 연주했는데, 그 때문에 그곳 분위기는 매혹적이고 태평스러운 멋이 더해지는 것 같았다.

어느날 밤, 나는 대학시절 룸메이트이며 평생 친구인 빌 에버렛과 함께 데이트 상대들을 데리고 버드랜드에 갔다. 내 짝은 캐나다 온타리오주의 캠프 아흐멕에 갔을 때 만난 예쁜 캐나다 아가씨였다. 나는 그녀에게 잘 보이고 싶어 조바심하고 있었고, 빌도 똑같은 마음이었다. 우리는 테이블이 마련될 때까지 기다려야 했는데, 웨이터는 자리에 앉은 다음에 무엇을 마실지 물었다. 그리고 모두들 좋아하는 음료라며 샴페인을 강력히 추천했다. 여자들이 그의 말에 샴페인을 좋아하는 것 같아서 우리는 한병을 주문했다. 그러고 나서 잠시 후에 그는 우리를 조그마한 무대의 바로 앞에 있는 테이블로 데려다 앉혔다. 우리 테이블의 윗 판이 무대의 마룻바닥과 똑같은 높이였다.

그날 밤은 찰리 파커가 연주를 했고, 그의 음악은 정말 최고였다. 찰리 역시 기분이 '최고'로 고조되어 무대 위를 활발하게 돌아다녔고, 색소폰을 연주하면서 자주 우리 테이블 위를 밟고 지나갔다. 우리 아가씨들은 기절할 만큼 좋아했다. 그 재즈 연주는 정말 평생 잊을 수 없는 것이었고, 곧 도착한 그날의 계산서도 그랬다. 샴페인 한병에 25달러—그 당시로서는 휘청할 만한 거액이었고, 적어도 우리들에게는 분명 그랬다. 빌과 나는 실제로 무일푼이 되어 돌아왔지만 그래도 행복했다. 나는 헨리 허드슨 브리지를 건널 통행료 한푼은 신중하게 미리 남겨놓았었다. 내게 남은 돈은 말 그대로 그 한푼이 전부였다.

1952년 스윙재즈 시대의 거물 밴드 리더인 아티 쇼(Artie Shaw)는 『신데렐라의 괴로움』(*The Trouble With Cinderella*)이라는 책을 냈다. 그 책 덕분에 나는 유명인이 된다는 게 어떤 것인지를 생전 처음으로 들여다볼 수가 있었다. 아티 쇼는 그때 〈비긴 더 베긴〉(Begin the Beguine)이란 곡의 훌륭한 연주로 명성을 날리고 있었다. (쇼는 1938년 28세 때 녹음한 콜 포터의 이 곡이 6주 동안이나 차트 1위를 차지하면서 일약 유명해졌으며 이후 〈댄싱 인 더 다크〉Dancing in the Dark 〈서밋 릿지 드라이브〉Summit Ridge Drive 등의 히트곡을 남겼다) 그런데 이 곡이 하도 유명해서 그가 악단을 이끌고 가는 곳마다 사람들은 그걸 원했고, 어떤 때엔 하루 저녁에 여러번을 연주해야 했다. 나는 순진하게도 나나 다른 팬들이 그 곡을 즐겨 듣는 것만큼이나 악단도 그 곡을 즐겨 연주하는 것으로 생각했다. 그런데 실은 그게 아니었다. 쇼는 자기나 악단 멤버들이 그 똑같은 곡을 계속해서 되풀이 연주해야 하는 게 너무도 지긋지긋해졌다고 분명히 써놓았다. 그 때문에 쇼는 좀더 다른 형태의 재즈 연주를 모색하게 되었고, 미니 악단인 '그래머시 파이브'(Gramercy Five)를 만든 것도 그런 일에 포함되었다. 이 악단 규모로는 〈비긴 더 베긴〉의 연주를 피할 수 있었기 때문이다. 쇼는 언제나 인습적이고 진부한 것을 답답해했기 때문에 자신이 골라 연주하는 음악은 화려하고 힘이 넘쳤다.

나는 해외에서도 내가 찾아낼 수 있을 때마다 재즈를 쫓아다녔다. 1952년 내가 처음 일본에 갔을 때에는 요꼬스까의 엄청나게 큰 카바레에서 초만원 객석을 향해 굉음을 날리는 드럼 연주자 진 크루파(Gene Krupa)를 발견하고 얼마나 기뻤는지 모른다. 1950년대 후반에 멕과 내가 일본으로 이사했을 때에는 토오꾜오에서 꽤 괜찮은 일본인 재즈 연주자들의 공연장을 많이 알아냈다. 아마도 크루파의 영향이었겠지만, 일본인 재즈 악단들은 자주 끝없이 긴 드럼 독주를 프로그램에 집어넣어서, 특히 멕은 재미없고 너무 소리만 크다며 싫어했다.

1960년대 말에 라이오넬 햄프턴이 토오꾜오를 거쳐 방콕까지 가는 순회공연차 일본에 왔다. 방콕에서는 색소폰을 부는 태국 왕이 그의 악단에 참가해서 함께 연주를 하게 되어 있었다. 며칠 뒤에 토오꾜오에 온 그는 미국대사의 관저에서 연주를 했다. 나는 거기서 그에게 말을 걸고, 25년 전 워싱턴의 9번가 V거리에서 그의 연주를 들었다는 이야기를 했다. 햄프턴은 활짝 웃더니 "그곳은 정말 많이 떴지요." 하고 대답했다.

그래서 나는 태국 왕과 같은 해 같은 날 태어났으며, 그래서 그 왕이 얼마나 훌륭한 연주자인지 궁금하다고 말했다. "그 왕의 연주가 어느 정도였습니까?" 하고 나는 물었다. 햄프턴은 눈을 약간 굴리고 나서 "왕 치고는 나쁘지 않아요." 하고 대답했다.

1970년대 중반에 베데스다로 돌아온 다음부터 멕과 나는 기타리스트 찰리 버드(Charlie Byrd)에게 특별히 끌리게 되었다. 찰리 버드는 스탠 게츠와 함께 '보사노바'라고 불리는 브라질 재즈를 미국에 도입하는 데 중요한 역할을 한 사람이다. (브라질 여행에서 돌아온 버드가 스탠 게츠에게 브라질 재즈를 소개해 두 사람이 〈재즈 삼바〉란 음반을 낸 것이 보사노바의 전신이며 나중에 이름이 바뀌었다). 버드는 아나폴리스에서도 자주 연주를 했고, 우리 부부는 차를 몰고 거기까지 가서 그의 음악을 듣는 즐거움을 누렸다.

1991년 내가 서울에 대사로 다시 와 있을 때, 찰리 버드가 국무부 후원의 순회공연을 하러 서울에 왔다. 그는 베이스를 하는 동생 조와 드럼을 치는 척 레드(Chuck Redd)와 함께 공연했다. 나는 그들을 대사관저로 초청했고, 그들은 우리 부부와, 가까운 한국 친구들을 위해서 멋진 콘서트를 마련해주었다.

공연이 끝난 다음에 레드는 자기는 서울이 처음이라면서 서울의 재즈 현황은 어떠냐고 물었다. 나는 그에게 별로 많은 편은 아니라고 대답하고, 그렇지만 기꺼이 데리고 가주겠다고 말했다. 우리는 함께 하얏트 호텔로 갔다. 나는 거기서 매일 밤 일종의 재즈 연주를 한다는 것을 알고 있었다. 우리가 갔을 때에는 어떤 한국인 4인조의 차례였는데, 대략 B급 정도의 연주를 하고 있었다. 그 클럽의 매니저는 내가 누구인지 알고, 쉴러 버느가 서울에 온 것도 알고 있었다. 내가 척 레드를 버드의 드럼 연주자라고 소개하자, 그는 즉석에서 레드를 초대해서 4인조와 함께 연주하게 해주었다.

한국 악단의 드럼 주자가 슬그머니 무대에서 빠져나간 뒤, 척이 그 자리에 앉았다. 그는 드럼으로 짤막한 반복 악절을 쳐서 자신을 소개했다. 그 소리에 모든 사람이 확 깨어 일어났다. 악사들은 서로 음조를 맞춘 다음 곧장 연주에 들어갔다. 척의 확고한 리듬 기반이 악단 자체를 바꿔놓았다. 그들은 순식간에 B급에서 A급으로 이동했다. 척은 각자가 연주하는 음악 전부를 높이 끌어올렸다. 심지어 나갔던 한국인 드럼 연주자까지 다시 돌아와서는 좀전보다 훨씬 더 잘 쳤다. 누군가 가지고 있는 재능의 힘과 영향력이 확연하게 드러나 보인 시간이었다.

2012년 9월에 나는 미국의 정치적 상황 때문에 약간 실의에 빠져 있었다. 그때 멕이 나에게 "음악에 마음을 붙여보라"고 권했다. 나는 꽤 많은 CD들을 뒤져서 찰리 파커의 〈스타 아이스〉(Star Eyes)를 골라냈다. 1950년에 취입한 것인데, 나는 버드랜드에서 그가 부르는 것을 직접 들었었다. 겨우 몇 소절을 듣고서도 기분이 완전히 바뀌어 훨씬 나아졌다. 찰리 파커는 이미 오래 전에 떠났지만, 그의 음악의 리듬과 부양력은 조금도 줄지 않았다. 재즈는 계속해서 나의 삶을 풍부하게 해주며, 나는 그것을 매우 고맙게 여기고 있다.

# 골드만삭스와의 짧은 인연

1993년 초 우리가 서울을 떠나기 바로 직전, 골드만삭스는 나에게 아시아 문제 담당 자문역 일자리를 제의해왔다. 나는 존 화이트헤드(John Whitehead)의 업적을 대표적인 사례로 삼고 있는 그 회사의 높은 평판을 알고 있었다. 나는 그가 1985년부터 1989년까지의 기간 동안 레이건 대통령 정부의 국무부 차관이었을 때 만난 적이 있었다.

화이트헤드는 1947년 골드만삭스에 들어가서 1976년에는 그 회사의 고위경영자 겸 공동 회장까지 되었다. 그의 투자은행 경영 원칙이 경쟁력, 정직, 성실성이란 말이 진실성이 있는 것처럼 들렸기 때문에 나는 그 회사로부터 일자리 제의를 받은 것이 기뻤다.

나는 나에게 접촉해온 골드만삭스의 대표들에게 내가 국제금융에 대해서는 아무것도 모르는 거나 다름없다고 말했다. 그들은 그 사실은 잘 알고 있었지만, 1952년까지 거슬러올라가는 나의 오랜 아시아 경험에 대해서 관심이 많았다.

나는 미국으로 돌아간 뒤에 그 제의를 수락하게 되어 행복했다. 나에게 새시런 봉급은 골드만의 수준에서는 얼마 안되는 돈이었지만, 내 수준에서는 매우 후한 것이었다. 나는 이전에 내가 '부유함보다는 부의 적절성'을 얼마나 깊이 믿고 있는지 말한 적이 있다. 그래서 골드만삭스에서도 내가 그곳에 변화를 가져오는 것이 돈을 버는 것보다 훨씬 더 중요했다. 내가 살아오면서 만난 수많은 사람들, CIA, 교직 활동, 우리 외교관들, 군대에서 만난 사람들 역시 그렇게 믿고 있고, 그런 신념으로 살고 있다.

내가 하는 일의 대부분은 서울에 있는 골드만삭스의 지사장과 전화로 하는 일이었다. 그러나 가끔은 뉴욕에서 고위경영자를 만나기도 했고, 어떤 때는 일본과 한국에서도 만났다.

나는 1994년부터 1998년 5월까지 골드만삭스의 회장직에 있던 존 코진(Jon Corzine)을 알게 되었다. 1998년 5월에 그는 헨리 폴슨(Henry Paulsen)을 공동회장으로 영입했다. 그후 회사의 미래를 걸고 벌이는 권력투쟁이 바로 이어졌다.

1999년 1월 초 내가 코진과 함께 서울에 와 있을 때였다. 코진은 폴슨과 다른 두명의 라이벌에 의해서 자기가 이사회에서 축출되었다는 전갈을 받았다. 그 나쁜 소식을 들은 건 내가 코진을 대동하고 새로 선출된 김대중 대통령을 만나기 위해 막 청와대로 들어가려던 참이었다.

코진은 그 소식에 매우 큰 충격을 받아서 즉각 뉴욕으로 돌아갔고, 그뒤에 곧 골드만삭스를 떠났다. 우리는 그가 뉴저지의 상원의원이 된 후에도 계속해서 친구로 지냈다. 그리고 나중에 그는 코리아소사이어티의 만찬에서 강연도 했다.

2000년경에 나는 골드만삭스사에 나의 훌륭한 한국인 친구를 소개했다. 그는 우수한 경제학자이자 전직 정부 관료로서, 내가 생각하기에 내 능력을 훨씬 능가하는 고급 경제자문을 해줄 수 있는 사람이었다. 회사는 그를 고용했고 나는 거기서 나왔다.

그 과정은 모두 원만하게, 서로의 양해하에 이뤄진 일이었다. 나는 1999년 그 회사가 주식을 공모하고 난 뒤부터 그 회사에서 일어난 어떤 변화를 감지했는데, 그건 회사가 투자보다는 거래에 훨씬 더 비중을 두는 쪽으로 바뀐 것이었다. 나는 로이드 블랭크페인(Lloyd Blankfein)을 두번 만났는데 전임자들과 매우 다르다는 사실을 알 수 있었다. 나는 그 회사를 그만둘 때, 스톡옵션(공모주 배정이라고 불렀다)을 주겠다는 제의를 받았고, 그것을 받아들였다.

그런 다음 2008년에 금융시장 붕괴가 일어났고 거기에는 골드만삭스가 주된 역할을 했다는 말이 나왔다. 골드만이 한 일들이 분명해지면 분명해질수록 그 회사에 대한 혐오감이 점점 더 커졌고, 그곳과 관련된 일은 아무것도 하고 싶지 않았다. 골드만이 한 일이란 주로 자기들이 고객들에게 서브프라임 모기지(등급이 떨어지는 저당권 담보 증권)들을 기초로 만든 엉터리 파생상품을 사도록 권하고 그렇게 고객들로부터 조달한 돈으로 베팅하는 짓이었다.

2010년 9월, 나는 내 주식 전부를 팔았다. 그 대금의 일부는 우리 아이들에게 갔지만, 대부분은 윌리엄스 대학에 있는 발전경제학 센터와 콜로라도 대학의 내 부모님 이름으로 된 장학기금(이 기금은 아메리카 원주민들에게 더 많은 장학금을 주도록 요구조건을 붙여놓았다), 그리고 시라큐스 대학의 맥스웰 스쿨에 있는 한반도문제연구센터에 기부했다. 2012년 3월 17일 『뉴욕타임스』에 칼럼니스트 조 노세라(Joe Nocera)가 쓴 글은 내가 월스트리트 전반에 대해, 특히 골드만삭스에 대해 느낀 것들을 다음과 같이 잘 표현하고 있다.

이번 주 우리는 다른 종류의 미국자본주의가 눈앞에 펼쳐지는 것을 보았다. 바로 골드만삭스의 "사람 눈깔 빼먹는" 자본주의다. … 어떤 수단을 쓰든지 돈만 벌면 된다는 데 가치를 둔 기업문화가 그것이다. … 골드만은 형편없는 서브프라임 모기지를 묶음으로 만들어 금융위기를 가져오는 데 일조했다. 위기의 냄새를 맡은 다음에는 최악의 모기지 관련 채권 상품들을 고객들의 목구멍에 억지로 쑤셔넣는 방법으로 자기네가 져야 할 부담을 덜었다

내가 골드만삭스 주식을 헐값에 던져버린 뒤로 어느새 5년이 넘었지만, 나는 지금도 그렇게 한 것이 절대적으로 옳았다고 생각한다.

# 악마화가 부르는 위험

 

 

내가 그동안 관찰해왔거나 그 일부가 되어 일한 미국의 외교정책의 변화무쌍한 패턴들을 돌이켜보면 분명하게 드러나는 한가지가 있다. 그건 우리가 싫어하거나 이해하지 못하는 외국 지도자나 집단을 무조건 악마화하려드는 경향이 우리를 끊임없이 곤경에 몰아넣는 원인이라는 점이다. 그렇게 되면 우리는 우리의 무지가 만든 간극을 편견으로 채워넣는다. 그 결과는 악선전과 선동정치에 의해 커져버린 상호 적대감, 관련된 모든 상대에게 돌아가는 피해뿐이다.

나의 CIA 초기 시절, 제임스 지저스 앵글턴(James Jesus Angleton) 방첩대장은 우리 상대자인 소련 정보원들에 대해서, 그들의 사고방식은 너무나 소련의 이데올로기에 갇혀 있어서 지적 능력을 평가하는 선별 과정을 통해서는 그들을 정보원으로 충원할 수 없고 오로지 강제와 협박을 통해서만 가능할 것이라고 말할 정도로 그들을 악마화했다. 이런 평가는 완전한 오류일 뿐 아니라 1966년 나를 토오꾜오로 돌아가게 했던 것과 같은 황당한 '소동'을 벌이게 만드는 것이다. (당시 그때그는 미국 망명을 원하는 좋은 배경의 어떤 소련 젊은이를 만나서 그가 CIA가 필요로 하는 정보에 접근할 수 있는 위치에 있는지 등을 확인하기 위해 토오꾜오로 돌아갔다. 제8장 참조) 앵글턴은 또한 소련의 '두더지'(스파이)들이 CIA에 침투해 있다는 것을 확신했다. 당시 정보국장이던 빌 콜비는 마침내 앵글턴의 편집광적인 피해망상과 오판에 진저리가 나서, 1974년 12월에 그를 파면했다.

역설적이고 비극적인 사건이지만, 앵글턴 때문에 방첩의 전(全) 개념이 신뢰를 잃어버리는 바람에 방첩 부문 간부 올드리치 에임스(Aldrich Ames)는 진작 막을 수 있었던 반역활동을 더 오래 수행할 수 있었다. 그는 1994년에 마침내 체포될 때까지 앵글턴 파면 이후 충원된 CIA의 소련 정보요원들 거의 전부에 관한 정보를 소련에 팔아넘겼다. 거기에는 나와 접촉이 있던 존경할 만한 러시아 군사정보국(GRU) 간부도 포함되어 있었다. 그는 이미 은퇴했는데도 자신의 다차(러시아의 시골 별장)에서 끌려나와 집 마당에서 총살당했다.

미국이 외국 지도자를 악마화하는 세가지 다른 경우들도 즉각 머리에 떠오른다. 호찌민, 사담 후세인, 김정은의 경우이다.

제2차 세계대전 말에 OSS는 베트민을 지원하기 위해 인도차이나에 준군사팀을 낙하산으로 투입했다. 베트민은 당시 그 지역을 침략해서 점령하고 있는 잔인무도한 일본군을 상대로 효과적인 전투를 벌이고 있었다. 폴 호글랜드(Paul Hoagland)는 그 팀의 의사였다. (그는 나중에 CIA에 합류해 싸이판 지부에 있었는데, 거기서 나는 그를 알게 되었다.)

호글랜드는 낙하산으로 지상에 착륙하자마자 즉시 그 지역의 베트민 지도자를 치료하기 위해 초막 안으로 뛰어든 일을 생생하게 기억했다. 그 지도자를 그는 "염소수염이 달린 뼈 한 자루"라고 묘사했다. 그가 바로 말라리아와 이질에 시달리고 있던 호찌민이었다. 호글랜드의 의약품들이 그의 생명을 구했고, 호는 그것에 대해 깊이 감사했다.

호찌민은 지적으로 세련되고 신념에 가득 찬 공산주의자로 장기간 외국에서 체류했다. 그는 중국인들과는 긴장 관계에 있었고 중국에서 두번이나 투옥된 적도 있었다. 미국에 대해서는 깊은 감명을 받았고, 토머스 제퍼슨과 우리 헌법을 존경하였다.

2차대전이 끝난 뒤 호찌민은 정치적 위상이 점점 커지면서 미국과 우호적 관계를 맺기를 희망하면서 여러차례 미국 쪽에 손을 내밀었다. 1945년 호찌민은 트루먼 대통령에게 우리가 필리핀에 대해 그랬던 것처럼 베트남의 독립도 인정해달라는 편지를 보냈다. 그는 그 편지에 대한 답장을 끝내 받지 못했다. 그 편지는 1972년에 와서야 기밀 해제되었다. 호찌민의 그 모든 노력들은 실패할 수밖에 없는 운명이었다. 미국은 유럽 석탄철강공동체(the European Coal and Steel Community)에 가입하는 댓가로 프랑스의 인도차이나 식민통치 체제 재건을 지원하기로 했기 때문이다. 그 가입은 1951년에 이뤄졌다.

프랑스는 베트민에게 1954년 디엔 비엔 푸 전투에서 패배했고 그것으로 프랑스 식민지 지배의 야망은 끝이 났다. 그 결과, 베트남은 1954년 북위 17도선에서 남북으로 분단되었다. 1956년 국민투표를 실시하도록 예정되어 있었지만, 그 투표는 영원히 시행되지 못했다. 오씨민은 북베트남을 이끌었고, 남쪽의 꼭두각시인 바오 나이(Bao Dai)는 신속하게 싸이공의 응오 딘 지엠으로 대체되었다. 그렇게 해서 남북 베트남 사이의 전쟁이 피할 수 없게 되어버린 것이다.

우리의 참담한 실수는 베트남의 상황을 한국에서 있었던 상황과 동일시한 것이었다. 우리는 두개의 분단국가가 둘 다 중국과 국경을 접하고 있으며, 그중 북쪽 절반은 악당들이 차지하고 있다고 본 것이다. 나는 역사적인 사건들의 유사성을 분석할 때, 비슷한 점을 찾는데 훨씬 유혹을 느끼기 쉽고, 차이점을 찾는 것은 한계가 있다는 것을 잘 알고 있다. 중국은 북한에게는 전면적인 지원을 아끼지 않았지만, 베트남에 대해서는 아예 무시하고 있었다. 그것이 결정적으로 다른 점이었다. 트루먼이 북한의 남침에 개입해서 침략을 막아낸 것은 옳은 일이었다. 그 침략은 스딸린, 마오 쩌둥, 김일성의 완전한 합작품이었기 때문이다. 그러나 아이젠하워, 케네디, 존슨이 베트남 분쟁에 끌려들어간 것은 모두가 잘못을 저지른 것이다. 호찌민의 유일한 목적은 자기 나라를 통일하는 것이었기 때문이다.

우리는 중국과 베트남 사이에 존재하는 수백년간의 적대의식을 무시했고, 호찌민을 동남아시아 전역에 공산주의를 퍼뜨릴 목적을 가진 중국의 앞잡이로 잘못 판단했다. 이런 잘못된 인식이 우리를 비극적 베트남전쟁 속으로 끌어넣은, 이른바 '도미노 이론'의 기초였다.

전쟁이 최종적으로 끝나자 호찌민은 베트남의 재통일이라는 자기의 목표를 달성했다. 그러나 우리는 5만 8천명에 달하는 남녀의 목숨을 잃었고, 수천억 달러를 우리가 절대 개입하지 말아야 했던 헛된

전쟁에 탕진했다. 이 전쟁에서 얼마나 많은 베트남인들이 죽었는지는 통계에 따라 많이 다르긴 하지만 영국의 한 의학 보고서에 따르면 3백 80만명이나 된다. 그 수가 얼마이든 너무 많다. 2013년 7월 오바마 대통령은 백악관에서 베트남 대통령을 만났다. 우리는 지금 베트남과 완전하고 생산적인 외교관계를 맺고 있다. 베트남인들은 호찌민을 여전히 깊이 존경한다.

이라크의 사담 후세인은 잔혹한 독재자였지만, 우리는 그가 이란과 긴 전쟁을 하고 있는 동안 그의 편을 들었다. 1991년 사담이 쿠웨이트를 침공했을 때 조지 H. W. 부시는 '사막의 폭풍'(Desert Storm) 작전을 통해 그를 현장에서 몰아냈지만 바그다드의 자리에는 남겨두었다. 그러나 9. 11 사건이 발생하자, 조지 W. 부시 대통령은 사담 체제를 전복시키지 않을 수 없다고 결심했다. 그가 이스라엘에 대한 위협이고 핵무기를 가졌고, 알 카에다(Al Qaeda)를 지원하고 있다고 보았기 때문이다.

그 결과는 미국이 도발한 전쟁이 되어버렸다. 이라크 전쟁은 극단적으로 잘못 관리되고 의회의 승인도 없이 시작한 전쟁, 비용 조달에 대한 아무런 계획조차 없는 전쟁이었다. 사담 체제는 전복되었고 그는 처형됐다. 그러나 그에게는 핵무기가 없었고, 그는 알 카에다의 원수였다. 알 카에다는 그의 죽음에 환호했다.

2005년 1월 나는 디칠리 재단(Ditchly Foundation)이 후원하는 영국의 어떤 회의에 초대받았다. 그 국제회의의 제목은 '정책 결정 과정에 있어서 정보국의 역할'이었다. 그 회의의 한가지 중요한 목적은 어떻게 영국과 미국의 정보당국들이 사담 후세인의 실체와 대량 살상무기의 존재 여부를 파악하는 데 있어서 그렇게까지 오판할 수 있었는지를 밝히는 일이었다. 그것은 이제껏 내가 참여한 어떤 '스파이들'의 행사 중에서도 가장 찬란한 국제적 스파이 전시장이었다. MI6(영국 해외정보국), MI5(영국 국내정보국), NSA(미국 국가안전보장국), CIA(미국 중앙정보국), DIA(미국 국방정보국), 그리고 다양한 프랑스 정보기관들의 최고 책임자나 그에 준하는 고위직 인물들이 모두 모였다. 싱크탱크들과 유명 대학교수들도 함께하였다.

런던과 워싱턴 두곳 정보기관 모두 당시 엄청난 압력 아래에 놓여 있었다는 점이 화두로 떠올랐다. 그 압력은 토니 블레어 수상의 하수인들과 조지 W. 부시 행정부가 가한 것이었다. 딕 체니 부통령이 친히 이를 이끌었고, 무슨 수를 써서라도 사담이 핵무기를 가졌다는 사실을 입증하는 정보를 찾아내라고 정보기관들을 닦달했다. 그것을 어떤 영국의 고위간부는 이렇게 표현했다. "우리는 사담이 핵무기를 가진 것으로 알고 있었지만, 사전에 그것을 입증할 수는 없었다. 그러나 우리가 일단 이라크를 침공해 들어간 뒤에는 그 무기들이 발견될 줄 알았다." 노골적인 표현은 아니지만 이 진술에서 명백히 드러나는 것은, 우리가 그릇된 정보에 대해 제대로 질문을 던져보지도 않고서 그 부실한 정보를 기초로 이라크 침공을 감행했다는 사실이다.

회의가 끝난 뒤에 디칠리 재단에서 발행한 보고서는 그 문제를 다음과 같이 정리했다.

우리는 대량살상무기에 대해 그릇된 결론을 이끌어낸 것을 구조적인 실패라고는 생각하지 않았다. 그것은 사담 후세인 체제라는 비정상적인 맥락에서 나타난 특유의 예외적인 현상이었기 때문이다. … 그러나 독재자 개인의 사고방식을 좀더 정확하게 파고들어 제대로 분석하는 데 실패한 것은 분명 구조적 실패라고 할 수 있다. 히틀러, 특히 스딸린의 경우가 잘 정리된 사례를 제공한다. 처칠이 항상 우리에게 상기시켰던 것처럼, 좀더 깊은 영역들에 대해서는 역사가 그 실마리를 제공해준다. 따라서 이번 회의는 다시 그런 결론으로 되돌아가서, 앞으로는 좀더 장기적인 분석과 전략적인 사고를 통해서 더욱 신중하게 작전에 임할 것을 권하는 것으로 끝을 맺었다.

사담 후세인이 알 카에다를 지원하고 있었다는 부시 행정부의 판단 역시 완전히 과녁을 벗어난 것이었다. 사담은 비록 잔인하기는 하지만 종교를 완전히 떠난 세속적 삶을 살았다. 몇년 전에 윌리엄스 대학의 내 학생들 중에 이라크인 여학생이 한명 있었다. 그녀는 자기 어머니가 사담 통치하의 바그다드 대학에서 공학박사 학위를 땄으며 철저하게 서구화된 옷차림과 사고방식을 가지고 있다고 말했다.

외국 독재자들의 사고방식을 분석하는 데 우리가 집단적으로 실패한 것이 구조적인 실패라는 디칠리 재단의 결론은 북한에 대해서도 충분히 적용해볼 수 있다. 나는 북한에 대해서 "미국 정보국 역사상 가장 오래 지속되고 있는 살아 있는 실패 사례"라고 자주 언급한다. 그 별칭은 불행하게도 아직도 통용된다고 할 수 있다. 그것은 우리 정보국 쪽에서 보면 정보국 조직의 실패에 해당되고, 국가적인 면에서 보면 38선 이북에서 일어나고 있는 일에 대해서 이성적으로 현명하게 생각하는 데 실패한 것이기 때문이다.

북한의 상태가 잔학한 독재체제라는 사실에 대해서는 의문의 여지가 없다. 북한의 강제노동수용소는 악명이 높고 공포의 대상이다. 그리고 1970년대와 1980년대에 남한 지도자들에 대한 그들의 암살 시도들도 전부 기록에 남아 있다. 나는 이런 질문을 자주 받는다. 왜 북한의 지도자들과 지속적인 소통 채널을 유지해야 한다고 계속 주장하는가, 그래봤자 그쪽의 대답은 협박과 말도 안 되는 핑계밖에 없는데 말이다.

내 대답은 1972년 중국에서 닉슨의 빛나는 외교적 성과가 있었던 이후 일어난 일들과, 그리고 1989년 베를린 장벽의 붕괴 이후 러시아에서 일어난 일들을 보라는 것이다. 독재체제라도 그들의 지도자들이 변화가 이익이라는 점을 인식하기만 하면, 천천히 그리고 불완전하게나마 평화적으로 변해간다는 사실을 보여준다. 체제를 제거하여 변화를 강제하려는 전통적인 미국의 접근방식은 이란, 과테말라, 쿠바에서 그랬던 것처럼 더 큰 혼란과 지속적 분쟁만을 초래한다.

2009년 여름 김정은이 평양의 공개무대에 처음으로 그 모습을 드러내고 중대 변화가 임박했음을 알렸을 때, 나는 바이든 부통령에게 젊은 김을 "수학여행" 삼아 미국으로 초빙하자고 편지를 썼다. 이를 통해 우리는 그를 알 수 있게 되고, 그도 우리에 대해 알 수 있게 될 것이기 때문이었다. 나는 바이든의 사무실로부터 서식에 딱 맞춘 거절 편지를 받았다. 하지만 나중에 나는 김에게 초청장을 보내게 되면 공화당원들로부터 조롱의 대상이 될 것이라는 판단 때문에 바이든

이 내 제안을 묵살했다는 사실을 알게 되었다.

오늘날 김은 권력자가 되었고, 그 자리에 잘 적응하고 있는 듯이 보인다. 그러나 대체로 편견에 근거한 것이긴 하지만 그는 지도자로 출현한 직후부터 온갖 종류의 그럴싸한 중상과 비방의 대상이 되었다. 그중 하나가 그가 2010년 3월 북한 군부에게 자기의 용맹을 보이기 위해 남한 해군 함정의 격침을 명령했다는 것이다. 그러나 나는 스위스에서 최소한 2년 이상을 교육받은 김정은이 북한을 새로운 방향으로 이끌어가고 싶어 하며, 외부 세계와 더 많이 접촉하고 싶어 하는 분명한 신호를 보내고 있다고 생각한다.

대부분의 '한국 전문가들'은 이런 생각을 희망사항에 불과하다고 묵살한다. 하지만 우리가 북한 사람들과 직접 그리고 길게 대화를 해보지 않는다면, 누가 옳은지는 영원히 알 수 없을 것이다. 나는 북한이 극단적 고립으로부터 벗어나서 큰 변화들을 실현하는 것이 자기들의 이익에 부합한다는 사실과 미국이 북한의 영원한 적이 되고 싶어 하는 게 아니라는 사실을 더 명백하게 알려줄 수 있는 회담을 성사시키기 위해 계속 노력할 의사를 가지고 있다.

조지 H. W. 부시 대통령은 자신이 이 악마화의 패턴을 벗어난 강력한 예외적 존재임을 외국 지도자들에 대한 노련한 판단과 특히 미하일 고르바초프와의 관계를 통해서 증명한 바 있다. 부시는 1983년 체르넨꼬의 장례식에서 처음으로 고르바초프를 만났고, 그뒤로 계속해서 수년 동안 여러번 그를 만났다. 그리고 로널드 레이건 대통령이 재선 후 두번째 임기 중에 고르바초프를 네차례나 만나도록 옆에서 용기를 북돋아주었다.

그렇게 했기 때문에 1989년 베를린 장벽이 붕괴됐을 때 부시는 고르바초프를 잘 알고 그가 러시아를 새로운 방향으로 이끌기 위해 무릅쓰고 있는 거대한 압력들을 이해하고 있었다. 그래서 그는 냉전에서의 승리를 축하하는 '베를린 장벽에서의 댄스' 행사를 상징적으로 거부했다. 그것이 고르바초프의 일을 더 어렵게 만들 뿐만 아니라 '새 러시아'와 우리의 관계를 약화시키게 된다는 것을 알고 있었던 것이다.

오바마 대통령도 근본적으로는 같은 기조인 것처럼 느껴진다. 그가 논란이 많은 문제의 외국 지도자들에 대해 스스로 비판을 냉정하게 자제해온 것은 존경받을 만하다. 나는 그가 2016년 대통령직을 떠나기 전에 대통령으로서 먼저 북한과 접촉하기를 바란다. 그럼으로써 우리와 그들의 관계에서, 그리고 그들이 자기 국민들을 대하는 방식에서 실질적 변화를 가져올 수 있는 방향으로 함께 협조해나가기를 희망한다.

1970년대 중반, 동북아시아에 있는 어떤 나라는 국민들 가운데 국가의 강압적인 정책에 대해 두드러지게 반대하는 사람들을 일상적으로 체포하고 고문했다. 그 국가는 비밀 핵무기 개발계획을 시작했고, 소형 잠수함을 포함한 하이테크 무기들을 비밀리에 외국에 주문했다. 한국이 바로 그런 나라였다. 그런데 오늘날 오바마 대통령은 한국을 아시아에서 가장 믿고 의지할 만한 동맹국으로 보고 있다.

우리 미국과 서울의 관계에서 나타난 변화된 모습은, 기복은 있었어도 30년 이상 유지된 지속적인 대화와 개입의 결과였다. 그리고 그 상당 부분은 감정적으로 되거나 격한 논쟁을 초래하기도 했다. 북한과도 그 비슷한 과정을 시작하는 것이 필요하다. 물론 오랜 시간이 걸리고 어려운 일이겠지만, 우리가 북한과 다시 전쟁을 할 준비를 하지 않는 한 갈 수 있는 유일한 길이다.

2012년에 나는 캘리포니아의 로스앤젤레스 근처에 있는 태평양세기연구소의 회장이 되었다. 나는 이 PCI의 설립자 스펜서 김, 내 오랜 친구이자 코리아소사이어티의 대표인 프레드 캐리어와의 긴밀한 관계 속에서 평양과의 공개된 소통 채널을 유지하기 위해 함께 일하고 있다. 우리의 목표는 지금은 아무도 가 있지 않은 그곳에 어느정도 상호 신뢰를 구축할 수 있는 길을 여는 것이다. 그런 일을 함께 할 수 있는 의지가 굳고 정보력이 많은 친구들을 가진다는 것, 그리고 적어도 지금 일을 할 수 있는 조직 기반으로서 PCI가 있다는 것은 좋은 일이다.

2014년 초에 나는 PCI의 회장으로서 평양의 김정은 위원장에게 편지를 보냈다. 그 편지에서 나는 PCI의 소규모 대표단을 이끌고 그의 수도를 방문하고 싶다고 밝혔다. 그리고 그 방문에는 두가지 목적이 있다고 말했다. 첫째는 북한의 장래의 경제개발 계획과 PCI가 그 계획에 도움이 될 수 있을 것인지 여부에 대해 알고 싶다는 것, 두번째는 한국전쟁에서 많은 전투에 참가하고 무공이 많은 미 해병대 출신의 피트 매클로스키(Pete McCloskey) 전 하원의원이 같은 전투에서 싸웠던 북한군 노병과 만나 경의를 표하게 해주고 싶다는 것이었다.

우리는 바로 방문하도록 초청을 받았다. 우리는 우리의 여행 계획을 국무부에 알리고 떠났다. 2014년 2월 10일 우리 일행 4명은 평양에 도착했다. PCI의 설립자 스펜서 김, 매클로스키, PCI의 고위 직원이자 은퇴한 국무부 해외근무요원(FSO) 출신의 린 터크(Lynn Turk), 그리고 나였다. 우리는 2월 14일 평양을 떠나 캘리포니아로 돌아왔다. 다음은 2014년 2월 18일자 『로스앤젤레스 타임스』에 리 롬니(Lee Romney) 기자가 우리의 여행에 대해서 쓴 기사이다.

　　수십년간 캘리포니아주 베이 에어리어(Bay Area, 샌프란시스코와 오클랜드 사이 해안 지역)에서 8선(選) 의원을 지낸 전 하원의원 폴 N. '피트' 매클로스키 2세(Paul N. 'Pete' McCloskey Jr.)는 머릿속에서 떨쳐낼 수 없는 한국전쟁의 어떤 전투 순간을 꿈속에서 자주 만나며 살아왔다. 그 꿈은 이런 것이다.

　　참호 속을 자세히 들여다보니 겁에 질린 적병들의 얼굴이 보인다. 아직 10대였다. 그들은 수류탄이 가득 든 고리버들 바구니를 꽉 움켜잡고 있다.

　　그는 자기 총의 탄창을 비워버린다. …

　　지난주에 86세의 그가 마침내 개인적 화해를 할 기회를 가졌다. 전 주한 미국대사 도널드 그레그가 이끄는 작은 대표단의 일원으로 매클로스키는 단 한가지 목적을 위해 평양을 여행하고 돌아왔다.

　　"나의 가장 큰 바람은 나와 맞서 싸웠던 소년병 가운데 한 사람을 만나서 경례하고 악수하고 포옹할 수 있는 기회를 갖는 것이었습니다"고 많은 무공을 세운 전쟁영웅 매클로스키는 말했다. … "그것이 내가 지난 50년 동안 꼭 해보고 싶었던 일이었어요."

　　그것은 쉽지 않았다. 많은 이들이 이미 죽고 없었다. 그러나 북한의 관리들이 사방에 전화를 걸어 수소문한 끝에 은퇴한 3성 장

피트 매클로스키와 북한군 지영춘 중장.
2014년 2월 13일 평양에서. (태평양세
기연구소 린 터크 사진)

군을 찾아냈다. 그는 완전한 예복을 갖춰 입고 북한의 수도에 있는
위용을 자랑하는 '조국해방전쟁승리기념관'의 안내원으로 일하고
있었다.

매클로스키는 자기네 부대가 강원도 인제 시내와 양구군을 통
과하고 있을 때, 지영춘이 17세의 기관총 소대 지휘관이었다는 것
을 알게 되었다. 매클로스키 미 해병대 소위는 당시 23세로 돌격
부대를 이끌고 6번의 공격을 이끌었고, '퍼플 하트'(Purple Heart)
훈장 2개, 그리고 '실버스타'(Silver Star)와 '네이비 크로스'(Navy
Cross) 훈장 각 1개씩을 받고 귀향했는데 그 당시에 지영춘과 같은
전투 현장에서 싸웠다는 게 확인되었다.

두 사람은 통역을 통해 기념관 마당에 서서 이야기를 했고, 처음에는 서로 말이 자주 끊겼다. "그 친구는 우리 외국인들이 거기 무슨 일로 나타났는지, 정말 경악한 것 같았어요." 하고 캘리포니아의 샌프란시스코까지 긴 여행을 마치고 돌아온 매클로스키는 큰 소리로 웃으면서 말했다. "나는 내가 전에 미군 해병대원이었다고 말해주었습니다. 그런데도 그는 별 반응이 없더군요."

그러나 매클로스키가 81세의 지영춘에게 부상을 몇번이나 당했는지 묻고(지는 '세번'이라고 대답했다), 공손하게 경의를 표하면서 자기는 두번밖에 당하지 않았다고 말하면서 그들 사이의 얼음은 깨졌다. 매클로스키가 1951년 고난의 시절에 보았던 그곳의 능선과 다른 주요 지형지물에 대해 이야기를 늘어놓자, 두 사람은 서로의 공통의 경험을 기억해낼 수 있었다.

지영춘은 다음날 대화를 계속하려고 매클로스키에게 돌아왔다. 매클로스키는 몇발짝 뒤로 물러나서 정중하게 경례를 했다.

"그의 부대가 얼마나 용감하게 싸웠는지 그에게 이야기했습니다. 그런 다음에 우리는 서로를 끌어안았습니다"라고 매클로스키가 말했다. 그는 1967년부터 1983년까지 하원의원이었고 베트남전쟁을 반대한 최초의 공화당원이었으며 공을 많이 들여서 제안한 획기적 환경법안의 입법을 도왔다.

"우리는 친구가 되어 헤어졌어요." 하고 매클로스키는 말했다. "우리 손자들이나 증손자들이 싸우는 것을 원치 않으며, 전쟁은 지옥이고 거기에는 어떤 영광도 없다는 데 우리는 의견을 같이했습니다."

그레그 전 대사는 매클로스키를 12년 전, 전쟁범죄 조사위원회에서 만났다. 현재 태평양세기연구소 회장인 그레그는 평양 방문을 계획하면서 군인사회에서는 전투 중 발휘한 용맹성 때문에 거의 전설적인 평판을 얻고 있지만 지금은 화해를 자기 경력의 초석으로 삼고 싶어 하는 오랜 친구를 떠올리고 그를 초청했다.

"그는 해병대 5사단의 베어울프(Beowulf, 8세기 초 영문학사 최초의 영웅서사시에 나오는 주인공의 이름)로 알려졌지만, 지금은 평화가 실현되기를 바라고 있어요. 그래서 우리는 그가 대표단에 참가한다면 얼마나 멋진 일이 될까 생각했는데 역시 그는 대단한 일을 해냈습니다."라고 그레그는 인터뷰에서 말했다

6년 전에 평양을 마지막으로 방문했던 그레그는 새로운 빌딩, 붐비는 식당, 휴대폰의 홍수 등 평양의 활기찬 분위기를 보고 놀랐다고 말했다. 그러나 그는 그 방문에서 무엇보다 감동적인 것은 고통스러운 전쟁의 반대편에서 싸웠던 두 사람 사이에 개인적 유대가 꽃피는 것을 보는 것이었다고 말했다.

그레그의 말에 따르면 그것은 "가장 훌륭한 외교"였다.


나는 2014년 2월의 방문 결과로 고무되었다. 북한의 경제개발 계획과 목표에 대해 PCI가 알아낸 사실들은 평양이 해외투자 유치를 원하고 있다는 사실을 분명하게 보여준다. 나는 북한 사람들과 활발한 접촉을 유지함으로써 그들이 고립에서 벗어나 이웃들과의 정상적인 관계, 특히 남한과 미국과 좀더 정상적인 관계로 나아갈 수 있게 돕고자 한다.

한반도의 분단은 끝낼 수 있고 또 반드시 끝내야 하는 비극이다. 그것은 서로 계속하고 있는 악마화가 대화로 바뀌고 화해가 이뤄질 때에만 실현될 수 있다.

오래전 네댓살 때 갑자기 죽음의 공포에 가득 차서 눈물과 두려움 속에서 부모님을 소리쳐 부르던 그날 밤이 생각난다. 그때 부모님은 내가 2000년이 될 때까지 살 수 있다면서 나를 달랬다. 그런데 지금 14년이나 지났다. 이렇게 오래 살 수 있었다니 얼마나 운이 좋은가.

아주 잘 보내온 세월이었다. 그리고 고통보다는 기쁨이 훨씬 더 많았던, 무척이나 재미있는 인생이었다. 나는 기억들을 뒤져서 지금까지 영향력과 의미를 지니고 있는 그 조각들을 찾아냈다. 그리고 그것들을 내 능력껏 최선을 다해 이야기했다. 이제 남은 것은 감사의 말이다. 어려서 폐결핵으로부터 회복된 것, 그리고 오늘날까지 잘 살고 있는 것에 대해 깊이 감사한다.

내가 멕을 만난 것은 얼마나 운이 좋은가. 60년도 더 전에 어느 택시 안에서, 그것도 순전히 우연한 만남이었다. 처음 본 순간부터 멕은 얼마나 많은 기쁨을 내 삶에 가져다주었던가. 뒷자석에 끼여 앉아 있는 세 사람이 다 듣고 있어서 택시 안에서는 내 소개를 하지 않기로 했었다. 나로서는 엄청나게 특별한 그 만남을 조금이라도 우습게 보이게 하고 싶지 않아서였다.

그리고 다시 '우연히 마주치는 것'을 기대하면서, 나는 가능한 한 자주 그녀의 집 앞을 운전해서 지나가는 처지에 빠지고 말았다. 갓길에서 두번 짧게 스치는 만남이 있었지만 그때는 한두마디 말만 교환하는 것으로 끝났다. 그러나 그 과정은 모두 나를 소개하는 데 완벽한 기회였던 CIA 도서관에서의 만남으로 이끄는 길을 마련해주었다.

아버지의 가까운 친구 브랜치 리키(Branch Rickey)는 재키 로빈슨(Jackie Robinson, 메이저리그의 인종차별을 처음으로 극복한 흑인 야구선수로 유명하다)을 메이저리그 구장으로 데려간 인물이다. 그는 이 우연한 만남에 대해 "운이란 계획된 시도의 잔여물"이라고 말했다. 처음부터 내가 멕에게 의도를 가지고 접근한 것은 사실이다. 그런데 둘 다 서로 호감이 커져간 것은 경이로운 일이다.

아시아까지 오고 가는 우리 가족의 장거리 이주를 잘 견디어준 루시, 앨리슨, 존이 무척이나 고맙다. 그 아이들이 이국적 새 장소들에 잘 적응한 것과 그곳을 잘 알게 된 것에 대해서도 감사한다. 이사를 다니는 것은 누구에게나 힘든 일이다. 특히 다니던 학교와 완전히 다른 환경의 아이들과 억지로 친구가 될 수밖에 없는 아이들로서는 더욱 힘든 일이다

우리 세 아이들은 모두, 자기들이 외국에서 보낸 세월에 대해 감사하게 생각한다고 나에게 말한다. 2013년에 루시가 자전거 여행차 버마로 돌아갔는데, 우리가 살았던 윙가바(Wingaba)가의 집에 가보니

테니스 코트도 그렇고 옛날 그대로였다.

그애들은 모두 정서적으로도 그리고 학교교육에 있어서도 우리가 변화를 요구하는 대로 잘 따랐다. 그리고 결과적으로 우리는 아이들을 차례차례로 윌리엄스 대학에 12년 연속해서 보낼 수 있었다. (내가 스키를 탄 것은 앨리슨이 윌리엄스 대학에 다닐 때 그애와 함께 탄 것이 마지막이다. 그애는 내가 입을 딱 벌릴 정도로 놀라운 스키어였다. 나를 완전히 뒤처지게 했다.)

나는 그애들과 결혼한 멋진 배우자, 크리스토퍼 버클리, 네드 코코란, 메어리 세글라스키도 사랑한다. 그리고 그들의 아이들 캣, 코너 버클리와 그레그, 알렉스, 메기 코코란 그리고 코코란 가족의 일원인 티쿠앤 데이비스도 사랑한다. 이 어린 식구들의 등장은 멕과 나에게 가정생활의 행복한 새로운 국면을, 모든 다양한 측면과 새로운 도전까지 맛보게 해주었다. 럭비, 클래식 피아노 연주, 입대와 제대, 여자농구, 『배니티 페어』(Vanity Fair) 잡지사의 일자리 같은 것들이다.

스포츠는 여전히 나와 우리 아이들을 묶어주는 강한 유대의 끈이다. 내 어머니 이름을 따서 이름을 지은 루시는 어머니처럼 야구 시합에 관심이 많고, 그중에서도 특히 워싱턴 내셔널스팀의 야구 시합에 굉장한 흥미를 키워왔다. 그래서 나는 루시의 열정에 이끌려서 내셔널리그에서는 그 팀을 응원한다. 앨리슨, 존과 함께 우리 모두가 열심히 응원하는 팀은 보스턴 레드삭스이다. 그들의 2013년 월드시리즈 우승은 우리 모두에게 대단히 큰 기쁨이었다.

여러해 동안 우리는 모두 테니스를 함께 쳤다. 요즘은 나는 앨리슨, 존과 함께 골프치는 것을 좋아한다. 그리고 이제 루시도 그 스포

츠에 참가하고 있다.

우리와 아이들 모두의 공통의 취미는 독서이다. 그리고 우리는 서로 책을 추천해주는 것을 좋아한다.

나는 조지 H. W. 부시와 매우 오랫동안 가깝게 일할 수 있었을 만큼 진정으로 운이 좋았다. 나는 그에게서 많은 것을 배웠으며, 아마도 그보다 더 나은 보스와 함께 일할 수는 없었을 것이다. 그는 충성심을 강인함과 결합시키고, 외국 지도자들에 대해 한치의 오차도 없는 판단 능력과 구수한 유머감각을 한데 결합시켰다. 또한 역경을 인내와 힘으로 처리했으며, 그가 보여준 본보기는 내가 이란 콘트라와 '옥토버 써프라이즈' 사건들을 뚫고 나가게 해주었다. 내가 보낸 책을 받고 그는 2014년 5월 1일자로 편지를 보냈다. 그는 우리의 지나간 협력 관계에 대해 언급하고 편지의 말미에 "잘했어, 좋은 친구" (Well done, good friend)라고 했다. 이제껏 가족 외에 누구도 이 네 단어 이상의 뜻을 지닌 것을 써보낸 적은 없다.

내가 의지해서 살려고 노력하는 많은 것들은 윌리엄스 대학의 철학교수 밀러로부터 온 것이다. 나는 거기서 1월 달에 정보 업무에 대한 4주 코스의 강의를 한다. 그리고 윌리엄스 대학의 학생들에게 밀러에게 배운 생각들의 일부를 되돌려주려고 한다. 그것은 다음과 같은 것들이다.

인간은 타고난 본성을 가지고 있지 않다. 역사를 가지고 있을 뿐이다. 그리고 그 역사는 자기가 책임져야 한다.

겉모습 뒤에 숨은 실체를 파헤쳐라.

인간을 절대로 하나의 물건으로 대하지 말라.

공손한 태도는 추상적 개념 속에 존재하지 않는다. 그것은 인간이 함께 노력하는 과정에서 그 일부분으로 모습을 드러낸다.


나는 여전히 밀러 교수로부터 영감을 받고 있으며, 그 결과 가르치는 일을 계속하고 싶다.

지난 장에서 내가 분명히 한 것처럼 나는 한반도의 움직임과 긴장에 대해 깊은 우려감을 갖고 있다. 그리고 나는 한국전쟁 이래 거기서 있었던 많은 문제들에 대한 해법을 찾는 일에 기여하고 싶다. 대화가 악마화를 막는 가장 좋은 해독제라고 믿고 있으므로, 나는 미국이 평양의 북한 지도자들과 직접 접촉해서 회담을 재개할 것을 희망한다.

나는 자주 부모님을 생각한다. 두어해 전 우리는 버몬트주의 웨스트민스터 웨스트시에 있는 1940년에 지은 존과 메어리의 집인 버치힐(Birch Hill)의 처마 밑에서 내가 병을 앓던 시절 양친이 서로 주고받은 한 꾸러미의 편지뭉치를 발견했다. 그 편지들을 읽는 시간은 괴로웠다. 그것은 내가 처음으로 완전히 양친을 이해한 시간이었기 때문이다. 그 편지에는 부모님이 얼마나 깊이 나를 걱정하였는지, 그리고 그런 내색을 하지 않으려 조심하였는지, 얼마나 훌륭하게 나를 돌보았는지, 내 병 때문에 부모님의 생활방식이 얼마나 많은 변화를 겪었는지가 전부 드러나 있었다.

우리는 또 다른 편지 꾸러미를 발견했지만, 열어보지 않았고 앞으로도 열어보지 않을 작정이다. 그것은 깔끔하게 끈으로 묶여 있었는데, 그 위에 아버지가 "아벨에게 보낸 루시의 편지"라고 적어놨다. 두 분은 오래 전에 돌아가셔서 지금은 안 계시지만 그래도 나는 그 꾸러미에 담긴 둘만의 친밀함의 프라이버시를 지켜드리고 싶다. 그리고 나중에 다른 후손들이 발견하도록 그대로 둘 것이다.

어머니는 스스로 한평생을 살아가는 방식을 통해 나에게 큰 본보기가 되어주었다. 85세에 건강에 문제가 생기기 전까지는 어머니는 나에게 자신의 삶은 점점 더 나아지고 있다고 말했다. 어머니는 98세가 조금 못 되어 품위를 지키면서 돌아가셨다.

나도 그렇게 될 수 있도록 노력할 것이다.

| 옮긴이의 말 |

　사건보다는 현상을, 사실보다는 진실을 탐색하는 것은 문화기자의 본능이다. 그런 일을 해온 사람이 회고록의 번역을 맡는 것은 고통이다. 어느정도 솔직한가, 얼마나 진실에 근접한 것인가가 시종 머리에서 떠나지 않기 때문이다.

　대학 캠퍼스에 탱크가 진주하던 계엄령·위수령시대에 대학을 다녔고 유신시대에 병아리 신문기자로 출발, 80년대 언론통폐합과 출판탄압의 한복판에 있었던 서평기자로서, 주한 미국대사의 회고록은 특별한 관심의 대상이었다. 두번의 쿠데타와 엄청난 희생이 뒤따른 민주화투쟁을 겪으면서 한국사회에 남게 된 치유불능의 상처에 대해 많은 지식인들이 미국 책임론을 제기해왔기 때문이다. 칠레, 과테말라 등 세계 각지에서 국익을 위해서라면 군사정권의 지지는 물론, 쿠데타를 방조하거나 직접 일으키기까지 해온 미국정부와 정보기관에 대한 비판과 제3세계 담론이 한창 떠오르던 시기에 부임한 그레그 대사는 CIA 출신이란 이유만으로도 한때 부정적 인식의 대상이었다.

사연히 저자의 수상은 불론이고 딱히 말하진 않은 행간의 의미, 그가 책에 쓴 사실들을 확인하는 데 필요 이상의 많은 시간을 빼앗겼다. 그러면서 저자의 기나긴 인생에 걸친 역사적 순간과 고통스러운 사건들, 그가 느낀 기쁨과 회한에 함께 몰입할 수밖에 없었다. 번역에는 정독(精讀)이 필수니 피할 수 없는 일이다.

이 회고록은 어떤 계층의 독자도 흥미있게 빠져들 만한 요소들을 가지고 있다. 솔직한 설명, 분명한 근거와 자료를 가지고 정리한 사건과 경험들, 인생의 전환기라 할 만한 역사적 순간들에 대해 뛰어난 감성과 유머감각을 갖고 쓴 것이 특징이다.

반미시위가 끊이지 않는 광주에 직접 내려가 시민대표들과 회견하고 "5·18에 너무 대처가 늦었던 것에 사과한다"며 정면돌파를 시도한 것과 광주나 평양의 한국인들이 갖는 '한(恨)'의 의미를 설명한 부분에서는 한국인을 이해하려는 그의 애정과 노력을 실감할 수 있다.

CIA 요원 출신으로 아시아에 장기간 파견 근무를 했던 그는 대사관파견 정보요원에서 조지 H. W 부통령의 국가안보보좌관으로, 이후 정식 대사로 화려한 경력을 쌓았지만 클린턴 정부로 정권이 교체되면서 30여년의 외교안보분야 전문지식을 공직에서 발휘할 길은 막히고 말았다. 하지만 이후 그는 한국관련 민간단체인 코리아소사이어티와 PCI(태평양세기연구소)를 통해서 자신이 옳다고 믿는 방향으로 미국의 대외 평화협력과 북한과의 관계개선을 위해 최선을 다하고 있다. 2015년 4월 최근에도 "오바마 정부에는 제대로 된 북한 전문가와 조언자가 없다"면서 회고록에 쓴 것처럼 "북한의 악마화"를 경계하고 비판했다.

탐욕이 중심에 자리한 어떤 책도 진실일 수 없다. 회고록의 가치는 진실이 담겼을 때 나온다. 그레그 대사의 책은 의도와 욕심으로 가득 찬 여느 정치인들의 회고록과 다른 점이 미덕이다. CIA공작의 대부분 기록이 법령에 의해 이미 기밀해제 되었는데도 그는 아시아 근무와 베트남전쟁 중 임무의 대강을 뺀 세부 공작은 밝히지 않았고 국가안보보좌관 임무에 대해서도 그랬다. 그 반듯한 직업정신에 경의를 표한다.

또한 6차례의 평양방문 중 CNN 설립자인 테드 터너, 북한문제 전문기자 돈 오버도퍼를 대동하고 가서 북한의 산 모습을 제대로 알리려고 시도하는 등 노령에도 남북화해를 위해 끊임없는 열정을 다하는 모습이 개인적으로는 가장 감동적이었다. 그의 염원대로 동북아시아에 평화가 자리잡고 남북한이 통일될 수 있기를 함께 기원한다.

2015년 4월
꽃잎이 비처럼 쏟아지는 북한산 밑에서
차미례

# 그레그 회고록에 부쳐

문정인 | 연세대 정치외교학과 교수

도널드 P. 그레그 전 대사와 인연을 맺은 지도 20년 가까이 되어간 다. 코리아소사이어티 회장 재임시 그와 첫 대면할 기회를 가졌다. 필자의 강연을 주선하고 사회까지 맡아주었던 것을 지금도 감사히 생각하고 있다. 그후 태평양세기연구소(PCI, Pacific Century Institute) 라는 미국의 한 비영리단체 이사로 같이 일하면서 아주 가까운 사이 가 됐다. 특히 한반도를 둘러싼 현안에 대해서는 수시로 의견을 나누 고 있다.

원칙에 충실하면서도 유연성이 있고, 사물과 현상을 편견 없이 있 는 그대로 파악하며, 한국과 한국인들에 대한 진정한 애정을 가진 그 런 사람이 필자가 아는 그레그 대사다. 특히 경이로운 것은 미수(米 壽)의 나이에도 젊은이 못지않게 왕성한 정력으로 매사에 임한다는 사실이다. 이번에 인생 88년, 그 기억의 편린들을 뜻깊은 책자로 엮 어낸 그에게 깊은 경의를 표하는 바다.

그레그는 1927년 뉴욕 허드슨 강변의 한 도시에서 태어났다. 미국의 명문사학 윌리엄스 대학을 졸업한 직후인 1951년 미 중앙정보국(CIA)에 들어가 그곳에서 31년간 재직했고 1980년대에는 조지 H. W. 부시 부통령 안보보좌관을 포함, 백악관에서 아시아 및 정보 담당관으로 10년 가까이 지냈다. 1989년 9월부터 1993년 2월까지는 주한 미국대사를 지내고 공직을 마감했다. 그후에도 뉴욕의 코리아소사이어티 회장 및 이사장으로 활동하면서 한미관계 증진에 많은 노력을 기울여왔다.

한국사회에는 그에 대한 세가지 상반된 이미지가 있다고 본다.

첫째는 미 CIA 출신으로 미국의 배타적 국익에만 충실했던 외교관 이미지다. 다른 나라에서도 그러하겠지만 한국에서도 미 CIA에 대한 부정적 이미지가 크다. 그런 CIA 출신이 한국 대사로 임명됐다는 사실에 대해 한국의 진보진영에서는 커다란 거부감을 표한 바 있다. 한때 그는 한국에서 반미감정의 대상이었고 여전히 일부에서는 그런 인상을 갖고 있다.

둘째는 한국 민주주의와 대북 포용정책을 적극적으로 옹호, 지지해온 자유주의자 이미지다. 그레그는 1973년 김대중 납치사건 당시 CIA 한국 지국장이었는데 김대중의 목숨을 구하는 데 결정적 역할을 했다. 그리고 1980년대 초에도 백악관 국가안보회의(NSC) 아시아 담당관으로 있으면서 '사형수 김대중'의 석방에 깊이 관여한 바 있다. 이는 "그레그 대사가 두번이나 내 목숨을 살렸다"라는 김대중 대통령의 회고에도 잘 나타난다. 그는 또한 노태우 대통령의 북방정책과 김대중 대통령의 햇볕정책에 대한 열렬한 지지자이기도 하다. 최근에는 북한과 미국의 관계 개선을 위해서도 다각적인 노력을 해왔다. 그가 한국의 리버럴들에게 존경받는 이유다.

마지막으로 최근에 일부 한국정부 관료들과 보수 인사들에게는 그레그가 '반정부·친북 인사'로 비추어지는 경향이 있다. 이들은 그가 변했다고 한다. 북한을 여섯번이나 다녀오면서 북한 입장을 옹호, 대변하고 있다는 것이다. 특히 천안함사건에 대한 한국정부의 발표에 의구심을 표했던 그에게 이명박정부는 적대적 태도를 취해왔다. 그래서인지 이명박정부 인사 일부는 그를 아예 '기피 인물'(persona non grata)로 여기기도 했다.

이 세가지 이미지 중 어느 것이 진실에 가까울까? 내가 아는 그레그 대사는 미국의 편협한 국익에 집착하는 '보수반동'도 아니고 한국을 저버린 '친북인사'도 아니다. 물론 그가 미국을 사랑하고 미국의 국익을 우선시하는 애국자라는 것은 부인할 수 없는 사실이다. 그러나 그에게 미국의 국익은 민주주의·인권·평화라는 가치의 신장이다. 그가 '친북인사'라는 비판을 감수하면서까지 북한과 관여해온 것도 북한의 변화와 한반도의 평화를 위한 그의 소신에서 비롯된 것이다.

한국과 일본을 보는 그의 시각 역시 인상적이다. 그레그 대사는 일본에서 10년, 한국에서 5년을 지냈다. 이 경우, 대부분의 미국 직업외교관과 군 인사들은 한국을 일본의 하위개념으로 간주하는 친일적인 입장을 취하는 게 보통이다. 그래서 워싱턴에서는 이들을 일본 국화에 비유하여 '국화파'(the Chrysanthemums School)라고 부르기도 한다. 그러나 그레그는 예외다. 그는 한국과 일본 모두 중시하지만 한국에 더 큰 애착을 보이는 것 같다.

그의 회고록 『역사의 파편들』은 그레그 대사의 이런 면모들을 가감없이 보여주는 책이다. 모두 31개 장으로 구성되어 있는 이 책은 그의 유아시절, 군복무, 대학생활, CIA, 백악관, 한국대사 시절, 그리고 공직 퇴임 후 활동에 대한 기억들을 시계열로 아주 섬세하면서도 과장없이 담백하게 기술하고 있다. 필자의 주목을 끈 몇 대목을 발췌해보자.

– 도널드 그레그는 편모 슬하에서 어렵게 성장했다. 특히 윌리엄스 대학 학창시절에 대한 추억(3장)이 가슴에 와닿는다. 철학을 전공한 그레그는 이 대학의 존 밀러 교수 영향을 많이 받았다고 한다. 그는 밀러 교수의 "인간을 하나의 물건으로 대하지 말라"는 충언을 아직도 좌우명으로 삼고 있다. 그는 이를 발전시켜 인간의 겉만 보지 말고 그 뒤에 숨은 실체를 보라는 명제를 공직자 생활의 기본 철칙으로 삼아왔다고 밝히고 있다. 그가 성공적인 대인관계를 해온 이유를 알 것 같다.

– 베트남에서의 경험(10장)을 기록한 것 또한 아주 유익하다. 그는 1960년대 베트남에서 두차례 근무하면서 1964년 2만명에 불과했던 미군 규모가 4년 후에는 50만명으로 증강되는 것을 목격했다. 그레그는 내부자의 시각에서 왜 미국이 베트남에서 실패했는가를 진솔하게 토로하고 있다. 정책 결정자들의 오만, 편견, 관료적 편의주의, 그리고 일방주의적 사고가 참담한 정보 실패와 정책 실패를 가져왔다는 것이다. 현재 시점에서도 미국의 외교정책에 주는 의의가 크다 하겠다.

– 김대중 납치사건과 박정희(14장, 15장)에 대한 기술도 주목할 만하다. 1973년 김대중 납치사건 당시 그를 구명한 것은 그레그 자신이 아니라 필립 하비브 대사였다고 밝히면서 자신의 역할은 김대중의

소재를 파악한 것에 지나지 않았다고 소회하고 있다. 이후락과 박종
규에 대한 그의 평가도 흥미롭다. 이후락 중앙정보부장에 대해서는
아주 부정적 평가를 내린다. "정치적 이유로 반대세력에 고문"을 가
하고 "북한의 위협을 오도"했기 때문이란다. 반면에 박종규 경호실
장에 대해서는 박대통령의 충복이라고 우호적 평가를 내린다. 또한
박정희 대통령의 권위주의적 통치방식에 대해서는 박대통령이 "나
쁜 소식 전담 장관"(Minister of Bad News)을 두었어야 한다는 표현으
로 우회적 비판을 가하고 있다. 이는 요즘의 한국 국정운영자들이 들
으라는 쓴소리 같다.

 - 주한 미대사 시절에 대한 회고(22장) 역시 생생하고 흥미있는 이
야기들을 담고 있다. 1989년 10월 초 과격파 운동권 학생들이 그의
관저를 새벽에 침입했다. 미국의 쇠고기 수입 관련 통상압력에 대한
항의였다. 그 이유를 간파한 그레그 대사는 과잉대응을 하지 않고 차
분하게 한국경찰을 통해 사태를 수습했다. 정치적 쟁점화도 피했다.
이미 언론에 보도된 바 있지만 당시 침입 학생 중 한명인 새정치민주
연합 정청래(鄭淸來) 의원은 뒷날 그레그 대사를 방문해 공식적으로
사과하기도 했다. 보기 좋은 모습이다. 광주민주화운동 이후 반미감
정이 깊은 광주에 내려가 현지 주민들과 진솔한 대화를 나누는 장면
도 아주 인상적이다.

 아마 그레그 대사는 역대 한국 대사 중에서 한국의 지정학적 구도
에 가장 큰 변화를 가져온 인물이라 할 수 있다. 무엇보다 한국에 전진
배치됐던 전술핵 철수에 결정적 역할을 했다. 이와 더불어 당시 주한
미군 사령관 로버트 리스카시 장군과 더불어 워싱턴을 설득, 1991년

12월 팀스피릿 한미군사훈련을 전격적으로 중단시킨 바 있다. 그 결과 '남북한 화해와 불가침 및 교류협력에 관한 합의서'가 체결되는 등 남북한관계에 중대한 전환점을 가져왔다. 그뿐만 아니라 남북한 유엔 동시가입, 한소 수교 등에도 결정적 공헌을 했다. 그레그 대사 스스로 회고하듯이 조지 H. W. 부시 대통령과의 개인적 친분, 그리고 노태우 대통령과 김종휘 외교안보수석과의 긴밀한 유대가 이런 결과를 가져왔다는 것이다. 그는 한국인들이 노태우정부의 업적에 대해 너무 인색하다고 지적한다. 노태우 대통령의 '북방정책'은 역사적으로 높이 평가해야 한다고 강조한다. 딕 체니 당시 미 국방장관에 대한 거부감도 주목할 만하다. 체니가 팀스피릿 훈련 중단 결정을 번복하고 다음해에 훈련을 재개하자 북한은 이에 대한 반발로 93년 3월 핵확산방지조약(NPT)을 탈퇴하고 결국 제1차 핵위기로까지 번졌다는 것이다. 그레그는 체니의 이러한 결정을 "자신의 재임 중 미국이 범한 가장 큰 외교적 실책"이었다고 회고하고 있다.

　- 이란-콘트라 스캔들(23장, 24장)에 관한 부분은 미국의 외교정책을 이해하는 데 귀중한 단서를 제공한다. 그레그는 백악관 재임 중 이란-콘트라 스캔들에 본의 아니게 연루되었던 것을 그의 인생에서 가장 어려운 시기였다고 고백하고 있다. 결국 그의 결백이 입증되었다. 이 스캔들과 관련된 그의 회고는 미국의 외교정책을 둘러싼 백악관·관료·의회·언론의 역동적 상호관계를 아주 설득력 있게 보여주고 있을 뿐 아니라 우정과 배신, 그리고 신뢰라는 프리즘을 통해 미국 정치의 내면을 깊이 있고 실감나게 파헤치고 있다.

　- 북한 방문 관련 회고(28장, 31장)도 현재적 시사점이 크다. 그레

그는 북한을 여섯번 방문했고 그 경험을 이 회고록에서 아주 성실하게 기록하고 있다. 1968년 2월 나포된 미 해군 정보함 푸에블로를 미국에 되돌려줄 용의가 있다는 북의 제안을 미국정부가 거부한 사례, 그리고 2차 핵위기가 고조될 무렵인 2002년 11월 북한이 그를 통해 미국과의 고위급회담 개최 용의가 있다는 김정일의 친서 전달을 조지 W. 부시 행정부가 거부한 사례 등은 심층적 연구가 요구되는 대목이라 하겠다. 그레그는 수차에 걸쳐 "북한문제야말로 미국 정보공동체의 최악의 정보실패"라고 공개적으로 토로한 적이 있다. 그 정보실패의 근원에는 미국정부가 북한을 악마화(demonization)하는 데 있다는 결론에 도달한다.

『역사의 파편들』은 누구나 어렵지 않게 읽을 수 있는 회고록이다. 그레그의 개인사는 물론 1950년대 이후 미국의 대아시아정책을 이해하는 데 아주 긴요한 길잡이가 되는 책이다. 역지사지(易地思之)의 자세로 미국의 국익과 상대국 국익은 물론 보편적 이익을 조화시켜야 한다는 그의 외교철학 등 귀감이 되는 메시지가 풍부하다. 우리의 관심사인 북한문제에 대해서도 고립·봉쇄보다는 관여를 통한 신뢰구축, 대결보다는 협상, 전쟁보다는 평화를 처방으로 내놓고 있다.

개인적인 부분으로는 무엇보다 가족에 대한 애절한 사랑이 책 곳곳에 잘 녹아 있다. 그리고 좋은 배경이 없어도 누구나 성실·능력·용기로 자수성가의 길을 열어나갈 수 있다는 희망을 주기도 한다. 미국의 외교정책과 정보기관, 한미관계, 그리고 북한에 관심을 가지는 모든 이들에게 일독을 권하고 싶다.

| 찾아보기 |

## 지은이

**도널드 P. 그레그** Donald Phinney Gregg

태평양세기연구소(Pacific Century Institute) 회장. 1927년 태어나 1951년 윌리엄스 대학 철학과를 졸업하고 CIA 요원이 되었다. 이후 싸이판, 일본, 버마, 베트남의 CIA 지국에서 일하다 1973년부터 75년까지 한국 지국장으로 근무했다. 1979년부터 백악관 국가안보회의NSC 아시아담당관, 부통령 안보보좌관으로 일했고, 1989년부터 93년까지 주한 미국대사를 지냈다. 그레그는 박정희정부의 김대중 납치사건과 전두환정부의 김대중 사형집행을 막아냈고, 팀스피릿 한미합동군사훈련을 중단시켜 한반도 평화에 크게 공헌한 바 있다. 1993년부터 2009년까지 뉴욕에서 코리아소사이어티(The Korea Society) 회장을 역임하며 이후 2014년까지 여섯차례 평양을 방문하여 미국과 북한, 남한과 북한의 상호 교류와 화해에 기여했다.

## 옮긴이

**차미례** 車美禮

번역가, 칼럼니스트. 서울대 문리대 영문학과를 졸업하고 연세대 언론홍보대학원에서 석사학위를 받았다. 『중앙일보』와 『한국경제신문』 문화부 기자, 『출판저널』 편집주간, 『문화일보』 문화부장, 『북리뷰』 편집장 등으로 일했다. TV 외화번역자로 〈가시나무새〉 〈야망의 계절〉 〈홀로코스트〉 〈전쟁과 추억〉 등 많은 영화를 번역했다. 『미술에세이』를 썼고, 『예술과 환영』 『돈 까밀로와 빼뽀네』 『강철군화』 『제7의 인간』 『성자와 학자』 『빅토르 하라』 『권력과 싸우는 기자들』 등 여러 권을 번역했다.

## 역사의 파편들

### 도널드 그레그 회고록

초판 1쇄 발행/2015년 5월 15일

지은이/도널드 P. 그레그
옮긴이/차미례
펴낸이/강일우
펴낸곳/(주)창비
등록/1986년 8월 5일 제85호
주소/413-120 경기도 파주시 회동길 184
전화/031-955-3333
팩시밀리/영업 031-955-3399 편집 031-955-3400
홈페이지/www.changbi.com
전자우편/human@changbi.com

한국어판 ⓒ (주)창비 2015
ISBN 978-89-364-8596-2 03300